人类文明史

下

[德]马克斯·克鲁泽 著
郭颖杰 译

Im Weiten
Land Der Zeit
By Max Kruse

新世界出版社
NEW WORLD PRESS

今天，西方思想似乎正经历着一场深刻的划时代变革，而且其规模是我们的文明史中从未有过的。我深信，只有接受历史的教育，我们才能恰当地参加到这场变革中去。每个时代都得在自己面前再现自己的历史；每一代人都得从他们各自的立场出发，去考察那些塑造了他们对理解世界的思想，并重新经历它们。

——理查德·塔尔纳斯

目　录

Ⅲ
从莎士比亚到启蒙运动

Ⅳ
从法国大革命到今天

III

从莎士比亚到启蒙运动

第六天
渡过英吉利海峡

前　奏

三个年轻人

贝蕾妮克醒了，她伸着懒腰，一时间以为自己还是在梦里，一双深色的眼睛在那金色的发丝下忽闪个不停。

她一骨碌坐起来，用胳膊支着身子，四下里打量——她这是在哪儿啊？这房间她很熟悉，可地点呢？她侧耳倾听——反正她肯定不是在家里，否则她会听到车来车往，嗒嗒的马达声，刹车的吱吱声……嘈杂得简直能掀了屋顶。

但这儿却只有纯粹的寂静，静得让人有种不真实的感觉。

她跳下地，光着脚溜到窗边，推开窗子。展现在眼前的不是塞满车的街道，而是宁静的原野；墨绿的松柏镶嵌着一片辽阔平坦的翠绿，犹如布景围着舞台；灿烂的阳光照耀着渐渐模糊下去的地平线。

“多好的空气啊！”她惬意地叹了口气，“像丝一样。在北部的家里可不是这样的。”

这么说她仍然在进化公园里了？如果是，那她此刻究竟是在哪个地方、哪个时代呢？这些她不可能预先知道，因为她和两个伙伴投宿的这家旅馆像是个旋转舞台，有只神灵的手将它轻轻一拨，时间地点便在一夜之间彻底改变。在这座舞台上上演的，哪些是现实、哪些是想象呢？

贝蕾妮克这会儿完全醒了。

是的，那当然都是现实。过去的五天里，她——不光是她，还有“浪漫的冥想家”罗曼和“怀疑主义者”斯蒂芬——他们三个确确实实由那位友好而神秘、似乎是长生不老的塞内克斯带领着，不停地观看、惊叹、询问……

不，一切都是幻象！不是吗？自打会读书，贝蕾妮克就总是梦想着能见到活生生的那些书中主角，年龄大一些后则希望见到那些人类历史中的人物。而在这里就是这样的——差不多就是这样！

她迅速地冲了个澡，穿上那条缩水变短了的牛仔裤和那件染上了颜色的圆领毛衣，袖子一直捋到肘弯处。

在旅馆门前，三个人碰了面。罗曼和斯蒂芬分别在贝蕾妮克的脸颊上吻了一下，表示问候。

“这些天真是太精彩了！”贝蕾妮克喊道。

“全是历险。”罗曼答道，“好在做这样的历险保证不会被狮子吃掉——至少我是这么想的。”

“你这么想，罗曼？”斯蒂芬笑道，“虽然不会被狮子吃掉，咱们却得绞尽脑汁呢。”

罗曼点点头：“但愿这会对我的毕业考试有好处。”

“嘿，千万别跟我提学校的事儿！”贝蕾妮克嚷起来，手挥个不停，好像要赶走什么东西似的，“幸好要不了多久就毕业了。”

“做了这次奇特的旅行，我的心境和以前恐怕大不一样了。还没回过神儿来呢，五天就已经过去了。我们坐在电车上，不知怎的就到了一个从没听说过的公园里，碰上了塞内克斯，然后就开始上下几千年地漫游。照我估计，我们到现在为止充其量才走了一半的路——原始大爆炸、冰川时期、古埃及、古希腊、恺撒们的古罗马、中世纪、文艺复兴……”

斯蒂芬点头接道：“昨天咱们还聊到了宗教，聊到了人是一种多么容易受引诱的疯狂的动物，聊到了人对真理的寻求，也聊到了战争、十字军东征和烧死异教徒的事。”

贝蕾妮克又一次注意到斯蒂芬准确表达事物的能力，这一点让她很喜欢；而她对罗曼的欣赏之处则是后者敏锐的感受力。要在他们中选出她更喜欢的一个，可就让她为难了——咳，胡思乱想些什么呀，她根本没必要在两个男孩儿之间做出选择，现在这样不是挺好！她从眼角打量着斯蒂芬——他长得很漂亮，身材修长，样子坦率，并不厚密的浅金色头发正像他聪慧的头脑一般明亮。贝蕾妮克觉得他的颧骨长得很奇异，很有些亚洲人的味道。眼镜在他不高的鼻梁上从来待不住，总是要滑下来，害得他不得不一再去扶，好让那双狭长的眼睛清晰地看到一切——清晰，这就是他的座右铭，并且不只是在看东西的时候；他对一切都加以怀疑，同时又极敏感，结果这敏锐很容易使他自己痛苦。

他穿着条棕色的灯芯绒裤子，膝盖处微微鼓出个包来，上身松松地穿着件衬衫，敞着领口，背上像背着个背包似的背着件深色毛衣，毛衣的袖子在胸前打了个结。

罗曼呢？贝蕾妮克也偷偷打量着他。他身上的一切都显得柔和些，他的性格也是如此，不那么锋芒毕露，而是十分和谐。他厚厚的栗色头发很不服帖，乱七八糟地支棱着——真是个可爱的家伙！他对作家和诗艺的爱好使他显得有些不合时宜，另外，贝蕾妮克有时觉得他太宽容、太顺从——他不仅是名字像浪漫主义者。罗曼同贝蕾妮克一样穿的是牛仔裤，上身是件棉布套衫，圆领子宽宽的，肩上还搭着件浅绿色的亚麻布外衣。

我们在哪儿？

“噢，太阳！”贝蕾妮克欢呼一声，指着树枝间冉冉升起的那个大火球。

“我倒是更想知道咱们在哪儿。”斯蒂芬说，“咱们所处的时代倒不难猜出来——至少我觉得不难。”

“这个嘛，从随便哪棵松树的树冠上都能看出来。”罗曼回答道。

“你又在胡说八道了！”贝蕾妮克摇起头来。

“我没有——你仔细看，就在那儿，黑色的字母，以深色的树枝为背景：**十七世纪**。”罗曼用食指在空中画着字母。

“信口开河！”贝蕾妮克喊着，“你这么说，只是因为咱们昨天去过利用望远镜发现了好多星星的伽利略那里，这很容易猜出来。”

罗曼点点头：“塞内克斯随时会到，咱们快吃早饭吧。”

靠墙设有餐台，他们在树荫里的一张小桌子前坐下来。

贝蕾妮克一边把浓浓的牛奶浇在她的麦片上，一边说：“这个进化公园，难道不是有点像个以进化为主题的迪斯尼乐园吗？”

“说‘发展’比说‘进化’更准确些。”斯蒂芬道，声音清晰明亮。他正在和从他面包上滴下来的蜂蜜较劲。“‘进化’指的是生物学意义上的变化，而这个进化公园主要是关于文化方面的进步的。”

“——如果那是进步的话。”罗曼正享用着一大份煎土豆炒蛋。“在迪斯尼乐园里，你知道你是在一个童话世界里，一切都是庸俗的娱乐，可在这儿！这儿的一切都像是处于现实世界中，而且无边无际——至少我感觉是这样。”

“当初我们为什么得答应运用我们的头脑，这个，我现在清楚多了。”斯蒂芬简洁地说。

罗曼沉思着："我们人是什么，我们从哪里来，我们的生命有什么意义——这些我还是不知道。我很想弄清楚是什么感情推动着人类的行动，人类创造了什么，又引出了什么新的创造之路来。"

"尤其是你那些当作家的前辈兼同行们——你不是打算有朝一日踏着他们的脚印走吗？"斯蒂芬打趣道，"我倒是希望能够把握思想发展的重大线索；我想知道，为什么一切东西是它们现在这个样子，其原因何在。总不会有什么东西是眨眼之间产生的，一切都有一个漫长的前奏，而这个前奏也有其思想根源。"

"错，"罗曼说，"过去是一个关于情感和由情感产生的东西的故事。"

"早上好！"

三个人循声望去——这声音来自一个瘦长的形体，阳光从他背后射出光芒，使他看上去像一幅剪影，身体和脸都是黑的，却被光镶上了一道金边。长长的影子无声地在他身前移动。

"塞内克斯来了，还是像以往那么神秘。"

他们的向导踩着石子路向他们走来。他身材不高而清瘦，微微有些驼背。他脚下的石子几乎没有发出任何嚓嚓的声响，似乎他接触地面时极轻。

"我觉得这个人很神秘。"斯蒂芬喃喃说道，"如果他像五天前神秘地出现在咱们面前那样神秘地消失，我一点都不会惊奇。"

贝蕾妮克大声地向塞内克斯问好。

他举起一只手来作答。走近他们的桌子时，他给人的那种不真实感消失了。他穿着件单排扣上衣，是那种很细密的灰色料子。

我怎么从来没注意到他的眼睛和衣服是同一个颜色？贝蕾妮克友好地注视着他。他额头上细细的皱纹与从眼角向太阳穴散开的纹路连在了一起，使他看上去总像在微笑——这笑意甚至也透过他的眼镜片散发出来，而他窄窄的唇上也像是挂着一丝笑意——可谁知道呢，说不定他实际上很忧伤。然而谁也别想看出什么。嗳，但愿实际情况正相反吧。贝蕾妮克想，看到他这个样子，你会忍不住想去拥抱他，保护他；但那时你可能会惊觉怀里什么也没有！

她发觉自己在审视他，便赶紧将目光移向地面。

塞内克斯装作没注意到她的目光，开口道："很抱歉，有一点晚了。你们已经吃完早饭了吗？那好。我已经在我的房间里吃了面包，喝了咖啡。怎么样，可以出发了吗？"他的话音很轻，但很清晰。

"塞内克斯，我们这是在哪儿？"

"还在比萨附近。我很愿意和你们一道去威尼斯，但是这个我们先为以后留着——我保证会带你们去。现在拿上你们的野餐袋吧，我们要穿越这片神奇的松柏森林。"

时代的转折点

每个旅行者都自己照料自己

不久他们到了一个小地方。“这儿是玛丽娜底比萨（Marina di Pisa）——比萨的港口。”塞内克斯朗声说道，“从这儿启程，我们就又要出海了。”

一幢幢房子歪歪斜斜地靠在一起，尘土在墙壁多孔的浅色水质涂料上蚀出道道花纹。狭窄的巷子里，渔夫、船夫、商人、篮子里装着鸡鸭的农民、女商贩、骑马的、驾牛车的来来往往，一片嗡嗡嘤嘤。其间，一个身穿黑衣的议员老爷掩着鼻子，小心翼翼地迈着步子，生怕踩上马粪和屎堆。

码头里，大大小小的船只在水上摇荡。这里停靠的，有带桨的橹舰、甲板上带船舱的帆船，上面横七竖八吊着缆绳。盐、海藻和大海的气味儿在空气中飘荡，到处是一片嘈杂。那比手画脚的，是谈生意的人在讨价还价；那往来穿梭的，有水手、船上的小厮、挑夫和码头工人。葡萄酒桶辘辘滚动，车子隆隆地在地上碾过，箱子、盒子晃晃悠悠，棉花包、丝绸卷堆成垛……在这一切之上则是海鸥的鸣叫。

塞内克斯引着三人走向一条吃水线上长满了海藻的帆船。船长，一个生着细长眼睛、上衣和裤子晃里晃荡吊在身上的男子接待了他们。

贝蕾妮克有些迟疑，悄悄说道：“这人像个‘船怪’，也像个魔法师。”

“大海经常是喜怒无常的，”塞内克斯开始解说，“过去乘这些船旅行的人，去朝圣也好，去北美也好，去马耳他也好，去西西里也好，不管去哪儿都得自己照料自己。不管是干什么的——商人、香客、骑士、贵族、学者、医生，都要买屠宰好的绵羊、山羊、家兔或鸡，带上磨好的谷物，要么就用水把谷粒泡软；水是配给的，但由于水很容易变质，人们更喜欢带葡萄酒，可这让很多船长不乐意，因为他们不希望船上有醉鬼。一次航程需要多少时日，谁都无法预告，因为这事儿由风做主。连续几天甚至几星期没风都是有可能的，船根本走不了。另外还得提防着海盗。有些旅客踏上的是他们最后一次的航程。”

他们坐下来，倾听风儿在缆绳间吟唱，嗅着海藻的味道，眺望着大海。贝蕾妮克闭上眼睛，让脸庞迎着太阳。

船启程了，缓缓驶进了地中海，尚未升得很高的太阳被抛在背后。

塞内克斯接着讲道：“昨天晚上我们见到了伽利略，谈到了他最重要的发现，也听了教会对他的审讯。你们知道，他收回了关于地球环绕太阳运行的话——他这样做是为了救自己的命，实际上他的见解并没有改变。在我看来，伽利略最大的功绩在于，他发明了用来排除非真实假设的实验方法，而以前没有人做过如此坚持实践的尝试。他以此赋予科学一种新的维度。”

“您是说，现在人们可以检验一切了。”

“在伽利略以前，人们主要是依据圣经里的话，并且试图对它做繁琐的阐释。从伽利略开始，情况就变了。”

“我还是觉得我们不去威尼斯很可惜。”贝蕾妮克说。

“以后会去的，”塞内克斯回答，“我向你保证。不过现在你就要尝到些威尼斯的味道了，因为我这就给你们讲这个时代的杰出人物中的另一位，而他主要是在威尼斯活动——你们能猜出这是谁吗？”

三个孩子摇摇头。

“在威尼斯生活、工作着那个时代最伟大的作曲家——克劳迪奥·蒙特威尔第（Claudio Monteverdi）。他是圣马可教堂的第一任乐长。蒙特威尔第是世界上第一位重要的歌剧作曲家，与不及他有名的同时代人一道创造了歌剧这种新的表演形式。他们的歌剧，情节大多来自古希腊神话，载体则是音乐和歌唱。而且演出不再在露天举行，固定的歌剧院建筑十六世纪就已经有了，剧院里面，戏在观众席前上演。最有名的要数维琴察（Vicenza）的奥林匹克剧院（Teatro Olimpico），由文艺复兴时期的著名建筑师安德烈亚·帕拉第奥（Andrea Palladio）设计建造，全木结构。随后，世界上第一座公共歌剧院于 1637 年 3 月 6 日在威尼斯投入使用，市民也涌来观看演出，从此，年轻的歌剧不再是贵族的特权。经营剧院要赚钱，就必须考虑到广大观众的口味，这一点大大改变了剧本的特点。”

“蒙特威尔第是歌剧的发明者吗？威尼斯是第一个上演歌剧的城市吗？”贝蕾妮克问。

歌剧在威尼斯走上胜利之路

“第一部歌剧是在佛罗伦萨上演的，”塞内克斯继续说，“那是十六世纪末一群喜好歌剧的学者搞的。一开始，他们只是想更新古希腊悲剧，把歌剧从当时盛行的极其复杂的多声部音乐中解放出来，而剧本内容也应该更容易让人理解。这些人中的一个就是天文学家伽利略的父亲，名叫文森佐，他把但丁《神曲》中的诗句改成一种说唱的形式，这就是歌剧取得胜利的真正开端。蒙特威尔第的第一部舞台作品《奥菲欧》作于 1607 年，当时他还在曼托瓦（Mantua）的宫廷里服务。”

接下来，塞内克斯沉默了一会儿，两根手指顶着太阳穴，似乎在考虑什么，然后才说下去："对歌剧的激情很快就烧成了燎原之火，威尼斯接二连三地一下子冒出十四家歌剧院，彼此竞争起来。"

"所有的剧院全都生意兴隆吗？"

"那可不，罗曼，歌剧迷住了所有人。贵族和富裕的商人为他们的家庭租下包厢，有的甚至成了代代相传的家产呢。市民则涌向剧院顶层楼座。观赏歌剧成了公众生活的一部分，成了一桩社会事件。歌剧院像经济实体那样经营，重要的是最大限度地盈利，而竞争使付钱看戏的观众对作曲家和剧院的曲目产生了越来越大的影响。威尼斯的道路直接引向拜洛伊特（Bayreuth）音乐节剧院和纽约大都会歌剧院。威尼斯那些具有商业性质的歌剧院的歌手和乐手来自意大利各地，此外还有些东西是我们现在只能从书上看到的。"

"我猜到您指的是什么了！"罗曼喊道，他被贝蕾妮克头发上的香味儿吸引着，越靠越近，"阉人歌手。"

"没错！蒙特威尔第也为阉人歌手创作，也就是为那些在青春期变声之前就被割去了睾丸的男子。"

"多不人道啊！"

"这是摧残，也是牺牲。那些歌手虽然保留了听众爱听的童声，几年之中可能被捧上天去，但他们却有生理发育上的障碍，老了以后则被遗忘，往往陷入贫困，更何况他们也不可能有子女来照顾他们。"

"这真是太违反常情了！"贝蕾妮克厌恶地摇着脑袋。

"但那时候的人可不这么想。"

"总之蒙特威尔第是个很有成就的天才喽？"

"是的。他令乐队奏出了新的色彩，将声乐与器乐融为一体。他很特别的一点是，他从没创作过纯粹的器乐曲，因此被视为第一位人声作曲家。蒙特威尔第六十七岁时去世，威尼斯知道自己损失了什么，为他在金碧辉煌的圣马可教堂举行了隆重的葬礼：威尼斯向一位音乐之王告别。"

他们默默地想象着那一幕情景。塞内克斯摘下眼镜，擦擦镜片："蒙特威尔第给音乐世界注入了青春的活力，通过他，歌剧取得了长足的进步，正像话剧通过与他同时代的莎士比亚获得了很大发展一样。但是请原谅，我这话说早了。"塞内克斯举起一只手搭成个凉棚，眺望着大海。

斯蒂芬满怀期待地看着他："您提到了莎士比亚——我们是去英国吗？"

围裹着他们的光更加明亮了，但也散乱起来——他们钻进了一片雾海之中。塞内克斯含义丰富的微笑让他们捉摸不透。

"空间与时间的界限就这么变得模糊了。"他喃喃低语，"要不了多久，我们就会置身另一个世界了。在这之前，我还得赶紧给你们讲一个生活在巴洛克向启蒙运动过渡时期的人物。他与女王伊丽莎白一世同时代，但不是她的臣民。他是法国人，这对我们航行的路线来说也很合适，因为我们在抵达下一个目的地之前要经过法国。”

“您指的是谁啊？”罗曼伸直了腿，后脑勺靠到桅杆上。

话题像沙拉里的菜

“我指的是米歇尔·德·蒙田（Michel de Montaigne），现代文学以他为开端，通过他，好奇心、冷静从容的自我意识及明朗的智慧进入了文学。”

“我父亲有他的一本书，但我没读过，学校里也不讲他。”罗曼的兴趣被勾了起来。

“他的生活经历没什么特别的，1533年生于波尔多（Bordeaux）附近蒙田家的府邸，一度担任公职、四处漫游，当过波尔多的市长，但很快就回到自家的府邸中，专心致志写他的书。严格讲来，他不是一个哲学家，但他的头脑睿智而富于哲学思辩色彩。尼采认为，正因为有了蒙田的写作，人活于世的乐趣才大大增加了。”

“这可是极高的赞扬了！”

“他配得上，因为他被认为是随笔（Essay）的创造者。他发明了这个名字，翻译过来的意思是‘尝试’。他自嘲地称自己的作品是‘沙拉’，指的是自己写作的主题涉及广泛，就像可以把各种菜拌在一起做成沙拉。他承认，他自己就是他书中唯一的内容。奥地利文化史家埃贡·弗里德尔（Egon Friedell）认为，蒙田知道一切，理解一切，对一切都报以微笑。在我看来，他是最早的自由思想家之一。”

“如果他思想自由，那我猜他一定得罪了教堂。”

“是的，他的随笔被批为在道德上大有问题。尽管如此，他的思考方式仍然被许多写作的人如饥似渴地接受了，随笔一跃成为最受欢迎的散文形式。蒙田的作品被译成他国文字，也译成了英语。如果没有蒙田，莎士比亚就不会是我们所认识的那个莎士比亚，因为他从蒙田那里接受了很多东西。蒙田的全部作品贯穿着怀疑，他想要更好地理解他自己和他周围的人。”

“举个例子吧！”

“他认为，我们生来就是为了做事情；死神应该趁他种卷心菜的时候找上门来，因为他当时不会操心他的死，更不会操心他还没种完的菜园子。”

“伊壁鸠鲁也可能说出这样的话！”

“人们常拿蒙田和伊壁鸠鲁相比。蒙田知道，正因为生命如此短促易逝，人才更应该深刻、充分地享受它；他要人将一切事物都与真理和理性联系起来。他讥讽地断言，无知是个有益于健康的软枕头。他是一个充满怀疑精神、博闻广识的人。关于儿童教育，他的观点远远超出了他的时代，但他的建议直到二十世纪才结出果实。”

“是什么果实？”

“蒙田第一个认识到让孩子自由发展以及教育孩子独立思考的重要性。”

“您认为今天这些已经实现了吗？”罗曼皱起了眉头，“真能那样就好了！”斯蒂芬和贝蕾妮克一齐点头。

“蒙田批判教育过程中的任何强制手段。他相信，人不能通过理性、聪明灵活的办法达到的，也永远不可能通过强迫达到。他反对学校里的刻板，指责体罚孩子的做法，希望学校能用花草装饰教室，希望学校里充满快乐、开朗的气息，他把这称之为‘盛开’和‘优美’。他说，所有对孩子有益的菜，都应该加上糖。”

“那时还没人提到过蛀牙，”斯蒂芬喃喃说道，“不过他言之有理。”

塞内克斯没接话，而后，他向贝蕾妮克微笑起来：“我现在要说的你听了肯定高兴——因为蒙田作品首次得以出版全得归功于一位妇女。二十三岁时，她就是那个时代里的一个特殊现象——她被蒙田深深吸引，蒙田也被这位异常博学的女性所吸引，她违背了母亲对她的婚姻所做的打算。”

“是一段罗曼史吗？她叫什么名字？”贝蕾妮克将一绺卷发从额前撩开。

“她叫玛丽·勒·雅尔·德·古尔内（Marie le Jars de Gournay）。她之所以引人注目，还因为她在一篇名为《男女平等》的文章里称两种性别在道德上是相同的——这很大胆，因为到那时为止，妇女争取获得平等地位的努力一直是徒劳的。她是一个没落贵族家庭的长女，不顾当时的所有偏见，自学掌握了丰富的知识；她想做一个‘femina docta’——女学者。这就是她认为蒙田的作品对她意义极其重大的原因，不亚于认识他本人。她一生都致力于管理他的作品，把它们印了十一次，这使她得以接触许多科学家。她办了一个学者沙龙，人们猜测，这个沙龙就是法国科学院（Académiè franÇaise）的前身。”

“法国科学院是由一个妇女缔造的？这肯定没几个人知道。”

雾逐渐消散，眼前，海洋变成了河流的景象。塞内克斯站起来，指向前方：“看，伦敦的泰晤士河！”

英国的繁荣

在伊丽莎白一世的王国里

“我们乘着帆船逆流而上，城市主要是在河北岸伸展，你们能看到伦敦塔的钟楼。城堡位于城里最古老的部分，过去英国的国王往往住在那里。我们则更多的是把伦敦塔和它阴暗的过去，和监狱、处决犯人的地点联系起来。那后面就是伦敦桥！”

“它可真够大的！”

“它横跨在泰晤士河上嘛，是那个时代的一件杰作。那边的船是三桅帆船，就是它们把英国和与之通商的其他国家的港口城市连接起来。”

“那条打扮得那么漂亮的小船呢？”贝蕾妮克用两手的食指比画着。

“那可是女王的豪华游船。伦敦是女王居住的地方，虽然她也时不时住在城外。”

“那桥上的建筑是什么？”

“那一部分是住家，一部分是店铺，排在道路两旁，鳞次栉比。人工岛上立着一根根尖尖的拱柱，它们是用来截断水流的。还好，今天路边没有挑着被处决之人头颅的长矛排在那儿，那可是一种骇人的景象。”

“我猜，您这还算是轻描淡写呢！”

“我们的祖先会觉得我们太娇气。不过更重要的是那建在下面的泵水设备，不管怎么说，那完全是新式的，一个大水轮把河水输入城市的供水网，这被很多建在河边的大城市所效仿。不管是进城还是出城，一切都要经过伦敦桥。街道上，房屋之间，车辆来来往往，家庭妇女在购物，伙计在运货，人们在彼此交谈。我们到岸了，你们注意到什么了吗？”

“那还用说！”贝蕾妮克大摇其头：“怎么一切都显得那么绝望啊！”

一条阴暗的胡同

他们踏上铺石路面的防波堤。塞内克斯走得很急，他脸上的线条突然僵硬起来，但他的目光十分坚决地投向前方，似乎他要把什么东西甩在身后似的，他领着三个人进了一条胡同，胡同里，不幸犹如毒气附着在每一座房屋上。

贝蕾妮克紧紧闭住嘴巴，还捂上一只手。

“鼠疫正在流行，”塞内克斯喃喃说道。他用一块手帕掩着鼻子和嘴，结果说出来的话瓮声瓮气的，“1592年底，腹股沟淋巴腺鼠疫又一次侵袭了伦敦，几乎没有一个家庭能躲过。谁都不想别的，就想怎么才能救自己。剧院、娱乐场所和其他公共设施都关闭了。”

“那时候人们还不知道传染这回事，不是吗？”

“对，但人们已经觉察到其中的联系，只是还不知道真正的原因。人们在恐惧之中捕杀流浪的狗，但他们不知道死神是老鼠身上的跳蚤带来的，而老鼠是来自东方的船只带来的。瘟疫由港口城市迅速蔓延开来，人们用各种草药炮制的药一概不管用。”

“那还用说！”

“人们尝试了各种偏方——包括最稀奇古怪的——比如把活鸡放在病人肿胀的肢体上，甚至有在羊骨头上蹭来蹭去，或者把灌了水银的榛子壳挂在脖子上之类的方法。人口中的大约十分之一被夺去了生命，人们担心，整个城市就要毁灭了。”

“我的上帝！”

“关闭剧院还有另外一个原因。那时的宗教狂们极为猖獗，他们利用人们的恐惧挣钱，因为人们什么都相信——预言、星相、信口开河的解梦和巫婆的胡扯。”

“利用人们缺乏主心骨和恐惧——这类没良心的人总是有的，”斯蒂芬愤愤地说道，脸色苍白得可怕。

“江湖医生赚的钱如流水一般，”塞内克斯的声音从手帕后面传出来，“他们把他们的‘预言’印出来，人们就像疯了似的买那玩意儿。”

“这下肯定有更多更大的恐慌散布出去了！”

“没错！日复一日，天天都有预言说世界的末日就要来临了。所有的街上都能看到贴在墙上的广告：‘这儿住着一位预言家’、‘这儿有一位星相家，他能为你预告未来’。这些倒比官方教堂牧师对瘟疫流行所做的解释更让人相信——据牧师说，瘟疫流行完全是风化腐败、罪恶泛滥造成的，而看戏也是该追究的罪恶之一。”

“演员是不是也受到了诬蔑？”

“是的，但他们反正也逃到外省去了。威廉·莎士比亚大概是回到他的出生地斯特拉特福（Stratford）去了。在那儿，他既然不能上演他的剧目，便不停地写作。这样就产生了他的第一部并非以上演为目的的作品——《维纳斯与阿童尼》，一首叙事抒情诗。这首诗给他带来了运气，因为伦敦的贵族喜欢它，欣赏它优雅的诗句，并由此开始注意它的作者。别的演员则试着在乡村和小城市里演出，有的把他们的剧本卖给印刷商，还算能勉强维持下去。因此在鼠疫流行期间出版的剧本数量超过了那之前的许多年。”

“也包括莎士比亚的剧本吗？”

“很可能。我似乎能看到那动作敏捷的人走进一家店铺，门上的铃铛响起来。铺子里很黑，空气污浊，布满灰尘；墙边的架子上塞满了印刷品、书籍、本子、小册子、写着字的纸张。一只乌鸦嘎嘎地叫着，一只猫正窥伺着台阶下面窸窸窣窣发出声响的老鼠。主人终于出现了——一个弓腰驼背、戴着乱蓬蓬的假发的小老头，说他不修边幅还算是恭维他呢。他戴着副无边眼镜，令他那张本来就十分狡猾的脸孔显得更加诡计多端了。那位戏剧天才……”

“他又不能为他那副可怜相负责！”

“喂，贝蕾妮克，这下你把我的诗意打断了！那位戏剧天才把自己的杰作之一交给了这家伙，然后——如果运气好的话——再经过半天的讨价还价，莎士比亚才能得到几个子儿。”

“真不公平！”

“这在过去是所有艺术家的命运，除非他们成了神的宠儿——也就是说受到了贵族和富人的青睐。”塞内克斯清了清嗓子。他似乎本想掉头回去，但想了一下之后，他又向前走了几步。

生命短暂，死神常在

又一次站住的时候，塞内克斯对他们说：“你们好好地看看吧，我们的祖先就只能生活在这样的环境之中——我指的是所有的东西——饥饿、贫穷、不安定、妒羡猜忌、头脑狭隘、没有任何公共保障、没有真正有效的医疗救助、卫生条件极差、夜晚只有可怜的一点照明、没有暖气，一点也谈不到今天我们视作理所当然的舒适！生命短暂，死神常在。莎士比亚也有两个姐姐在年幼的时候就夭折了。他出生的那一年，鼠疫夺走了埃文河畔斯特拉特福（Stratford-upon-Avon）七分之一人口的生命。1616 年，也就是莎士比亚去世的那一年，阿尔丁（Arden）的森林里，穷人家的孩子大批地饿死。”

“他们大概从来没有过不怨天怨地的日子。”

“不，贝蕾妮克，我想还是有的；反正他们不知道除了这样还能怎样。”

狭小的房子里传出叫喊声、哭声、女人和孩子的呜咽声。

“我受不了了，塞内克斯。”

“我们继续往前走吧。这条现在看上去毫无生气的街道，不久以前还满是伙计、女佣、凑在一起家长里短的妇女和玩耍的孩子。”

哀怨之声越来越响，但这儿那儿也会有空无一人的房子，店铺的窗子大多关了，门上钉了木板，偶尔有壮汉手持长矛在门前守卫。

“这些房子的主人逃走了，”塞内克斯解释道，“这些看门的要守着房子，不让人闯进去抢东西，他们穷得没有别的办法，只能冒这个险。”

从一条侧街上踉踉跄跄地跑出来一个人，赤条条只穿着件肮脏的裤头冲向他们，骨瘦如柴，既像个傻瓜，又像个乞丐。这人不成人、鬼不像鬼的家伙敲着面手鼓，但不一会儿就停了下来，叉着腿站在那儿怪声怪气地叫：“快走吧！快离开这个地方！不要沾上这儿的霉气！我是被派来向你们布道的！想想吧，还有四十天，四十天过后伦敦就要毁啦，惨啊！快逃吧，祈祷吧！”

话音消失了，他又敲起他的手鼓，跌跌撞撞地往前走起来。

“但是那些不能逃到乡下去的人，总不能就在紧闭的门后生活啊，”贝蕾妮克喃喃地说，“他们总得去提水、找东西吃呀。”

“是的，他们必须得走出家门，这就使情况更严重了，你总不能存起食物，因为那很快就会腐烂，所以只能每天亲自去市场，或者派当差的和孩子去，而他们中间已经有人被传染上了，把死神带回了家；市场上的女贩、卖肉的都有可能染上了病，有的街道几乎没一家店铺开门营业了。时时处处都有谣言在流传，更增添了人们的惊恐。”

“塞内克斯，怎么看出来谁得了鼠疫呢？”

“高烧，呕吐，无法忍受的头疼，后背疼痛，最后病人会痛苦得发疯。很多人脖子上、腰上、腋窝里肿起来，长了溃疡，只要没有发开就疼痛难忍。运气好些的人被疫病无声无息地击中，热度会慢慢销蚀他们的精力，他们几乎感觉不到什么，直到有一天突然失去知觉，死去。”

“这样的人真可以感谢上帝呢……”罗曼喃喃地说，但马上就被他自己话里的残忍吓了一跳，赶紧又加了一句，“我只是这么说说而已！”

“如果鼠疫在某一个城区肆虐起来，那里的街上就会到处布满尸体。”

“我讨厌这个词。”罗曼嘟囔了一句，“死者会被运到哪儿去呢？”

“天一黑，掘墓人就把他们装在车上，运到万人墓去。这些家伙已经什么都不怕了，他们翻遍了死者的口袋，把他们还能用得上的衣服扒下来，拿去卖。这些没有经过消毒的东西便把疫病的种子继续传播。所有的坟墓都得在天亮前盖起来。只有那些有名望的市民才有可能享受在教堂里举行葬礼的奢侈。”

三个年轻人的脸上现出惊骇的神情。塞内克斯直起上身，透了口气：“现在你们就理解大多数疫病被消灭对人类来说意味着什么了。但幸好——那时候不只有贫穷和瘟疫。”

满是人的街道和广场

有光了！死亡胡同到了尽头！这胡同通到一条明亮宽阔的大街上。塞内克斯松了口气似的说：“鼠疫肆虐的时期过去了，人们回到了伦敦。”

这里也有车子辘辘地驶过，马蹄敲击着地面。有人还在一个房屋拐角处安了护栏，试图以此来防止房子的墙被人流挤坏。阳光反射在房子的凸窗上，一家铁匠铺里冒出一股浓烟，其中夹带着锤子叮叮当当的敲击声。另一家箍桶铺里也很热闹，锅啦罐儿的当啷乱响。井边，水在水桶里咣当。挑夫弯腰驮着摞得高高的货物，被压得不住呻吟，还得努力保持平衡。一乘乘由奴仆抬着的轿子里坐着他们的主子。广场上，吼叫之声不绝于耳；商人在他们的店铺里陈列着他们的商品。街头说唱艺人唱着叫着兜售他们的歌片，而车轮的吱吱嘎嘎和人们的喊叫声几乎把他们的声音盖了过去。

“注意他们的衣服，”塞内克斯插上一句话，“你们看到的可是莎士比亚时代的时装。男人的头发和女人的一样长，而他们的胡子至少要得到同样精心的护理。”

“这些大人先生们看起来都很虚荣嘛——他们打着细褶儿的领子至少和妇女的一样宽。”贝蕾妮克说。看到人们一举一动端着架子的那股劲儿，她觉得很好玩儿。

“那领子是用平纹亚麻布或麻纱做的，必须得由用硬纸板和铁丝做成的托儿撑着。”

“多不方便啊！”

“那时候人们发现了浆洗淀粉——一种白色的液体，用它可以把领子上细密的褶子固定住。这一时髦样式首先是由法国的卡特琳娜·冯·美第奇（Katharina von Medici）穿出来的，不久就被人们加以夸张，最后这领子上的装饰简直都有车轮子那么大了。假发那时已经很常见了，上等人用它来打扮自己——这是跟女王学的，她希望自己能够青春不老，红颜长驻。穷人则按照重量出售他们的头发，这是我们从莎士比亚那儿知道的。”

“戴着这么个庞然大物，妇女就没法戴帽子了吧？”

“她们只戴顶小帽或是透明的发网，好让头发的魅力显现出来。女士们还描画她们的脸，把眉毛画长，为佩戴耳环、耳坠穿耳朵眼儿，珠光宝气的；她们也不怕把自己的胸脯几乎全部暴露出来。你们看到她们的裙子臀部以下是多么宽大了吗？为此得穿衬裙，上面一圈一圈缝着不同大小的箍儿。女王还倡导了穿长筒丝袜呢！”

到处都是那么肮脏，到处都充斥着脏水味儿——人们就那么从楼上往街上倾倒脏水，站在窗户下面可不行。斯蒂芬做了个鬼脸，堵住鼻子。

塞内克斯给逗乐了，说：“走吧，我们的马车在那边等着呢！”

没有女孩子上的学校

街道另一边停着辆马车，红色的车厢，前面套着四匹马。塞内克斯在前面边走边说："人们知道马车的时间还不长。道路坑坑洼洼的，旅行可不是件舒服的事。上车吧！"

他们两个两个面对面坐着。车子吱吱嘎嘎地动了，他们笑起来，因为很不容易让自己在位子上坐稳。他们沿着泰晤士河行驶，越过伦敦桥。桥上的交通非常拥挤，他们得时不时地停下来。

塞内克斯快活地继续说："马车一出现就受到人们的欢迎。女王的第一辆马车是1565年在荷兰制造的，但那辆还不如这辆舒服呢。"

"什么？"

"那辆车还没有钢质弹簧，但车厢毕竟有皮带吊着，由此剧烈的颠簸好歹减轻了一些。开始时马车还是一种奢侈品。"

"也就是当时上层社会的'劳斯莱斯'喽？"

"这种情况很快就改变了。六十年后，马车就多得使得私人车辆遭到禁止了，以免造成严重的交通混乱；只有女王和上层贵族使用马车不受限制。"

"总是富人和女王！"只听贝蕾妮克在一片嘈杂声中喊道。"普通的妇女过得怎么样呢？"

"她们大多生活十分困苦，当女仆——不仅在乡下当，也在贵族家里当，没有她们，贵族的奢侈生活就是不可想象的。就这样，她们还算是享有'特权'的呢，因为她们至少不会饿死，至少不用靠卖淫求生。伊丽莎白的父亲亨利八世使英国教会脱离了罗马；等他关闭了修道院以后，女孩子受系统教育的道路就完全被切断了。男孩子却可以上初级学校。"

贝蕾妮克点着头："我就知道！"

"在伊丽莎白女王的时代，女儿必须对父亲俯首帖耳。她们就像是一种交易品，婚事通常都是由父母，尤其是父亲在经过激烈的讨价还价之后定下来的。再过些年，做女儿的就变成了为孩子、家务操心的憔悴妇人。"

莎士比亚的时代

莎士比亚笔下的女性——有血有肉的人物

塞内克斯想往后靠一靠，却被猛地向前甩了出去，幸亏他手快，抓住了什么东西，才算呆在了座位上："你必须了解当时妇女所处的状况，否则你就不能真正赞赏莎士比亚那些往往很具有革命性的剧本和他对妇女、妇女追求爱情的权利的支持。他在作品中涉及了这其中产生的矛盾并对其做了艺术的加工。顺便说一句，我们现在正前往他的一个剧院。"

"是环球剧院吗？"

塞内克斯点点头："我发现你对这些很熟悉啊，罗曼。我保证你会惊讶的。"随后他又对三个孩子说道："莎士比亚的名气首先来自他那些描写社会与女性及两性之间的不和谐关系的剧本。"

"《驯悍记》是不是一个例子？那里面的凯特最终只能顺从她的丈夫。"

"表面上，罗曼，只是表面上！"贝蕾妮克插嘴道。

"《理查三世》也是。其中理查三世向成了寡妇的公主安娜求婚，站在她丈夫的尸体前说：'我，杀害她丈夫的凶手……抓住她，被她全心憎恨……我要拥有她——可也不要长期留下她来。"

"'我，杀害她丈夫的凶手，要拥有她——可也不要长期留下她来！'这真是岂有此理！"

"正是这位作者，也创造了《罗密欧与朱丽叶》——讲述男女之间真挚爱情的最美的剧本。这对那个时代来说是很新鲜的，因为从不曾有过一个剧作家敢像他这样毫无保留地肯定爱情和性。除了他，谁创造出过这样一个人物——在遭人驱逐、离开爱人所住的地方之后，他嫉妒起他的猫和狗来，只因为它们能看到朱丽叶，而他不能；又有谁让一个少女吐露这样的心声……"

"停，塞内克斯，让我来！"罗曼喊道，"在迫不及待地盼着婚礼之夜时，朱丽叶说：

来吧，黑夜！来吧，罗密欧——你是黑夜中的白昼！
因为你乘着夜的翅膀，
像新雪落在乌鸦的背上，

来吧，温柔、充满爱的夜！

来吧，给我带来我的罗密欧！”

塞内克斯点点头，“伦敦那些市民阶层的观众对本该嫁给另一个人的朱丽叶的忤逆大为震惊，但莎士比亚肯定爱情，恰恰也把矛头指向了父权，这种姿态令伦敦的青年人——无论男女——全都兴奋地表示赞同。与仅是男人贪欲对象和藐视对象、忍受命运的“理想形象”的奥菲莉娅与苔斯迪蒙娜不同，朱丽叶是个有血有肉的人物，她追求她自己的目标。”

“像《温莎的风流娘们儿》，她们一起报复了自高自大的福尔斯塔夫。”

“这些妇女植根于市民小资产阶级，当时由此出现了一种新的家庭资本方式，父母儿女共同为其他企业进行生产，这就是家庭手工作坊的开端。许多家庭都成了微型工场，纺织羊毛、亚麻，制草药，蒸馏酒精。伦敦的人口迅速增长起来。”

“即使在有鼠疫影响的情况下吗？”

“对，很快就从五万增加到二十万。”

“据我所知，莎士比亚的很多剧本剧情都发生在意大利，”罗曼插话道，“他怎么会想到要选择这些对当时的英国来说肯定是十分陌生的国外素材呢？”

“他的动力首先来自书籍。当时书籍的数量不断增长，尤其是很多书店还自己印书，人们把书籍称为“时代病”，因为满世界都是书，人们根本无法消化日复一日出现的大量无价值的书。意大利小说也很受欢迎，不光是薄伽丘（Boccaccio）的《十日谈》。”

精神病人像动物园里的动物

“但还是让我对当时的英国再说几句。社会状况糟得一塌糊涂。莎士比亚出生前的一年终于开始征收贫民税，用以建立‘封闭式收容所’，收容无家可归的人，包括乞丐、病人、贫困者、娼妓及其子女，严厉地鞭笞他们，好让他们能重新派上用场——至少是这么设想的。事实当然要严重得多。”

“这听起来真是精神分裂！一方面出现了一点点社会责任的萌芽，另一方面又把弱势人群关起来与世隔绝。”

“疯人院也跟监狱一样向私人出租。人们交了入场费就可以像参观怪物似的去盯着病人看，付钱多的人还可以打他们；另外还有一些‘企业家’经营有利可图的妓院。”

“妓院？不，够了！”罗曼咕哝了一句。

“撇开这些弊端不看，伊丽莎白的统治给国家带来了政治上的稳定和经济上的增长，为后代的进一步发展奠定了基础，莎士比亚也从中得到了好处。”

“女王长什么样？”

“她肯定算不上个美人，上身又长又窄，而她穿的一种到腰部以下收成一个尖儿的紧身胸衣还引导了服装潮流。”

“那么莎士比亚这个戏剧天才长得怎么样？”

一个演员能成为天才作品的作者吗？

罗曼想向前挪一挪，好让身子更舒服地向后靠——他一对什么东西特别感兴趣，就喜欢这样做。但偏偏凳子太窄，他无可奈何地耸了耸肩，只好重新坐直。

“据说莎士比亚身材魁梧，是个社交天才。在斯特拉特福他的墓上有一座胸像，另外他的作品第一次以对开本形式出版时，封面上有一幅版画，两者对他的表现都是：光头，唇上留着小胡子——胸像的下巴上也有胡子——鼻子很尖，目光中带着沉思，但是从哪儿也看不出这个人心中藏着的能让他写出如此动人的作品的那种火焰。”

“莎士比亚的生活呢？”

“这个几句话就能讲完。他很可能是1564年生在埃文河畔的斯特拉特福，与伽利略生在同一年，米开朗基罗（Michelangelo）也是在同一年去世的。他是一场‘婴儿潮’的‘产物’之一。当时这场‘婴儿潮’使英国人口在五十年内翻了一番。他出身于一个名望很高但绝不富裕的家庭，上了拉丁文学校，十二岁时他父亲成了市长。年纪轻轻他就去了伦敦，想在戏剧这个行当里谋生，结果成了一个出色的演员，而和人共同导起戏来就更出色，写出了反响最好的剧本。但他的成就却不是在伦敦，而是在他的出生地做出的。他十八岁在那儿成婚，是两个女儿的父亲。他那极富感染力的天才魅力使他受到贵族甚至女王的青睐。女王死后，他先是感到一丝冷清，但很快也得到女王的后继者詹姆士一世（James I.）的赏识，1604年他回到斯特拉特福，过着一个受人尊敬的生活，直到去世。”

“他上过拉丁文学校，这对女孩子来说大概是不可能的吧？”

“对。只有男孩子有人关心。尽管女王本人受过很高的教育，并且在某种意义上引导了一场‘教育革命’，但到1600年左右会写自己名字的妇女连百分之十都不到。与此相反，男孩却必须要在七岁到十二三岁期间拼命用功，他们学的是拉丁语，并学一点入门的希腊语。”

伊丽莎白的英国——一个自成一体的世界

“您说莎士比亚对伊丽莎白的死很难过吗？”

“是的，而且当伦敦的丧钟为伊丽莎白敲响时，他有充足的理由心情沮丧；伊丽莎白的统治给莎士比亚带来了很多好处。女王死前不久，他还在她的宫殿里演了一次。大厅的一头儿是舞台，四周是无数的廷臣侍从，乐手奏起前奏曲，女王是最后一次欣赏莎士比亚的作品。她的衣裙缀满珠宝，脸部的线条全都消失在抹得厚厚的白粉后面，红色的假发围着那张化妆化得十分夸张的脸，但她超人的思想仍让所有人感触至深。几星期后她就死了，那是在1603年。葬礼规模宏大，但入夜时，街上已放起庆祝的焰火，人们喊着‘女王死了！国王万岁！’可以说，正因为莎士比亚生活在伊丽莎白的王国里，他的天才作品才能产生。”

罗曼拧起了眉头：“您这是什么意思，塞内克斯？”

“从原则上来说，我认为对一个社会做出结论的最好的方法，就是看这个社会在多大程度上能让莎士比亚这种天才发挥自我。女王伊丽莎白一世的国家是一个经过几百年的不安定之后的全新、稳定的国家——并且还不止如此，它还是一个自成一体的世界，因为，由于通往东印度和美洲大陆的新航路的开通，这个岛国扩展了它的疆域。国家体制、英国圣公会、公众生活、私人财富——一切都获得了在欧洲史无前例的推动力。伊丽莎白的英国不是一个文明高度发达的国家，也绝不是特别富于文化，更谈不上是一个堪称道德典范的国家了。有海军将军干海盗的勾当兼做奴隶交易，有教士出售神职，药剂师炮制毒药，而且轻而易举就能找到下毒的医生。”

“一句话——情形很可怕，我想。”

“这还没完呢，军队不讲道德，投降的‘好处’往往是士兵和罢战人员横遭屠杀。巫婆被烧死，耶稣会教士被送上断头台，然后被撕成碎块。那也是一个残忍而寡廉鲜耻的时代。”

“可您还说，这恰恰是培育莎士比亚天才的沃土？”

“某些力量给了他动力。在长达数百年之久的死寂过后，这个国家经历着一种兴奋，有一股对散文、诗歌，对哲学、戏剧的热情。就像从前但丁（Dante）或拉斐尔（Raffael）时代的意大利，现在英国开始向世界说话，世界也开始倾听它的声音。当时曾有人说：在剑桥，福音新教虽然有人教，但却没有人学；没人重视风化问题，没人讲礼貌；人人追求新鲜刺激的事物，新书，新时尚，新观点，新法律——追求一片新的天空，但那也许是个新的地狱。哥白尼（Kopernikus）刚刚把地球从世界的中心推开，乔丹诺·布鲁诺（Giordano Bruno）刚在牛津宣讲了新的天文学，讲了宇宙的无边无际、讲了焚烧自身而发光的太阳，讲了在原子雾中分解的行星。”

“这动摇了有些人脚下的大地！”

“是的，但是旧观念的铲除、思想的解放、对新希望和新梦想的热烈追求——这些同样给伊丽莎白的王国打上了烙印。不可遏制的精神力量、对生活的热爱以及自由的思想、特殊甚至有些怪诞的对美的感受全都表现在其中。”

“英国与欧洲其他部分大不相同的到底是什么？”

“英国的岛屿地位——以此为庇护，英国出现了一种新的建筑样式，用玻璃、石头造出有黑白图案的宫殿，而且不必围上护城河及围墙，因为不用担心会有敌人来进攻，这使得它的居民可以直接走进大自然。”

“走进英国花园！”

“莎士比亚就生活在这个世界里，而他的国王喜欢戏剧。莎士比亚知道伊丽莎白让他进宫是何等的荣耀。四十岁时，他的地位就已经很突出了，而后面还有很多次胜利等着他——即使是在伊丽莎白死后。”

艺术家几乎没有权利

“这么说莎士比亚挣得不少喽？”

“他是环球剧院的所有者之一，罗曼，估计他一年的收入可达到二百镑左右。”

“这算很多吗？”

“大概是一个收入很好的教师收入的十倍。他靠发表作品挣的钱很少，很多作品都以盗版的形式发表，或者根本不发表，因为演员不乐意让他们的成功之作落入他人手中，在别的剧团上演。那时候没有著作权，也没有版权，所有印出来的文字就成了所有人的财产，谁想拿它干什么都可以。作家向一个戏剧团体出售他的作品大概可得四到十镑，靠这点钱他最多能活几个月。当他又需要钱的时候，他就得写个新剧本。因此一个像莎士比亚这样能为自己的剧组写剧本、而且演戏收入也很好的演员使那些只靠写作谋生的本来就处境艰难的作家很吃亏。”

“这么说也得不到版税吗？”

“那个时候还没有这个概念，一个作者在他的作品上演的时候往往得不到一便士。不用经过他的允许，剧本就可以上演、印刷、改编，弄得乱七八糟。尽管如此，英国的市民阶级作家还是在几年内就将传统的戏剧转变成了充满活力的艺术形式。走在最前列的是克里斯托弗 · 马洛（Christopher Marlowe），他写出了第一个有世界级水平的剧本，向世人证明英语是可以发挥诗歌的魅力的。”

“但莎士比亚自己并不穷。”

"对，所有演员在当时的戏剧繁荣局面中都可能致富；但另一方面剧院也是商业实体，票房收入必须足够好，因为这是衡量成功与否的唯一标志。幸运的是，莎士比亚参与建立的剧团在一段时间里是伦敦最成功的。"

有片刻工夫，塞内克斯闭上了眼睛。

艺术与消费者之间的新关系

塞内克斯又继续说道："我已经给你们讲了，威尼斯的歌剧也是像经济实体一样经营的。这是种新事物，是随文艺复兴和宗教改革而来的自由市场的产物。莎士比亚年轻那会儿，就有教士和信徒在教堂前演出宗教'神秘剧'，或者手工业者试着在行会大厅里演古典文学作品题材的剧本。演戏开始面对普通人、每个人。莎士比亚挣了钱，把钱投在地产上。他在伦敦买了所房子，在斯特拉特福也置了房产、地产，但他自己却在一个手工业师傅那里租房子住。"

"如果说他那时已经取得了很大的成功——您把这归功于什么呢？"贝蕾妮克问。

"主要是他的戏剧天才，另外他的语言的独特性也是无可比拟的，是所有文学中最丰富的，共有一万五千个词汇，包括各种领域的专业词汇——徽章学，音乐，体育，还有方言和街上的土话。他似乎醉心于创造词句，随随便便地就令它们从他的笔下喷涌而出。他在每一个剧本中都造就出一个世界，而且他还不满足于此——他还用神奇的形象、精灵、巫婆、幽灵装点梦境、森林和荒野。他的思维是形象的，所有的思想都变成图画，任何抽象都变成了可以感觉到、看到的东西。"

"这听起来像是作文学校里学出来的！"

"他就是知道该怎么写，没办法！而且他自己就是剧团里的，了解一切技巧。他那个时代的剧作家没有一个能像他一样有那么多的实际经验，同时又能直接控制演出效果。他集作者、剧评、剧院经理、导演和演员于一身，二十年里，他为他的剧团写了将近四十出戏，大约每年两出——这也是必要的，因为他是在一个专为演出而建的剧院里演。这样一个演出场所的建立不仅改变了演员的演法，而且改变了观众的需求和戏剧的特点。"

"当然了，一个流动剧团有几个剧本就够了，因为是在不同的城市里演；要是总在一个地方演，观众是相同的，我想，那就得不断推出新剧目。"

"戏剧不再像整个中世纪时那样，只向人们提供一种'宗教教育'或是年节市场、旅馆客栈里的噱头了。人们付出他们含辛茹苦挣来的钱，想要得到好的消遣。莎士比亚仔细观察他的演员，写适合他们、与他们能力相符的角色。他写了一出又一出，他的人物形象越来越真实，越来越复杂，越来越深刻，及至写《哈姆雷特》

和《李尔王》时，他已经达到了哲学的高度。”

“莎士比亚肯定非常了解人性，但他对我们在宇宙中所处的位置还无从知晓。”斯蒂芬喃喃地说了一句，便陷入了沉思默想之中。

世界是一个舞台

车夫抖直了缰绳，车厢呻吟着，摇晃着，终于停了下来。车轮滚过地面的隆隆声消失了，取而代之的是男女老少的说笑喊叫声。

塞内克斯第一个跳出车厢，罗曼和斯蒂芬也跟着跳了出去，然后两个人都向贝蕾妮克伸出一只手。她弯着腰正要下车，这时停住了，笑起来，自己抓住木头框子跳了下来。到了地上，她把胳膊举过头顶，做起了伸展运动："我全身都坐僵了！"

他们面前耸立着一座显得十分笨重的八角形木质建筑物，涂了灰浆，茅草顶上冒出来一个小塔尖，上面飘着一面旗子。塞内克斯解释说，这面旗子表示的是某一出戏。"下面那个牌子上画的是古希腊那位肩扛地球的神赫拉克勒斯。"他又指着一块板："剧院的名字'Globe'（环球）就是这么来的。"环绕着画面的是一句拉丁文名言："Totus mondus agit histrionem"——世界是一个舞台。

人们三五成群地来了，有走着的，有坐马车的，也有乘船由泰晤士河上过来的——剧院就在河的南岸上，与城市隔河相对。

塞内克斯解释道："这个地区不受伦敦当局管辖，因此渐渐发展成了一个受欢迎的娱乐中心，有很多剧院、斗兽场、射箭摊儿、酒馆。"

剧院入口处站着一个身穿口袋似的黑色衣服、瘦得像根竿儿的人，他尖尖的食指在贴出来的一张布告上移动；一方面，他得把纸拿得离自己远一点——他大概是近视眼——另一方面又要把它举高，好让人们都看到。他高声喊着，唾沫星子乱溅，嘴角堆满了白沫，然而却是白费力气。即使有人瞥他一眼，也都是漠不关心的神气。"人们啊！难道你们想让自己的灵魂中毒吗？你们想学会怎么欺骗你们的配偶吗？你们想知道怎么才能成为妓女吗？你们想听到人是怎么逢迎、撒谎、谋杀、亵渎上帝的吗？那你们就进去吧，让那些演员，那些人类的渣滓给你们展示这世上的罪恶吧。"

他抖了抖那张布告，让它在他瘦骨嶙峋的手里舞动起来，"你们想看那些装扮成女子的男孩子吗？他们这些小怪物，身为男子，却在兽欲的支配下和别的男人纠扯在一起，干那些淫乱的勾当！"

"他指的是什么？"

"在伊丽莎白一世的时代，妇女仍然不能上台演出，因此人们让尚未变声的男孩子穿上女子的衣裙扮演女角。"

"难道要我想象男孩子演奥菲莉娅、仙女之王泰坦尼娅和朱丽叶吗？这个，我可不知道……"

那个自命的布道者还在那儿吼叫。

"他不是唯一大肆叫嚣攻击剧院的，清教在整个英国的影响都扩大了。伦敦的市长要把城里所有的'罪恶'场所都清除掉，而首当其冲的就是剧院；可他的成绩却不大，因为戏剧具有神奇的吸引力，无论男女老幼，也不管是什么阶层——学徒、市民也好，大人老爷、贵妇也好，乡下人、外地人也好——人人都喜欢看戏。"

只见前来看戏的各色人等先是挤在售票处前买票——包括穿着寒碜、每花一便士都得掂量掂量的穷人；然后大家便都涌向入口。

塞内克斯饶有兴味地看着这一切："他们简直是急不可耐！他们想赶在喇叭吹响前找到座位，因为喇叭一响，演出就要开始了！"

一切都在天光之下

塞内克斯拉起贝蕾妮克的手，冲罗曼和斯蒂芬点点头，四个人便进去了。遮护着后台、坐席和包厢的只不过是一片屋顶的突出部分，场子不大，而且大部分都是在露天之下——不管是站席还是舞台，一切都在天光和云彩变幻的控制之下生动起来——当然下雨也是一样。舞台尽头模拟出一座房子的样子，带有屋顶、小尖塔、柱子、挑楼、阳台和牛眼窗。

"舞台的活板门里会冒出幽灵，裂开的坟墓里可能会发出巨响，不知从哪儿会变出魔鬼或地神，伴着鞭炮的劈啪声在烟雾中上升。舞台的前部什么都可以代表——一间大厅，一个战场，也可以是随便哪条街道。"

"观众得自己想象这一切吗？我看这很现代嘛。"

"得发挥想象力才行，不过这对人们来说并不困难，不管怎么说还有滑轮等设施，让那些假鸟、怪物、神灵什么的飞上台去。演员也会从天上飘下来，比如奥林匹亚山的众神之父朱庇特。焰火造出打闪的效果，铁球在盆子里模仿着隆隆的雷声，干豌豆噼里啪啦地掉下来——那就是下雨、下雹子了。"

场子里简直容不下这么多人，可还有小贩在其间挤来挤去，身体如杂技演员一般灵活地转来扭去，兜售他们的糕点、苹果、干果、香肠什么的，还有烟斗、烟草，篮子在人们的头顶上传来传去。观众们有的抽烟，有的喝饮料，很多人一个劲儿地往前挤。开演前兴奋的交谈声、议论声震得空气都嗡嗡响起来。

"即使是在演出过程中，人们也不停地七嘴八舌。"塞内克斯转向三个人，"这儿最多能容下三千名观众，他们喧闹起来非把演员的声音盖过去不可。"

"抽烟还是个新生事物，对不对？"贝蕾妮克皱起鼻子，因为有个粗鲁的家伙把烟直喷到她的脸上。"这是什么烟叶啊！"

"这是来自新世界的毒品！诗人、航海家、发现者沃尔特·雷利爵士（Sir Walter Raleigh）曾一度是伊丽莎白的宠臣，是他把抽烟引进了宫廷。末了他自己在不得不上断头台前，还抽了几口呢。在伊丽莎白女王统治期间，伦敦人已经能在七千家店铺里买到昂贵的烟草了。早在那时，就已经有人警告抽烟的危险，并试图用罚款来减少抽烟现象。"

宽大的领子之上、饰有羽毛的黑色帽子或白色面纱下是一张张好奇的脸……

舞台上的血

塞内克斯指着一条长凳：在那儿，还奇迹般地空着四个位子。"已经过午了，"他说，"你们也跟别人一样吃点、喝点东西吧，有干粮嘛。"

贝蕾妮克拿起一小瓶葡萄酒，啜了一口，脸颊立刻泛起了红晕。

塞内克斯还在不停地讲着："世界上再没有哪家剧院能这么便宜地经营了，一方面是在装饰上大大减省，另一方面，与希腊戏剧不同，这儿不需要合唱队充当群众，也不怎么奏乐。不过今天是个小小的例外！那些不全是由莎士比亚写的剧本里，结局往往十分惨烈，但见刀光剑影，人头滚动，或者人被施了魔法，变成动物——既然观众要看激烈的场面，要看凶杀，这些便都被表现出来。演员在衣服里面藏起装有动物血的尿泡，让它在恰当的时刻破裂。看受刑或处决的场面让人觉得很过瘾。"

"今天难道就不是这样了吗？我们的电视里不也差不多少吗——哎呀，收视率降低可就惨啦！"

太阳的光线益发倾斜，将影子拉长。舞台后部的幕布间走出一个演员来，宣布演出开始，并念了一段引子。楼座上的观众都坐好了，下面的观众还在推推搡搡，说说笑笑，一个扒手利用这个机会开始干他的勾当。

戏开场了。台上的公爵对他的三个手下的乐手说：

假如音乐是爱情的食粮，那么奏下去吧；
尽量地奏下去，好让爱情因过饱噎塞而死。

罗曼的眼睛亮了起来："《第十二夜》！我最喜欢的喜剧。"他一下子就认出了这出戏。

塞内克斯狡黠地笑着点点头，好像在说他早就知道了。

罗曼看着、听着。他发现，要想习惯另外一种过分清楚、粗犷的表演很不容易；

但渐渐地他还是忘了自己在哪儿，忘记了他正呼吸着其中的空气的时代就是这出戏上演的时代，他也忽略了舞台的简单和缺少装饰。在他眼前，伊利里亚（Illylien）[1]和它的海岸从海中升起，他被带进了公爵奥西诺的宫廷，为薇奥拉被那勇敢的船长救起而高兴。

“她难道不是很美吗？”他问斯蒂芬。

罗曼已经忘了，漂亮的薇奥拉是由男孩来扮演的，而公爵疯狂爱着的美丽的伯爵夫人奥莉维娅，其声音和身体也来自一个男孩子，只是现在装扮成了女子。而那男孩儿扮演的薇奥拉呢，又要“女扮男装”，起名叫西萨里奥——想厘清头绪简直是徒劳的。

演出施展着它的魔力。罗曼被宫廷小丑和两个爵士安德鲁、托比那幸灾乐祸的表情逗得开怀大笑——他们偷听了爱慕虚荣的总管马伏里奥的话，简直是乐不可支。

“那可怜的家伙实在让人同情。”罗曼向贝蕾妮克耳语道。

但这同情很快就过去了——当不断产生的误会终于结束，当兄妹重逢，相爱的两对恋人拥抱在一起时——公爵拥抱着换了女装的薇奥拉，后者的孪生兄弟西巴斯辛拥抱着老把他当成薇奥拉的伯爵夫人奥莉维娅——罗曼已经忘了马伏里奥受到的捉弄。最后，小丑唱歌作为尾声：

当初我是个小儿郎，
嗨，呵，一阵雨儿一阵风；
做了傻事毫不思量，
朝朝雨雨呀又风风。

暴风雨般的掌声响起来，罗曼这才如梦初醒。

“现在你可以把我的手放开了吗？”贝蕾妮克微笑着问他。

他往左边看去，这才发现自己紧紧抓着她的手：“哦，对不起！”

谁都没有注意到光线的变化。

“傍晚了。”塞内克斯站起来，深深地透了口气。“带上你们的东西，别落下什么。这就是莎士比亚的环球剧院，我们还要到泰晤士河边去。”

英语中最神秘的抒情诗

太阳挂在西方的地平线上，从建筑物和树木后面探出头来。窄窄的路已经被踩

[1] 译者注：伊利里亚（Illyria），巴尔干半岛上的古地名。

宽了，然后他们又沿着河岸在草地上走了一段，直到塞内克斯在灌木丛后发现一个他中意的僻静地方。他坐到一块石头上，三个孩子则坐到草丛里。

河水在最后的暮色中闪着光。

“现在您要给我们讲什么了，塞内克斯？”贝蕾妮克蜷起腿，双臂抱膝，把头枕在上面，长长的发丝便飘垂下来。

远处，太阳在一片通红的暮色中落下去了。

他们的陪同者十指交叉，伸直咔巴直响的骨节。“还要讲讲莎士比亚，但是作为诗人的莎士比亚，他的十四行诗在诗歌艺术中达到的高度绝不亚于他的戏剧在戏剧艺术中达到的崇高地位。顺便说一句，他的绝大部分十四行诗都是写给一个年轻男子的。”

“什么？给一个男子写情诗？人们知道他是谁吗？”

“可能是十九岁的南汉普顿伯爵（Graf von Southampton），他喜欢在伦敦和他自己的庄园里与诗人及其他有思想的人来往；不过也可能是那个圈子里的另一位。总之那肯定是个又漂亮又有修养的人。戏院因瘟疫流行而关闭时，莎士比亚转向了抒情诗，写下了英语中最出色的抒情组诗。”

“您能背一首十四行诗吗？”贝蕾妮克问。

“德语中有很多翻译过来的版本，我只给你们朗诵一下六十六首十四行诗中的最后一首，因为这一首被一位德国浪漫主义文学时期的女子模仿过，那就是多萝茜亚·蒂克（Dorothea Tieck）。莎士比亚先写了世界上一切令他厌恶的事情——因为有那些事情，他可以轻易放弃这个世界。但在结尾中，他却写道：

厌了这一切，我要离开人寰，
只是，将死的我，也要远离我心爱的人。

“是心爱的男人，而不是心爱的女人……”罗曼重复道，“不过，在我看来这没什么，就像萨福（Sapphos）爱她那些女孩子，还有古希腊人的娈童恋——这些都没什么大不了的，重要的是诗艺本身。再说，也没有人怀疑莎士比亚结了婚，而且有孩子。”

“对，这是事实。”

“也许，他灵魂中男性的一面和女性的一面的分裂，正是他天才的奥妙所在。”贝蕾妮克思索着说道。

“这个，我们可以当作一个问题带到晚上。”塞内克斯答道。

这时天已经全黑下来。“入夜了，是我们宿营的时候了，”塞内克斯说，“宿营地就在那一大片灌木丛后面！”

第六晚
新思想改变世界图景

牛顿与自然科学

世界是如何改变的

透过枝叶交织在一起的桤树和柳树，他们看到草地上孤零零地立着一座桁架式房子，屋顶铺着茅草，屋檐低低的。

“太好了！”贝蕾妮克拍起手来。

“进去吧。我们半小时后再见，像以往一样。”

电灯光照亮了房中各个角落，现在贝蕾妮克觉得这简直是毫无品位。他们各自拿了房间钥匙上楼。房间里，干净的换洗衣服、香皂、毛巾已经准备好了。

洗过澡，换好衣服，他们在自助餐厅里又碰了面。

“咱们已经在多少地方过了夜啊，真是棒极了，而且每天早上都在一个新地方醒来。”罗曼说，“而且之间隔着多远的路啊，就更不用说还隔着几百年、上千年的时间了。”

“而且对咱们来说，算上今天才不过六天，”贝蕾妮克表示赞同，一边叉起一片不听话的生菜叶，“但世界的变化却多大啊！”

“变化确实显著，但同时又很缓慢，”塞内克斯给自己斟上红葡萄酒，“从现在开始，发展的速度才加快——虽然这也是个渐变的过程。”

“就是说，不是在六秒钟内就从零变到一百！”

“不是，斯蒂芬，绝对不是。可话又说回来——与整个进化的过程相比，那只是弹指一挥间的事。言归正传，我想告诉你们，各地的人口都大大地增加了。”

“尽管有黑死病和瘟疫，有饥荒和儿童早夭的问题，人口还是增加了？”斯蒂芬津津有味地吃着一份鳗鱼就米饭。

塞内克斯继续说：“要让我说的话，我会说欧洲所有的地方都已经被占据了——连那些在恺撒的时代还是原始森林和荒野的地方，现在也冒出了城墙环绕、由条条加固了的道路连接起来的城市。书籍的印刷不仅传播了新知识、新认识，也给人们带来了消遣。”

“和今天完全一样，”罗曼嘟囔了一句，在自己的勺子里往叉子上卷着意大利面条。

“你们已经看见了：水磨和风磨磨碎谷粒，减轻了人们的劳动强度。奴隶和农奴依然存在，但数量减少了，而且在城市里也不再起什么作用。高耸的教堂和尖塔随处可见。”

贝蕾妮克吃完了沙拉，把空碗推到一边，又把一盘子千层面拉到面前。

斯蒂芬发现塞内克斯吃得非常少，只吃些正餐前的小菜，而毫不耽误他的讲述。“宗教上的纷争不仅发生在天主教和背叛了天主教的福音新教之间，也发生在福音新教内部——它分出的派别可不是只有新教、英国圣公会、清教主义、卡尔文教派。大大小小的教派之间纷争不断，摇撼着整个时代。在德国爆发了由宗教及政治原因引起的三十年战争，饱受蹂躏的国家当时分裂出三百多个自主的公国和帝国自由城市，或由宗教领袖、或由世俗领袖统治。”

“我想，从根本上来说，战争是残酷的！”

“但这场战争展示了一切疯狂的特征。除此之外，人类随着新工具和新思想的发展进入了宇宙未知的领域，他们对世界的设想改变了——尽管是在寒热交加的战栗之中慢慢地才意识到这一点的。”

塞内克斯把他的空盘子推到桌子中间。

观察时代的顶峰

“请你们回想一下伽利略——我是从意义的角度提起他，即并非跟他这个人相关，而是联系他的科学。我现在想说一说英国最伟大的物理学家。”

“是伊萨克·牛顿（Isaac Newton）吧？”斯蒂芬已经开始吃巧克力冰激凌了。

“他生于1643年，也就是莎士比亚死后二十七年——我赶到时间前面去了，不过这样我们就能呆在英国了。”

“明白了。”罗曼说着，腿在桌子底下向前伸去，上身往后一靠——物理可不是他所热衷的领域。

“在讲到牛顿在科学上的重大意义之前，我先要提醒你们一下——别忘了在那个时代里人们有多么迷信！”

“什么？迷信和牛顿有什么关系？”

“甚至是他这位世界级的数学家、物理学家也去琢磨那些预言世界末日的无稽之谈；另外他还很看重星相学。尽管如此，他还是发现了微积分，写出了万有引力定律。”

“我想，没有万有引力定律就没有宇宙航行。”

塞内克斯又点点头：“据说牛顿思考的灵感来自一个苹果。花园里，那苹果从他身旁的树上掉到地上，激发了他的想象力。他推论，令一个苹果掉到地上的力，肯定也是使行星始终不脱离环绕太阳的椭圆形轨道的力。”

斯蒂芬喃喃说道：“这么说他在花园里的苹果和天上的星星之间建立了联系？”

罗曼皱起了眉头，说这想象也太离奇了。

斯蒂芬的看法却不同：“或许这是一种天才的抽象能力！”

“牛顿知道伽利略在比萨做的试验，也知道尼古拉·哥白尼关于行星环绕太阳运行的理论，那么他就想了，为什么月亮会绕着地球转圈儿，而不会直直地飞出去——按说应该是那样的。他推断，一定还有别的什么力在月球的轨道上起作用，而这个力只能来自地球。他坚持不懈地研究这个问题——是不是地球有一种吸引力，一种重力场呢？这种重力是不是决定了月球的运行轨道呢？他宣称，宇宙中的每一个天体都通过一种力受另外随便哪一个天体的吸引，而这另一个天体越大，二者的距离越近，这种吸引力也就越大。反过来，两个天体之间的距离越大，它们之间的吸引力也就越小。他把他的想法用公式确定下来，以此奠定了经典理论物理和天体力学的基础，并且以潮汐现象为例描述了其他与重力有关的现象。他的著作不仅是时代的一座高峰，是人类观察史上的杰出贡献，而且在某种意义上成了以后几个世纪的科学家心目中的‘圣经’。可牛顿却把他的笔记在写字台里锁了十五年之久。”

“为什么？”贝蕾妮克小口地啜着意大利浓缩咖啡。“他用不着担心受迫害吧？”

“牛顿是一个异常害羞的人，不注重衣着和外表。他更乐意在自己的田庄上过清静日子，而不是在伦敦皇家学会里和他的同行辩论。他是那么厌恶社交，竟至于请求把自己的名字从成员名单上划掉。虽然没获得允许，但他在经济上应尽的义务被免除了。”

“歌德（Geothe）好像也反对他来着，不是吗？”罗曼嘟哝了一句，他刚给自己从餐台那里拿了份布丁回来。

“对，但那只是颜色学的缘故，歌德以为自己能够驳倒牛顿的理论。牛顿发现，纯粹的阳光包括彩虹的所有颜色。在实验中，他借助棱镜证明，阳光中包含的七种光谱色混合起来后又会变回纯白色。歌德持不同的看法，但对的还是牛顿。他的发现引起了很大的反响，因为到那时为止人们一直认为太阳的光是‘纯粹’的、‘完美’的。”

征服地球之乐

塞内克斯喝了口酒，然后问道：“你们吃完了吗？吃完后我们还要出去一下。夜晚的天气十分温和，英国位于墨西哥湾洋流边上，气候宜人。我带你们看看晚上的泰晤士河和伦敦。”

他们遛达到外面，贝蕾妮克跟着斯蒂芬和罗曼，两只手分别轻轻地搭在两人肩头。

塞内克斯将他们引到一条长凳上，从那儿，他们可以眺望河水。深暗的河水载着几条渔船，渔火点点；河水之上是明亮的月光。在它那神秘的照耀之下，河对岸那座仍带着中世纪特征的城市成了一幅剪影——高高低低的房屋、尖尖的屋顶、教堂的高塔，窗子中透出点点朦胧的灯光。

这座大城市还没有安静下来，大街小巷还充斥着嘈杂声，而且越过河水，直传到他们耳边。

塞内克斯把手搭在长凳的靠背上，几乎完全拢住了三个年轻人。“这就是伦敦，伊丽莎白一世及其后继者统治下的不列颠王国的首都，也是克伦威尔和他的议会统治下的英国的首都。伊丽莎白统治时期，英国经历了突飞猛进的发展，人们占领了地球，发现了地球。异邦而来的商品丰富了市场，财富增长了。一股清新的风吹进结了痂的顽固脑袋，人的精神从旧思想中解放出来；教堂的影响受到抵制，总的教育状况得到改善，人们对文学和戏剧的兴趣也更大了。”

“您是不是把这看得太理想化了，塞内克斯？”斯蒂芬推了推眼镜，眉毛已经拧了起来。

“当然，这只是金牌的一面，我现在说的只是社会上那些享受到特权的人。他们人数很少，但却很重要，因为他们指出了走向未来的道路。”

“但大多数人怎么样呢？尤其是大陆部分发生了什么呢？”罗曼望着河水，向后靠去，像是不经意的一般靠在了贝蕾妮克的肩头。

“人们在日常生活中为一些基本的事情担惊受怕，这是我们今天无从想象的。此外，巴洛克时代也能听到悲叹世界空虚的声音，这声音比以前任何时候都大。英国虽然也是这样，但这主要是在大陆，大陆上又以德国最为严重，因为那里简直是恐怖的天下。”

“您指的又是三十年战争吧？”斯蒂芬问。

“三十年战争是极其阴暗的一章，但其实和平时期的情况就已经够严重的了；人们的状况可以说是一种渗透到灵魂深处的不安定，这种不安定又被无视道德标准的放肆加剧。我认为，一方面，由于恐怖灾祸比比皆是，人们试图寻求补偿，但同时又诅咒所有罪恶，淫欲、饕餮、酗酒、嫖妓、赌博、通奸——这还只是罪恶名目中的一小部分。人们悲叹说，每个人都想用压制他人的方式来抬高自己。”

一场释放人的最低级欲望的战争

贝蕾妮克把头向后靠去，仰脸望着月亮，头发上闪着光。“他都见到过什么啊？”她悄声说道。

塞内克斯继续说：“我还得谈几句三十年战争的事，因为它给时代刻下了至深的烙印。”

“三十年战争，1618 年到 1648 年……”斯蒂芬喃喃念道，像个脑子里随时记着一大堆数字年代的模范学生。

塞内克斯话音很轻：“从根本上说，这场战争是信奉新教与信奉天主教的统治者之间的冲突。虽说所有的战争都是无意义的、混乱的，但我却要说，这是最没有意义和最混乱的一场，没过多久就已经没人知道发动它的原因到底是什么了。它勾起了人最低级的欲望，什么可怕的事都做得出来；到处是肆无忌惮、胡作非为，一切都由战争的法则做辩护，这法则是战争自己写下的，每个人都可以随意去阐释它，尤其是那些专断独行的公侯们，不管是天主教一边的，还是新教一边的，全都没有一丝一毫的责任感。这场残杀在恐怖的漫长历史中树立了一个令人毛骨悚然的高峰。”

“真够严重的！”

“这场战争像一面哈哈镜一样照出了人的心灵状况——在宗教的疯狂和政治的无度之中，它像一场寒热，折腾得人死去活来。”

“一个医生大概会说这些都是病态。”

“肯定会的。欧洲中部到处是一片可怕的景象，这从一篇题为《日耳曼的劫难》的文章中不难看出，我从中选出一段给你们念一念：‘那些新兴的大城市样子是多么可悲！先前有过上千条街巷的地方，如今大概不足一百条。那些小城市也是一片惨相，到处都被毁坏、烧光、坍塌，既见不到门窗，也见不到屋顶的椽梁。他们是怎么对待教堂的啊——把钟拉走，把它们烧毁，使它们变成了垃圾堆、马厩、商贩的货摊儿和嫖妓的角落，祭坛成了粪堆。天呐，村庄的样子又是多么凄惨！你走上十里路也见不到一个人，一头牲口，甚至是一只麻雀。房屋里到处都堆着横七竖八的尸首，男的，女的，孩子，仆役，还有马、猪、牛——要么是被鼠疫，要么是被饥饿夺去了生命，尸身上爬满了蛆虫，还被狼、狗、乌鸦啃食。你们知道吗——在角落里，地下室里，人们相互厮杀，父母吃自己的孩子，孩子吃死去父母的尸体。许多人乞讨只能讨到一只狗或一只猫。你们还记得吗——穷人在牲口的死尸堆里刮下腐尸上的肉，砸碎骨头，用骨髓烧肉吃，而那肉上曾爬满了蛆虫……'"

"求求您别说了，够了！"贝蕾妮克厌恶地摇着头。

塞内克斯把嘴抿成了窄窄的一条缝。"不仅是战争，"他喃喃地说，"还有鼠疫、饥荒、火灾、凶杀、抢劫、强奸妇女、无度的残暴——这一切造成了普遍的恐慌，人人都听到了约翰启示中的号角声。那号角声宣布了末日骑士和死亡天使的来临，与他们同来的就是世界末日。宗教秩序、世俗秩序似乎全都崩溃了，路德（Luther）就已经看到了末日审判的临近。"

"这让我想起了安德雷亚斯·格吕菲乌斯（Andreas Gryphius）。"罗曼小声道。

"他努力想用他的诗歌感动那些罪人，令他们悔改，他的悲诉动人心魄。你也了解他的诗吗？"

"了解几首：

……这样的生活算是什么？
我们是什么——你们，还有我？
我们臆想的是什么？
我们想要什么？
如今我们自高自大，
明天却将被埋葬，
今天的鲜花，明天的粪土……
我们又做了些什么啊，
除了夹杂着辛酸恐惧的梦。"

最后，罗曼说："我可不想在这样一个时代里生活！"

"我猜我们谁也不想。"

"但不仅是在这场战争、这个时代中人人都倾向于夸张；夸张不仅体现在坏的方面，也同样在好的事物中体现，这个你们也要知道。我要强调的尤其是艺术方面的成就，但与之并存的是无尽令人厌恶的东西。"

塞内克斯的目光越过河水，投向对岸的城市。河面上月光闪烁……

第一部小说——巴洛克的文学创作

有一阵子，几个人默不作声，最后斯蒂芬开口了：“今天大概已经没有人能理解这个；得有亲身的体验才有这个可能。”

“我们只能依靠当时人的描述。”塞内克斯答道，“没有一个人比约翰·雅各布·克里斯托弗尔·冯·格里美尔斯豪森对这些可厌可恶的事描述得更加形象。你肯定知道他的书吧，罗曼？”

“《痴儿西木传》。”

“书的本名听起来太啰嗦了，我们用不着知道。但就是这些刻画描写也远不能与事实相比。”

罗曼闭上了眼睛，以更好地集中精神。“格里美尔豪森的另一部作品《流浪的枯拉什妈妈》是贝尔特·布莱希特（Bert Brecht）写作他的《大胆妈妈》的蓝本，对吧？”

塞内克斯点点头：“虽然《痴儿西木传》也是一部讽刺小说，有的地方粗俗滑稽，但它的主题就不同了。主人公西木总是一再地体会到，过一个真正基督徒的生活是件多么不可能的事。他听到他那颗基督徒的良心的声音，但不能听从它，因为那样的话，他在这个世界里就会毁灭。”

“但每个人对基督教信仰的理解都是不同的，至少我是这么想的。”

“那是一个宗教情况很复杂的时代。你们知道，尽管有十字军东征，尽管遭受迫害，瓦勒度派依然生存下来；在法国有对胡格诺教派的斗争，最血腥的是圣巴托罗缪之夜[1]，当时有七万人被杀。”

“真令人难以置信！”

“在瑞士占统治地位的是卡尔文（Calvin）和茨温利（Zwingli），在波西米亚有胡斯（Hus）[2]信徒，在德国有新教徒，主要是路德派。英国通过亨利八世（Heinrich VIII.）脱离了罗马，建立了英国圣公会，起因是教皇拒绝同意他与卡特琳娜·冯·阿拉贡（Katharina von Alagón）离婚。除了这些大的教派外还有很多小的和更小的；人

[1] 译者注：圣巴托罗缪之夜，也叫圣巴托罗缪惨案，1572年8月24日的前夜，巴黎天主教徒对胡格诺教派的屠杀。

[2] 译者注：胡斯（Jan Hus，约1369—1415），捷克爱国者和宗教改革家，出身农家。毕业于布拉格大学，历任该校教授、文学系主任和校长。1401年受神父职，次年起兼任布拉格伯利恒教堂教士。反对德意志封建主与天主教会对捷克的压迫和剥削，严厉谴责教皇兜售“赎罪券”，反对教会占有土地，抨击教士的奢侈堕落行为，主张用捷克语举行宗教仪式。教皇和德意志天主教会视之为仇敌。1414年康斯坦茨会议诱骗胡斯到会，然后加以逮捕，并于次年7月以“异端”罪名处以火刑。胡斯之死激起捷克人民的极大义愤，加速了胡斯战争的爆发。

们在日常生活中以自己的方式、在私人的圈子里敬奉上帝。在忠实于梵蒂冈的人中也有许多遭诋毁，被说成是狂徒和异端；还有些人是神秘主义者，寻求隐秘的上帝。在这些虔信派教徒中有西里西亚人安格鲁斯·西雷西乌斯（Angelus Silesius），他写有箴言诗——有没有你知道的，罗曼？”

“这我可答不出了，我只知道那些诗很美，很质朴。”

塞内克斯便帮了这个忙：

要找到我的终结，我的开端，
我只能在上帝中寻觅我——在我心中发现上帝！

“他的意思是说，对上帝有生动而真实的体会，那是在人的心灵之中，所以上帝其实是在人心中复活的。”

“这我可听不出来！”斯蒂芬嘟囔了一句。

“那再听这首：

我知道，没有我，上帝就是虚无，
我若是无，他也不得不退隐。”

“这听起来很异端嘛——即使不说是傲慢！”

“但它却表达了深深的虔诚——一个时代的见证人心中的虔诚。”

“那个时代我们大概永远也理解不了！”

“但要注意，这些诗句中表达出来的已经不再是那种对一个长着白胡子的慈爱上帝的幼稚想象了。”

新知识的加速发展

河水汩汩地流向远方。

塞内克斯给了三个年轻人一会儿沉思默想的工夫。当他再次开口时，就仿佛是顺便说说似的：“现在我们看一看大陆那边。人们犹疑着向前迈出了最早的几步，比如在医学方面。在这个领域盛名不衰的主要是帕拉塞尔苏斯（Paracelsus），因为他的认识对医学来讲是突破性的。”

“帕拉塞尔苏斯？我知道他的名字，但对他的事迹一丁点都不了解。我想象出来的不过是一个穿着深色长袍的中世纪人物。”

“然而他却是一个‘新式’人物。比如，他是自古代以来将医学与自然及自然法则联系起来的第一人；由此他把医学从装神弄鬼的骗术和魔术中解放了出来。他第一个建议使用化学物质治病，如汞和锑。他还推荐了一种鸦片酊剂，他将其称之为‘鸦片酊’。”

“还有什么？”

“进步确实是有的。1500 年前后就有一个瑞士医生给一位妇女做了剖腹产，这是头一次……”

“肯定没有麻醉吧？”贝蕾妮克的肩膀耸了起来。

“那可怜的女子大概疼得晕过去了。离麻醉术的使用还早着呢。但人们在有限的条件下做着研究和实验。1543 年出版了第一本带插图的、还算比较正确的人体解剖书。三年后有个意大利医生发表见解，说疾病是像种子一样的构造，可以从一个人传给另一个人。”

“他大概被人用乱石砸死了吧？”

“他倒没有，但他的一个同行为自己的认识付出了生命的代价，那就是米格尔·塞尔韦特（Michel Servetus）。他先是很聪明地匿名发表了一本书，他在其中说，血液在心脏和肺之间循环流动。人们查出了作者以后，他因持与神学观点相悖的观点被烧死在日内瓦，下令的是宗教改革家卡尔文。”

“我就知道结局好不了！”

“这一次残忍狭隘的是卡尔文派教徒，而不是天主教会。”罗曼插了一句。

“不管怎么说，新的认识是势不可挡的。那时候就已经有了对红细胞的描述。”

“真的吗？”

“近十六世纪末时，一个荷兰人造出了第一架由好几个透镜组成的显微镜，不过它工作起来还很原始。”

“这一切都是同时出现的吗？”

“在区区几十年内。”

“在技术上人们是不是也超出了磨坊和塔楼大钟的水平呢？”

“是的，只不过一切变化都比今天慢得多。在威尼斯，人们发明出了用活字印刷乐谱的方法，这一进步促进了音乐的胜利，使它不再囿于国家的界限和语言的障碍。彼得·汉莱恩造出了第一块怀表，它靠弹簧发条能走上四十个小时，并且一到整点就报时。欧洲处处都摇起了有踏轮的纺车，还出现了一种火柴！”

“想想我们的老祖宗那个时候，取火有多费劲！”贝蕾妮克喃喃说道。

“第一只潜水钟罩的发明虽然可能更轰动，但对人的实际生活来说，火柴却更重要，比第一艘用桨驱动的潜水艇还重要——那潜水艇在这泰晤士河的水下航行了好几次，潜到了五米深处，船上载了二十四人——在当时实在是件稀罕事。在意大利有针孔照相机的实验，在英国设计出了第一台能编织长筒袜的机器，一个意大利人写出了第一本关于‘飞龙升空’的书。”

“这就是飞行的开端吗？”

“离真正飞行还早着呢。但是计算尺获得了发展，布莱兹·帕斯卡（Blaise Pascal）设计出了算术机，能做加法和减法。十七世纪就已经发明出了一种能对着水车的叶片鼓出蒸汽的机器。”

“汽轮机吗？这么说人们已经认识了瓶子里的精灵——沸水的力量吗？”

“还不只如此。第一个带阀门的蒸汽锅加快了食物变熟的过程，最早的蒸汽发动机起初是用来驱动喷泉，并且用在矿山里。气泵的发明也很重要，因为为了做气泵，首先得能够制造真空——到那时为止人们一直认为这是不可能的。但真让十六世纪末的人震惊不已的是当时造出的最早的机床；虽然它们还不够精确，但仍然被叹为奇迹。人们还为修建南运河[1]炸开了一条隧道……”

“这么说人们不用再辛辛苦苦地用尖嘴锄凿石头了？”

“人们第一次开始利用火药的爆破力。自罗马帝国衰败后，大多数城市的供水系统都坏掉了。伦敦桥下的第一个抽水机你们已经见到了，伦敦的水网成了欧洲最先进的，更不用说伦敦城本身了。伦敦城的中心现在也开始在夜间用油灯照明，与之类似的在古罗马和阿拉伯统治时期的西班牙科尔多瓦（Cordoba）就已经出现了。欧洲其他地方从十四世纪开始零星地用墙上或柱子上安的油灯做夜间照明。1545年，第一座植物园在意大利的帕多瓦（Padua）建成，二十年后向日葵就开遍了整个大陆。”

“在那以前没有吗？”

“向日葵是通过西班牙从美洲引进的，贝蕾妮克。人们现在也开始科学地研究植物了。一个德国人描述了四百种国内植物和一百种外国植物，比如来自新世界的胡椒、南瓜和玉米。在一本自然史里，鸟和人的骨骼被分了类并加以比较。意大利人弗拉卡斯托罗（Fracastoro）讲到地球有一个磁极，另一个磁极也是一个意大利人发现的。最后要说的是，在十六世纪结束以前，尼德兰的莱顿建起了大学，而且是作为一个世俗的机构建立的，对所有的信仰都开放。”

“啊，一线光明出现了！”

“你们还会看到宽容精神在尼德兰有更丰富的结果呢。”

[1] 译者注：南运河为连接地中海与法国西南部城市图卢兹的运河，全长237公里，主要修建于1661至1683年间，1996年被选为世界遗产。

人们第一次想到我们称之为进步的东西

蝙蝠像黑色的箭在河流和草地上方倏然飞舞，突兀地改变着方向。远处有只小猫头鹰在呜咽。

“在所有天主教统治的范围内，耶稣会把握着整个学校教育；戏剧也同样如此：每个大的天主教城市里都有一个剧院，而人们应该从那里上演的虔诚戏剧里受到好影响。”

“好让他们不变成新教徒吗？”

“对，但也是为了更坚定他们的信念。新教那边也做同样的努力，按他们的意图教育人们——在日常生活中，在家庭里，在城市里，也在乡下，在宫廷里。”

“一个一天天变得狭隘的时代，我想。”

“不能这么说，人们也在寻找自由。他们开始把自己的思想向未来投射，并开始想那些被我们称之为进步的东西。我提到了几个技术上的进步，而作家现在也开始铺陈他们的想象力。英国哲学家和政治家弗朗西斯·培根（Francis Bacon）死后（他生活在 1561 到 1620 年），他的书《新亚特兰蒂斯》出版了，这可能是第一本乌托邦小说。”

“是科幻文学的开端吗？”

“你尽管这么称它吧，罗曼。他在里面预言了机器人、电话、录音机和电动机！”

“我听说过，人们认为法国人西拉诺·德·贝尔日拉克（Cyrano de Bergerac）是科幻文学之父。”罗曼还在接着刚才的思路说。

“这也不全错，至少在看他的作品数量时可以这么说。但培根死的时候，他才七岁，另外还隔着英吉利海峡和语言的障碍。不管怎么说，他是个思想极端自由的人，不仅攻击哲学教条，也攻击宗教教条，因此激励了像伏尔泰这样的大胆的头脑。在他的一本小说里，他描写了从地球前往月球的七种可能性，其中六个我们忘了也就罢了，但他提出的第七个就是火箭。”

“真奇怪，怎么没有哪艘运载火箭或宇宙飞行舱是以他的名字命名的呢？”

“法国人大概把这个给忘了，虽然他们平素总是迫不及待地强调他们的伟大国家。”塞内克斯微笑起来，沉默了，望着西方那黑暗中的波涛——他在期待着什么吗？

巴洛克，艺术与折磨

堂·吉诃德的创造者，一个西班牙天才

几只迟归的摇桨小船正往家赶。塞内克斯继续说："我们再谈一会儿文学吧。总的来说，巴洛克是一种时髦的风格，它表现的是一种过剩——一种从某些方面来看是'黄金时代'的时代的过剩。"

"但肯定只是对少数人来说——命运给了他们好父母。"

"每个时代其实都是这样。"

"但是我想，今天的人们能够认识到这种不公平，并且力图做些事情来抵制它。"

"这在那个时代还谈不上。除了莎士比亚以外，那个时代的另一位文学巨匠是米格尔·德·塞万提斯（Michel de Cervantes），他的作品《堂·吉诃德》是不朽的巨著之一。顺便说一句，他与莎士比亚是同一天去世的。塞万提斯创造了那位'形象凄惨的骑士'堂·吉诃德·德·拉·曼恰（Don Quijote de la Mancha）、桑丘·潘沙（Sancho Pansa）和被堂·吉诃德捧为神明、倍受膜拜的杜尔西内娅·台尔·托波索（Dulcinea von Toboso）；他想出了风车大战这个情节，这几乎已经成了家喻户晓的典故。这些你们都很熟悉，因为已经有那么多对这部作品进行改编后的作品，包括适合各个年龄段的人看的——有缩写本，还被改编成剧本、拍成电影、绘制成连环漫画，至少也有个音乐剧，在这儿就不用多说了。《堂·吉诃德》大概是除了《圣经》之外最成功、流传最广的一本书了，已被翻译成六十八种文字，印刷次数超过了二千三百次，很多大师为它做过插图，如奥诺雷·杜米埃（Honoré Daumier）、古斯塔夫·多雷（Gustave Doré）、保罗·塞尚（Paul Cézanne），还有我们二十世纪的巴勃罗·毕加索（Pablo Picasso）、霍尔斯特·扬森（Horst Janssen）——不一而足。正像亨利希·海涅（Heinrich Heine）说的那样，我们对这位西班牙天才之所以崇敬，是因为他是现代小说的先驱。"

"他是第一位选取人的疯狂做题材并对其进行讽刺性描述的作家，对吗？"

"对。而且他与莎士比亚是同时代人，这也不是偶然的。在许多人眼中两人有许多共同之处——生命力、戏剧性、对小人物的热爱；我们在莎士比亚那里感受到的他对'傻瓜'类人物的热爱，同样体现在塞万提斯对桑丘·潘沙的描述中，这是为人所熟知的。读《堂·吉诃德》可以使我们了解乡村、破败的城堡及酒馆客栈里的生

活，了解人们在他们各自的天地里是如何行动的。”

一颗并非浑圆的珍珠

罗曼抹了下眼睛："描写这些大概就是一个作家的任务吧。"

塞内克斯点点头，但却没有接他的话头。“咱们还是回过头来说说那个时代。那是一个夸张的时代，尤其是在王公贵族那里。专制主义盛行，在这方面登峰造极的是法王路易十四，他被称为‘太阳王’。他敢说出‘朕即国家’的话，因为他确确实实不受任何限制。让我们感兴趣的倒不是作为‘陛下’和政治家的他，而是作为人的他——要知道人这种‘智慧动物’可以达到何等的穷奢极侈、狂妄自负，他正是一个极好的例子——一个盛装华服、穿金戴银、顶着长长假发的偶人。”

“肯定没有人敢说他不魅力四射吧？”

“那可是要犯死罪的。路易十四可以下达任何命令，而他的任何命令都要被执行，不管是流放（这是当时的一项重罪），还是入狱、死刑。他那种无限度的自高自大、穷奢极欲，当然只有在被同时代人接受的情况下才是可能的。没有任何一个时代像那时那么重视仪式礼节。”

“怎么会成这样的呢？”贝蕾妮克问。

“样板来自西班牙，在那儿，自皇帝卡尔五世以来发展出一种宫廷礼节，巴洛克风格的荒唐之处在其中暴露无遗。为此就需要一大批臣仆，太傅啦，财政总管啦，元帅啦，等等等等，直到最底层当差跑腿的、生壁炉的、倒夜壶的。此外，人的权利根本没有保障，王公贵族们任意横行，毫无顾忌，腐败行贿都是理所当然的事。”

“您一提到巴洛克，我想到的首先是对形式和色彩的沉迷陶醉。”

“每一个人都想压过其他人——每个王公贵族都想压过别的王公贵族，每个主教都想压过其他主教，而艺术家之间也是这样，华丽、堂皇、排场、繁复、矫饰，这些全都属于巴洛克风格。”

“这么说，虽然当时有那么多的穷困现象，人们却奢侈得要命？”

“人们的生活通常是很艰难的，贝蕾妮克。但这并不矛盾，巴洛克风格显示了内部的贫乏和外部的恢弘之间的强烈反差；在每天都饿肚子的时代很少有节约这回事。人们极尽奢华之能事，用纵情享乐、大宴宾客、庆祝、舞会、放焰火等来抵偿他们心中的恐惧。”

“真是夸大狂啊！”

“金牌也有它的背面。王公们互相攀比，一个比一个讲排场，想要抽身出来、置身于外却越来越难了。他们的影响力可能很快就会丧失，那他们就什么也不是了，所以他们要抓住一切机会举办大量庆祝活动——不管由头是多么微不足道，从办生日到下葬，什么都要搞得人声鼎沸的，持续数天还不够，往往还会持续几个月。为此他们得倾其所有——即使这将意味着倾家荡产。"

"到头来还是得老百姓为这一切付出代价，我想。"

"没错，是老百姓付出代价；但在他们穷困的、压抑的、受尽煎熬的日常生活中，他们也需要那种大肆的挥霍——他们可以旁观，这倒确是他们的权利。他们可以目瞪口呆，赞叹不已，甚至可以以这种极有限的方式'享受'那豪华奢侈，在饭铺、酒馆、农舍里久久地回味、讲述、议论，这就是他们的牺牲换来的报酬；他们觉得，在上帝安排的世界秩序之中，这是理所当然的。"

"人们居然相信如此的不公和荒谬是上帝的旨意，这种情况还要持续多久啊？"

"还持续了一百多年，再往后讲排场的时代就过去了。"

"'巴洛克'这个词到底是什么意思呢？"贝蕾妮克问。

"它本来指的是没有完全磨圆的珍珠，其引申意就是'怪诞的艺术'。"

"怪诞？"

"这指的是巴洛克艺术是对文艺复兴时期古典观念的反动。文艺复兴时期，人们追求完美，自然被视作最伟大的教师，它意味着清晰的线条、明亮的光、高贵的人、美丽的女性。"

"您指的是圣母像！"

"随着文艺复兴而来的巴洛克反其道而行之，不厌其烦地搞繁复、矫饰、奢华富丽、在色彩上玩花样，另外，疯狂地纵欲，追求一切畸形的、异常怪诞的和病态的东西也包括其中。"

第一位明星出现在即兴艺术喜剧中

"请您再说一点妇女的情况，塞内克斯。"

"这方面可说的多着呢，"塞内克斯回答。"妇女的地位在十七世纪也没有重大的改变，她们依然受到压迫，只有少数的几个例外。在伦敦，近十九世纪末的时候有些妇女在书籍的出版、印刷、销售方面取得了成就，但实力雄厚的大书商想尽一切办法要挤垮她们，于是便有些寡妇为了能把生意做下去而和她们的伙计结婚；然而，男人想把独立的女性完全挤到一边去，这已经是不可能的事了。日子最好过的是富裕或有声望的家庭里出身的女子，她们可以在艺术、文学甚至科学方面有所作为。自 1560 年起，妇女可以登台演出了，我认为这是妇女解放的一幕。"

"在哪儿登台，塞内克斯？"

“据我所知，第一个女演员是一个意大利女子，她在巴黎首次登台。她名叫伊莎贝拉·安德莱尼（Isabella Andreini），在即兴艺术喜剧中取得了胜利。”

“那她大概就是那一长串儿戏剧、电影明星中打头儿的一个了，不是吗？”

苦力

斯蒂芬说道：“这毕竟是例外，一个手工业者家庭的日常生活又是怎么样的呢？”

“自古以来，手工业行当中都要搞分工。男人制造物品，这是他多年学徒学会的一门手艺，女人则主管家务，照管孩子和学徒，为订货的事情操心，用背篓把作坊的产品拖到市场上去，或者走街串乡去叫卖，大多数的小本经营往往就靠她们的聪明和三寸不烂之舌呢。”

“那么农村的情况呢？”

“出身于底层的妇女要能找到个工作，就可以说是够幸运的了。”

“什么工作？做女仆吗？”

“是的，这可是件辛苦事儿。农村还存在着农奴和依附农，不管主人仁慈与否，他们到老都得对其俯首帖耳。女佣的生活就更是凄惨，繁重的劳动往往把她们累到筋疲力尽，因此有很多当女仆的从一个地方迁到另一个地方，希望能找个好点儿的活计，就这样屡屡地找，屡屡地失望，几乎处处受到虐待。有时她们也奋起反抗，但通常不会有结果，境遇反而更加糟糕。许多人指望通过结婚求得一点点独立，但这种‘升级’也大为可疑，因为只有极少数人能找到一个不是拿她们当牛做马、把她们的血汗榨干、逼到崩溃地步的丈夫。即使是在坐月子的时候她们也不能休息，作为女人和母亲，沉重的工作压在她们身上，为全家和仆役做饭，养育孩子，往往住在摇摇欲坠的房子里，地方很小，却挤着很多人，周围是一片污秽、凌乱、肮脏。她们得在泉边冰冷的水里洗衣服，在家里、牲畜棚里操劳，纺线织布，外加帮着干田里的活儿。”

“那男人们呢？”

“男人主外，耕地、种田，还有放牧——如果女人不用管这事儿的话。”

“难道连一线希望、一丝慰藉也没有吗？”贝蕾妮克迟疑地问。

“如果说有，那也是在大农庄里。如果她们赶巧了嫁得不错，或者她们自己就出身于一个大农庄，那她们就用不着做工做得那么苦了。虽然在大农庄里也有分工，但主妇有帮手和仆役去干那些重活儿，有时她只需监督监督、发号施令就可以了。如果农庄主妇有自由支配的时间可以用来进行社交、阅读、编织、学习知识，那她们就可能请客、交际、举办节庆活动。如果她们运气很好，就能成为家庭的中心，提高家庭的声望。”

"您指的是她们的丈夫的声望吧？"

"也包括这个！"

"这是个什么样的时代啊！"

"这样也就可以理解为什么不只是男子，而是妇女们也寻求一个更好的世界了。1620 年 11 月，第一批共二十八名女性移民乘'五月花'号从普利茅斯港出发，前往北美洲。她们是英国清教徒，是因信仰问题而背井离乡的。"

跳跃的音符，富丽的和弦

贝蕾妮克还想问些什么，可塞内克斯已经指向了西方。从那边驶来一只船队，船上点着灯火。它们顺流而下，打头的是摇桨的小船，里面坐着举火把的人，跟在后面的是较大的平底船，其中的一条上灯火辉煌，灯光倒映在水中。

开始，一切还是无声地进行着，但等船队越来越近后，岸上离他们的长凳不远处突然乐声大作，号角声，隆隆的鼓声，弦乐奏出一段旋律，华美的音符似乎把夜都震得跃动起来。

"你们现在听到的是格奥尔格·弗里德里希·亨德尔（Geog Friedrich Händel）的《水上音乐》，看到的则是王家的豪华游船，周围簇拥着的是贵族的船只。我又超前了，但我向你们保证，我们还会回到十七世纪上半叶的。"

贝蕾妮克只知道听那音乐了，她觉得，连那些咏叹调、布列舞曲、号管舞曲、小步舞曲之间的间歇都充满了乐音，黑暗成了音乐，星斗成了音符，每个空气分子都吸饱了音乐。那音乐声如潮水一般，一忽儿退下去，一忽儿又涨起来，直到最后一切又都幻化为新的乐音的瀑布。

贝蕾妮克闭上眼睛，头向后仰起来，眼前似乎出现了一个烛光照亮的大厅，有舞者在那里随着音乐的节拍翩翩起舞，身体仰合旋转，脚步时前时后，手臂时举时落，洒了香水的丝绸料子在地板上掠过。

这幅图景突然又破灭了，原来是人们放起了焰火。随着花炮在空中炸裂开来，夜空显得更加黑暗。那些焰火之花一朵接着一朵竞相开放，又一朵朵地黯淡下去，垂落下来。远处城市的屋顶和塔尖都被照亮了，绿色、蓝色、红色的瀑布飞流而下——这是向国王表示敬意的焰火。

塞内克斯突然之间打断了此情此景。"赶快上床睡觉吧！明天我们还要再打开今天这本书呢，只不过要往回翻几页。"

"翻到哪儿？哪个国家？哪个城市？"

"不在伦敦，在南方，隔着英吉利海峡。"

第七天
如日中天尼德兰

航海家和商人，艺术家和思想家

在尼德兰

第二天早上，睡足了觉的贝蕾妮克从楼梯上跑下来的时候，塞内克斯正打开门，和罗曼、斯蒂芬往外走。在他们面前展现开来的是一个广场，右侧以一条人工运河为界。运河另一岸上蓊郁的榆树在河水中投下它们的影子。一座窄窄的小桥像拱起的猫背一样架在河上，桥下，天鹅优雅地伸着脖颈在水上浮动，听得见呷呷的鸭子叫、咕咕的鸽子叫，其间还夹杂着鸟鸣，远处传来悠悠的钟声。

"我们是在荷兰（Holland）吗？"

塞内克斯点点头。"这个城市没有确定的名字，我叫它模斯特丹。它是尼德兰许多城市的一个混合体，因为如果不这样的话，我们今天就得不停地换地方。也就是说，我们想到哪儿就可以到哪儿，阿姆斯特丹（Amsterdam）、海牙（Den Haag）、哈尔莱姆（Haarlem）、鹿特丹（Rotterdam）、乌德勒支（Utrecht）、格罗宁根（Groningen）、莱顿（Leiden）——这并不重要，不管怎么说，我们是在从西班牙的统治下解放出来的尼德兰（Niederlande），甚至佛兰德斯（Flandern），我们也把它算在内，虽然它当时仍属于西班牙。"

铺石路面的广场四周，房屋一幢紧挨着一幢，连个空隙都没有，而且幢幢都很窄，立面是褐色或红色的缸砖，窗户上白色的栏杆使它们显得生气勃勃，此外还有石膏花饰以及各式各样的、往往是阶梯形的三角墙，没有一座房子超过三四层。房顶之上是明亮的蓝色天空，云像新洗过一般，被风撵着匆匆飘过。

“是尼德兰，这没错，但是在什么年代呢？”斯蒂芬纳着闷儿。

“这是尼德兰的繁荣时期，我们又往回跳了一段。此时的荷兰等级制共和国是地球上最成功的贸易国家，它的帆船出航远达澳大利亚、北美洲、印度尼西亚和挪威的斯匹次卑尔根群岛（Spitzbergen）、拉丁美洲的库拉索岛（Curaçao）和南非。除了少数几个例外，可以说它统治了全世界。它建起一个个贸易站，目的就是为了剥削、奴役当地土著，正是由此，荷兰的财富持续增长。但现在进去吧，我们要吃早饭了。”

地球上最成功的贸易国家

大家吃饱肚子以后，塞内克斯继续讲述，试着为他们厘清一团乱麻似的尼德兰历史。北部的七个省于1579年摆脱了西班牙阿尔瓦（Alba）公爵的统治，随着乌德勒支同盟的成立获得了独立，而南部的佛兰德斯仍被西班牙占领着，统一的语言区被分割成了两个不同的政治、宗教地区，属于西班牙的部分是信仰天主教的，尼德兰则信仰新教，主要是卡尔文教派。

塞内克斯讲道：“尼德兰人是冷静而讲求实际的商人，卡尔·马克思（Karl Marx）后来对他们的殖民经济有过严厉的批判，称其为背叛、行贿、暗杀、卑鄙的写照，称荷兰为十七世纪典型的资本主义国家。但另一方面，尼德兰从西班牙宗教裁判所的控制下解放出来，变得开放，获得了一定程度的自由，但还受到狂热的新教徒的干扰。但人们毕竟感到了一种无拘无束，可以举行集会，发表见解，并将其付印出版；他们生活在一个独立的共和国里，受到国民军队的保卫——还有雇佣军。阿姆斯特丹尤其具有这种两面性：它一方面有很多重要人物，富于思想和实验精神——要知道，最早的望远镜和磨制玻璃镜片就出自荷兰。人们在这里搞投机，建起了一个交易所，出海远行。另一方面，这里又盛行着卡尔文教派的狂热和狭隘。卡尔文主义从本质上来说是严格的，而它的教规也是如此。”

“投机和交易所——我猜这两者都和郁金香有关系吧？”

“关系太大了。人们像发疯了一般搞郁金香球茎投机，谁都可以到交易所去参与郁金香的交易；一夜之间，乞丐可能会一夜暴富，百万富翁也可能倾家荡产。很快就出现了空头买卖的情况——不管是买主还是卖主，根本没人见到他的郁金香球茎。但正是通过郁金香球茎，证券交易所兴旺起来。在这种气氛之中，人们对那些在其他国家和城市里待不下去的少数派也比较宽容——他们之中有因为政治或宗教原因而遭放逐的英国人、法国的胡格诺教徒，他们的到来扩大了自由思想者、学者、出版商、印刷商的队伍。他们建立了自己的协会、俱乐部，还有类似于共济会的组织。最后到了一种什么地步呢？是否能取得成功成了道德评价的标准；那些没有成功的人会被成功的人视为落伍者，遭到唾弃。伦勃朗（Rembrandt）就是这样孤独地死去的：因为他破了产，别人把他排挤出了卢卡斯协会——这是一个画家、木刻家和铜版雕刻家组成的联盟。谁要是贫穷，那就意味着上帝背弃了他。”

“这就是基督教的博爱！”斯蒂芬嘟囔了一句。“我想耶稣曾劝人要守贫！”

塞内克斯皱起了眉头：“咱们先不要争论吧。人们毕竟得到了公民自由和一定程度的宗教自由，这吸引了很多人。大概有三万五千名移民迁进了这个新生的共和国，主要是商人、艺术家和手工业者。卡尔文主义促进了资本主义的形成，尤其是卡尔文（Calvin）还使利息的计入合法化。大阿姆斯特丹港几乎不比伦敦港差。那里桅杆林立，库房都装得满满的。来自很多国家的海员来来往往，操着不同的语言。这一切和那位有作为的执政者的设想真是太合拍了。”

“执政者？”

“就是奥兰治的威廉亲王（Wilhelm von Oranien）。你们大概知道歌德的悲剧《哀格蒙特》吧，那里面的威廉亲王是个起主导作用的人物——虽然歌德并不一定完全遵循了历史的真实。不管怎么说，卡尔文主义切合所有人的构想，也很合商人的意。另外，人们也敢按自己的需求去阐释《圣经》而毫不觉得羞耻。”

“这倒不让我觉得奇怪，直到今天都是这样的嘛。您能举个例子吗？”

“比如从《圣经》中得出结论说，海盗行径不是一桩罪恶——要知道当时海盗可是很猖獗的。人们的目的只有一个——赚钱，其他一切都要服从这一目的。靠着这股劲儿，尼德兰成了世界强国。”

吃过早饭，塞内克斯催大家上路：“我们要跨过政治意义上的国界了——当然只是在‘进化公园’里，而且仍留在尼德兰语言区内。由于这个原因，人们也把我们马上要去拜访的那位大画家称为尼德兰人，虽然他一生的大部分时间都生活在西班牙统治下佛兰德斯的安特卫普（Antwerpen）。佛兰德斯和尼德兰的宗教信仰不同——一边是罗马天主教，一边是宗教改革卡尔文教派，其文化的发展也很不同。鲁本斯（Rubens）和伦勃朗、凡·戴克（van Dyck）和佛兰斯·哈尔斯（Frans Hals），他们的艺术彼此之间是对立的，不过我们还是可以把他们放在一章中。”

丰沛流溢的形式和色彩

他们漫步走过广场。孩子们在场子上玩耍奔跑，女孩儿都穿长裙，男孩儿则穿扎脚灯笼裤。路上有很多身穿黑衣的人，有的停下来聊天。有几个先生佩着剑。

带阶梯形山墙、立面窄窄的房子全都粉刷得十分仔细，彼此连接在一起，墙缝儿抹得细致入微，构成几何图案。露天台阶的栏杆是熟铁做的，十分漂亮。

塞内克斯和三个年轻人跨过小桥，沿着运河走在榆树荫下。

"这儿住着手工业者、商人、小商贩、工商业者。"塞内克斯说着。过了一条宽阔的大街，他们来到一座富丽堂皇的房子前。房子一层有一条宽阔的敞廊，大门两侧分别守着一个浅色的半裸体巨人石像。一个身穿绿色制服的侍从在大门处迎接了他们。他默默地点头鞠躬，引着他们穿过一条走廊。这条走廊又宽又高，一辆马拉的车可以从从容容地开进去。房子的穹顶之后又是一个宽敞的内院。

"这简直是个小宫殿嘛！"贝蕾妮克惊叹道。

"彼得·保罗·鲁本斯（Peter Paul Rubens）是个富人，不久后他还会给自己买一座城堡，并获得贵族称号。他不只是个画家，也是个外交家，热心于维护和平。他和许多王公、主教有私交，被众星捧月一般地恭维着，订货多得只靠他自己都完成不了。他的画室像一个小工厂——或者我们宽容一点说，像一个有很多伙计的工场。"

鸽子在窗棱上咕咕地叫，圆形的彩色玻璃窗反着光。

侍从引着他们穿过院子，走向宽大的大理石台阶。他们的脚步清晰地回响着。

大师的画室在二层，俯瞰着内院。它的门就够雄伟的了，而等他们迈进去的时候，罗曼对里面空间的高大更感到惊讶了。

"多大的大厅啊"，他小声说，"还有这上面的阳台……"

就在这内阳台上，有一支小乐队正在奏乐，是小提琴和大提琴，由一架羽管键琴伴奏。

厅里是数不清的画架，每个画架前都有一个画家在工作。

"他们都是大师的学生和帮手。"塞内克斯解释道，但马上又住了口，因为一个上了年纪的、身材不算高大的人从一张画布后面走了出来，走向旁边的画布，就这样一张一张地看过去，给伙计们讲解，自己也不时拿起画笔补充补充、改上一改，再指点接下来该怎么做。

塞内克斯鼓励三个人再往里走走，走过那些完成了一半的或刚刚开始画的画儿。贝蕾妮克不喜欢那些画，那些扭曲的身体，一点也不符合她的苗条理想，瞧那些肥硕的臀部！另外那些历史场面和圣徒人物也让她觉得很陌生。

斯蒂芬顺着墙根蹓达着，那儿的地上成行地摆着画完的作品，有的是摞在一起的。他揉揉眼睛，摘下眼镜，擦一擦，再戴上，嘴里嘟囔着："这样也好不到哪儿去！"

罗曼却被一幅肖像牢牢吸引住了，在他看来，这幅画可与众不同。它表现的是一个年轻的女子，年轻美丽；她坐在窗边，拨着琉特琴，阳光落在她闪亮的金发上。

紧接着大师走上前去，他宽宽的脸盘儿上皱纹满布，其中有一对眼睛在狡黠地闪动——它们习惯于眯缝起来做仔细的观察。他的鼻子向上耸起，好像不愿意跟上嘴唇上那两头尖尖的胡子离得太近。鲁本斯身上裹着件棕色的天鹅绒外衣，分成很多层的白色领子很宽大，一直垂到肩膀。他审视自己的作品时，下巴向前伸去，这下他梳理过的小胡子便耷拉下来。

塞内克斯从后面把一只手搭在罗曼肩上，"美丽的弗洛拉（Flora），"他耳语道，"弗洛拉是罗马的花神和青春之神。"

罗曼点点头。贝蕾妮克和斯蒂芬走过来的时候，塞内克斯看出他们都兴趣不大，便说："鲁本斯是欧洲当时最有名的画家。除了西班牙画家委拉斯凯兹（Velasquez）（他用冷静的目光为马德里〈Madrid〉的西班牙王室画像，也画宫廷小丑、侏儒等社会的边缘人物），鲁本斯是巴洛克时期绘画艺术的典型代表，所以有'鲁本斯时期'的说法。他丰沛的色彩和大胆的构图从某种程度上说是对巴洛克的概括，就如同他将巴洛克的光芒收集在了他的棱镜中一般。我承认，他对我们来说已经有一点陌生了，但作为布鲁塞尔（Brussel）的西班牙执政者的宫廷画家，他是一位杰出的艺术家，单从数量上来说就够惊人的了——约有三千幅。"

"他要是个作家，人们会皱皱鼻子，不屑地说他不过是个'多产作家'，"罗曼喃喃说道，"而现在您说起他，就好像他是那个时代的化身。"

"他确实是。"

"但是肯定也有其他样子的艺术家命运，以它们各自的方式反映那个时代。"

"当然，罗曼，我们会结识其中一位的。"

他们很容易就找到了走出房子的路。塞内克斯引他们穿过一条狭窄的小巷，解释说："我们现在离开了布鲁塞尔，再回到荷兰去。现在，模斯特丹就是阿姆斯特丹。"

在一个通往港湾的小广场上，看得见悠闲的男人，蹓达的狗，一边晒太阳一边舔着毛的猫。海鸥在空中大喊大叫，燕鸥从桅杆旁滑翔而过。

离堤坝几步远处有一座屋顶倾斜，摇摇欲坠的小房子。

"我的老天，真可怜！"贝蕾妮克叹了口气。

"这和鲁本斯的大宅相比当然是天壤之别了"，塞内克斯站住了，同时也阻止三个年轻人继续往前走。"但这里却住着造型艺术领域中最伟大的天才之一，也是一位画家。我们就待在外面吧，我觉得在他穷愁潦倒的时候去走访他不太合适。"

"我猜您说的是伦勃朗。"

“对。他体现了巴洛克绘画的高潮——不，肯定不只是巴洛克绘画，他的意义远远超出这一点。或许我应该说他的意义更加深入，也就是深入人的灵魂深处。大概没有人比凡 · 高（van Gogh）表述得更好了：‘伦勃朗是如此深入隐秘之境，他画的东西在语言中是找不到对应词汇的。’”

笼罩着神秘气息的画

“伦勃朗 1606 年生在莱顿，他父亲是莱茵河边的磨坊主，因此他的名字是凡 · 莱茵，全名是伦勃朗 · 哈尔曼松 · 凡 · 莱茵（Rembrandt Harmenszoon van Rijn）。他死于 1669 年。”

“这只是平淡无奇的数字罢了。”

“——尤其是相对于他的杰出成就和令人动容的生活来说。在我看来，伦勃朗的伟大之处正是在于他从不只是反映事物的表面，而是深入到表面上不可见的精神层次，去反映性格或本质。他的画上似乎笼罩着一层神秘，令人难解，感人至深——他越来越多地在光影效果方面——也就是明暗对比——进行实验，以达到这种境界；他的明暗对比达到了尽善尽美的地步，也是他的激情所在。他也许是画家中最伟大的心理学家。1631 年他在阿姆斯特丹安下家，从此就几乎再也没有离开过那儿。”

“开始他不是取得了很大的成功吗？”

“可那时他算是最伟大的画家。他日子最好过的时候住在犹太区，他家是知识分子汇聚的地方。他还和不同的宗教派别、协会有联系。在意大利文艺复兴的影响下，他将带有某种地方狭隘性的荷兰艺术提到了极高的境界。”

“我了解的主要是他的《守夜人》、他母亲的画像和一些自画像。”

“所谓的《守夜人》虽然是他最有名的作品，但却不是最重要的。他画了一队射手的出行——过去从来没有一个人敢于像他那么大胆任意地画一组人物。他画的不是僵硬的制服，而是活跃的生命。伦勃朗总是偏爱表现人，不管是单个人还是一群人。同时他总是寻求现实的、戏剧性的东西，而从不是美的、和谐的；他也从不将他的模特理想化。”

“而这惹恼了别人吗？”贝蕾妮克问。

“至少是得罪了当时占统治地位的观点。他的委托人把他的画退回来，改让别人画。伦勃朗画他的《守夜人》时，他挚爱的妻子萨斯吉娅（Saskia）刚生下他们的第四个儿子提图斯（Titus），生命垂危。他们的头三个孩子也都死了。”

“真可怕！”贝蕾妮克喃喃说道。

“当时的每个家庭里都有孩子夭折的事发生。随着萨斯吉娅的死，伦勃朗在经济上也开始走向毁灭——他的艺术生涯大概也是这样。他那幅母亲画像具有一种独特的魔力，他向我们展示的是一位正在读书的老年妇女。”

“这么说她识字！”

“是的，但她因生活和生活中的痛苦而疲倦，便从那本大厚书里寻求安慰。我们很容易就能看出来那是本《圣经》，因为伦勃朗把老妇正读着的地方也画得清晰可辨。老妇人那布满细细的皱纹的手停在《圣经》上，也许从前她就是这样抚摩他的儿子，而这个儿子的天才是那一个磨坊主家的普通主妇所无法理解的。萨斯吉娅死后，伦勃朗日益缩回到他的孤独之中，主要是在大自然中作画。他用版画和素描形式表现阿姆斯特丹四周的景色，而且他的风景不仅是点缀、陪衬；他就是为了风景而画风景。”

“他好像画了很多自画像吧？”

“大概没有一个画家留下的自画像比伦勃朗留下的多，可能有六十甚至上百幅。我只想提其中一幅，那就是他把自己表现为耶稣门徒保罗的那幅，是他的自画像中最动人的一幅。他画的是个五十五岁的人，但我们看到的是一个多么苍老的老人啊！他认清了这个世界，认清了人，他不再抱任何希望幻想，简直就是绝望的化身——但同时他又似乎在微笑着俯瞰所有仍在心中构筑幻想的人。他深色的眼睛抓住了我们的心，与他手中的书一道告诉我们，他已经逃向了人类最后的避难所。”

“您指的是精神，对不对？”贝蕾妮克小声问。

“伦勃朗临摹了他自己的整个生涯，从青年时代的他到被人遗忘、疲惫不堪地站在死神门槛上的年迈的他。面对债主，他的儿子和新妻子亨德莉克·斯托福尔斯（Hendrickje Stoffels）努力保护他。”

“亨德莉克·斯托福尔斯？”

“她本来是以女仆的身份进他家门的，但很快就成了提图斯的母亲。提图斯十七岁时，他们两人共同开了一家艺术品商店，以此供养伦勃朗。困境之中，他只好搬到你们眼前这所破烂的小房子里。主要是多亏了亨德莉克，他的晚景才不至于一片悲惨。她为他生了一个女儿，科尔内莉亚（Cornelia）。他又画出了几幅伟大的作品，为亨德莉克和提图斯画了充满柔情的画像。然而，亨德莉克也在他之前就去世了，那是1662年。”

“那以后他就完全孤独了吧？”

“差不多，因为提图斯也死了。最后这位已经疲惫不堪的人就只和科尔内莉亚及一个老女仆生活在这所冷清破烂的小房子里。他留给女儿的财产，不过是画具、床、一条被子、衣服、手帕、硬币和圣经。但这位西方绘画中最伟大的天才之一却为我们留下了无与伦比的作品。”

烘焙咖啡的香气

他们继续漫步向前走到了市中心。刚才还是小港口荒凉忧郁的景色，现在他们又穿行在铺石路面的巷子里。太阳和风雨在那些窄窄的房子上红色的石头和白色的窗栏上画出了细致的痕迹。

“我喜欢这个城市。”贝蕾妮克说。

他们走到了一座教堂前。教堂的顶是石板瓦的，还有一个顶部跟洋葱头似的钟楼。塞内克斯让他们往里看一眼。“你们看到的是被卡尔文主义的破坏圣像运动一扫而空的教堂内部。”

一切都平淡实在，没什么吸引人的，但整个教堂里却充盈着透过毫无装饰的玻璃窗泻进来的光，建筑的结构由此而更加明了了。教堂里空阔冷清，只在祭坛那儿有一男一女两个人在聊着什么；他们身穿黑衣，像参加葬礼的客人似的。

“这儿的手工业者用这一建筑证明了他们的能力。”塞内克斯压低了声音说，“另外尼德兰人在造机器、船只和堤坝方面是无人可以匹敌的。”

他们继续往前走去。周围越来越热闹，店铺里陈列着从西印度和神秘的东方来的稀奇古怪的东西，包括瓷器。空气中流荡着充满异国情调的香料味道，其中就有焙制咖啡的香味儿。在他们面前豁然出现的广场上，一家店的老板把桌椅摆在了树荫下；男男女女各色人等坐在那儿，有学者、律师，也有海员、土耳其人、西班牙人和葡萄牙人，各种语言响成一片。

塞内克斯带着他们走向一张桌子，点了咖啡。新鲜的咖啡盛在一个褐色的壶里端上来，此外还有四个没把儿的大肚儿瓷杯、掼奶油和冰糖。

塞内克斯点头示意他们看那些东方打扮的人，一边呷着咖啡一边说：“这些外国人不想放弃他们喝惯了的饮料。”

红褐色铺石路面的广场上生机勃勃，大多数人都穿黑衣服，只有一个身材秀气的年轻男子引起了贝蕾妮克的注意。他穿着绿色紧身上衣，下面是骑手穿戴的靴子和马刺，一条宽得夸张的皮质绶带斜挎在身上，一柄剑挂在上面，晃晃悠悠的，银色的末端时不时触着地面，一根硕大的羽毛插在他的宽沿儿帽子上。

“好一只猴子！”贝蕾妮克嘟囔了一句。

塞内克斯笑了：“看错人的事有时是免不了的！我正要请你们注意观察这个小‘公子哥儿’呢，因为我们这就要讲很多关于他的事呢。当然了，你们还不知道他是谁！”

“您就别吊我们的胃口了！”

“为什么不呢？他是欧洲最聪明的脑袋瓜之一——不仅是在他那个时代，而且是在数百年间，也许可以把我们的时代都算上。”

“什么？就是这位吗？不可思议！”

“不信也得信——你们看到的是勒内·笛卡儿（René Descartes）！”

“那就怪不得了！”斯蒂芬惊讶得皱起了眉头。“这我可得赶快擦擦眼镜！”然而他没把眼镜摘下来，而是眯起眼睛，伸长了脖子。“笛卡儿——就这么个小人儿！”

“当心！”塞内克斯把手放在他的胳膊上。“他是个出色的剑手。这会儿他正在和伊萨克·贝克曼（Isaak Beeckmann）谈话，贝克曼是尼德兰医生、哲学家、数学家、多德雷赫特教会学校的校长。他那时也低估了笛卡儿，居高临下地对待他；但这种情况很快就改变了——贝克曼不久就成了笛卡儿的仰慕者。”

——只见一个正经八百的人正在规劝着笛卡儿，他那一丝不苟的黑衣服和白色的尖领子证明他是卡尔文教派的。

两个人说着话，渐渐走远了。

他们消失了以后，塞内克斯敲了敲他的咖啡壶：“现在说说咖啡吧。可以说随着它的出现，文化史的一个新时代开始了，至少是出现了社交的新形式。”

“人们是怎么知道咖啡的？”

“人们是从伊斯兰教国家那里认识咖啡的，而伊斯兰教国家又是从埃塞俄比亚那里知道咖啡的。最早很可能是威尼斯商人在康斯坦丁堡（Konstantinopel）认识了咖啡，也就是今天的伊斯坦布尔（Istanbul）。1642 年，第一家咖啡馆在威尼斯开张，随后，咖啡馆、咖啡屋便在所有重要的港口城市接二连三地开起来，包括伦敦、马赛（Marseille）和汉堡（Hamburg）；它们的增长速度快极了，正像咖啡迅速受到人们的青睐一样。举一个例子：十七世纪末，仅伦敦就已经有了两千家咖啡馆。”

“我还以为咖啡是从维也纳传过来的呢！”

“维也纳的第一家咖啡馆是 1685 年开张的，咖啡馆的发展在那儿确实格外兴旺，简直可以成了一种独特的文化。”

“约翰·塞巴斯蒂安·巴赫（Johann Sebastian Bach）还写了《咖啡康塔塔》！”

“对，但那是在莱比锡，不是在维也纳，罗曼。1671 年就已经出版了第一本关于正确饮用茶、咖啡和巧克力的书。”

两位上了年纪的先生从他们身旁走过，说的是拉丁语。

“欧洲所有受过教育的人都可以用拉丁语进行交流，不管是哪个国家的。这对我们的文化来说好处太大了，怎么说都不过分。但还是回过头来说咖啡吧——即使是在路易十四（Ludwig XIV.）的巴黎它也不仅仅是成为一种时髦，而是成了一种‘瘾’，什么也不能和咖啡匹敌。另一方面，很多地方的人们试图用它来抑制酒瘾。”

“它怎么就会变得如此受欢迎了呢？”

“通过咖啡馆啊！咖啡馆获得了重大的社会意义，因为不同来历的人都可以在那里抛头露面，那儿的气氛是中性的，和酒馆里可不一样。因此在法国，人们也把咖啡馆称作‘bureau d’esprit’，翻译过来可以说成是‘思想汇聚的地方’。在那儿，你会有很好的自我感觉；你来了，而且还会来——你在这儿聊天、谈生意、写信、思考、作诗、读报、玩儿、密谋。根本没法说清有多少秘密组织的间谍是在咖啡馆接头、有多少次革命和暴动是在咖啡馆中发起的。”

“而且一直到现在还有——至少我这么猜。”

“可以这么讲。咖啡馆成了诗人、艺术家、记者、政治家碰头的地方，此外喝咖啡的习俗还促进了沙龙的形成——在沙龙里是聪明的女子说了算，因此妇女能够得到解放不应只归功于启蒙和宽容，也得感谢咖啡，甚至更该感谢咖啡！”

“塞内克斯，您对咖啡简直是赞不绝口！我可不能想象妇女真的欠咖啡这么多的情。”

塞内克斯抿嘴笑了：“等着瞧吧，贝蕾妮克，我还有另外一个小故事要讲给你听呢。”

笼子里的女学生

塞内克斯向后一靠，半晌才说：“1607 到 1678 年，在这个我们现在称为乌德勒支的城市里生活着一位博学的妇女，她名叫安娜·玛丽亚·冯·舒尔曼（Anne Maria von Schurman），但人们称她‘乌德勒支之星’，或‘尼德兰的萨福’，不过萨福是一个女诗人、女歌手，而安娜·玛丽亚·冯·舒尔曼虽是位令人惊异的女性，二十七岁时就比许多学者对科学和艺术懂得还多，但她却没那么有文学天赋。不错，她也写诗，在音乐和绘画方面也受过训练，但她主要擅长的是有富有学识的谈吐、数学、经院哲学、自然科学和神学。她喜欢辩论，据说掌握十门语言。由于她如此聪明，还得到了一项特别许可——她获准在莱顿大学听讲座。”

“有什么不一般的事儿，塞内克斯？”

“你马上就知道了：人们在授课的大厅里安置了一个笼子——是特地给她准备的，让其他人别打什么歪主意！”

“这真是太过分了！那她就像只动物园里的猴子似的坐在栏杆后面吗？”贝蕾妮克脸都气歪了。

“她本人强烈地宣扬她的观点：女性基督徒应该得到上大学的权利。为此她还写过一篇论文。”

“男人们有那么严重的偏见，她肯定是白写了。”

“但瑞典女王克里斯蒂娜（Christine）却愿意听她的话，两人有书信往来。”

“您讲讲女王吧！”

“以后再讲，让我再就安娜·玛丽亚·冯·舒尔曼说最后几句。晚年的她成了虔信主义者，参加了一场信仰复兴运动，我们可以把那称为一个教派！”

“教育不能防止愚蠢，”斯蒂芬嘟囔道，“但塞内克斯，请您先不要开始新的一章，我认为我们还没说完尼德兰的绘画。为什么偏偏在这么小的一个国家里出了这么多有名的画儿呢？而且几乎没有宗教题材的了，别的地方可不是这样，对吗？”

“一句话：你说得对——我们能够了解当时人们的生活，正是要感谢尼德兰绘画。”

为兴旺的资产阶级服务的艺术

“鲁本斯在安特卫普，也就是西班牙的佛兰德斯，主要是为王公、总督作画，而尼德兰的绘画则主要受到正处在上升期的资产阶级的扶掖。尼德兰成了一个新世界的中心，在这不平静的铺石路面上，艺术家也从老榜样的束缚中解放出来了，因为这儿已经没有宫廷和宫殿，也就是没有宫廷画家了。新教方面的人也不向画家订货，因为他们要的是朴素的教堂。而另一方面呢，市民阶级要人为他们画像——群像、室内画、风俗画，还有大自然！人们想要的不再是宗教题材的画，而是农民站在他的茅草屋前，或者喝得醉醺醺、抽着烟的人，想发迹的先生们要给他们的家人画像。”

“也就是日常生活中的人！”

“是随处可见的人。画家们在艺术上得到如此这般的自由，简直是陶醉了。他们用异样的眼光打量街道，在他们的身边发现了新的题材。现实中充满了惊奇。”

“也就是充满了挑战！”

“外科学成了时尚，解剖学课程开设起来，射击协会经常亮相。每个市民，只要有能力，就会装饰他的住宅和工场，为此，游戏的儿童、砖顶房子、在窗前读恋人来信的姑娘都被表现在画布上。”

“那是代尔夫特的维梅尔（Vermeer van Delft）画的！”

“……喝醉酒的农民……”

“那幅是彼得·布勒盖尔（Pieter Brueghel）的，人们叫他农夫画家布勒盖尔！”

“……还有滑冰的快乐！”

“啊，这回我想不起来是谁了！”

“是亨利克·阿维坎普（Hendrik Averkamp）。这些艺术家表现他们的时代和他们周围的人，你们要想知道那时候人的样子，只要看看佛兰斯·哈尔斯、艾缀因·布劳尔（Adriaen Brouwer）、扬·斯丁（Jan Steen）等很多人的画就行了。他们向我们展示了城市、教堂、房屋、起居室，还有手工业者、商人、医生和农民，他们的生活，他们的工作。”

思想的启蒙

一个想读世界这本大书的人

塞内克斯又点了一次咖啡，问道："如果你们愿意，我们再把目光转向那个穿绿衣服的小个子男子吧。考虑到他的重大意义，我可不想把他叫做'小人儿'。我们讲尼德兰绘画的时候，时间已经又过去了几年，你们不要再把笛卡儿想象成穿着绿色紧身衣的人了——他过着放荡的生活，主要是在性生活方面。"

"一个卡萨诺瓦（Casanova）？"

"可以这么说，但他的意义可比卡萨诺瓦重大多了。"

"笛卡儿怎么会在尼德兰呢？我想他是法国人啊。"

"他是法国人，是除了伏尔泰、拿破仑以外的另一个法国最伟大的儿子——当然不是以皇帝的身份，但他像拿破仑一样震撼了世界，思想的世界。勒内·笛卡儿（René Descartes），也可按拉丁写法称雷纳图斯·卡提修斯（Renatus Cartesius），1596年生在图赖讷（Touraine）[1]。他的家庭属于小贵族，拥有一个庄园，这虽不能使他成为巨富，但也足以使他一生衣食无忧。他对他的父亲极其厌恶，他父亲是个坐在议院里的法院顾问，身披红袍，这样，人们就看不出溅上的那些被他施以酷刑并处死的可怜人的鲜血了。议院、民事法庭、刑法及上诉法院当时在迫害所谓的巫师和巫婆，进行大规模的集体行刑，有时候一天里就点起四百个火刑堆。还是学生的笛卡儿向学校里的学长倾诉了他对这一切的憎恶。法国教会更希望能对这些'魔鬼的牺牲品'施行'驱魔'术，而世俗的法官却对此采取置之不理的态度——也是奉着国王的旨意，当时的统治者是亨利四世（Heinrich IV.）。"

"亨利四世？就是那个'好国王'吗？"

"他曾尝试推行宗教宽容政策，但那犹如走钢丝绳一般危险，他失败了。你们也许知道他的名言——'星期天每个法国人的锅里都应该有一只鸡'。"

"他这是什么意思？"

"这在我们听起来没什么了不得的，我们每天都可以有烤仔鸡吃，但在这位国王的时代里，食物匮乏，经常闹饥荒，所以他提出的是一个革命性的要求呢。笛卡儿

[1] 译者注：图赖讷是法国历史上的一个行省，行省这一区划已于1789年取消。

十四岁的时候，亨利四世被人刺杀了，继位的是路易十三（Ludwig XIII.），首先由他的母亲玛利亚·德·美第奇（Maria de Medici）摄政。年轻的勒内上的是一所耶稣会的教会学校，在那儿，人们发现了他的数学和天文学天赋。他发现了一些令他不能容忍的错误和矛盾。由于这一学业有很大局限性，令他深感无聊，便终止了学业。”

“那他想干什么？”斯蒂芬这时对那个年轻人生出了好感。

“他不想再读原来那些书了，他要去读世界这本大书。”

“这听起来很泛泛。”

“他学习剑术，被他的父亲送到荷兰去受军事教育，因为尼德兰人战胜西班牙以后获得了很高的声誉。笛卡儿是见习生，所以得为自己的装备和服务操心，也不领薪饷，只得到一个象征性的金币，叫他保存了一辈子。三十年战争使欧洲陷入危机的时候，笛卡儿二十二岁；等这场混乱过去，他只活了两年。注意这一点，因为他在这场战争中的体验和战争的恐怖实际上给成年后的他的整个生活刻下了深深的烙印，就像火烧巫婆事件一样，对他的哲学起了决定性的影响。1619 年，他到了法兰克福（Frankfurt），以不领薪俸的军官的身份为巴伐利亚（Bayern）公爵服务，在多瑙河（die Donau）附近过冬，把他的房间烧得过热，做他的梦——或好或坏的梦。”

“那又怎么样？我每天晚上都做梦，可又谁关心呢？”罗曼把身体挪到椅子的前沿上，然后向后一靠——以这种懒散的姿势他可以听得更专心。

我思故我在

塞内克斯微笑了：“如果你的梦会对你起他的梦对他那么大的作用，五百年后还会有人谈论你的梦的！笛卡儿做了三个梦，前两个告诉他，迄今为止他的生活全都是误入歧途，第三个梦告诉他，从此以后真理的精神将会为他指引道路。他写道，他找到了一个看世界的新视点，一种体验和理解世界的新方法，他自己称之为‘inventum mirabile’——一个绝妙的发现。这是人类的一个历史性时刻。”

“听起来太棒了！”

“笛卡儿想要为一门新科学奠定基础，并由此建立一门全新的理论。他确信他能发现世界的模式、解开世界上一切奥秘的钥匙。”

“我想，我们今天不也还是在找吗！”

“但这并不能抹煞笛卡儿的功绩。”

“我知道。”斯蒂芬推推眼镜，“我们永远也无法体验真理，即使偶然找到了，我们也不知道那就是真理——是不是这样？我当然知道笛卡儿的世界模式。”

“他说过一句话——大概没有哪句话比这句让人引用的次数更多了；每个人，即使是根本不了解笛卡儿的，也知道这句话。对笛卡儿来说，那是他存在的不可辩驳的证据……”

“我思故我在。”

“法语是：‘Je dense, donc je suis’，拉丁语是‘Congito,ergo sum’。这是思想发展中决定性的一步，因为它教给人一种新的思维方式。”

“那也许是重要的一步，但我想可能不是具有正面意义的一步。笛卡儿说的是否有理，在今天比以往任何时候都受到更多的质疑。”

“没有永远正确的真理。”

“我承认，塞内克斯，但它的革命之处到底在哪里呢？”

“笛卡儿说他现在终于有把握了。对他来说，这句话是建立科学大厦坚不可摧的地基，它超出了试验和谬误，能够用数学的清晰总结一切知识。他认为，就算我们所有的感官都欺骗我们，世界上的一切都只在人的幻觉之中存在，这一点仍然是肯定的：我思故我在！在笛卡儿看来，感官是谎言之源，在这一点上他和英国人弗朗西斯·培根（Francis Bacon）相似；培根也坚信真理只有通过实验才能够得到证明。”

“人们批判的恰恰就是这一点，这使得人的感觉和心灵被抹杀了。”罗曼喊道，“如果只有证据算数，那人本身还剩下什么呢！”

“人们确实为此指责笛卡儿，但我现在要说的不是这个。当时他推论说：假如我不存在，我就不能对我自己进行思索。一个能透过现象和存在进行思索的人毫无疑问是存在的。这意味着，确信是从怀疑中成长出来的。笛卡儿把怀疑变成了他的方法，他要通过怀疑抵达真理，他认为，只有能够被质疑的才有可能是真实的。他在对一切人可以想得到的东西发出质疑的时候，不得不自问还剩下什么；总得有什么东西是可以让他确信的。他要把一切哪怕稍有可疑的东西都排除掉，将其宣布为谬误。于是他推出结论：我们可以认为没有上帝，甚至认为我们自己既没有手，也没有脚，连身体都没有，但我们不能认为想着这一切的我们不存在。或者换句话说，即使人怀疑一切，他也可以确信，他的思想证明了他的存在。”

“这些都是他梦到的吗？”

“当然不是。他写了一本薄薄的小书，只有五十页，而且是用法语写的，对于一个学者来说，这在当时是很少见的，给他招来了许多批评。他想要得到不拘泥于旧哲学书的读者，而且他明确表示自己也想到了妇女。我们知道，那时候女孩子是不能上公共学校学习的。笛卡儿想让她们也明白他的意思，让她们有自修的能力。他的作品《Discours de la méthode pour bien conduire sa raison et chercher la vérité》，也就是《方法论》，直到 1637 年才发表，那时他已经四十一岁了。”

“为什么这么晚才发表呢？”

思考并做出自己的结论

“因为他的尼德兰修士兄弟为他在莱顿找到了一个印书商。”

“修士兄弟？”

“他加入了玫瑰十字会，但它与今天的玫瑰十字会一点关系也没有。玫瑰十字会的弟兄们不传播什么学说，没有教规，但有义务遵守一些戒条，对这些戒条我们不感兴趣，只除了一点：他们拒绝一切‘错误的知识’，希望自己能根据自己的亲眼所见、亲耳所闻去下判断，从自己的经验出发思考并得出自己的结论。”

“笛卡儿也这样想！”

“就是啊。笛卡儿给印书商二百册书作为报酬。他是匿名发表他的作品的，因为他怕受迫害，另外伽利略受罗马宗教裁判所审判的事也让他不安。他也知道自己得和力量强大的经院哲学作斗争，知道这有多么危险。1624 年他年近三十岁的时候，巴黎的议院就对企图反对亚里士多德（Aristoteles）的物理和公开反对经院哲学的人判处死刑。笛卡儿的新方法不啻于一纸宣战书。”

“也像是自杀！”

“笛卡儿面临的危险并不是他胡思乱想出来的。虽然 1624 年大权到手的黎塞留（Richerieu）[1] 脑子里并没想着火刑堆，他有更大的目标，但欧洲的大气候是不宽容。因此笛卡儿搬到了新教的荷兰，那儿的风气更自由。其他欧洲国家经历摧毁和混乱的年头正是尼德兰的黄金时代，其他地方的禁书在那里出版，印书商像伦敦的一样，同时是出版商、书商和校对。一些重要的印刷厂和出版社就在市政厅的附近，它们中的几个今天还存在着。对进步的思想家来说阿姆斯特丹成了避难所，约翰·洛克（John Locke）那些具有突破意义的关于宽容的信件和大量其他作品都是在阿姆斯特丹首版发行的。”

“约翰·洛克？”

“他是哲学家、医生、教育家，新时代的启蒙主义哲学及英国经验主义的创始人。他生活的年代比笛卡儿晚些，笛卡儿的《方法论》发表时他才五岁。由于笛卡儿清楚地知道占统治地位的经院哲学是科学进步的障碍，他便想创立一种胜过它的哲

[1] 译者注：黎塞留（Armand Jean du Plessis，Duc de Richelieu，1585—1642）法王路易十三的宰相，枢机主教（1622）。执政期间（1624—1642），取消胡格诺教派的政治特权，惩治叛乱贵族，各省设监察官，控制地方行政、司法和财政，并奖励工商，增殖财富，加强了专制主义。对外鼓励航海和殖民掠夺。三十年战争中，支持德意志和瑞典新教徒，反对天主教的哈布斯堡王朝；1635年正式参战。这些措施提高了法国的国际地位。因捐税繁重，农民一再起义（1636—1637，1639），均遭黎塞留政府镇压。

学。他用蒙田的一句话开始他的《方法论》：健康的理性是世界上分配得最好的东西。”

斯蒂芬叹了口气，皱起眉头：“我却只看到理性是世界上分配得最不好的东西。几乎所有的人都太缺少理性，极少的人又拥有太多的理性，只有一小部分人拥有不多不少正合适的理性。”

“尼德兰比较自由，其原因只在于卡尔文主义吗？卡尔文主义恰恰是很不宽容的呀！”贝蕾妮克把一绺头发从额头上捋到一边。

“不，绝对不只是靠卡尔文主义，虽然人们比在天主教的西班牙思想自由些，但新教的顽固不化可以和天主教媲美，你说得对。笛卡儿的一个朋友说神学家都像猪：‘你要是拽了其中一头的尾巴，他们全都会嚎叫起来’。但毕竟有种追求成功的劲头儿占了上风，荷兰表现一个商人民族的面貌，精于算计，同时又可以被算计。笛卡儿自己说：‘这儿除了我以外没有人不经商，每个人对他自己的利益都是那么斤斤计较，我可以一生都待在这儿，也不用担心会被谁注意到。’”

“不被人注意到——也许这就是他想要的吧？”

“他在玫瑰十字会的弟兄们总是关注他、钦佩他、支持他。如果他没地方住，他们就收留他。但由于他怕自己成为别人的累赘，就一再更换住处，所以他不停地搬家，大概超过二十次。这也就是我为什么在开始的时候说，如果我们不发明出这个模斯特丹，我们就得不停地换地方的原因。有了模斯特丹，我们就可以总待在这儿，因为它可以代表任何一个城市，不管它是在尼德兰还是在佛兰德斯。每搬一次家他都到最近的大学去登记注册，因为他需要那儿的图书馆，荷兰是他理想的避难所也是因为这个。他发现这儿有出色的科学家，连一个普通的农民都能读会写——这在欧洲是个例外。这是伦勃朗和鲁本斯的时代，当然他并不知道他们，但佛兰斯·哈尔斯在哈勒姆（Haarlem）为他画了像。他在阿姆斯特丹有一个爱人——他的女仆，1635 年盛夏，他的女儿出生了。”

中世纪的物理仍然占统治地位

“但还是再说说笛卡儿的哲学吧。他是最早发现人需要新的思维方式的那批人中的一个。占统治地位的经院哲学继承了已有两千年历史的亚里士多德哲学，试图使它与基督教学说合上辙，于是科学和哲学背上了神学这个大包袱而变得迟钝不堪。为了正确评判笛卡儿，我们必须明确一点：那时候占统治地位的还是中世纪的物理学，据此，世界是由水、火、空气和土四大元素组成的，这些元素处在持续的对抗之中。”

“很诗意、但又很幼稚的设想！”

“而且是不能用实验方法检验的设想，那时候不能，今天也还是不能。”

“我想，除了伽利略，那时几乎没有人做实验。”

“人们辩论起来旁征博引，全是理论，听起来像在背诵圣经。”

“而且深信圣灵就站在自己一边！”

“笛卡儿要用他的《方法论》走自己的认识道路。他的小书从根本上改变了西方思想的方向，可以说它是划时代的。笛卡儿得出一个结论：他必须改进数学。他相信，有了数学的帮助，一切都可以得到解释，不管世界是多么缥缈不定，你都可以信赖数学。不管我是睡着还是醒着，二加三等于五总是对的，一个正方形总是只能有四条边。笛卡儿同时又是数学家，很多人都更倾向于把他看作一个自然科学家而不是一个哲学家。尽管如此，他仍然是现代哲学的奠基人。”

“我还记得我们在数学课上听到过他的名字！”

“他也是解析几何的创始人。有 x 轴和 y 轴的直角坐标系是以他的名字来命名的：卡提修坐标系[1]。他改革了代数学，比如他在代数中引入了新的写法，我们今天还在使用，如幂的写法，10 的 2 次方——2 字要写在 10 字的右上方，这是从笛卡儿那儿来的。不过笛卡儿从来没想过为数学而数学，而始终把它当作可以解决问题的工具，而且——我认为这是很重要的——不仅是精于此道的数学家的工具，也是每个人的工具。”

“我想，这他可高估我们这些凡人了！”

“他对正蓬勃发展的自然科学感到欢欣鼓舞，于是想将其数学化。”

斯蒂芬说：“我仔细一想，就发现他的话‘我思故我在’也是无比自豪的。它赋予我们那么多的独立自主，可以说，它给了我们一种面对自然的新的尊严，在那以前我们还从不曾有过。难道你能说‘我信故我在’吗？不能，不能，绝对不能！只有思想能证明自己的存在。”

“可我还是不明白他异乎寻常的意义到底在哪儿！”罗曼反驳道。

“我会试着用最简洁的话把它表达出来。笛卡儿的方法就是彻底怀疑一切的方法。只有当一个陈述的证据显然可以排除一切疑问的时候，这个陈述才能被视作是真实的。因此笛卡儿是从检验陈述的可质疑性开始去探求真实的陈述的，他想要建立一个自成一体的世界体系。他想要回到最简单的认识，通过直觉就可以把握的。而要达到这种把握，他怀疑一切，单单不怀疑自己的存在，因为他思想——如果他不存在，他就不能思想了。他以此为出发点，宣扬精神实体与其广延即物质实体是完全分离的，二者之间存在着一种二元性，正是这一点引发了人们对他的机械论和唯物论的指责。人们说，在笛卡儿主义者看来，世界像是一只钟，其中的一切都精确地咬合，一切都可以得到校正——但这么说其实是不对的。他的书展示了一

[1] 译者注：现在常称“笛卡儿坐标系”。

幅新的世界图景：观察、分析、定理。在他看来，一切都是可以看透的，可以解释的——这虽然是个错误，但却硕果累累。在他的论文中，一切都是新鲜的；人们看到的不是充斥着教条的论文，而是对思想的历程和个人的思索的报告。他用了第一人称，因此使他的文章更有人性。”

“而人们还为此指责他吗？”

“他将这历史上最重要的文章之一交给他同时代的人们，却马上遭到了攻击。人们指责他要把科学庸俗化，也就是要把科学拉下来，拉成平平常常的东西。你们肯定还记得，霍亨斯陶芬的腓特烈二世皇帝（Kaiser Friedrich II. von Hohenstaufen）是最早用民众的语言，用俗语做诗的人之一，但丁创作不用拉丁语而用托斯卡纳方言，路德把《圣经》译成了德语，笛卡儿则用法语解释他的‘方法’。人们谩骂他，因为他废除了知识的特权——知识本来只应该是那些掌握拉丁语的精英们的特权，他却使其成为所有人都可以接近的。”

现代世界的序幕

“十七世纪僵化迟钝的社会是中世纪以来结成的层层硬壳，笛卡儿的《方法论》是个火种，是一场政治行动，就如同揭开了现代社会的序幕。用笛卡儿的《方法论》，每个人都可以进行自修，发展科学技术，独立自主，甚至不上学也可以。”

“这我还不太明白。”

“为了达到正确思想的目的，笛卡儿提出了四个基本的准则，在法国，这四个准则直到今天还被传授给学生们呢。第一个准则是：只有那些能够被人清晰地认识、毫无可怀疑之处的东西才能被称作是真实的。第二，应该将每个问题恰当地分成若干个简单的部分来处理。第三，对于这些简单的部分，必须认识或重构它们之间的关联，然后先解释其中最简单的，再解释较复杂的部分。第四，应该用完全的列举和全面的统观来保证没有漏掉任何问题。小书最重要的部分是最后的十来页：数学将是研究者、科学家、技术人员在今后的三百五十年间即将构建的大厦中最关键的一块石头。笛卡儿认为，人将会认识到：必然有一种能够探明一切、解释一切的普遍科学，而它本身又不受制于任何一门学科；他认为那就是普适一切的数学，它包含了其他一切科学门类。”

“可我想，这就是我们对他的批判所在，我们再也不是用纯数学的、或者说纯机械论的眼光看待世界了！”

“这确是人们对笛卡儿所做的指责。但你们也要顾及到，那时候的人们被机器的魅力深深地吸引。已经出现了巨大的天文钟以及最早的怀表，还有许多具有了生物形状的自动机制造出来，其中有的能奏出音乐，也有了关于机械制造的带插图的书籍。机械在当时的世界图景中是主角，因此很容易让人以为，人本身也是按照相同的法则来起作用的。但问题是，很多人都不能超越这最早的变革思想的萌芽。身体的功能从它自身看来，不管怎么说也比身体与灵魂，或者说身体与精神之间的联系更容易理解些。我们一直还在问：身体究竟是怎么让头脑能够思想的？在笛卡儿之后四百年的今天，我们虽然相信二者之间是有联系的，但它到底是怎么起作用的，我们仍然不知道。”

“我敢说我们现在还一点门儿都摸不着呢！”

“我们今天知道的虽然比以前多得多了，但依然不够。那时候的人们迈出了最初的探索的脚步，笛卡儿的功绩就是看到了身体与精神、肉体与灵魂是共同起作用的。但对他来说，有机体是一种机器，直到今天还有些学院派的医学家持这一观点呢。由于这些思想的萌芽，我们虽然可以将笛卡儿看作现代医学之父，这没错。当我们批判这种‘机械医学’的时候，我们应该想到，假如没有医学的进步，没有疫苗接种，没有器官移植，没有人造心脏瓣膜，没有癌症手术，等等等等，无数的人早就死了。”

“是啊，我想，人不能既想占着事情好的一面，又对不好的那一面不依不饶。”

降伏自然，重构世界

“三十年战争那无法形容的残酷时时刻刻都印在笛卡儿心上。他热爱人类，想帮助人们，而在他生活的时代里，人们像苍蝇一样死去。”

“人肯定不会从非人本主义的思想出发，想到通过学习征服自然去帮助人类。”

“当然可以指责笛卡儿通过割裂肉体和灵魂而把人的肉体当成了没有灵魂的机器，但在他看来，将生物机械化是个意义重大的好处。他把灵魂从肉体中分离出去，这样他就可以把没有灵魂的肉体当机器来对待，并且希望能够由此掌握这个复杂的机械装置。”

“像一个钟表匠对待他的表！”

“他还说，人的身体是一种机器，是由骨头、肌肉、神经、血管、血液和皮肤组装起来的，即使没有意志的控制，也就是即使没有精神，它也能够实施一切动作。”

“可这是错的呀！”贝蕾妮克一拍椅子扶手，叫道。

“正是通过谬误——也许恰恰是通过谬误——我们才一步步抵达真理的。笛卡儿相信，如果用数学、物理和生物学原理去分析身体的机械构造，也就能够修理它；这样他的想法便与英国哲学家弗朗西斯·培根不谋而合了。培根是最早把科学看成征服自然、重新构筑世界的手段的人之一。”

“但一个有机体却是大于它的各部分的总和的——反正我是这么想的。”

“身体是个充满相互作用的复杂系统，但我们的这一认识也多亏了关于怀疑、不带任何偏见的思考以及实验的必要性的学说。要是没有笛卡儿，或者他那些才能，那我们今天还在学究气地辩论来辩论去呢。”

“人们还会挨饿并且被瘟疫夺去生命。”

贝蕾妮克用怀疑的目光瞟了斯蒂芬一眼——他说的有道理吗？还是他太低估感觉的作用了？

哲学像一棵树

“我想试着做一个总结性的评价。我们可以把哲学比作一棵树，这棵树扎根在形而上学之中，以‘物理’为树干长高，并伸出它的枝枝杈杈，那就是其他各个科学门类；这些枝杈又可以归结为三大领域：医学、机械论和伦理学。因此，也正是笛卡儿在这三方面的理论，给欧洲的思想带来了革命。他的目标不在于论据，而在于技巧；不在于可能的原因，而在于对工作的构想和指导。”

“他肯定是个多面手。”

“笛卡儿研究数学和代数，奠定了实验研究和现代科学的工作方法的基础。他向法国数学家、物理学家和宗教哲学家布莱兹·帕斯卡建议，在奥弗涅（Auvergne）的多姆山（Puy de Dôme）上做真空实验，最后得出了真空并不存在的结论，因为那细小不可见的物质会通过微孔钻入物体。这是对的，因为微粒——它们中的一些是没有质量的——散布在空间里，能钻进最难以进入的物体里。这是物理学的最新认识。笛卡儿说，光是由小球组成的，运动速度无比之快。今天我们知道了，光既是由能量，也是由物质组成的，而且关于它的速度是否真的不能被超越，我们已经不能肯定了。笛卡儿还发明了一种磨制透镜的机器，宣传和证明了英国医生威廉·哈维（William Harvey）关于血液循环的理论，在进行解剖研究时发现了心脏瓣膜——使血液通过动脉和静脉总是能向一个方向流动的‘小门’。这一学说在医生当中掀起了轩然大波。他还说，每个天体都产生并携带一个漩涡，其他天体的漩涡又会使这个漩涡发生变形；他死后几个世纪，理论家证明了物质能够使空间变形。天文学家已经证实了大多数星系都像流体物质那样做漩涡式的旋转，超星系集团——数以十亿计的星系总和——也同样遵循这一运动规律。时间与空间的关系也被改写了，物理学家只能用譬喻来表达它。笛卡儿说，每种运动都是某种形式的旋转运动；今天，理论物理学已证明了这一点。由于物质使空间弯曲，光——能量的运动是曲线运动。

天文学家观察到，由其他星球来的光线在经过太阳时发生了转向。”

“这么说没有‘直线’这一说喽？”

“没有——它只存在于我们的头脑中。直线是一种几何抽象，笛卡儿说得对。在他的一篇小论文中，笛卡儿首次把‘功’理解为‘力的功效’——他说得对。这一数学理论使后来机器的发展成为可能。人们对他的认可日益增长了。”

新哲学的奠基人

“最后他成了伟大的勒内，新哲学的奠基人；老朽的经院哲学破产了，弗朗西斯·培根的预言成了现实，摆脱了一切障碍的人类思想走出了被学究带进去的死胡同。

笛卡儿开创了物理的机械时代，牛顿是在他的《方法论》发表六年后才出生的。技术开始连连奏凯，对它来说，一切似乎都是可能的，一切都是允许的。科学开始盲目地倚赖人类的理性。”

“您讲到过笛卡儿的恐惧，他怕像伽利略，或更有甚者，像乔丹·布鲁诺那样遭到审判。那笛卡儿是无神论者吗？”

“不是，恰恰相反。他受的是耶稣会的教育，很可能是他的教会的一个好信徒。他致力于证明上帝的存在。从人因为是‘思想着的我’而存在这样一个结论出发，他证明说上帝是存在的，其推论是：只有一个完美的存在才能诱发关于完美存在的思想。他从属的玫瑰十字会认为宇宙是没有尽头的，这便提出了一个问题：你怎么设想上帝和人之间的联系呢？因为既然人只占据着茫茫宇宙中的一个小角落，他几乎无法获得那么高的地位。笛卡儿反对这个，他宣称宇宙不是没有尽头的，而是无限的，因为人找不到界限。时间也是这样。上帝也是无限的，因为他是无法定义的，因此，‘至高的善’是给上帝的最好的称呼。”

“那他倒确实超越了他那个时代的神学！”

“然而还是信仰上帝的。我想就此结束关于笛卡儿的话题了。当然了，可说的还有很多……”

塞内克斯沉默了，搅着杯里的咖啡，越过桌面，看着不知什么遥远的地方——也许只是看进自己的内心。

妇女能掌握最难的事情

三个人充满期待地看着塞内克斯——下面该讲什么了？塞内克斯对贝蕾妮克说：

“也许还有一点：我说过，笛卡儿热爱女性，一位妇女也成了他的命运，这就是瑞典女王克里斯蒂娜。她邀请笛卡儿到她在斯德哥尔摩（Stockholm）的宫里去。笛卡儿开始很犹豫，这或许证明了他有很强的直觉力，因为他后来就死在那儿。”

“这我可不知道。”

“瑞典女王克里斯蒂娜是她那个时代最重要的女性统治者之一，一个强国的女王，她的父亲在三十年战争中领导了反对皇帝和天主教集团的新教集团。那时女王刚刚参与签订了威斯特法伦和约，她的王国在欧洲历史上占有很重的分量。此外她还想把她的宫廷变成一个缪斯和科学的圣殿。她以她清晰的头脑证明了女性完全可以像男性一样掌握最难的事情，女性也是可以理解科学的。瓦萨王朝古老的宫殿里到处是学者、艺术家、科学家和哲学家，女王还和无数重要人物有密切的书信往来。还有件事几乎没人预料到：她正在考虑改信天主教！”

“为什么偏偏是她呢？——她有那样一位父亲，还有这样的历史。”

“是啊，这真是那个时代令人难以置信的一件大事。1649 年，宗教的分裂也使欧洲四分五裂，一般来讲，统治者皈依哪一宗，就决定了他的臣民也皈依那一宗。因此，如果克里斯蒂娜改信天主教，那将是当时政治意义极其重大的事件。她已经和罗马牵上了线，耶稣会教士——你可以称他们是反宗教改革的精英战士——秘密来到斯德哥尔摩，他们应该把那女君主引到罗马教廷的怀抱中去。好了，让我们回过头来接着说笛卡儿：经过多年的犹豫不决之后，笛卡儿决定接受女王的邀请。女王极其隆重地接待了他，他住在法国大使那儿。时值严冬，气候很不友好。笛卡儿都好多次不得不大清早五点钟就起来到女王那里去，为她讲解自己的学说。人们开始窃窃私议，还不仅是因为讲解学说这一件事。总之，这对那位一向喜欢睡懒觉睡到中午的人来说简直是受罪。他病了，染上了肺炎，死掉了；但或许他是死于砒霜中毒？这一类谣言在人群中广为流传，因为耶稣会和梵蒂冈肯定不乐意女王听那位自由思想家讲授现代哲学。当然了，证据是没有的。笛卡儿被静悄悄地埋葬在斯德哥尔摩，从他的墓碑上我们可以读到：

> 他从根本上革新了哲学，为凡人指出了一条通往自然最深处的道路——一条新的、坚实的道路；他只留下了不甚明确的一点：他是否拥有更多的知识和谦逊？

“当他谈到嫉妒者对他的攻击时也怀疑过会不会有人给他下毒。那克里斯蒂娜女王怎么样了？”

“她后来谢了位，移居到了罗马，以一心一意地献身于艺术和科学。她皈依了天主教，但这对她的臣民来说已经没有任何意义了，因为她不再是女王了。”

塞内克斯把杯子里剩下的咖啡喝完，站起身来：“我们上路吧。”

黎明

两个重要人物

他们悠闲地信步走着，塞内克斯接着说："现在设想我们的模斯特丹是海牙吧。我要把你们领到那儿的一座小房子去，欧洲最卓越的人物中的两个在那里会面，他们是德国数学家、哲学家戈特弗里德·威廉·冯·莱布尼茨（Gottfried Wilhelm von Leibniz）和尼德兰哲学家、光学家——或者说一个真正的磨镜片的工人，因为他是靠这个谋生的——巴鲁赫·德·斯宾诺莎（Baruch de Spinoza）。斯宾诺莎是一个犹太家族的后裔，其家族成员中的一部分从西班牙被驱赶到葡萄牙，后来又越过法国迁到了尼德兰——这是一个战胜了宗教裁判所的老祖宗的国家。"

"既然他是犹太人，那他是不是只能住在犹太人居住区里？"

"不是，贝蕾妮克，阿姆斯特丹从来没有过真正的犹太人居住区，犹太人住在哪儿都可以。"

他们穿过窄窄的巷子，阳光射进巷子，把牛眼形的窗玻璃变成了一面面小镜子。人们在聊天，男人拿着手杖，戴着宽沿帽子，鞋上有银色的带扣，领子和尖尖的硬袖口都很昂贵。孩子们在滚铁环、抽陀螺。

塞内克斯继续说："莱布尼茨 1646 年生在莱比锡，上大学学的是法律，在美因茨（Mainz）大公的朝廷里致力于改革罗马法，二十六岁时接受秘密使命前往巴黎，要说服法王路易十四袭击埃及，牵制那儿的土耳其人，目的是将路易十四的注意力从莱茵河和尼德兰转移开。这个计划落空了。后来拿破仑才重新捡起这个计划并将其付诸实施。路易十四则袭击了尼德兰和莱茵普法尔茨（Rheinpfalz）。莱布尼茨在巴黎了解到科学和哲学的新动向。他回德国的时候，走访了巴洛赫·德·斯宾诺莎。回到德国后，他领导汉诺威公爵（Herzog von Hannover）在沃尔芬比特尔（Wolfenbüttel）的图书馆。在斯宾诺莎的倡议下，莱比尼茨在柏林建立了一个协会，那就是后来的普鲁士科学院，莱布尼茨是它的第一任主席。他获得了很高的声誉，1716 年在不伦瑞克（Braunschweig）死于痛风。关于他的生活就说这么多。腓特烈大帝（Friedrich der Große）认为，西方国家有各种理由景仰这位天才数学家、巴洛克时代德国最伟大的哲学家、最后一位全能渊博的巨匠学者，他本身就是一座完整的科学院。"

“好吧，那我们就景仰他吧。”斯蒂芬回答，情绪很好。

“莱布尼茨设计了一种可以进行四种基本运算的机械算术机，可以对十二位的数进行运算，而帕斯卡的算术机只能算加法和乘法。莱布尼茨也认为我们的世界可以用数学符号来描述。他阐释了微积分的基本特征，但更重要的是他构想出了二进制……”

“就是可以用两个数字0和1表示一切数的那个二进制吗？”

“这个‘游戏’直到我们这个世纪才显示出它的用途。”

“您指的是计算机技术，不是吗？”

“莱布尼茨也从哲学意义上阐述这个想法。他写道：‘从什么也没有、从零之中通过万有的一，通过上帝，通过造物，产生了宇宙。零和一不是不可调和地对立着的，因为由二者的联合之中产生了宇宙的无限多样性。’好了，没几步远了，你们马上就要自己见识这位哲学家了。”

“我以为我们是去斯宾诺莎那儿啊？”贝蕾妮克挽着斯蒂芬和罗曼的手臂，这时插上了一句。

“也对。斯宾诺莎1632年生在尼德兰，十八岁时他就表达了自己对犹太人自视为被上帝选中的民族而存在的怀疑，甚至是对犹太教教规本身的怀疑，因此他被赶出了犹太教会。他进行统计计算，用气泵和测温仪工作，得到了最早的化学知识。他对自然科学的兴趣这实践性的一面——再加上笛卡儿的影响——促使他写出了论文《折射或光线折射理论》，得到了新的结果。专业人士和业余爱好者要求他做出精度极高的放大镜，他又没有其他收入，还非常骄傲，因此学会了磨制光学镜片，并从此以此为生，结果当然害上了肺结核，最后就死在这上头。总而言之他磨制并销售眼镜片。像霍布斯（Hobbes）和笛卡儿一样，他也把数学视作不会欺骗的科学。斯宾诺莎于1677年去世，也就是他与莱布尼茨会面后一年。这个离经叛道的犹太人冲撞圣经的权威，传播异教的自然观，他死后，他的作品遭到国家明令禁止，被说成是‘世俗、无神论和亵渎上帝’的。——我们到了！”

一场奇特的谈话

塞内克斯在一条运河边站住了，墨绿色的河水上泛着微光。他指指一座红砖盖的房子，其横向和纵向上各有三个窗户，窗框涂成白色。尖尖的山墙，明亮的外窗台十分引人注目。窄窄的门和窗户很相配。塞内克斯推开门，四个人沿着狭窄的台阶上楼，台阶吱吱扭扭地在他们脚下响着，一直把他们引到一个布置得很简朴的房间里，塞内克斯称之为书房，但房间里也有一张睡觉用的床。侧面墙上中部的一扇门通往旁边的房间，那里面有磨制镜片的工作台和工具。只有充斥着书的那面墙显示出这个房间的用途，并赋予它某种舒适的感觉。

窗边面对面坐着两个人，一个大约是三十岁，很年轻，充满活力，中等个子，身材细长，打扮得像个王公似的。他戴着顶黑色的假发，无数的发卷儿环绕着他苍白的脸，一直垂到肩膀上。他的前额分外地高，眉毛像表示惊异似的轻抬着，嘴唇窄窄的，给人的印象是，他是个智力很高、地位很高的人物，并且他很清楚自己地位的重要性。他说话的声音轻而明亮，这和他很相配。

他对面的人年纪大一些，个子矮一些，他的头发——那肯定是他自己的头发——也是黑色的卷发，已经变得稀疏了。他穿着件睡袍，上面满是玻璃的细末，但他并不给人以不修边幅的感觉。他双颊凹陷的脸似乎显示出某种病症，但较深的肤色不能掩盖他的南方出身。他胡子刮得很仔细，富于表达力的线条上落着忧郁的阴影，尤其是他的眼神表现出消沉。

塞内克斯让几个人在门口墙边的椅子上坐下，解释说：“这就是莱布尼茨和斯宾诺莎。他们的谈话虽然没有逐字逐句地记录在案，但人们知道他们主要是讨论了关于上帝的概念和上帝存在的证据的问题，结果斯宾诺莎使得莱布尼茨对基督启示的信念产生了些许动摇。斯宾诺莎代表的观点是，上帝等同于自然，而这是有着重大影响的。”

那位身为光学师的哲学家平心静气地给对面的人分析阐释，他的话不断被他自己的咳嗽打断。他说：“上帝和自然，物质和精神，思想和存在——即使它们不是同一样东西，那也是一个不可分而无限的实体的两面，其创造出来的凡物只不过是其中的不同种类。”

莱布尼茨回答说：“我在单子中看到了唯一的实体。”

“在单子中？”

“我理解的单子是绝对的基本粒子。您知道，希腊语中的‘monas’意思是单子，即不是由其他东西组合成的东西。因此单子是一种简单的实体，意思是说，它不是由一些部分组合起来的，它不能再分了。它没有延展，没有开口儿——这就是说，它不受外部的影响。”

显然，要对这种设想有一个概念，这对斯宾诺莎来说不大容易。他清了清嗓子，说：“如果我理解得对，您的这种思想远远超出了那些理性主义者的思想。”

莱布尼茨像受了奉承似的微笑了：“您这样想吗？我认为，单子是能量，或者更好的说法是能量点，是充满活力的，是有灵魂的。”

“您说活的能量，莱布尼茨先生？”

“对，我把能量和实体看成是互补的！”

“但是，您想怎么描述能量和力呢？”

“它们是冲力、运动、压缩、张力。”

“是力场吗？”

“您尽管这么称呼它吧，巴洛赫·德·斯宾诺莎。这种能量、活力，就在于单子有活跃的思想、愿望、追求和意志。此外单子也有一个等级秩序，最上面的元单子，我把它看作上帝。在它下面依次有思想、灵魂，然后是生物，就这样一层层下去。”

“这可是诗意的设想啊，莱布尼茨先生！”

“您有什么异议吗？我也可以用数学的方式来表达：上帝单子等于无限除以一……”

“就是说，上帝单子是无限的，您是这个意思吗？”

“对。”

斯宾诺莎咳嗽起来：“那人的单子呢？”

“人的单子等于一除以无限！”

斯宾诺莎用手指尖敲起了自己的掌心：“太妙了！所以人是无限分之一！”

莱布尼茨又微笑起来：“我看，您明白我的意思了，我深感荣幸。现在您想一想，有无限多的单子，无限多的个体，它们可以自己把自己组织起来，成为众多。”

“它们组合起来，是吗，莱布尼茨先生？”

“我就是这个意思。”

“但是——如果我理解得对——这样，您不只是把每个单子看成是一个不可分的个体，而且也把它看成是独一无二的东西。”斯宾诺莎咳嗽得浑身颤抖起来，他低声说了句：“请原谅！”

“我们别谈了吧？咳嗽对您不依不饶呢，巴洛赫·德·斯宾诺莎！”

“不，不，您只管接着说吧——我什么时候有过像您这么充满思想、有趣的客人呢？”

莱布尼茨身体向后一靠，两条腿交叉起来：“这些单子不管是在与其他单子的关系方面还是在它们各自的设想方面都是独一无二的。”

“那就又有了第三个标准，不可分、活跃，而且独一无二。这给您的思想更添了光彩了！那您是不是也认为，每个单子都是宇宙的一面鲜活的镜子？”

“对，斯宾诺莎先生，这是因为，每一个单子都在它自己的设想之中反映着宇宙，而且是从它自己的视角出发。”

斯宾诺莎喃喃地说道：“那么它们对宇宙反映的清晰程度是有高有低的了？”他的声音低得几乎听不清。

莱布尼茨没理会到他的话，激情洋溢地一个劲儿说下去：“您可以把每一块物质都想成一个种满了植物的花园，或者是一个游着很多鱼的池塘。而植物的每一根枝杈，动物的每一个肢体，它的体液中的每一滴，又都各自是一个花园、一个池塘。”

“太惊人了！”——不知道斯宾诺莎的意思是不是莱布尼茨的设想是惊人的愚蠢。

似乎是为了确定自己的看法，斯宾诺莎问："那么植物之间的土和空气呢？鱼之间的水呢？"

莱布尼茨完全被他自己的光辉思想照晕了，他喊道："虽然它们自己既不是植物也不是鱼，但它们却包含着植物和鱼——虽然大多数情况下十分微妙，是我们所无法辨认的。"

前定的和谐

窗边的两位哲学家继续着他们的谈话。斯宾诺莎问："但是，莱布尼茨先生，这么多又这么微小的活跃的东西，又没有开口儿，那它们怎么能共同起作用呢？"

莱布尼茨考虑起来，似乎不好意思说出他的一个想法，因为这个想法对他来说意义重大，他担心说出来了不会被人理解。终于他克服了自己："通过前定的和谐！"他吐出这句话，话音轻得像呼出的一口气。

斯宾诺莎却听得很一清二楚，他直起身，喊道："请您做进一步的解释！"

"前定的、不可改变的和谐原则可以解释灵魂与肉体的统一——或者说一致，以及它们的共同作用。我对笛卡儿关于灵魂与肉体在松果体内结合的观点不以为然。不不，灵魂有它自己遵从的法则，肉体则有肉体的法则；但由于一切物质中都有前定的和谐，它们便聚合到了一起，因为它们全都代表着同一个宇宙。"

斯宾诺莎又咳嗽起来，咳嗽过后他忍不住说道："我往下想这个问题的时候，我就发现您是个非常乐观的人，莱布尼茨先生，因为您认为，在单子之中，因此也就是在世界之中，追求和谐、追求善的意志是从一开始就设定好了的。"

这个问题似乎惹恼了莱布尼茨，他嘟囔道："我可绝对不想让自己受您的无神论的传染，巴洛赫·德·斯宾诺莎！"

"我的无神论，莱布尼茨先生？可您听到的都是错的。不错，我还很年轻的时候，犹太教会就因为我的观点——让我们暂且说'我的非正统的观点'——把我革出了教门。早在那时候，对我来说研究犹太教法典就已经没什么价值了，我对其中那些吹毛求疵的意义一年比一年更加怀疑；另外《旧约》中的矛盾之处对我来说也是障碍。"

"您的批判精神太过强了！"

"这可是研究哲学的前提啊。确实，教会上层也像发了疯的野兽一般盯着我，因为我不把《圣经》看成是神圣灵感的作品，而是把它看作没那么了不起的凡人之作，其中有的部分是伪作，只是为了教导人们以完人基督为榜样，博爱、听从上帝。"

看得出来，这一观点令莱布尼茨震惊了。他生硬地说："圣经是根据人的方式和流传下来的民众的观念来进行论证的，它的意图不是教授哲学，让人们变得博学，它是要叫人们服从。”

“是啊，”斯宾诺莎喊道，“这就是我说的呀！就算我再佩服那些文字，我也不能相信奇迹和那些预言家的神赋灵感。他们是些想象力丰富的人，但正因为这样，他们不太有能力进行逻辑思考，因此他们作为权威都是些废物，正像我们那些毫无宽容之心、向圣经顶礼膜拜的‘宗教改革家、预言家’一样。他们在人们心中煽起一种希望，希望自己的愚蠢在彼岸能够受到上帝的高度奖赏，而人们的信念——我们暂且不说那是迷信——则是通过对死后受酷刑的恐惧来维持的。”

上帝不会把我的眼泪看作美德

斯宾诺莎愈发激动起来，他的双颊泛起了发烧般的红晕，折磨人的咳嗽使他全身颤抖，拼命吸气。莱布尼茨跳起来扶他，等斯宾诺莎平静了一些后，他才又在扶椅上坐下。

斯宾诺莎用疲惫的声音说：“您看见了，莱布尼茨先生，有时候我太容易激动了，我同卡尔文主义、清教徒关于罪孽的概念势不两立，这概念夺去了人们生活中的色彩。那灰色、晦暗的迷信禁止人们享受人生，我的人生观与之对垒！请您相信我，没有一个上帝、没有任何一个人会因为我的无能和闷闷不乐而感到愉快，把我的眼泪和恐惧视作美德——除非他嫉妒成性。恰恰相反——能够激发我们的快乐越大，我们就越是趋向更高的完美。利用并享受事物——当然不要过度——这正是一个智者的生活准则。我们应该有节制地享受佳肴美酒；但享受就是享受，就是欣赏芬芳的气味、盛开的花、装饰、音乐、戏剧等诸如此类，而不要由此给其他的人造成损害！”

“这样说来，您就像伊壁鸠鲁！”

“难道这该承受指责吗？”

“不是指责，但教会的看法不同；而且不光是卡尔文教派的，对热爱生活的天主教会也有不同的看法！”

“呸！您肯定是读过教会史的吧，莱布尼茨先生。那您肯定也知道，罗马的教皇是用什么样的手腕在基督出生后的六百年间攫取最高权力的——总不是上帝亲自指派他为自己的代言人的吧。”

莱布尼茨有些生气：“但我们是不是可以相信，我们拥有智慧，我们的哲学是所有的哲学中最好的呢？”

他得到的回答是：“啊，我可不会提出这种要求！不过我知道我能认识到真实的东西。”

“您怎么知道？”

“正像您知道一个三角形的三个角等于两个直角一样。因为真实的东西是检验它自身和虚假的东西的试金石。但我相信上帝，由他的本性可以得出，只有他才能理解他自身。上帝是以唯一真实的、无限的、必然的实体的身份存在的，他的缺席是不可设想的，因为如果没有他就根本谈不到思想家和思想。这实体是无限的，因而它是一切；它是唯一的，因为如果说有第二个与它不同的实体，那将是荒谬的。”

莱布尼茨一副打算和解的样子：“由此，一切从人的特征投射出一个造物主或是最高审判者，在此基础上设想出一个上帝的做法都是胡闹。”

“是的，如果一个三角形会说话，它会说上帝是三角形的，而一个圆圈会说上帝就像个圈儿，谁都可以以这种方式给上帝加上他自己的特征，让上帝跟他自己相像。另外我认为任何一种礼拜行为也是个难以说清的问题，因为礼拜靠的是奇迹；而奇迹和无知都是一样的荒唐，因为，如果说人们是试图用奇迹去支持上帝和宗教的存在的话，那人们是用一个不明不白的东西去解释另一个不明不白的东西。不不，莱布尼茨先生，我不相信天使和奇迹，不相信个人的灵魂和灵魂的不朽！那么好了，我不仅否认犹太教关于上帝的启示，也否认基督教的。耶稣基督对我而言不过是一个独一无二的人物，也可以说他是个可以为人楷模的人，但我不把他看成是上帝和人之间的中介。基督教义的三个基本概念，即三位一体、圣灵、肉体复活以及最后的审判对我来说都是空洞的。”

莱布尼茨轻轻地敲着自己的大腿，可能是无意识的：“可这样的话您就是个无神论者啊，也许是个出类拔萃的无神论者！我感到奇怪：您居然还说‘上帝’这个字眼，而不是只说‘自然’！”

“您想到哪里去了！我只是想废黜迷信，把研究自然作为拯救无知和对死亡的恐惧的手段来进行，通过肯定生命的理智态度来创造内心的力量。”

莱布尼茨点点头，他大概觉得有必要做出让步。他对这个已病入膏肓的人感到同情，用宽慰的语气说道：“我们在这里想到一起去了，斯宾诺莎。我关于前定的和谐的思想虽然来自乐观主义，但它同样是理性的。”

“请您解释一下！”

“我认为，在单子中，也就是在世界上，任何一种理智的伦理学的基本原则，即向善的意志，都是预先设定的。在我看来上帝就是宇宙的充分理由，他从自己的完美出发为每个单子都设定了一种基本法则，不管那是假设还是乌托邦式的梦想。”

“而您想以此证明上帝，甚至为上帝辩护吗？那我把这叫做您的神正论。”

“随您怎么说吧。反正我认为这个世界是所有可能的世界中最好的一个。”

“也就是说，您不相信上帝以他的仁慈和完美造出这么好的世界来吗？”

“对，斯宾诺莎先生，因为那样的话我会认为是太玩世不恭了。罪恶当然是存在的，毋庸置疑，但这都是人的自由导致的，即他决定自己是向善还是向恶的自由！我们必须承认，宇宙比哪怕是最智慧的人的所有愿望都高明，不可能让世界比它现有的样子更好。我们理应热爱一切善的创造者，并愉悦地观赏他的完美！”

“这一套跟我可不对路。”斯蒂芬喃喃说道。他站起身，因为塞内克斯已经站了起来，并向他们做了个上路的手势，他们便跟着走了出来。

乐观主义像生命一样重要

外面阳光灿烂，四个人都眯缝起眼睛。

“一年以后斯宾诺莎去世了”塞内克斯说，“据说莱布尼茨在这次谈话之后很久都‘不受神学偏见的影响’——这是他朋友的原话。”

“我开始喜欢斯宾诺莎了。”斯蒂芬宣布。

“可我觉得，莱布尼茨本该得到更高的评价。”

“罗曼说的不是没有道理，因为莱布尼茨的思想——我指的是他关于单子的学说——是理性主义的体系之中给人印象最深刻的一个。我认为，直到今天，它也仍然是可以给我们最多教益的一个。他追问世界最基本的组成部分，追问实体。笛卡儿的说法是有三种实体，即一个没有尽头的——上帝，两个有尽头的——一个是外延的实体，肉体，一个是思想着的，是精神。无论是谁都不太满意这种观点；人们更容易赞同莱布尼茨的观点。在经过三十年战争的动荡之后，他发展出了他最好的、可能也是最大胆的思想：前定和谐的思想，将其作为抵挡战争带来的困境的一道堤坝。”

“但是，塞内克斯，正是因为存在这种困境，如果一个人相信某种前定的和谐，那他不就是盲目地乐观了吗？”

“莱布尼茨的乐观主义斯宾诺莎也提到了，斯蒂芬。”塞内克斯微微晃着头，“我认为乐观对于我们所有人来说都像生命一样重要。但我们还是在帕维辽恩运河（Paviljoensgracht）边再坐一下吧；我们看看那些天鹅，并在脑子里再到法国去一趟。这以后我就想结束十七世纪的哲学家和数学家这一章了。眼下我脑子想的这个名字以前已经提过好几次了，最后一次提是跟最早的算术机有关系。”

“是布莱兹·帕斯卡（Blaise Pascal）！”贝蕾妮克喊道。

所有这些哲学家都是杰出的数学家

塞内克斯闭上眼睛："请你们想象一下法国的中部，中央高原地区。在多姆山脚下，绿意青葱的火山锥的环抱之中，坐落着小城克莱蒙—费朗（Clermont—Ferrand）。1623年帕斯卡出生在这里，而仅仅三十九年后他就在巴黎去世了。"塞内克斯又睁开了眼睛："如果我们今天在书店的目录里寻找他的名字，仅在德国我们就能找到五十个，但大多数冠以他的名字的都是计算机程序设计语言。"

"为什么？"

"我想，这是因为他在青春年少的时候被视作数学天才。年仅十六岁时他就写了关于圆锥曲线的论文。不管做什么，他都做得飞快，匆匆忙忙的，连喘气的工夫都没有，就好像他知道自己剩下的时间不多了一样。他很少做改正的工作，总是匆匆地向前赶新的工作，写的文章几乎从不读第二遍。"

"巴洛克时期所有的大哲学家似乎都是杰出的数学家。"

"虽然工具书都把帕斯卡称作宗教哲学家，但我提帕斯卡是要提他与哲学的关系。"

"您认为说工具书的说法局限性太大了吗？"贝蕾妮克把胳膊支在运河的护墙上，眼望着天鹅。

"是的，因为在很多种哲学史里根本找不到他的名字——除非哪本哲学史具有宗教倾向。这我就要说到他的特别之处了。我们今天提到的笛卡儿、斯宾诺莎和莱布尼茨三位哲学家，不管他们有多么不同，但有一点是共同的。"

"因为他们三个都承认有一个创造世界的造物主，虽然他们不把耶稣看成是上帝的儿子。"

"对，虽然他们赋予了上帝不同的名字——至高的存在也好，至高的实体也好，至善也好。虽然可能只是出于习俗的力量，中世纪的信仰依然占着统治地位——这种情况是将要得到改变的。但在伏尔泰诅咒教会，法国大革命捣毁祭坛上的圣像之前，布莱兹·帕斯卡站出来了。以他天生敏锐的、分析式的数学头脑，再加上他的潇洒，他走了另一条道路。如果把人类走向理性主义的发展历程比喻成一条越流越急、越拓越宽的水流的话，那么帕斯卡就是一个站在急流中央，伸开双臂，试图阻挡它的人。"

"白费劲儿！"斯蒂芬蹙起了额头。

"但是我对他有好感。"罗曼以肯定的声调喊。

"你尽可以对他有好感。"塞内克斯回答说，"中世纪那种对信仰的激情在遭到理性分析的无情进攻之前似乎在帕斯卡身上再一次凝聚起来。我眼里的布莱兹·帕斯卡是最后一位真正无条件地信仰耶稣基督的严肃的哲学家。在他身上，基督教的虔诚和哲学思想、数学的洞察力结合在一起。”

“人们对他的生活都知道些什么？”

“和阿西西（Assisi）的圣方济各（der heilige Franz）差不多，他先是过着一种所谓的‘花天酒地’的生活；他乘着四驾乃至六驾的马车出游，连疾病也无法阻挡他去享乐。”

“他有病吗？”

“某种麻痹症使他不得不靠拐杖走路，而且他还患有抑郁症，那时被称为‘忧郁’。像圣方济各一样他经历了一次顿悟，他自己称之为‘火’。在一篇所谓的‘备忘录’中他提到了这个。”

“出了什么事？”

“有两件事，贝蕾妮克。一次，在巴黎的一座桥上，他乘的马车出了事故，不知是运气还是偶然，他竟没有受伤。他认为是上帝伸了援手。另外他姐姐的疾病被治愈，他认为这是个奇迹。”

“这是怎么回事？”

“她眼睛上生了肿瘤，吻了荆棘上的刺，据说那荆棘来自基督的荆冠。”

“而因为她的病治好了，他就投进了教会的怀抱？”

“是投进了信仰的怀抱，不是投进天主教会的怀抱，斯蒂芬。帕斯卡受扬森派的影响——扬森派是一个有着严格的信仰原则的宗教改革派。帕斯卡把贫穷看作崇高的理想，把财产分赠出去很多，在自己家里收留了一户贫穷的人家，甚至当那家里的一个孩子得了天花的时候，也不要求他们搬出去，搬出去的倒是他自己。他立遗嘱把他财产的一半分给了穷人，在受了临终涂油礼以后死去。”

“多么矛盾啊！这么说，虽然他自己是一个有头脑的人，但他却受一些不能用理智来解释的经历的影响——我说得对吗？”

“帕斯卡大概也是这么想的，因为他提出了‘心的逻辑’这个概念；他根本不想解释他的顿悟。”

罗曼大概还想说些表示赞同的话，但当他的目光落在斯蒂芬身上，看到后者含讥带讽撇起嘴的时候，他把话又咽了回去，咬住了下嘴唇。

上帝与人之间的距离是无限的

斯蒂芬这时问道：“这么说帕斯卡的信念与理性是对立的？”

“更好的说法是‘与理性主义’对立，斯蒂芬。有些人把帕斯卡看作是一个宗教天才，他在宗教的上帝中看到了比哲学家们的上帝更多的东西。对他来说比理智更重要的是信念和感觉，他的观点是，我们不能只用理智认识真理。”

“这我很理解。”贝蕾妮克不在乎斯蒂芬讽刺的微笑。

塞内克斯对此也没理会。“在我们遇到了那么多批判信仰的哲学家后，我觉得给你们介绍一下对立面是很公平的。帕斯卡认为上帝与人之间的距离是无限的，你们见到的他是一个敏锐的、反对理性主义的人，尤其是反对笛卡儿的理性主义。帕斯卡的观点是，人只有通过心灵，在神赋灵感的道路上才能获得关于上帝的知识，理智没有探明心灵深处的能力。在大哲学家中，帕斯卡是个例外，他为基督教写了辩护词，即《思想录》。由于生病，这部作品没有完成，但它依然是一篇为信念所做的光辉辩词。”

“这在那时候有必要吗？”罗曼终于又开口了，他把手向贝蕾妮克那边挪过去。

“当然有。一种放纵的风气日益向四周蔓延，帕斯卡反对这个；甚至许多教士也觉得卖弄这种放纵是很风趣的事。帕斯卡却写了心中没有上帝的人的痛苦以及心中有上帝的人与上帝同在时的幸福。他说出了人对宗教是多么轻视、憎恨，因为他们怕宗教不是真的。为了纠正这些，他想先指出宗教并不与理性相悖，然后他想促使人们心中生出一种愿望，愿宗教是真实的；最后他想证明宗教是真实的。”

“他成功了吗？”又是那种讥讽的目光。

“唉，斯蒂芬……”

塞内克斯转向另外两个年轻人：“帕斯卡的《思想录》虽然没有完成，但他却是在他以后所有向基督教发起进攻的人必须认真对待的一个对手，比如伏尔泰、保罗·瓦勒里（Paul Valéry）[1]、尼采等等。此外帕斯卡是第一位科学批评家。他是一个敏感的哲学家，用心血写作。针对哥白尼和伽利略以来人们对宇宙的新设想，他说：‘这无边无际的空间的永恒沉默令我战栗。’”

“他有病，您说过的！”

“所以人们用他的这一缺陷来解释他的信仰。比如十九世纪的文学批评家圣博夫（Sainte—Beuve）说：‘帕斯卡有病，我们在读他的著作时得想到这一点。’人们还说，帕斯卡之所以这么激情洋溢地斗争，是因为他自己就从来没有摆脱过怀疑。正是因为帕斯卡了解无神论者的怀疑，他既吸引了虔信的人，也吸引了无神论者。在他的文章《致外省人书，关于耶稣会的伦理学》里他从扬森派的角度抨击了耶稣会，这篇文章被认为是法国古典散文修辞艺术的巅峰。”

“但他不只是个宗教哲学家，还是数学家和物理学家。”罗曼感到自己有必要为这位信仰的保卫者说话。

[1] 译者注：保尔·瓦勒里（Paul Valéry，1871—1945），法国象征派诗人和理论家，作品中宣扬世界主义和极端个人主义，认为人的理智不能领悟事物的本质。

“如果不是这样的话，今天就不会有以他的名字命名的程序语言，也不会有气压单位‘帕’。他发现气压随高度的增加而降低，高度可以用气压计测量出来。他的一个朋友在多姆山山顶上做了最初的试验。帕斯卡还研究了真空。我们知道‘帕斯卡三角’是一种几何排列。他设计了一种加法机，发展了概率计算，发现了连通管法则。所有这些都向我们展示了另一个人：一个杰出的自然科学家。”

一时间谁都没有说话。

巴洛克的音乐

音乐史上最伟大的天才之一

每个人都沉浸在自己的思索中，让思绪随着缓缓的流水源源不绝地流淌——也随着午后运河上那闪烁着的点点阳光。

随后塞内克斯说道："时间过去了。你们看到那边那个小教堂了吗？我们要利用黄昏这点余光，在教堂里变黑之前进去看看。"

他们走过一座拱桥，桥栏上蹲着鸽子和麻雀，装饰雕塑一般，他们经过的时候也不飞起。

教堂的木制大门虚掩着。塞内克斯建议坐在离门最近的板凳上。教堂中厅在他们面前伸展，空荡荡的，给人一种无遮无拦的感觉。一切都是光秃秃的，墙壁也是石灰白色的。高高的窗户明亮而无色，只有温暖的光线投进来。

"这个卡尔文派教堂里所有的画像都被清除出去了。"塞内克斯说，"正好，因为现在你们应该动用你们的想象力了。音乐不会在这个教堂里奏响，因此，我现在脑子里正想着那个人对于自己虽是新教徒，但却属于路德教派感到很高兴——他受不了禁欲的卡尔文主义。当然，我们本来应该去莱比锡，但道路实在是太糟糕，而且对这个天才来说，地点并不重要——他属于世界，也属于尼德兰，在这儿，他的音乐也享有同别的地方一样的崇高地位。"

"您说的是约翰·塞巴斯蒂安·巴赫（Johann Sebastian Bach），不是吗？"贝蕾妮克问道，眼中满是快活的神色。

"我个人认为巴赫是音乐史上最出类拔萃的人物之一。我们在尼德兰讨论他并非毫无意义……他从没到过这儿，但复调音乐在这儿产生，多声部音乐从这儿传到全欧洲，最主要的首先是声乐作品，而巴赫是这方面最杰出的大师，他的名字简直可以说是复调的代名词——当然赋格曲也属他拿手，因为他创造出了它的最高形式。"

"那么对位呢？"

"也包括对位，罗曼，但要对对位法追本溯源的话，应该追到意大利人帕莱斯特里纳（Palestrina）[1]那里去，他的功绩我们当然也不能抹煞。但巴赫并不因此而显得

[1] 帕莱斯特里纳（Giovanni Pierluigi da Palestrina，约1525—1594），意大利作曲家，少时曾充作教堂歌童。1551年起历任罗马教堂乐长。

逊色——没有一个作曲家能像巴赫那样永远、处处在人们的生活中——唯一的例外是莫扎特。”

“但如今的世界上，基督教的影响日益减弱，您觉得巴赫的地位能保持住吗？”斯蒂芬问，一边不厌其烦地再一次推推眼镜。

“是的，因为巴赫的创作是纯粹的音乐，既不是宗教的也不是世俗的；他的创作超出了这些范畴，到今天就更是如此。当代作曲家毛里西奥·卡格尔（Mauricio Kagel）说，可能不是所有的音乐家都信仰上帝，但他们全都信仰巴赫。这也是为什么巴赫在过去的半个世纪中极为流行的缘故——不光是在教堂和音乐会大厅里。巴赫的作品被改编成了爵士乐，被糟蹋成了消遣音乐，或被当作电影的背景音乐，广告业也大肆利用巴赫作品受喜爱这一点。然而事实证明，巴赫音乐的实质内核始终是不可损毁的。只要还有人要听音乐，就一定会演奏巴赫的作品，而每一代人都按自己的意图对其进行加工。”

“他是什么时候生的？他比亨德尔大还是小？”

“他们同岁。约翰·塞巴斯蒂安·巴赫和格奥尔格·弗里德里希·亨德尔（Georg Friedrich Handel）都生于1685年，出生地相距几乎不到一百公里——巴赫是在图林根（Thüringen）的埃森纳赫（Eisenach），亨德尔是在萨勒河边的哈勒（Halle an der Saale），然而他们的生活道路截然不同。”

“有时候我觉得巴赫当上托马斯教堂合唱队的指挥，不得不创作很多教堂音乐是件很可惜的事。”

“但他却以他的赞美诗、基督受难曲和圣诞清唱剧、康塔塔、经文歌将教堂音乐中最伟大的作品奉献给了教民，而且是不同教派的教民，因为他用最完美的音乐语言表达出虔诚——虽然他在托马斯教堂的乐长和教师这个职位上遇到的是重重矛盾，往往没有快乐可言。”

“巴赫当托马斯教堂的合唱队指挥不是违背他自己的意愿的吗？莱比锡本来根本不想要他。”

“当时人们说，既然找不到最好的，只好拿中不溜儿的将就——‘最好的’指的是泰勒曼（Telemann）和另两个更没什么影响的作曲家。莱比锡人当时首先并不是要找一个好音乐家，而是要找一个合唱队指挥和教师——尤其是拉丁语教师，而这是巴赫很厌恶的事。后来他经常抱怨上级对他缺乏理解以及别人对他的妒忌和迫害。”

尘世的欢呼和神圣的欢乐

四个人都琢磨着罗曼的话。“对此还有很多可说的。”塞内克斯继续说道，“巴赫确实是一个天才，而且是个多面手。他不仅是托马斯教堂的合唱队指挥，还先后做过萨克森—魏玛威廉公爵（Herzog Wilhelm von Sachsen—Weimar）的宫廷管风琴师、宫廷首席小提琴，然后又到克滕（Köthen）的安哈尔特大公利奥波德（Leopold von Anhalt）那里做室内乐指挥，最后才到了莱比锡，而且留了下来。他有一个大家庭要养活。我认为，他自己并没有对世人的欢呼和天堂的快乐做过区分。”

“他是个什么样的人？”贝蕾妮克问。

“是个巴洛克式的人物。据说他很活泼，戴着顶厚厚的假发，人们对他的描述是肩宽体胖，一张丰满的脸，面色红润，有个壮观的大鼻子，眉毛弯弯的。他大概是个很有激情的人，总是急匆匆的，很固执，但又是个热情、好脾气的大个子。他善豪饮，生了二十个孩子，其中有些夭折了，另一些则被他教育成了出色的音乐家——这是他除了其他在宫廷和托马斯教堂的使命之外的另一项成就。但他总是缺钱，在报酬和奖赏方面都受骗，还得受王公、官家、教会上层人物的压迫、蔑视和冷嘲热讽，像个农奴似的受管制、受逼迫，不得不委曲求全。没有征得市长的允许，他不得离开莱比锡。”

“那肯定是一种令人厌恶的陈腐的小城气氛。”罗曼喃喃说道。

“巴赫忍受了这一切。从现在尚能找到的书中我们了解到关于他和他的家庭的一些小事。他从魏森费尔斯（Weißenfels）收到过别人送的野味，喜欢发酵的果汁和烧酒；他的妻子安娜·玛格达蕾娜（Anna Magdalena）料理花园，喜欢黄色的康乃馨，希望能得到一只爱唱歌的金翅雀。”

“这听起来是资产阶级情调的嘛，不过也挺有人情味的。那时候还没有人料想到他的价值吗？”

“有些人已经感觉到了。担任托马斯教堂合唱队指挥的巴赫成了为人所公认的权威，学生在他那儿出出进进，音乐家征求他写鉴定，市议会找他去鉴定新的管风琴，遇到要在空缺职位上安排人的时候征求他的意见。而他的日常工作估计是压力很大的，他要给新学生考试，安排乐手，监督市属的乐器工场的工作，还有好多别的事。”

“而他还谱了那么多曲！”

“那真是巨大的成就！每星期他都写一个新的康塔塔、宗教的和世俗的音乐；他为教堂工作以后仍然写世俗的音乐，在这儿我只提一下他为腓特烈大帝作的《哥德堡变奏曲》，还有《音乐的奉献》。”

“那么《平均律钢琴曲集》呢？”

“那里面只有第二部分是在莱比锡写的，前一部分在他成为托马斯教堂合唱队指挥之前就开始写了。任何一个音乐家都不能跳过巴赫，不管他是吹长笛的、吹双簧管的，还是弹管风琴的、弹羽管键琴的，弹钢琴和拉小提琴的就更不用提了。在克滕他写出了为长笛、古大提琴和小提琴而作的奏鸣曲，这些奏鸣曲显示了他创作才能的巅峰；为独奏小提琴创作的奏鸣曲和组曲也是这样。虽然巴赫自己也拉小提琴，但他并不偏爱这种乐器，然而他还是写出了小提琴作品中的极品，可以说完美无缺。他的《恰空舞曲》是最美的音乐之一，其中，巴赫在一件小小乐器的四根弦上变幻出一个充满思想和情感的世界；此外他还为独奏大提琴写出了六套组曲。这些作品都显示了最高的思想性和技巧性，它们令演奏者得以用独立的、创造性的语言同自己对话。克滕时期的作品还有《长笛独奏组曲》和小提琴协奏曲——双协奏曲是其中的明珠。巴赫的小号已经成了一个固定的概念。在《勃兰登堡协奏曲》中，他用参加协奏的乐器圆号、双簧管、小提琴、小号、竖笛、低音弦乐器和羽管键琴造就出丰富的色彩。今天，有些演奏家专门演奏巴赫的作品，在全世界飞来飞去地做巡回演出，从东京到纽约，从伦敦到巴黎、莫斯科，从西班牙到德国、奥地利和瑞士。他的《平均律钢琴曲集》是他为钢琴写出的最为丰富的作品——当然那时人们用的还是古钢琴。他在其中为二十四个调式中的每一个都写了一首前奏曲和一首赋格。当时有名的萨克森管风琴制作家族西尔伯曼（Silbermann）刚刚开始制作最早的、尚未完全成熟的钢琴，巴赫在其产生的过程中起了很关键的作用。”

“您还提到了对位，对位到底是什么意思？”

“对位是复调中的概念，用意译的方法翻译过来就是‘音符对音符’；其中多个声部在旋律和节奏两方面都可以比较独立地交互进行，巴赫是这方面无可争议的大师，他以高超的技巧令几个声部丰富地变幻，同时又紧密地交织在一起。他无论哪方面都擅长——技巧、各部主题的精彩呈示、丰富的想象力、强有力的表达，同时又思想深邃。”

巴洛克音乐中的特别之处

贝蕾妮克从窄窄的凳子上直起身，说：“我脑子里想着那么多的事，塞内克斯。比如，巴洛克音乐的特点是什么？应该怎么给它下定义呢？不管是哪个作曲家的曲子，如果是巴洛克风格的，刚听上几个小节你就能辨认出来。”

“一方面，我会说巴洛克是通奏低音的时代，一个或几个旋律声部在同一个和谐的基础上进行——也就是在均匀进行的通奏低音之上进行。另一方面，巴洛克音乐中贯穿着新和旧、宫廷的华丽和手工业者的脚踏实地、庄严富丽和内向含蓄、歌剧音乐和宗教音乐。作曲家的创作一方面源自传统，另一方面又深深地扎根于现代，也就是他们的时代。”

“我从那些基督受难曲和清唱剧中，还总能听到一种生活重压之下的呻吟，这真让我受不了！”斯蒂芬小声说。

“那个时代人恐怕是太有理由呻吟了。在宗教音乐中，尘世给人带来的痛苦可以按照它们本来的样子被表现出来，因此它可以给人以安慰，令人振作。”

“巴赫本人是那么虔诚吗？”

“他信教，但肯定不是那么狭隘，而是留心地观察着周围的一切发展变化；他与百科全书派成员生活在同一个时代。”

罗曼立刻追问道：“百科全书派是什么？”

“百科全书派成员首先指的是参与了法国的狄德罗（Diderot）和达朗贝尔（d’Alembert）主持编纂的《百科全书》工作的人，大约有二百个；这部百科全书是第一次对时代的全部知识做系统把握的尝试。从狭义上说，百科全书派则指那些以百科全书为启蒙运动创造传声筒的哲学家。当时广大民众的知识水平——连受过教育的市民阶层也算上——是极为低下的，至少在我们今天看来是这样。”

“难道今天的知识水平就更高吗？对此我的看法可不同。”

“当然了，如果与当今爆炸一般增长的知识资料比较，人知道的一点也不比那个时代的人多；但那个时候占统治地位的还是中世纪的观念，人们所理解的世界不是处在持续不断的变化之中，而是一成不变、静止不动的；变化在人们的感觉中是微不足道的，不会从根本上动摇上帝创造的世界体系。人们对历史的看法也模糊不清，认为它和‘现在’没什么大区别，认为古人的生活和今人的生活一模一样；就算做历史性的思考，也只是把时间分成基督出生前的时代，即《旧约》的时代，基督出生后的时代，即《新约》的时代。”

“虽然那时已经出现了哥白尼、伽利略和笛卡儿？”

“我现在说的不是寥寥无几的学者，也不是受过较高等的教育的人，因为直到那个时候情况才开始极其缓慢地有所转变，而启蒙运动对此起了很大的作用。巴赫对哲学大概了解得很少，他有没有听说过笛卡儿、莱布尼茨和斯宾诺莎。普鲁士国王腓特烈大帝那些非宗教的观点和他与伏尔泰那些在宗教方面很自由的通信大概让巴赫看不惯。面对死亡，巴赫相信耶稣的复活更胜过相信自己的亡灵会被唤醒。他得了白内障，眼睛瞎了，最后可能是死于一次失败的眼科手术。”

“这是什么时候的事？”

“莫扎特出生前六年，贝多芬出生前二十年——几个迥然不同的天才之间的间隔就是这么近，变化的速度加快了。”

不知不觉地，暮色已透进教堂的窗户，黑暗之中，教堂里的一切都成了剪影。

“我们走吧，旅馆就在一条小巷里，不远。”

塞内克斯挽起了斯蒂芬的胳膊——他觉得这个男孩有点被冷落。和贝蕾妮克走在一起的罗曼学塞内克斯的样，挽住了她。贝蕾妮克微笑了，不过没人注意到，因为她脸庞的颜色和轮廓都沉浸在黑暗之中了。

几乎没有光从周围的房子里透出来，只有远处的一个屋角那儿燃着一只插在铁丝筐里的火把。塞内克斯引着他们向那里走去。

第七晚
两极的巴洛克

困苦的巴洛克

粗鲁而缺少教养的孩子

自助餐厅里，他们把吃的端到桌子上，然后各人坐在自己的老位子上。外面一片寂静，老城无声地沉睡着。电灯光笼罩着他们的桌子和餐台，让他们有一种与世隔绝的感觉，就好像他们是在一个孤岛上。历史是现实吗？或者现实是历史？

今晚的菜是荷兰的海外殖民地风味，主要是亚洲菜：印尼炒饭、火锅、米饭、酸甜汤、两份青椒炒牛肉、杂碎、蘑菇笋片鸡肉等等，饭后甜食有香蕉和蜂蜜杏仁水果。只有在饮料方面，那位不露面的主人还是照老样子，准备了矿泉水、果汁和葡萄酒。

吃过饭，塞内克斯建议不要再出去了："我希望能再跟你们谈谈莱比锡和德国，再做一些思考。"

三个吃饱喝足、懒洋洋的孩子表示赞成。"那好，我已经提到过了，巴赫的任务之一是为托马斯教堂合唱队的学生教授拉丁语和声乐课，可惜，这些男孩子和今天托马斯教堂合唱队的孩子可没法比。巴赫曾抱怨说，有些既没有音乐天赋又不喜欢音乐的孩子也被招收进来了。这是些缺少教养的孩子，由于他们总是在多风的莱比锡街道上扯着嗓子喊，声音已经变得嘶哑了。他们经常赤着脚跑来跑去，叫喊，乞讨，纠缠路人，搞各种各样的恶作剧，打架斗殴，乱扔石块。要是赶上博览会或年市，学校放假，他们就折腾得更厉害，因为那时有外地来的商人。另外，他们往往不得不在风吹雨淋中唱，在潮湿的空气中唱，在火炬的浓烟中唱，这更是加剧了他们嗓子的毁坏程度。他的学生也从来没有足够大的睡觉的地方，只能挤在一处；他们经常生病，然后又在狭小的空间里相互传染。”

“有医生吗？”

“有，但那也算医生吗？他们能干得了什么呢？谁又会为治疗一个捣蛋鬼出钱呢？于是安娜·玛格达蕾娜·巴赫就得往药房跑，要不就试试从她母亲或是祖母那儿传下来的药方。”

“巴赫就是让这些孩子唱他的康塔塔作品吗？”

“每个星期四他把他们带到教堂去，为即将到来的星期日排练；时间又这么短，练出来的东西成个什么样子就可想而知了！”

“至少乐队的乐手该比较好吧？”

“根据巴赫本人的记载，那些乐手接受的训练根本不够，今天的学生可以上的音乐学院那时几乎没有，人们一般都是在家里教孩子或是请私人教师。”

“莱比锡那时候是什么样，塞内克斯？”

一个繁荣的贸易城市

“莱比锡当时大约有一万五千名居民，在我们看来这很少，一个小地方而已，但那时整个地球上也不过才有大约五亿人，可到2000年就要有大约六十亿人了；也就是说，从那时起到现在，人口增长了十二倍。

当时的莱比锡是一个繁荣的贸易城市和博览会城市，其重要性超过纽伦堡和法兰克福。资产阶级日益增长的权力和财富就表现在他们那宫殿般宏伟的住宅和店铺上。人们需要街灯，还需要排污水的闸清理街道，需要有人监督咖啡馆，又由于开博览会时有很多外地人来此，所以还需要有音乐。博览会期间的莱比锡城简直是人满为患。

莱比锡早就是一个图书贸易中心，而它渐渐地也成了一个启蒙文学和舞台艺术的中心。1731年，戈特舍德在莱比锡导演了他的正规剧《濒死的卡托》，1748年，莱辛上演了他的处女作《年轻的学者》。到1765年歌德来上大学的时候，莱比锡已经是德语区的思想中心了。”

成千上万的妇女生活在大街上

塞内克斯停顿了片刻，然后接着说："顺便说一句——富有的城市居民与乡村居民的生活之间有着天壤之别，这也包括妇女。富裕的市民阶层中的女性生活优裕，乡村中较富的女性农民日子也过得很好，甚至用不着干很多活儿，可富有的人实在是太少了！绝大多数妇女，尤其是农村妇女，日子很艰难。手工业中妇女生活状况的差别也极大，从总体上说手工业的情况不好，贫穷程度加剧了。妇女往往得在工场里帮忙，还得操劳家务，包括照料帮工和学徒的生活。最惨的是所有那些生活在路上的人，或者不如说是那些不得不得过且过的妇女；她们中的很多人只得以卖淫为生——这就是那些被社会排斥在外的人们的命运。社会对她们漠不关心，也根本不想关心；她们生活凄惨，也随她们去，而且还蔑视这些不幸的人。"

"听起来真是暗无天日啊！"

"当然是这样，否则我们就不能正确地评价我们今天这个并不完美的时代。那些孤身一人又怀了孕的女子也很苦，既没有家也没有住处；即使不能说那时的人还不知道避孕，但极少有人避孕，也不大会避孕。有的人竭力要摆脱这桩倒霉的事，这便出现了把生下来的孩子弄死的情况，比如把孩子掐死在床上。"

贝蕾妮克轻轻地叹了口气。

"但孩子夭亡大多数是自然造成的，因为生活是那么艰辛。妇女生了孩子，往往连找块布给孩子做衣裳的能力都没有，接生婆只好讨来几个布头，勉勉强强把孩子裹起来，这样的小可怜虫怎能不挨饿受冻呢？当妈妈的也顶多有点水和面包，一点白兰地就是她对付一切疾病的药——可以想见，她的奶对孩子是多么有害！艰苦、冷酷、男子的漠不关心，这一切都早早地把当了母亲的女子赶出家门。她们也许能在哪儿找到什么工作，要不就得在池塘冰冷的水边洗孩子的衣服。不难想见，她们往往就是这样凄惨地一天天走向死亡。死亡是人们再熟悉不过的事了，没有目睹过亲戚或家里的老仆、年幼的兄弟姐妹死去的，大概一个都没有；妇女在坐月子的时候死去也是常事。"

像牲畜一样过活

塞内克斯有片刻工夫没说话，好让他们回味一下这一切，然后接着说："生活凄惨的首先是农民家庭，当时就有人说过，所有造物中最可怜的就是农村人——农民像奴隶，雇农则简直和家畜没有分别。在有的村子里，孩子们几乎是半裸着跑来跑去，追着旅行路过的人乞讨，希望他们能施舍点什么。他们的父母自己也是破衣烂衫。些许几头瘦骨伶仃的奶牛被用来耕田，还得负责产奶。谷仓里空空如也，茅草屋摇摇欲坠。农民就像牲畜一般生活，受不到任何教育。他们从早到晚在地里干活，而用的工具又是那么原始！”

“他们难道就不反抗吗？”

“很少。我们知道有农民战争。情况最糟的是东部，上西里西亚（Oberschlesien）到波兰那边的地区。在那儿，一匹马的价格是十个、十二个杜卡特[1]，或者更多，雇农、女佣得到的则只是一句命令：‘到院子里干活去！’于是他们就得在那里一年到头累死累活地干，过得还不如古罗马的奴隶。如果不能拥有可以养活他们自己的田地，他们就不能结婚，而他们就是没有地。他们得到的报酬是那么少，根本不够买衣服的。一年里他们充其量能吃上八回肉，还往往是有病或本来已经死了的牲畜的肉；此外就是大麦、黄米、豌豆什么的，还不够。因此，当主人用‘送进牢里’这样的话来威胁反抗的雇工时会得到这样的回答就不足为怪了：‘宁肯坐十年牢，也比给仁慈的大人您干两年活强！’”

“人对人就是狼啊。”斯蒂芬喃喃说道。

[1] 译者注：杜卡特，十四到十九世纪通行于欧洲的金币名。

夸张的巴洛克

享乐，谈情说爱，彬彬有礼

塞内克斯定睛望着那戴眼镜的男孩子。“让你说着了。知道了这个，你们才能理解我下面要说的东西。‘仁慈的大人……’——这就是金牌的另一面，金色的一面。权力和财富掌握在少数几个人手中，最上面是封建统治者——在法国是路易十五（Ludwig XV.），在维也纳是玛丽娅·特蕾西娅（Maria Theresia），在普鲁士是腓特烈大帝，在大批侯国里则是它们各自的君主。他们中的很多人对他们的臣仆们或多或少地漠不关心，而且没有丝毫良心上的不安。你们简直无法想象——那些自私自利、冷酷无情的封建统治阶层的脑子里除了享乐和谈情说爱以外什么也没有，可说的只有所谓的‘彬彬有礼’，只有美丽的夫人，高贵的先生才算数，别的什么也没有。他们中的所有人都是完美的骑士，美丽绝伦的夫人。在这抹香扑粉的景象里，只有最高贵的人、规矩和习俗，一切都只围着艳遇、金钱、财宝、官职和虚荣转。

“法国革命给这一切神神鬼鬼画上了句号，我想。”

“受奴役的人在艰难困苦无法忍受时才奋起反抗，但还是明天再说这些吧。我现在离开你们可以吗？”

他们点点头，塞内克斯便离开了他们。

什么是理性？

三个人面对着面默不作声。贝蕾妮克和罗曼在回想着一天来的经历，斯蒂芬则在思考塞内克斯最后的思绪。“启蒙运动……”他迟疑地嘟囔了一句，一边撕下一块白面包。

“我打赌，我们醒来后会是在法国！”

“这个不用打赌，我也是这么想的！”贝蕾妮克问：“人们真的变得更理性了吗，斯蒂芬？”

“大概没有，妮克。但我们到底怎么理解‘理性’这个词呢？也许每个人的理解都不同吧？”

“你是怎么理解的？”罗曼问。

斯蒂芬想了片刻：“我最好是说说我眼中的启蒙运动不是什么。”

“我没意见！”

“好吧，理性既不割断感觉，也不压制想象。理性不是一味地盯着用途目的，它并不意味着不惜一切代价地追求成功，更不是赤裸裸、不管不顾的实利主义。”

“啊哈！”罗曼很吃惊。

“那么理性是什么呢？”贝蕾妮克问。

“理性意味着认识必要的东西，根据这一认识行动。理性要实现各种可能性中最好的。”

“那么它还是看重成功的！”

“也是也不是，罗曼。理性也能看到它自己的局限，要不它就不是理性了。比如，理性要是认识到人需要那么一种宗教的家园，好让生活变得易于忍受，那么把宗教从人们那里夺走，就是不理性的——只要这种宗教不打击迫害信仰异教的人。如果理性看到，要解决一个问题，人需要跟分析思考能力同样多的想象力，那么把人变成一种毫无想象力的动物就是不理性的。在我看来，只有当理性试图考虑一切后果的时候，它才配得上这个名字。”

“可这又成了赤裸裸的自私自利！”

“恰恰不是，罗曼。最好的结果很可能不那么实利主义。当今的时代，令增长速度慢一些是理性的，因为增长快只会加快我们毁灭的速度。当今的时代，消费少一些是理智的，因为任何一种消费都会消耗资源，也就是原材料和能源。”

“但消费恰恰又是理性的，因为它给人们提供了工作职位。”

“确实，这是一种进退两难的处境。那我们就需要权衡了，而要做到这一点，我们需要的正是理性。换一种方式组织劳动，对劳动下一个新的定义，这是理性的。工作岗位应该是足够的，要说这个，我能说半天。不过我就简单地说吧——我认为理性就是网络性的思考。如果我理性地行动，我就会尽可能去考虑所有的可能性，并且选出对我的目标最有用、带来的负面结果又最小的那一种。”

“还没人能给我解释得这么清楚呢，斯蒂芬。”

“不管怎么说，这也比剪短了头发，穿黄大褂，在冬天穿着凉鞋跑来跑去，唱颂‘哈瑞—克瑞须那（hare Krishna）[1]’或者在每棵树上都看见精灵要好些——不过这些还是可以做的——只要你不以此回避你本来负有的使命的话。”

“那是什么样的使命呢？”

“这个你和我知道得一样清楚，妮克。我们必须让我们周围的人生活得更轻松一

[1] 译者注：克瑞须那是源于印度的一种宗教派别，曾在西方流行一时。“哈瑞—克瑞须那”是礼赞克瑞须那神的颂歌的开头，信徒每天要唱此颂歌 16 回，每回重复 108 遍。

点，更健康一点，更安全一点——一句话，让生活更值得生活。我认为启蒙运动者想要的就是这个。为此，我们得运用我们头脑的全部力量。”

“但还有感情！”贝蕾妮克说，“不过这意味着投入。”

“或者换个词——是服务！”

“如今没人愿意服务了！”

“这个我们大概得重新学习，”斯蒂芬把撕下来的面包塞进嘴里，“我们可以信任理性。”

“为什么？”

“因为我在这个进化公园里认识到，在发展的过程中，能最好地生存下来的总是那些能听从他们的理性的人。”

“但有一点不同，”罗曼插嘴道，“过去人运用理性只是为了让他自己生存下去，如今他却要为所有人的生存去运用自己的理性，这意味着每个个人都得牺牲自己的利益。我很怀疑咱们是不是能做到这个。”

“确实，一切都取决于此！”

贝蕾妮克很喜欢斯蒂芬充满激情的话语；他能够带着批判精神去思考，然后表达出自己的见解，这是她喜欢他的地方——即使她自己的观点可能并不相同。她对他微笑了，他便也用微笑回答她。可她像是干坏事被抓住了一样，赶紧转过头说道：“今天可真够漫长的，走了那么多路，看了那么多东西，我累了，可明天我还想精神抖擞的呢！”

于是他们站起身来回房间，在各自的门前互相道了晚安。

第八天
思想的启蒙，艺术的洛可可

向游戏性的变迁——洛可可

一个人工小村，一个天然公园

如果说三个年轻人本来期待着能在巴黎醒来，那他们现在却得去适应另一个地方了。走出门外的时候，他们面前是一派园林景象，轻捷的白云倒映在一个人工小湖明镜般的水面上。

除了他们这个由几座桁架结构的农舍组成的住所外，就看不见别的建筑物了。

“这些真的是农舍吗？”怀疑论者斯蒂芬问。

“要是真的，那也太新了。真正使用中的农舍一眼就能看出来。我想，像‘进化公园’里其他的一切那样，这是模仿的农舍，同时也是真实的。”

“你是说，这是博物馆的展品？”

贝蕾妮克突然拍起巴掌来：“我知道这是哪儿了，我曾经到过这儿！”

塞内克斯从房子里走出来：“你认出来了？对了，这就是小特里亚农庄，是法国王后玛丽·安托瓦内特让人造的小村子，她还说这儿是她最喜欢呆的地方。她在这片虚假的布景中打扮成牧羊女，和她的宫女或朋友在这里过乡村生活。”

“那时的人本来就喜欢牧羊戏。”

塞内克斯点点头：“而农民的生活有多么艰辛，他们是丝毫不会费脑筋去想的。

来吧，穿过这道门。”

道路向前延伸而去。塞内克斯侃侃而谈：“前面那座浅红色的两层小宫殿就是小特里亚农宫。”

高高的窗户上接房顶，下抵地面，窗玻璃映出天空和云朵，这座样子像亭子似的建筑周围是一圈花坛。“如果我们再往前走，你们就能看到凡尔赛宫长长的立面了。”

紧接着出现在他们眼前的是一片开阔的草地，草地上高大的树木蓊蓊郁郁。

“嘿，看那儿……”贝蕾妮克喊了起来，但又马上用手捂住了嘴巴，她指着一个戴着扑了粉的假发，穿着制服式长裤、戴丝质花边儿的先生和一位衣服上缀满刺绣、钟式裙拖在地上的女士。她的袖口和相当开放的低领边一圈都镶有花边儿。她叽叽喳喳地对同伴说着，一把画满花的折扇在她化了妆、扑了过多的粉的脸孔前翻飞，像蝴蝶扇动着的翅膀。

这一切简直就像戏台上的表演。两个人笑着消失在灌木丛后面了。

“这是一个侯爵和他的情妇。”塞内克斯伸出手臂，大幅度地比画着他们面前延伸的园子，“你们在这儿看到的是两种风格截然不同的花园设计。我们面前是凡尔赛宫的法国花园，是太阳王路易十四命人修建的。我们身后的是较新的所谓英国花园，自然在其中得以充分的展现。两种不同的花园形式表现出从巴洛克到洛可可时期人们在生活态度上的转变。巴洛克时代，花园如果显示出人对自然加工的巧手技艺，那么它就是美丽的。这与巴洛克时代重新繁荣起来的戏剧艺术密切相关，因此有‘巴洛克的戏剧幻觉艺术’一说。不只如此，对巴洛克来说，生存就是一场戏，一场表演，人自觉像是演员，生活在幕起幕落之间，把世界看作舞台、布景，当时戏剧演出中的布景也确实完善到了极致。在这个意义上，人们在花园里把自然变成一处处布景——为他们自己引人注目的出场作背景。直到18世纪，风格自由的自然造型才得以实现。浪漫主义不再遥远。英国花园是在洛可可时代诞生的。”

“洛可可时代？”罗曼问，“我们今天不是要见识启蒙运动吗？”

“两者都要见识，等着瞧吧。”

“洛可可是什么意思？”

“这个词源自法语的‘rocaille’，指的是一种贝壳式的不对称装饰形式。这种丰富变形的风格在各式各样的墙壁、天花板花饰中表现得最为充分……”

“墙壁和天花板花饰是用什么做的？”

“它是石膏、沙子、石灰和水的混合物，很容易塑造成型，而且会变得像石头一样坚硬。早在古典时期、伊斯兰文化时期和巴洛克时期，人们就已经开始使用它了。但到洛可可时代它才大获成功。它会被人当成大理石，但又比大理石便宜得多，引得人禁不住诱惑，耗费钱财大兴土木，所以说一提到洛可可，人们想起来的主要是视觉艺术，造型艺术——建筑、绘画、音乐、服装。洛可可延续的时间一般来说是十八世纪，但甚至到十九世纪也还有零星的出现。启蒙运动则不同，它指的主要是思想史上的一个时期，也可以说是一场哲学运动，也就是金牌理性的那一面。启蒙运动对社会产生了极大的影响，其实它使人类的生活整个发生了改变。人意识到了他的自由。我们在很多方面的发展都多亏了启蒙运动。”

“其实它还没有结束，或者说它中断得过早了，因为启蒙永远是必要的啊！它永远不应该结束。”

“连我也这么想！”

塞内克斯表示赞同斯蒂芬和罗曼的话：“启蒙运动是我们历史上的一股推动力。”

“它是什么时候开始的？”

“人们认为，启蒙运动时期从1650年就开始了。对于斯宾诺莎是否应该算作启蒙主义者，人们有所争论，可不管怎么说，他产生了很大的影响。但我们还是先继续谈洛可可，它接替了巴洛克，可以说带卷儿的长假发变成了辫子。你们先看看眼前的法国花园吧——一切都为礼仪服务，有着严格的几何排列，有线，有圆，有矩形，道路笔直，游廊，水池，喷泉，一览无余，是规则与自由的统一。一切都是对称的，不管是树木还是草地间的花坛，不同的部分由树篱和灌木隔开。紫杉和雕塑在台阶两侧起着装饰作用，台阶前是水盆。人们喜爱林荫道上绿色地毯一般的草坪和长长的水渠。喷泉建了一千多个，其水池的大理石边缘上立着青铜雕塑，表现的是法国的河流。其实到处都有很多立像，希腊、古罗马的神像啦，儿童形象啦，大理石花瓶啦，应有尽有，但也有农民、青蛙、蜥蜴和乌龟。”

“那英国花园呢？”贝蕾妮克指着另一边。

“巴洛克时代的几何式花园被另一种园林取代了，其中充当艺术家的是自然本身，人们让来自远东的花草在这里争奇斗妍，让小溪潺潺流淌。小溪又汇成小巧的湖泊，随意环绕着岩石，不再有人为的边界。就这样，洛可可式的花园创造了一种幻觉，它一方面凝缩了自然，同时又让世界各地的不同宗教和民族进入其中。于是我们可以看到小小的印度寺庙，带佛像的塔，微型哥特式教堂，埃及的方尖碑。在他们的花园里，人们梦想甚至造出了一个世界，就像威尼斯人提埃坡罗（Tiepolo）[1]在维尔茨堡行宫里的天顶画上，让各大洲汇聚到了一起一样。但人们寻求的主要是沉静的自然，喜欢树木、岩石的掩映，喜欢流水和草木，并将雕像置于其中。长久以来自然给人的恐怖感消失了，它变得和人亲近起来。”

“过去人类视自然为敌，不是吗？”

“它也确实充满了让人惊恐的东西，罗曼。现在，花园成了忧郁梦幻的地方，它

[1] 译者注：提埃坡罗（Giovanni Battista Tiepolo，1696—1770），意大利画家，十八世纪威尼斯画派的代表人物，生前为意大利、德国、西班牙的许多教堂和宫廷创作壁画，尤其是天顶壁画。

虽然也是人的作品，但看上去却像是自然形成的。与此同时，荒谬的礼仪不那么严格了，矫饰过度的法国文化也渐渐让位给一种谦逊朴素的市民阶级教育。循规蹈矩的法国花园过时了，笔直的林荫道变得蜿蜒曲折，小河从茅草小屋旁流过，上面架着玲珑的小桥。不过那并不是天然的河流，河水是利用蒸汽机才引来的。王后玛丽·安托瓦内特也热衷于英国花园，让人给她在小特里亚农庄后面建了一个。但人们并没有完全放弃人造的东西，比如把磨坊盖在贝壳做的人工岩洞，把人工做的古希腊神庙废墟建在荷兰的风磨旁边，还盖起小小的农舍、亭子，其中的房间布置是所谓的中国风格。”

“我想象中的洛可可就是这样。”

“来吧，我们要离开凡尔赛宫了。野餐的口袋没必要带，因为从现在开始就到处都是酒吧、旅馆、饭馆和咖啡馆了。”

凡尔赛宫失去了它的意义

他们信步特里亚农大道，不久凡尔赛宫那长得一眼望不到头的立面和那成百上千扇窗户便清晰地凸现在他们面前，给人一种没落潦倒的感觉。塞内克斯也不想在介绍它上面多耽误时间，因为它的巴洛克风格对他来说是属于过去的。

那个巨大的庭院也很让人失望。虽然它的宽广给人印象深刻，但寥寥几个人一进去就像消失了一样。不错，是有马车在那里等着主人，是有仆役用轿子抬着官员走过，是有宫女的身影在这扇那扇门间出没，是有教士在庭院中穿行，但一切在巨大的空间之内显得是那么渺小无力。两个如瓷娃娃般玲珑的女孩儿在打羽毛球，还有些女孩儿在抖空竹。

“往左拐，看那辆主体是蓝色、窗户很矮的马车，它被用作王宫和首都之间的急使邮车。我们可以乘着它舒舒服服地到巴黎去——当然是历史上的那个老巴黎，而不是我们今天的巴黎。生活重心渐渐地转移到了巴黎，凡尔赛没人乐意去了，失去了它的意义。人们尽可能地呆在首都，在那儿，他们有住所、房子或宫殿。”

他们登上马车，由于只有四个人，车里的地方是很大的，因为车的定员是六至八个人。

宽阔的巴黎大道两侧镶嵌着成行的榆树和山楂树篱，隔着树，后面就是放牧马匹的草场、田地和森林。他们在络绎不绝的车辆中穿行，车后卷起团团灰尘。他们超过八驾的马车、载着板条箱的大车，又被疾驰的快马超过。他们还看到旅行的车队，由先行的骑手开路；有饰着精致族徽的华丽马车，车尾的踏板上站着仆役，衣服上镶着边儿，整个人僵立着一动不动，跟木偶似的。

艺术昂起了头

塞内克斯接着说："洛可可并不总是能与巴洛克晚期明确地区分开来，两种风格有一段时间是平行发展的。"

"我想，这些名称反正只是些辅助的手段。"

"洛可可是专制主义后期的事。这是一个充满对立和矛盾的时期。这个社会由宫廷和富裕的市民阶层构成，但在骨子里还是君主贵族式的。对立在思想领域中也存在——或者说新生的思想正在露出端倪。人们与基督教的过去决裂了，但又没有完全将其摆脱。艺术头一次像在戏中那样昂起了头颅，显示着自恋、享乐、优雅，甚至淫荡，富于装饰性，对花朵和藤蔓情有独钟，尤其是玫瑰。"

"富有装饰性的曲线！"

"人们景仰东亚，尤其是中国，美化那儿的一切，但又没有认真地对待那儿的一切。色彩变得柔和，玫瑰不再有刺。大概从不曾有哪个时代的人——我指的当然是特权阶层——像洛可可时代的人那样，认识到享有生命的幸福。至少我觉得它是中世纪以来各个时期中最明朗的一个。这是一个在丝带吊起的秋千上悠荡的时期。"

"这么说人们大概压抑了以往哪种处在威胁中的感觉。"

"洛可可热爱自然中开朗快活的一面，超自然的东西也丧失了它的意义，人们想用自然的东西去取代它。"

"这听起来很好啊，"贝蕾妮克把头发甩到脑后，"但我还是要问，就没有个'但是'了吗？"

"我说的只是与启蒙运动的思想发展密切联系在一起的艺术风格，但只有富裕的阶层才能享受到所有那些快乐，这是事实。"

他们超过了一辆马车，车上坐着个夫人，正高傲地俯瞰着车窗外。

"洛可可试图在现实之外建立一个美丽的幻觉世界。在这个意义上，它从巴洛克全盛时期庄严而矫揉造作的风格中脱离出来，转而欣赏逗人喜欢、令人陶醉的东西，尊严变为妩媚，雄伟变为优美，最时兴的是轻浮圆滑，在这样一种轻率的氛围中，一种自由的精神得以发展起来。"

"我猜它的矛头经常是指向宗教和教会的。"

"甚至还时不时地有个把热爱生活、博学多识的高级教士参加进来呢。很多在几年以前还会遭到严厉处罚的事儿现在都允许做，或至少是被容忍的。"

不时有四轮轻便马车和房子般的大型豪华马车从他们的车旁驶过。农民背着超过他们脑袋那么高的大背篓弯腰驼背地走过。有些人驾着狗车或驴车，有的用牛车驮着水桶。

“这些人来自农村，大多是卖菜的小贩和卖花女、卖牛奶的姑娘、卖面包的和卖鸡鸭的、卖水果的，还有一些人被称为‘醋人’，因为他们卖的是腌渍的酸味食品。”塞内克斯停了片刻，将本来叉开了的手指尖又凑到一起。“诚然，除了自由精神以外，虔信依然存在，只是它不再是时代的唯一特征了；它更像是明朗的生活之下一股恒定而有载负力的潜流；它不会改变世界，进步也不会由它产生，但人们接受它。人们还业余从事各种艺术活动，向女性膜拜……”

一辆车掉了个轮子，倾斜着停在了路边，车夫和一个当差的正忙着修理。

“车轴断裂，车轮脱落，这我一点儿都不觉得奇怪，车颠得太厉害了。”贝蕾妮克得始终抓住座位才能坐稳。“我浑身上下哪儿都疼！”

“道路的状况一塌糊涂。此外车子还没安上弹簧，将车厢吊在其中的皮带几乎不能减缓任何震动和撞击，轮毂每天都得上油润滑。不过过不了多久就要有一种车轴发明出来了，上好油后可以用上一个月之久。现在还是回到我们的主题上来吧。艺术交易和艺术市场都在增长。人们喜欢美丽的东西——画儿、家具、饰物、时装、贵重的瓷器什么的。”

“但您说过，只有极少数人有能力去享受这些东西。”

“但是像这一小部分人那么耽于享乐的，自古以来从没有过。在那以前一直为贵族和高层教士把持独占的东西，现在成了任何人都能得到的东西——只要他付得起钱。奢侈打破了社会阶层的界限。巴黎出现了沙龙，每年还举办各种艺术创作的年展。法语成了全欧洲上层社会的通用语，除此之外他们往往还说意大利语和一点英语；说法语到处可以和人交流，它进一步排挤了拉丁语。但拉丁语也好，法语也好，重要的是存在着一种优雅、能表达丰富思想的共同语，让所有但凡受过点教育的人，都能用它进行交流。俄罗斯的叶卡捷琳娜大帝生为德国公主，在俄国宫廷里则说法语；普鲁士的腓特烈用法语和伏尔泰通信——这只是成百上千个例子中的两个。洛可可时代的欧洲在思想上太受法国左右了，简直可以说当时的欧洲是法国的欧洲。”

“真可惜没能一直这样下去——你们不这么觉得吗？”

没有人回答。

塞内克斯做了结论：“法国把它的文化赋予了欧洲。”

“对我们并没有害处。”罗曼又强调了一遍。

“但同时英国的影响也很大。首先，人们认识到英国的议会制比大陆的好；因此在受过教育的人当中，一种对英国的迷恋增长起来，摆绅士派头可能是其中最典型的现象——即使不是最重要的。虽然洛可可没有像文艺复兴和巴洛克时代那么多重要的艺术大师，但这个时期的作品却显得更善感，不过力度上也差一些。”

“我觉得它更矫揉造作，”斯蒂芬插了一句。

“但他们已经不那么把矫饰当回事儿了。‘好品位’——用法语说是‘bon sens’——成了一个固定的概念。建造供游乐的行宫是当时一个新冒出来的念头；过去英雄主义的东西，现在成了情欲的，往往很淫荡，维纳斯成了受膜拜的女神，甚至连一些大主教也不管不顾地崇拜她。”

“那么微妙细腻的感情呢？”

“哦，人们很乐于接受这个，看不起粗犷的东西，并且一味地迷恋暗示影射，洛可可是一个快乐告别的时代——同陈旧的东西告别，同古典时代和中世纪告别。”

“当时的人意识到这一点了吗？”

“有些人可能意识到了，至少是感觉到了转变。一个新时代露出了曙光。自然科学与技术的发展速度加快了。如果跟十九、二十世纪发生的一切比较，我们会觉得这算不了什么，但洛可可时代的人们强烈地感受到了转折。有句诗很流行：‘一朵秋天的玫瑰比其他任何一朵都香。’这句诗中肯地刻画出了那个时代。”

“比其他任何一朵都香——这么说是比任何一朵在夏天盛开的玫瑰香喽？”

“就是这个意思。一种正在凋零的美——这也是洛可可。世界再也不会像过去那样了。有些人可能觉得通往天堂的门在他们背后关上了——是的，人确实失去了这个天堂，因为相信圣经里的伊甸园的人已经少而又少了。尽管有些伤感，新的享乐还是占了上风。陌生的、异国情调的东西大受欢迎，想象力抬起头来，大获全胜。”

“我以为当时是把理性提出来作尺度的？”

“这并不矛盾，逻辑与想象可以良好地互相补充。”

“那么宗教怎么样了？”

“民族国家变得重要起来，取代了信仰的位置。”

“我想这不是一种正面的发展。”

“可情况就是这样。大量的小国、王国、侯国、伯爵领地对所有生活于其中并认同它们的人来说日益变得重要起来。人们对一切新生事物，对别人、别的书籍、别的城市和国家的兴趣也越来越大。”

“那人们一定经常出去旅行喽？”

“是的，迁移和旅行都成了时髦，而且走多远都不怕，因为旅行的条件越来越好，马车越造越精良，跑得也越来越快，使旅行越来越容易。既然人们看到了很多新鲜东西，那么也就乐于放弃传统。但人们也体会到，传统有着十分顽强的生命力。”

“这我可以想象！观念改变起来可慢了！”

“新的思想就是表达出来很容易，但要变成一种新的行为，则需要很长的时间。”

敞开的门里散发出的腐败气息

他们离城市不远了，来往的车辆越来越多，房子也更多了，房顶颜色各不相同，黑色、蓝灰色、铁锈红、黄色、橙色，如果砖被太阳晒褪了色，那就是粉红色。

马车辚辚滚过铺石路面，街道的两侧是高大的建筑，他们穿过古老的护城墙，又穿过一道门，上了林荫大道。大道上华丽的马车往来穿梭，轿子晃晃悠悠，各种声响混杂在一起。他们一路上经过了宫殿、银行、交易所，有的巷子窄得几乎连两辆马车都无法相让。在那些肮脏的街边立着最旧的房子，有五到七层，烟囱像一根根炮管指向天空，房子的一楼是杂货铺或工场，那里的人们夸耀着自己的产品和商品，人声嘈杂。杂耍的、变戏法儿的，扯着嗓子叫卖的，这一切让人觉得是到了一个大年市。一片熙熙攘攘之中，他们终于到了一座跨在塞纳河上的桥边。塞纳河再往下就分出了两条支流。

“这是新桥。”塞内克斯的情绪很好，“你们也可以从亨利九世的立像上认出它来——看见了吗？在那儿。桥虽叫‘新桥’，但却是巴黎最古老的桥。”

贝蕾妮克向下望去，瓦蓝的天空让河水泛出微光。水流载着驳船，在肮脏的绿色河岸边堆放着桶、板条箱、树干什么的。

他们又经过了一条巷子，其中的噪声更大。有一会儿工夫，一辆运水车把路堵住了。但车夫吆喝着马，车轮便滚过了路上的沟，八个马蹄子又在路面上清脆地敲起来了。这时出现的房子已经很高了，连天空都被它们挤成了窄窄的一条，漏下来的光所剩无几。宏伟的建筑物旁，摇摇欲坠的小房子紧巴巴地挤在一处。到处都很难闻，腐败的臭气从地下室里泛上来，窗户下部都快接触到地面了，所以只好用栏杆加以保护。徒步走路的人会被马拉的车挤到墙根，其中有些是跟着师傅扫烟囱的半大孩子。

“他们差不多还是孩子，而且个头儿必须得非常瘦小，这样才能钻到烟囱里去活动，干活的时候，他们手脚并用，还有膝盖和胳膊肘儿都得用上。他们在头上套一只袋子，这样烟灰就不会跑到眼睛里面去了。他们简直就是能说会跑的刷子。”

“真可怕！”贝蕾妮克喊道。

“那时候这都是自然而然的事。穷人家的男孩儿为得到一个能挣上几个钱的活儿而争抢。一个孩子算不了什么，被卡住了，憋死了，孩子还有的是呢。”

他们的车一拐弯，上了巴黎圣母院前的广场。

“我们现在是在‘城岛’上，”塞内克斯解释道，“这座主教座堂矗立在这儿已经有大约五百年了。你们肯定注意到了，很多古时候的建筑现在都还可以用。”

“比如教堂！”

“不只是教堂，还有宫殿和城堡；遗产越来越丰富，当然遗留下来的负担也越来越重。古典时代的建筑，如古罗马广场，曾被毫无顾忌地当成了采石场。这种事对一座基督教教堂来说自然是不可能的。后来，像许多别的教堂一样，巴黎圣母院里的许多塑像都遭到人为的毁坏——法国大革命也是一场反宗教的‘文化大革命’。”

教堂那饰以玫瑰花窗的主入口向上延伸，成了两座光秃秃尚未完成的塔楼，大钟正沉重地敲响。马车开过来了，曳着长裙的女士们从车上下来，后面跟着戴宽边帽、双颊红润的女孩子。仆役上前帮助她们，还有佩着花边儿胸饰和珠宝纽扣的先生陪伴着他们。他们在教堂投下的阴影里走向雕花的主门。也有市民匆匆赶往教堂，他们穿着朴素的外衣，里面露出绣花的背心。

塞内克斯指向街道对面，说：“看那家咖啡馆，我们可以在那儿一边谈启蒙运动，一边观察过往的行人。”

和别的建筑不同，咖啡馆的这一座立面维护得很好，有着花形图案和雕塑做装饰，十分吸引人。

走到近前时，塞内克斯让三个孩子注意看广场左侧。“那是‘上帝的客栈’，也就是给穷人开的医院。”

很多人在那儿出出进进，有的人拄着拐杖一蹦一跳，有的人绑着肮脏的绷带，一个个瘦骨伶仃，忧愁而憔悴，迎送他们的是好心的修女，身着黑衣，袖子宽大，白色的领子遮住肩头，她们的船形帽白色的帽尖在风中飘摇。

理性之光

巴黎——欧洲的思想之都

塞内克斯打开咖啡馆的门："进去吧！"

三个人惊异了——这里多豪华啊！

"这是那些去巴黎圣母院的高雅人士汇聚的地方。家具还保持着'路易十五风格'，这种风格以路易十五的名字命名，最纯粹地体现了洛可可之风，是一种装饰性的风格，带着浓厚的宫廷气息，优雅、精致。这你们可以从精雕细琢的护壁镶板和大量装饰用物品上看出来。路易十五是太阳王的重孙。太阳王活过了他的儿子和孙子，而这第十五个路易，1723 年时才十三岁，便被宣布为成年并继任做了国王，由他的叔叔奥尔良公爵菲利普（Phlipp von Orléans）摄政。这个漂亮的男孩儿被他那些教师训练得言谈举止高贵优雅、毫无瑕疵。从七岁起，他就得不时地接待客人，接见臣属，主持游行仪式、宣誓仪式，颁发奖章、荣誉，在无数张陌生面孔前变得腼腆羞涩。长成青年男子后，人们说他英俊、优雅、强壮、早熟，但这仍不是聪明有效地统治国家的好条件。不过你们先坐下吧，别拘束，这儿什么也打不碎。这家咖啡馆布置得如此豪华，也得感谢那些把巴黎认作他们的精神之都的人们，他们不顾一切不便，大批来到巴黎。"

塞内克斯走向窗边的一张圆桌，外面就是广场，上面行人来来往往。

欧洲历史上最重要的思潮之一

装饰得过分华丽、繁复的店堂里响着嗡嗡的交谈声。客人们穿的都是那个时代的时髦衣裳。

塞内克斯环顾了一下四周，"虽然天还很早，但他们已经来了，有花花公子，有游手好闲的人、文人、恋人、银行家、税务官、军官、来巴黎碰运气的人、赌徒、自称贵族的骗子、教士以及与他们为伴的公爵夫人、伯爵夫人，女演员——看——还有某一类年轻女子。"

那些年轻女孩子看上去像瓷器做的小人儿似的，肤色白白的，脖子细细的，四肢柔弱。

“她们到这儿来干什么，这个，最好别问。”

人们有的在阅读摊开的报纸、传单、法律书，有的在专心致志地下象棋、跳棋或是玩儿多米诺骨牌，形状优美的杯子被姿势优美地举到唇边；很多先生还抽烟，烟草气息充满了店堂。人们做得最多的事还是讨论。

塞内克斯向旁边那张还空着的桌子点了点头：“马上就会有人占了这张桌子的。”

“我真想马上知道那是谁！”贝蕾妮克答道。

“可以理解——马上你们就要看到走在时代前列的几个人物了。你们都知道，我把启蒙运动看成是最重要的思想潮流之一。”

“为什么？”

“因为自智人（Homo sapiens）在大约四万年前出现以来，它是最重要的人类发展纲领。”

“您这个断语非同寻常啊！”

“我一般避免这么明确地表达我的个人见解，但启蒙运动是个例外。有个聪明人曾说过：在启蒙运动中‘变形虫’成熟了。既然你们可以说是经历了变形虫的变化，那你们应该能理解这个。”

“走着瞧吧。但是来人会是谁呢？”

“我希望会有像伏尔泰和卢梭这样截然不同的人物在场，也许再加上狄德罗。对柯尼斯堡的康德来说到这儿来可能太费劲了，尤其是因为他根本就不喜欢旅行。但是不管怎样，这样一场聚会从来就没有发生过，就像‘进化公园’里的一切。”

“我想，我们反正再也不能把‘诗’与‘真’彼此分清楚了。”

“没有发明精神就没有创造。”塞内克斯以哲学家的风度回答，“在我们的第一个客人来到以前，我还要就时代说几句，说一下启蒙运动能够出现的前提，尤其是，启蒙运动发生在十八世纪。”

侍应送来了咖啡、掼奶油、冰糖和蛋糕。

“这套磁餐具来自万塞讷（Vincennes）。”塞内克斯拿起一只空杯子对着光，使它透出亮来，“工场不久就要迁到色佛尔（Sèvres），并且将会以这个名字获得很高的声誉，至少与迈森（Meißen）齐名。”

手工工场数量在增长

塞内克斯啜了口酒：“手工工场——这个词很关键。您会感兴趣的，贝蕾妮克，因为它也涉及到妇女，而且属于被称为‘Ancien Régime’的时期。”

“Ancien Régime？”

“意思是古老的政府或古老的政体，指的是法国大革命以前的波旁王朝的统治。那时候，没有工作、生活脱离了正轨的妇女数量增长很快，很多人四处流浪，以乞讨或卖淫为生。没有被这样一种命运压垮的人，便在数量越来越多的手工工场里做临时工。”

“手工工场都制造些什么呢？”

“各种各样的东西，在色佛尔是瓷器，在别的地方主要是纺织品，但穷人即使找到了工作，也仍然是吃大亏的。从他们身上我们看到的是从手工劳动到机器生产的发展链条中最薄弱的一环，从早到晚得累死累活地干，没有工会，没有利益的代言人，也从来得不到帮助。”

“这是地地道道的剥削嘛！”

“事实正是这样，而情况的改变非常缓慢，太慢了，启蒙运动为此改变也作出了贡献——虽然我不想说启蒙运动的目标就是改善社会条件。”

人们想要一种纯洁的信念

贝蕾妮克试着想象女工们的日常生活，她目光低垂，搅着杯子里的咖啡：“那启蒙主义者想要什么呢？”她盯着塞内克斯的目光十分严厉，就好像他也有错。

“我请你们回忆一些笛卡儿，他希望每个人在任何时候都能独立地思想。我先说启蒙运动最显著的一条特征：启蒙主义者——为了简单起见，我就用这个笼统的概念。启蒙主义者严厉批判他们那个时代的教会，是因为教会极其富有，给经济造成了很大的负担，还因为教会实施政治权力，控制人们的思想。尤其是罗马天主教廷压制一切异己的信仰，在教育中也占着主导地位——从学校到大学都在它管辖之下。伏尔泰和德尼·狄德罗受的都是出色的耶稣会教育，笛卡儿也是一样。现在这些人的弟子们开始反对书籍审查制度，他们老师的作品也在禁书目录上。”

“或者可以把一个针对革命的词稍稍改动一下——宗教释放了他自己的孩子！”

“是不情愿的，斯蒂芬！”

“启蒙运动主要就是反对教会和信仰吗？”

“人们想要一种纯洁化了的信仰，它可以和理性、良心及自然科学统一起来。这种思想主要是在新教的北德、英格兰、苏格兰、斯堪的那维亚和瑞士的卡尔文教派地区传播。许多聪明人都认为信仰和进步不一定互相阻碍。他们想对宗教信仰进行更有力的改革，更甚于路德对教皇统治的教会所做的。不管是仪式还是教条都应该摆脱中世纪那种过度的夸张，比如相信地狱烈火这种事。但即使是英国哲学家大卫·休谟（David Hume）这样的大怀疑论者也认为宇宙秩序不大可能是从偶然中产生出来的。”

“我也觉得不大可能，就像莎士比亚的《哈姆雷特》不可能是一只猩猩在笔记本电脑上敲打出来的一样！”罗曼说，“它还是我们的近亲呢！”

“给它五百代的时间试试！”斯蒂芬笑着回答。

塞内克斯继续说：“对很多启蒙主义者来说，即使他们不想放弃有一个超自然的造物主这一点，一个基督教的、像人一样的‘神奇上帝’的存在也是大可怀疑的。因此，成立于这个世纪的共济会的成员只说‘一切世界的万能建筑师’。”

罗曼看到斯蒂芬疑惑地皱起了眉头，便问塞内克斯：“启蒙主义者也想获取政治权力吗？”

“在这一点上他们比较犹豫，当顾问和批评家让他们感觉更好。他们不知道能用什么来替代君主制，而政治党派只会让他们联想起以私利为目的而又毫无结果的派别之争。”

“这倒是很有道理。今天还不是一样！”

“启蒙主义者又怎么能相信民众有搞政治的聪明呢？在他们眼里，民众是无知、落后、迷信、胆怯的，是愚钝的一群，对王冠和祭坛一味盲目地忠心耿耿。在他们看来，更重要的是政府做起事情来效率能高些，并且能宽容一些。”

“我以为这本来就应该是政府最主要的任务。”斯蒂芬又推了推眼镜。

“人们刚刚目睹了欧洲变成血流成河的宗教战场。如果以上帝的名义可以发生如此多的血腥和恐怖，那么各种教派的高层和因信仰而与之结盟的世俗君主带来的显然不是福气，而是惊恐。”

这时，塞内克斯把手指抵在嘴唇上，用目光向门口处示意。

启蒙运动——一个划时代的事件

启蒙运动的领袖

三个人走了进来，其中一个个子特别矮，简直说得上是孱弱，长着个硕大的鼻子，脸部线条清晰，双颊凹陷，薄薄的嘴唇，尖下巴。他衣着华丽，上身是一件有着金线编带的猩红色外衣，同样颜色的背心，下着长裤和靴子。他弓着背进来，却掩不住他的高傲。他那双灵活的眼睛咄咄逼人地打量每一个人；他扑了白粉的高高的额头像是显示着他的睿智。他的头发卷成发卷，一直垂到肩上。

第二个人看上去像个有学问的，头顶几乎全秃了，浓密的眉毛到了眼睛中部的上方就结束了，使得外眼角显得光秃秃的，嘴巴四周诙谐活泼的线条令人惊讶。第三个人的样子格外引人注目，他也许不是法国人，因为他周身裹在一件东方风格的长袍里。他的头发剪得很短，那张表情生动的脸上，一双眼睛目光锐利，但刹那间又会变得柔和迷蒙起来。

“他们是伏尔泰，本名弗朗索瓦—玛丽·阿鲁埃（Francois-Marie Arouet），德尼·狄德罗（Denis Diderot）和让—雅克·卢梭（Jean-Jacques Rousseau）。卢梭刚从日内瓦来到这儿。”塞内克斯用半大的声音解释道，“先说说卢梭，他对后世的影响最大。他是一个日内瓦钟表匠的儿子，没受过正统的教育，四处漫游，有时给雕刻匠当帮工，有时当仆役，后来他主要是靠给人抄乐谱维持生计。”

“可他居然还能那么出名？”

“巴黎和凡尔赛的沙龙向他这个羞涩腼腆的人敞开了大门。”

三位先生刚在圆桌旁坐定，侍者就送上了咖啡和糕点。

“您的《百科全书》的下一卷什么时候出版，狄德罗？”伏尔泰问坐在他右手的狄德罗，“我认为您的著作是我们这个时代里最重要的作品。”

“您这么说吗，伏尔泰？您才是我们最杰出的作家啊！您是我们国家的荣耀。至于达朗贝尔（d’Alembert）和我的《百科全书》——您知道，为此工作的是最优秀的学者；这部书应该包含我们这个时代的全部知识和我们的思想。”

伏尔泰点点头：“从牛顿以来自然科学上的重大成就看来，我认为经验和实验是通往真正认识的唯一道路。”

这时，卢梭清了清嗓子。他头一次发话了，声音虽然很轻，但充满不容争辩的意味。“人只有在自然的状态下才能善良、快乐，而文明会使他变得恶毒和不快乐！”

伏尔泰盯着这个穿长袍的人，目光简直是毁灭性的。但他没有说话——好像觉得日内瓦钟表匠的儿子不配得到他的回答似的。

卢梭没注意到这个，或许是不想理会，他继续说：“在我的小说《爱弥尔：论教育》中，我提出了一种接近自然的教育思想，用自然和心灵的感受取代理性。”

“好了，听说您连自己的五个孩子都不那么关心呢！”伏尔泰到底喊了起来，“您把他们全都送到一家育婴堂里去了！”

卢梭浑身一凛，喃喃说道：“当时这对他们是最好的！”

“呸！”伏尔泰说，“谁都知道在那种地方等待着那些可怜虫的是什么！”

卢梭受了伤害，气咻咻地说：“我们自己养不起他们！人是生而自由的，但却无往不在枷锁之中！”

狄德罗和伏尔泰吃惊地瞪了他好大一阵子，因为他们一时听不出他的话和伏尔泰对他的指责有什么关联。不过他们还是随即明白了卢梭想表达的意思——命运缚住他和妻子的手脚，他们没有别的办法。卢梭很快地说下去：“但我们不是为了说这个才来这儿的，狄德罗。顺便告诉您一下，我正在为《百科全书》写作我最后一篇关于音乐的文章。如果我没数错的话，我写的文章已经超过三百五十篇了。”

“伟大的让—菲利普·拉莫（Jean—Philippe Rameau）拒绝写，这是您的幸运。”伏尔泰挖苦道，“我认为他是在世的最伟大的作曲家。”

“嘿！我也写过芭蕾歌剧！”卢梭生气地喊起来，“而且获得了很大成功！”

显然伏尔泰不想听这些，他望着狄德罗说：“那么，您的《百科全书》编到什么程度了？”

“我们遇到了数不清的困难。前七卷刚遭到巴黎法院和教皇的审判，政府取消了我们的印刷权。”

卢梭这会儿也伸展开四肢，很骄傲的样子，因为他也在受迫害的人之列，甚至还胜过那两个人呢。“巴黎议会还对我下了逮捕令！如果说有哪个机构沾有可耻的污点的话，那就数这个巴黎议会了！这也是我为什么乔装打扮，穿这奇怪的长袍的原因。”

“我们谁都不能让自己丧失勇气，”狄德罗说，竭力保持谈话的和平气氛。他把手搭在卢梭的胳膊上，说：“只要有勇气！在我们法国，打着捍卫真实信仰的旗号对人严刑拷打、施加火刑，还有宗教裁判所和十字军东征都是过去的事了。幸好我们的基督教会已经变得迟钝了，在某种程度上也宽容起来了！”

“而在西班牙，每当为了所谓的真实信仰而执行火刑时，空中就会弥漫着尸体烧焦的气味，”伏尔泰道，脸颊上泛起了激动的红晕，“甚至那个本该嫁给我们国王的年轻的西班牙公主从巴黎返回西班牙的时候，迎接她的也是九个人的火刑，他们刺耳的呼救声、喊声吓坏了那少女。每年的八月二十三到二十四那一夜，也就是圣巴托洛缪大屠杀之夜，我心中都会重新涌起憎恶之情，而这已经是两百年前的事了！我认为，我们的教会还不仅仅是陷在谬误之中，或是没良心的问题，它的统治根本就是残酷的、灾难性的。它宣扬和平，那纯粹是虚假的表象，实际上他们撒播的是不和与屠杀的种子。在过去两个世纪的宗教战争中流淌的鲜血简直能汇成海洋。”

狄德罗像是要安抚伏尔泰的激动心情似的，用劝解的口气说道：“您说得对，伏尔泰。因此《百科全书》的大部分篇幅都是关于艺术、手工业、自然科学和技术、工业、农业的报告，也就是毫无例外地都是达朗贝尔和我认为法国要想现代化就绝不能放弃、不能忽略的领域。”

接下来是一阵沉默，塞内克斯利用这个机会，说：“卢梭是最重要的启蒙主义者之一，但他超越了启蒙运动，因为他将世界上的一切弊端归结为文明化的结果，并为人类的自然状态而战。在他的《社会契约论》一书中，他提倡一种根本性的转变，即让个体的意志自愿地服从于全体的意志。他的观点是，真正的自由就存在于人自觉自愿的自我约束之中。他本人的性格十分暴躁，总幻想自己遭人迫害，是个偏执片面的思想家，但他的影响还是很大的。他主张只教给女孩子宗教和手工，不让妇女接受较高层次的学校教育。”

贝蕾妮克伸出大拇指指向地面。

塞内克斯微笑起来，眉毛凑到了一块儿。“卢梭讨厌聪慧的女子，他希望看到的女子是羞涩和谦逊的。他认为她们没有男子聪明，所以她们受的教育仅仅应该使她们可以更好地服务于她们的男人。”

贝蕾妮克的气愤眼看就要溢于言表了，然而伏尔泰比她开口快——他又接上了刚才被打断的话头，冲卢梭喊道：“我很清楚您受不了我，这您已经多次向我表现出来了，包括在您那些针对我的诽谤诗里。您想做什么随您的便，但您是个极端自负的对手。”

卢梭只撇了撇嘴。“我们最好还是谈《百科全书》吧。”

教育民众——这正是我们要做的

伏尔泰表示赞同：“对我们这个腐朽的政府来说，《百科全书》犹如一匹特洛伊木马！”

“我希望它为启蒙做些贡献！”狄德罗的回答要谦逊一些，“我们的政治体系当然是不理想的，伏尔泰，但您想拿什么来取代它呢？是啊，我们要是在英国就好了！但法国特色的议会制简直是个废物！”

“对，它只是为所有维护自己贵族特权的人开的一家自助商店。”

卢梭抬起头："在《社会契约论》中我阐释了一点，国家应该是一个'由个体意志汇合成整体意志的自愿结合体'。因此我认为，所有的主权都应来自民众！"

"呸！民众！"伏尔泰像吐一口痰似的吐出这个字眼，"民众是由一大帮文盲、农民、打短工的和农奴构成的。他们在官方的文书上画叉，而不是写名字。我们为此感到遗憾，但我们可不能把执政权交到他们手里！"

"那就得让他们受教育，伏尔泰。"卢梭说这句话的时候，就像是在给一个无知的人解释什么不言而喻的事，"这正是我们要做的啊——教育民众！"

"您还是先想想怎么先让人们能填饱肚子，学习读书、写字吧。然后很多结果就会自然而然地出现了！"

"同意，我觉得比政治影响更重要的是知识分子重视百科全书！"

"但谁会去买这么贵的一部书呢，狄德罗？"

"肯定不会是民众，连思想激进的市民也不会买。"狄德罗无可奈何地耸耸肩，"买书的人也不会是商人，虽然我们把重心放在贸易和技术上。法国的市民感兴趣的只是怎么尽快捞到钱和名誉。我们的读者主要是在层次较高的职业中，比如法律人员、管理人员、官员、大贵族、庄园主、各省那些德高望重的绅士，还有——您权且听着——还有高级教士。"

"这不奇怪。"伏尔泰讥讽地撇一撇嘴，"一方面在高层教士中有受教育程度很高的人，另一方面他们又要知道，我们对他们有什么威胁。我们对一切教会监护越来越不满了嘛！"

基督教和理性就像水与火

卢梭抹了抹下巴，他很想应对点什么，但却一时找不到合适的话。这时，狄德罗发话了，表示支持伏尔泰的进攻，虽然语调要柔和些。

"但愿我们很快能从思想的桎梏中解脱出来。"

"只有头脑简单才会去相信灵魂和天使、魔鬼和巫婆，理性却知道这类东西根本没有。"

"只有自然！"卢梭喊道。

"自然也不过是一个由各种物体组成的系统，别的什么都不是。"伏尔泰居高临下地说，"如果我们用理性的目光去看待基督教，就会看到它一无是处。所谓的奇迹不过是寓言、脑子里精心编织出来的疯话，只是为了去对无知的人施加影响，堵住他们的嘴，令他们恐惧！但自然科学会揭穿他们的装神弄鬼。"

狄德罗点点头，谨慎地向卢梭溜了一眼，说："我也认为让基督教与理性达成妥协是白费气力的事，它们是水火不相容的！”

“对！”伏尔泰喊道，“我们知道上帝在创造了世界以后，就不曾再对它施加影响了。他也不会借助启示和我们说话，因此我持自然宗教的观点。”

“我喜欢听这个。”狄德罗说，他知道伏尔泰喜欢听奉承话。

“好，我先是相信一种毫不教条的信仰，其中有个心肠很好的上帝，但自从里斯本发生大地震，三万多无辜之人倒在血泊之中以后，我这个想法就消失了。”

这时卢梭半直起身，双手抓着桌子，激烈的话语炮弹一般冲着伏尔泰发射过去：“胡说！里斯本的灾难您既不能让自然负责，也不能让上帝负责，而要让所谓的进步负责。是这种进步促使人们盖起了两万座六七层高的楼房，地震一来，它们当然会倒塌。您，伏尔泰，您本人生活富裕快乐，把世界描写成痛苦的深渊，而不告诉人们这些不幸是他们自己造成的，并告诉他们怎样才能避免不幸！”

“请您别激动！”狄德罗轻轻地把卢梭按回到椅子里，再用另一只手把正要站起来的伏尔泰按住，说，“我的朋友们，我们走的道路虽然各不相同，但要达到的目的都是让人们更自由，更幸福，更无忧无虑，摆脱迷信的恐惧，摆脱教会的监护。在这一点上，我们是统一的啊！我们不都想让人民运用他们的理性吗？”

卢梭和伏尔泰顺从了狄德罗。这时狄德罗问卢梭：“您要去伦敦吗？”

“我大概找不到别的避难所了！”

“那么——”伏尔泰的语气平静些了，因为卢梭面临的危险让他觉得他们是在同一个战壕里，“那么您就能见到大卫·休谟（David Hume）本人并听他亲口说出相信造物本身是上帝存在的证据是毫无道理的。对他来说，一个有能力进行理性思索的人相信奇迹，这本身就是个矛盾。我也是这个观点，我发起的进攻开始也只是针对教皇、耶稣会和神父的，但如今我甚至反对基督教的上帝。”

伏尔泰压低嗓音问道：“您说，狄德罗，就人的起源和使命的问题，《圣经》给了我们什么样的答案呢？难道世界果真像其中声称的那样，只有六千年的历史吗？亚当真的是第一个人吗？伊甸园里真的有条蛇与他和夏娃交谈过吗？一个仁慈的上帝真做得出让大洪水把除诺亚一家以外的整个人类都毁灭这样的事吗？”

“这些怀疑又引发数百个其他问题。”狄德罗回答，“历史、道德、科学、神学等各方面的问题。其中有一些，达朗贝尔和我希望能用《百科全书》来做出回答。”

“但绝不会是在教会的意义上！”

彻底消灭一切卑鄙

伏尔泰和狄德罗越说越激动。卢梭正在向伏尔泰发火：“您的做法，就好像那个您根本不承认其存在的上帝侮辱了您本人似的。”

“我的一生都在和虚伪的宗教这个魔鬼作战。”伏尔泰答道，“开始时我只是为宗教自由而斗争。但我对教堂越来越反感！”

“但如果您今天要求‘彻底消灭一切卑鄙’，那您就做得太过分了！”被激怒的卢梭气咻咻地喘着粗气。

伏尔泰在袖子上掸掉一粒假想的灰尘，声音尖锐地喊道：“我再重复一遍——消灭一切卑鄙！”

卢梭定定地盯着他，像只瞪着对手、顷刻之间就要尖嘴利爪地扑过去的公鸡。

狄德罗愣住了，一副茫然无助的样子。房间里顿时安静下来。所有的脸孔都像面具一般苍白，所有的眼睛都望着争论的两个人。

斯蒂芬本不相信超感觉体验，但此时此刻，他眼前突然出现了一幅幻景：咖啡馆的四壁消失了，四周是一直延伸到地平线的人群，沉默着，谛听着，凝望着。

奇怪的是，塞内克斯好像看到了类似的东西，对他耳语道：“这场辩论惊动了全欧洲的知识分子！”

幻觉消失了。狄德罗又恢复了常态，卢梭却仍在咆哮：“伏尔泰，您到死都会是一个无神论者！”

“那将是我的荣幸！”

“我希望您进地狱！您是我们这个时代的反基督徒！”

“您两位都是急脾气！”狄德罗开始调解战斗。“对我来说，启蒙意味着认识各种现象的原因的能力！科学的巨大成就肯定会对人的思想起作用。”

伏尔泰向后靠去，任何一点思想上的辩论对他来说都是一种头脑的享受。他表面上看起来十分暴躁，但从根本上来说，他永远不会激动，一切只是唇枪舌剑。“理性将解放世界，赋予人们做出杰出成就的能力。”他说着，就好像在读一篇信仰宣言。

渐渐地，咖啡馆里的其他客人都从三个讨论家身上转移开了注意力，又去下棋、聊天、享受咖啡和糕点了。

狄德罗对卢梭说：“您不也对机构化的宗教持怀疑态度吗？首先，我们都同样指责关于原罪的野蛮教条，而且我们不也都深信人不靠超自然的力量也能理解宇宙体系吗？”

“我只不过是反对夸张。”卢梭回答，极力保持平静，因为他在经济上受制于狄德罗这个委托人，“但理性的独自统治不应该是我们唯一的目的。我们同样需要想象力，善感，需要感性认识。”

“好了，”伏尔泰宣布，“脱离了经验和感受的理性肯定会导致荒谬。”他带着倨傲而宽容的微笑说：“这已经在我的小说《憨第德》中表现出来了！小说的主人公受莱布尼茨关于现存世界是所有可能存在的世界中最好的断言的蒙蔽，对于他面前发生的一切痛苦都无动于衷。如果说我对上帝的仁慈怜悯发出质疑，那么我也同样摒弃苍白的理性主义，而这种理性主义很容易隐藏在一种哲学式的乐观主义背后。我敦促人们做出实践行动！比如我主张天花疫苗接种——它在英国的实行取得了很大的成功，而在我们这儿却遭到神学系和医学系的双重抵制！”

狄德罗点点头："人甚至会为这个被投到巴士底狱里去！”

“海峡对岸的人却要开明得多！我们这儿由于存在着不理性的偏见，到现在仍然每年都有三万人死于天花。”

疾病和苦难不是前生注定的

狄德罗深深地透了口气——卢梭和伏尔泰之间动起武来的危险似乎是消除了；他很想谈谈宗教之外的另一个领域。“进步当然不是轻而易举的，但是可以做到的；自然科学、技术和工业肯定能够使我们控制自然。您怎么想，卢梭？”

卢梭一副疲倦的样子："我看重的首先是风俗的改善；我不认为科学和艺术对此能起到什么作用。”

“思想自由、言论自由、出版自由、信仰自由以及自由从事宗教活动的权利——这些必须是我们的基本要求。”伏尔泰说道。

“这意味着革命！”卢梭喊起来，“这我已经写在我的小说《爱弥尔》里了。危机正向我们步步逼近，大君主国不可能再长久地维持下去了。”

“您要的是‘回归自然’吗？”

“当人们还在为确保他们的生存而劳作时，他们是生活在纯朴、自由、均衡的牧人群体中。”卢梭此时俨然是个讲师，“那是人类最快乐、最稳固的时期。糟糕的是，随着劳动分工和商品交换的发展，一切都变了；自然淳朴的人生观发生了变化，自私自利产生了。那第一个圈起一块地，说‘这是我的！’的人其实就是我们的社会的创建者。如果有个人拔掉界桩，高喊‘小心，不要听那些骗子的！’他会为我们免掉多少罪恶、战争、杀戮和恐怖、苦难啊！从自然向文明状态的过渡就是一切罪恶的根源！”

对一种自然的教育的要求

看得出来，伏尔泰很乐意斗下去。“再没有人像您这么激烈地抨击人类社会的可憎之处了。”他对卢梭说，唇上又浮现出一片讥讽，“谁能像您在力争把我们重新变回野兽的时候那样让思想放射出如此灿烂的光芒呢！您简直让人渴望重新四脚着地行走！”

“唉，伏尔泰，”卢梭半是无奈，半是生气地答道，“您让我觉得无聊。这话您有一次已经给我写过了。我可没有想过要让我们恢复那种动物式的单纯。在我的《爱弥尔》里，我提出了用自然的教育取代传统的教育方法的要求，它可以避免文明的有害影响。”

“难道您赞美人类的原始状态是黄金时代吗？”伏尔泰笑着问，“值得追求的不是人们赤身裸体地跑来跑去、吃橡子、无意识地瞎哼哼的时代，而是人们享受着科学和艺术的进步为他们带来的一切欢乐的当今时代。唉，卢梭，我仔细地读了您的《社会契约论》，并且不得不告诉您，其中到处是谬误和矛盾。”

“它也正是为此而在日内瓦成了禁书，在巴黎被焚烧！”卢梭嘲讽道。

“这可与我无关！”伏尔泰声明，“我会为捍卫您自由发表见解的权利而自己走上火刑堆的，这您是知道的。但回到我们的主题上来：我们对人的天性了解得还太少，这方面的探索还需要大力进行。为此，我们也需要那些在自然科学中越来越多地得到运用的方法。遗憾的是我们指望不上那些大学，能帮助我们传播我们的思想的连一所也说不上，连巴黎索邦大学也做不到。”

“可惜正是这样。”狄德罗点点头，“我们只好不停地去寻找新的途径。最有帮助的是沙龙——谢天谢地，这样的沙龙有很多。我简直不知怎么赞美那些为我们的思想出力的夫人们才好，是她们使我们得以结识那些有影响的人物；她们传播新的真理，她们的言谈中带着我们的学说。要不是通过她们，我们上哪儿去寻求支持呢？”

塞内克斯转向他的三个年轻朋友。“狄德罗说得对，人们在日后也只能确认这一点。那时候，所有的夫人们都争着在她们各自的沙龙里介绍伏尔泰或卢梭，而这两位先生则往往很恼火，对他们用锋利的笔端攻击其存在权利的那个阶层充满轻蔑，但他们受到的钦佩景仰还是让他们很受用的。这种崇拜简直发展到了连国家官员和高级教士都放弃抵制，转而支持新哲学的地步。”

飞进新时代

一个刻有罗马数字的圆盘

塞内克斯突然皱起眉头，似乎想起什么重要的事儿来。他从兜里掏出一个系在链子上的银色小盒子，按了一个小小的按钮，圆形的小盖子便弹了起来，露出来的是一个明亮的圆盘，上面刻着精致的罗马数字和两根大小不同、装饰繁复而又精美的指针。

塞内克斯把它平放在掌心上，说："这块表产自卢梭的父亲在日内瓦的工场。直到发明了弹簧驱动装置和游丝以后，钟表才不再受制于必须固定放置这一条，从此人就可以制造小巧并且可以随身携带的表了，并且这神奇的小玩意儿也达到了前所未有的精确程度。表不仅走得更准，价格也便宜多了。人们由钟表制造业看到了劳动分工的好处。弹簧是由专门做弹簧的工人制造的，另外又有专门做齿轮的、做链条的、做表壳的、做表盘的……有各种由经过专门训练的人员经营的小工场，在英国它们主要是在伦敦城外，因为那儿的劳动力廉价得多。"

斯蒂芬往上抬了抬眼镜。"好家伙！这不仅是劳动分工，这简直称得上是全球化了！"

"可以这么说，只不过程度还没那么高。我们将经历它的开端——那迟迟疑疑的第一步。但还是回过头来说表吧——英国的国民经济学家和哲学家亚当·斯密（Adam Smith）在他划时代的著作《国富论》[1]中说，由多个专门工人分工合作制怀表比单个人制造好得多也便宜得多。有的人做齿轮系统，有的人做弹簧，有的人做表盘，还有的人做表壳。凭着他们的专业化和知识，钟表匠现在成了人们渴求的专业工人。在别的领域里也是这样。好了，现在钟表把一种新的节奏强加给人，令人臣服于时间；在它的机械性质之外，钟表也有了哲学意义。不过，这块表告诉我现在已经十一点了——我们要去参加一场历史事件，一场名副其实的'历史性'事件。走吧，我们的马车还在等着我们呢。"

"我们去哪儿？"贝蕾妮克问。

"回凡尔赛去。我们坐在这儿的工夫，时间已经又过去了二十年。现在的统治者

[1] 译者注：这部著作的全名是《国民财富的性质和原因的研究》。

是路易十六（Ludwig XVI.），他是大革命和拿破仑之前的最后一个法国封建专制主义君主。”

所有通往凡尔赛的路都堵住了

塞内克斯站起来的时候，贝蕾妮克再次暗自惊叹了：他是多么纤瘦啊，简直几近于透明！三个年轻人跟在他身后，在巴黎圣母院前的广场上信步走着。大教堂沐浴在阳光之中，阳光在立柱、雕塑和花窗之间投下了奇形怪状的影子。

塞内克斯拐进一条小巷，他们的车就停在那儿，马儿垂着头，车夫坐在驾驭台上，打着瞌睡。塞内克斯轻轻一捅，他就惊了起来。等他们在填得鼓鼓的坐垫上坐定，贝蕾妮克喊道：“太好了，讨论了这么长时间以后又可以让眼睛满足一下了，我简直等不及了！”

车子滚动起来，轮子在铺石的路面上轧出的辘辘声一时间盖住了所有的谈话，车辆、行人的数量已经大大地增加了，有时候人多得几乎走不动。到处都是行人，其间夹着带宽沿帽的骑手，还有或华丽或朴素的马车和运货的棚车。

“出什么事了？”罗曼问，“似乎全巴黎都出动了！”

“还不只是这条街上！所有通往凡尔赛宫的道路都堵住了，凡是有轮子的，都被用作交通工具。还好我们中午前就到了凡尔赛宫，再晚点就几乎不可能了！”

“您不想告诉我们这是为了什么吗？”贝蕾妮克问，“好吧，没关系，我感觉这像是在圣诞节分发礼物前的时刻！”

塞内克斯微笑不语。他们的车只能以步行的速度前进，在窗口晃动着的总是同样一些脑袋，身体、脸庞、帽子和手帕汇成了海洋。辘辘的车轮声中混杂着谈话声、笑声、喊叫声，有时还有歌声。

他们在路上花的时间比从凡尔赛宫到巴黎长了一倍还多才终于到了。车停下来，再也没法往前走了，因为到处都挤得水泄不通。每个窗户里都有人探出头来。屋顶上有人搂着烟囱，或者骑坐在窗台上。期待在空气中振荡。

塞内克斯他们被挤到了一堵弧形的石头胸墙边。那上边已经坐着好多人了，像站在电线上的乌鸦似的。“就呆这儿吧！”塞内克斯说，“我们没法再往前走了。反正在这儿也能看得一样清楚。”

人们从四面八方涌来。

一个四边形的台子吸引了人们的视线。台子旁边竖着两根细杆子，像马戏团里用的那种。台子周围是一圈围栏，还有持枪的士兵。让贝蕾妮克惊奇的是一个只有几米高的圆形框子，类似篮子或是一面鼓。在这个怪模怪样的东西之上吊着个棉布织物和纸做成的罩，下端是开口的，它看起来像个被两根杆子挑在空中的长袋子。虽然那东西瘫软着，不成模样，而且还有很多褶子，但贝蕾妮克还是看出了那上面的彩色画，她已经猜到那是什么了。从那东西上还引出八条绳索，有工人拽着。

这时塞内克斯将小秘密公开了："你们看到的虽然不是世界上第一只热气球，但却是第一只载有活物的热气球。"

"是人吗？"

"不，不是人！"

"但这是一个蒙戈菲尔气球吧？"

"这可不是随便哪个——它就是那第一个蒙戈菲尔气球。"

热空气比冷空气轻

斯蒂芬快活地看着塞内克斯，请求道："您就快讲吧！您不是一直等着给我们讲呢吗？"

塞内克斯透了口气："蒙戈菲尔兄弟在这不久前发现，热空气会膨胀，从而变得比相同体积的冷空气轻，能够抬升物体。"

"这么说他们已经做过气球飞行试验了吗？"

"做过几次，虽然挺费劲的。1783年六月在昂诺内的市场广场上，气球第一次升上了天空，不是在巴黎，也没有载任何活物，但还是很成功的，飞升了大约四百五十米。现在他们打算在国王亲临现场的时候再做一次试飞。"

"我们就是为这个来这儿的吗？"

"天气好极了，只是在高空中有些风，但对此还无法测量。"

人们在高出一块的平台周围留出了一条通道。塞内克斯继续介绍："气球下部用柳条编成的篮子里有一个铁丝做成的架子，是用来放置燃料的，燃料是草和干柴。"

号角吹起来了，隆隆的鼓声盖过了人群交谈的嗡嗡声。一位略胖而衣着华丽的先生和一位美丽出众的女士从宫殿里走出来，由大批随从陪同，部长啦，宫女啦，侍从啦，官员啦……穿制服的仆人为他们留出一条通道。

"国王和王后。"

"哪个国王？哪个王后？"

"路易十六和玛丽·安托瓦内特！"

有人欢呼了几声，但并不怎么有激情，大概所有人的注意力都被气球飞行吸引住了。国王及其家人走到平台上，有人登上台阶，把头伸进气球的开口和篮子里去张望，随后国王试了试绳索的力度，算是鉴定。然后他态度庄严地让人给他解释技术上的细节，热空气较轻并趋于上升的原理等。最后他点点头，把手伸给他的妻子，两个人又轻盈地步下台阶，在平台前坐下来，国王还优雅地交叉起双腿。

一声清脆的爆竹声响令所有的人都吓了一跳。仆人爬上台子，点燃了气囊下的燃料。空气变热，充满了气囊，于是它立刻动了起来。它像一头饥饿难耐、有气无力的巨兽一般试图立起来，可重又跌倒了；但它的个头大了起来，由此也长了力气。这时，有仆人搬着个笼子过来了，笼子里关着一只咩咩叫的绵羊、一只嘎嘎叫的鸭子，还有只公鸡从里面探出头来张望。他们把笼子和气球下部牢牢地拴在一起，放在一边。本来在几根竿子之间的气球升了起来，轻微地摇摆着，越来越圆，最后终于整个支棱起来了，球面上蓝色、金黄色、红色的装饰闪闪发光，气球的鼓肚上挂着打褶的绸布旗子，像饭馆里跑堂的腰间挂的毛巾。

多么令人惊讶，多么热切的期待啊！气球已经是一个圆圆的球了，更圆了，简直要爆了！观众骚动、欢呼起来——还从来没有人见到过这么大个的东西悬在空中。

就好像要加入到这欢庆的气氛中似的，那只绵羊和那只鸭子又叫了起来，那只鸡也打起鸣来。又是一声炮响，绳索被砍断了，气球下部张开的“喉咙”里吞吐着火舌，烟从侧面钻出来，飘到空中。观众都站在那里，个个像中了魔一般，简直都忘了喘气。广场上的空气滞重起来，但气球在上升，缓缓地飘浮上去，成了一朵蓝色的云，下面吊着那个装着动物的笼子，人们冲着它们欢呼、鼓掌。笼子摇晃着、向上升着，人们在它周身插的小旗在风中翻飞。

现在，气球已经得意洋洋地在空中航行，人们的惊异化成了一声长叹。

然后又是掌声和“乌拉”的欢呼声。

气球从容地转动着，向太阳飘过去，变小了，像一个蓝色的月亮。人们向它送去热情的锣鼓和号角声。

接着气球潜入了一朵云彩——这种事可还从来没有人看到过！过了一会儿，它又露了一小面儿，人们看到它向侧面飞去。可随后，在如此顺利地升空之后，气球突然卷进了一股风的漩涡中，球面撕裂了，它开始下坠。

“飞行了十分钟后气球落在了一片树林子里，离凡尔赛宫有一个钟头的路程。”塞内克斯说。

“但真有意思！”贝蕾妮克兴奋地跳下胸墙，兴之所至，她按住了塞内克斯瘦削的肩膀。人群向街道上散去。

塞内克斯很高兴，等贝蕾妮克收回胳臂以后，他才继续说道：“两个猎区管理员找到了破了的气球，它挂在树顶上了。除了可怜的公鸡被那只绵羊踩了一脚以外，几只动物都安然无恙。国王不久就批准让人做空中飞行，第一个做这一尝试的人叫让—弗朗索瓦·皮拉特勒·德·罗齐埃。”

“那他是世界上第一个宇航员。”罗曼快活地喊道。

“这么说有点过分，但不管怎么说，人类开始了对天空的征服。从这一天起，又过了大约一百年，也就是到了十九世纪末，人类才真正谈得上飞行。”

“一百年算什么！”

“现在一切都发展得越来越快了，贝蕾妮克。又过了不到一百年，人类就开始在地球轨道上摆弄改锥、锤子了，甚至登上了月球。”

“我想，这一切都和哥白尼、伽利略、牛顿、笛卡儿和启蒙运动有关！”

塞内克斯肯定了贝蕾妮克的说法：“人把自己上天的自由与新的思想自由联系在一起，很难说哪个更重要，它们是彼此密不可分的，科技的进步与思想的解放总是肩并着肩。但我们还没有结束启蒙运动这一章，因为它太重要了。观看气球飞行只是暂时中断了我们的谈话，而不是结束它。来吧，要不了几步我们就能走到一个花园小馆，那儿的木头长凳虽然不大舒服，但是那儿的树很大，我们可以坐在树荫下，那儿的服务也很周到。”

理性与清晰的思想

木头桌子和长凳散布在已被踩平的草地上，栗子树像一把把撑开的大伞，给客人们提供了阴凉。贝蕾妮克的头发闪着金属一般的光泽，还些须笼着一丝铜绿色。

只有一张桌子还空着，很小，将将够他们四个人坐下。客人们一排排坐着，面前摆着一杯杯啤酒或是葡萄酒，还有面包和香肠。人人都很快活，很兴奋，他们的话题没别的，就是气球。这次飞行让所有的人都很兴奋，他们意识到自己是一个历史事件的见证人。他们手舞足蹈地聊着，发挥着他们的想象力，做着大胆的预言，俨然看到了在空中飞来飞去的驿车、乘着气球的军队乃至乘着气球去圣地亚哥—德孔波斯特拉（Santiago de Compostela）[1] 和罗马朝圣。

“他们不知道将来现实会超出他们的想象多远！”罗曼若有所思地挠着后脑勺。

他们也听到零星地表示拒绝乃至警告的声音。有一个人向他的同胞呼吁想上天之前应该先把地上的事搞好了再说，应该消灭饥饿和困苦，治愈各种疾病，约束狂傲的贵族。否则，上帝一定会惩罚这种不知天高地厚的行为的。

塞内克斯把打开了表盖的表放在自己面前的桌面上，朗声说道：“你们看，人是多么受时间的约束啊。我们的驿车大概两点钟左右来，我们可不能误了车。”他给每人都点了一小份点心，有法国淡苹果酒、白面包和奶酪，然后接着说：“宽容、竞争、教育和研究，这些都是启蒙运动的产物。启蒙运动的产物还包括后来的普遍义

[1] 译者注：圣地亚哥—德孔波斯特拉（Santiago de Compostela），西班牙加利西亚自治区的首府，是天主教朝圣胜地之一，1985年被列为世界文化遗产。

务教育、国立学校和高等学校事业、剧院、乐队、博物馆、档案馆和图书馆，对公众负责，由国家资助。另外启蒙运动对新大陆，也就是年轻的北美洲的民主化进程也起了很重要的作用。所有大西洋彼岸的重要政治领袖都是从启蒙运动中脱颖而出的。”

“如果说我们今天有那么多不同的信仰、派别、学说、世界观、拯救者、大师等能够并存，那么没有启蒙运动的话恐怕就是不可能的。”

“今天那些鄙视启蒙运动的团体能够存在恰恰要感谢它；虽然启蒙运动首先是要求理性和清晰的思想，但它同时也促进了一种到那时为止尚不为人所知的宽容。在这种宽容之中，所有的宗教都能得到一席之地，到今天仍然如此。”

“对我而言启蒙运动包含的一个特征就是‘人道’。”斯蒂芬说。他的脸颊红红的，不知是因为喝了苹果酒，还是因为内心的强烈感受。“启蒙运动是古希腊以来最人道的事情，不是吗？”

塞内克斯呷了一口酒：“我同意。启蒙运动以摆脱迷信为目标，它要求理性的人建立一个理性的世界，所以说这个时代是‘醉心于理性的时代’是很中肯的。但可惜——结果人们虽然真的从科学、技术的角度去理解世界，但也出现了新的疯狂念头。”

“这么说思想的解放没带来什么了？”

“怎么没有！我们今天能够自由地生活，这得感谢启蒙主义者。比如在从来没有过启蒙运动的伊斯兰教国家里，野蛮的戒条仍然左右着人们的生活，例如对女孩子残忍地实行割礼、判‘亵渎神明’的人死刑、用石头砸死通奸的女子等等。在启蒙运动的作用下，我们从政治的及思想的暴政下解放出来，在法国它导致了大革命的爆发和封建专制王朝的覆灭——这，人们在巴士底狱被攻占以前大概就预感到了，因为在这个具有世界历史意义的日子到来之前十一年，也就是伏尔泰去世前几个月，他放弃了他的庄园，回到巴黎，受到了人们热烈的欢迎。不管他走到哪儿，人们都报以掌声，来自各个阶层的人——据说有成百上千——跟着他的马车。从来没有哪个君王受到过这样的欢迎，他被称为世界上最著名的凡人。要是他走进一座剧院，演员和观众会起立并大声向他喝彩欢呼。”

“但革命并不是他要达到的目的啊！”贝蕾妮克插嘴道。

“对。和他同一战壕的战友从不曾呼吁人们拿起武器，他们只为赋予人们一切人权的自由社会奠定了基础。卢梭要是知道1793年巴黎的革命党是多么暴戾，他会吓坏的，但他的《社会契约论》第一次阐述了人民的主权，这却是一个事实。”

启蒙运动的对头与信徒

斯蒂芬把一块奶酪面包塞进嘴里，问：“启蒙主义者难道没有很多对头吗？”

“对头主要是天主教会，比如在法国、西班牙和意大利，教会把启蒙主义的书籍列在了禁书的书单上，先后有《百科全书》、伏尔泰的著作、卢梭的著作和无数其他人的著作；卢梭的《爱弥尔》也被巴黎大学、教士全会和巴黎议会禁止。启蒙主义者被指责为没有信仰及脱离宗教。人们担心人类的知识和能力被过分夸大，判断力变得狂妄自负，以及道德败坏。浪漫主义从某种意义上来说是启蒙运动的反动，浪漫主义者认为，世界上还有比启蒙主义哲学家在他们的白日梦和书房里拥有的多得多的东西，那就是想象、感觉和心灵深处的秘密。人不仅是思维着的动物，也是感觉着的动物。”

“事实也确实如此。启蒙运动使世界丧失了魔力！至少我是这么想的。您怎么看呢？”

“生命的历程当然会在摇篮和坟墓之间有所变化。启蒙运动有很多实际的结果，就说医学吧：这时有很多进步的医生提倡在妇女分娩时让受过训练的男助产士取代‘无知’的产婆；婴儿不应该再被紧紧地裹着，而应该让他们‘自然’地活动。不应该娇惯孩子，而应该让他们在户外的新鲜空气中跑来跑去。如果人们能够更关心他们自己的身体健康，而不是只去关注心灵得救与否，那他们就能比《圣经》里说的七十岁活得更长。而等死亡来临之际，人也能正视它，而不是陷入古老的基督教徒对地狱之火的恐惧之中。”

“像入睡一样自然地死去？”

“启蒙主义者希望能这样。他们传达的讯息影响深远，超出哲学的界限，进入了自然科学领域、社会领域、技术和教育事业、学校事业、法学、管理。启蒙运动的一个典型的丰硕成果就是亚当·斯密（Adam Smith）出版于1776年的《国富论》，它的英文题目我已经向你们提到过了。这本书指出，富裕的源泉是工作。它还分析了价格、资本、劳动力的作用以及供求规律。斯密的书影响了后来所有的经济学家，在工业社会的膨胀过程中也有着它的意义。”

“这有什么新鲜的吗？”

“比如认为劳动分工的一个结果就是，职业性的生产会大幅度增长，在一个管理有方的国家里可以导致普遍的富裕。他希望的是国家不再左右经济。”

“一种自由的市场经济？”

“他阐释道：大国从来不会因为私人的挥霍而毁灭，而往往是因为公开的挥霍而毁灭。他谴责道，在大多数国家里，税收被用来支付那些不事生产的人。在这一点上他态度激烈，说如果国王和部长们是他们国家中最挥霍无度的人，这种情况是‘最大的肆无忌惮和狂傲’。他说，国家管理机构和官员的工资不是由市场决定的，因此与其劳动成果的关系也不成比例。”

“多现代啊！”

“亚当·斯密的书还证明了魔力是怎样从公共生活中消失的，理性和分析如何取代了神话；但这并不意味着所有的启蒙主义者都是无神论者，或人们都不再信教了。很多启蒙主义哲学家都是教徒。你们见到了卢梭，但还不知道他曾想过当牧师吧？他很早就从一个卡尔文派教徒变成了天主教徒，虽然并非一直到最后都是天主教徒，但他晚年时对一种感情和精神成分大于理性成分的虔诚大唱颂歌。法国大革命以后，欧洲经历了宗教的复兴，但宗教再没达到过从前那种绝对的统治地位。为了弥补这个空当，自然与善感将在十九世纪被抬高到近乎神圣的地步。但填补了这个缺口的主要是爱国主义——可惜这又是非理性主义的一种，至少跟宗教的非理性一样严重。”

贝蕾妮克问：“启蒙运动到底为什么能有那么大的成就呢？”

“启蒙运动如果只局限于区区几个人的头脑，那它的意义肯定不会如此重大。但它的思想涉及范围很广，首先吸引了受过教育的市民阶级；它落在了肥沃的土壤中，因为启蒙主义者说出了很多人能感受到但却表达不出来的东西。现在这些话被说给他们听了，他们还可以买书看。夸张一点说：古登堡（Gutenberg）印刷《圣经》，是要让所有的人都能读到它并坚定自己的信仰，但实际上他却加速了宗教的溃败，因为他为启蒙主义的自由思想势不可挡的广泛传播提供了手段。”

“您是说时机成熟了？”

“财富的增长使印书业得到了好处，越来越多的人学习读书写字，启蒙运动就是这时候来临的。虽然能读会写的人在十八世纪末只占成年人口的百分之十五到百分之二十，但这个数字在持续增长。在许多城市里出现了名字叫做‘协会之家’、‘友谊圣殿’、‘书厅’、‘艺术之屋’、‘舞厅’、‘咖啡厅’、‘台球厅’之类的组织，人们在那里读书、做报告、进行讨论，连乡村里感兴趣的人也结成了读书协会。启蒙思想也被许多并不知名的普通人共同传播，比如曾有过一个十分周密的联络网，由赞同启蒙主义的人和大胆的市民组成，他们收留遭受迫害的人并传递消息。有时候启蒙主义者甚至得到重要人物的秘密帮助，这些人地位显赫，无视禁令。在这个意义上，可以把法国的最高审查官马莱尔伯（Malherbe）看成是法国启蒙主义者的朋友中最有势力的一位。”

塞内克斯停顿了一下，喝了点酒，抬起头，用他那双无法形容的灰色眼睛把三个孩子一个挨一个地看过去，高声道：“总之，我们可不要低估了咖啡馆里进行的讨论，其中之一你们也经历了。那绝不只是咖啡馆里常客的闲聊天，人们热情洋溢地谈论的是各种新思想。根据巴黎警方统计的数字，1723 年时还只有三百八十家咖啡馆，可六十年后就有了一千八百家。此外还有很多书商、出版商，他们使作品得以传播；只要有丰厚的利润诱惑，他们就天不怕地不怕。文学第一次开拓了广阔的市场。公共舆论确立了它的影响。”

“嘿，越来越带劲儿了！”斯蒂芬喊道。

记者——一门新职业

其他桌的客人纷纷付钱，离开了花园小馆。塞内克斯看了看他的小表，说：“我们还有点时间，驿车大概半小时以后到。”

“驿车？”

“它已经坐着更舒服了，车费很贵，这样它成了高级的公共交通工具，乘客的数量限制在七个以内，由一个携带武器的警卫护送。这会儿的车有钢制弹簧，重心很低，速度相当快。”

“我问的意思倒不是指交通工具，而是想知道，咱们不在巴黎呆着了吗？”

“我们今天还要旅行一次，而且路程很远；但我们此刻还是在这儿，在启蒙运动时代。那时产生了一门新的重要职业。”

“是产业工人吗？”

“那还没到呢，罗曼。是记者——他们有时愤世嫉俗，甚至不讲良心，但也很尖锐，笔头儿很快，不断追逐一切新鲜事物。日报的数量增长迅速，图书馆也出现了。启蒙主义者的新作也伴随着大量周刊、月刊的出版。人们也在追求娱乐，追求一种每个人都能懂的新风格。批评成了写作的知识分子最喜爱的体裁。按照尼采的说法，人们经历了批评的诞生，而它是从理性精神中诞育出来的。”

“这听起来简直太好了，好得不像是真的！”斯蒂芬怀疑地嘟囔道。

“书越来越多，也越来越便宜，它们的写作和出版所耗费的时间缩短了。从这时候起，文艺小说也开始了它走向成功的历史。渴望阅读的读者想得到娱乐、教育，想受感动，想动情。游记、爱情小说、家庭小说、《罗宾逊·克鲁索》、《曼侬·莱斯戈》、《汤姆·琼斯》、《新爱洛伊丝》、《伤感的旅行》……人们乐此不疲地写作、抄袭、剽窃，格言是：‘如果有几只黄蜂毁了几只蜜蜂的巢，那又有什么关系呢？’《罗宾逊·克鲁索》就有好几种变体：《快乐的罗宾逊》《西里西亚的罗宾逊》《有德之人罗宾逊》。除此之外还有歌德的《少年维特之烦恼》，其中表现的多愁善感和语言均达到了艺术的高度。这些，人们都想见识，文学变得更加丰富多样。那些道德家们对此颇多微词：‘小说像毒品一样让人上瘾。’”

“肯定也有人恰恰是为了不思想而去读书。”斯蒂芬沉思着说，用一块布擦着他的眼镜。

塞内克斯继续不紧不慢地说：“作家需要的是感受着、思考着的读者；读者想要感觉、醒悟、受鼓舞、修正自己的判断。小说能让人深入私人领域，以前这一直不为人所知。现在的读者面临的是一个丰富的情感世界，他在其中或许会认出他自己，或许感到惊奇和兴奋。”

“而这些都是新鲜的吗？我还以为对内心冲突的刻画是文学中最重要的呢。”

“艺术普遍有所收获，可以说，正是通过启蒙运动，艺术才取得了独立地位，脱离了宗教，并发现其他真理的存在，包括美学真理。启蒙运动甚至坐上了神圣的交椅——当然说这个得谨慎——因为 1773 年教皇克雷芒十四世（Clemens XIV.）解散了耶稣会。启蒙运动也吸引了贵族：玛丽亚·特蕾西亚（Maria Theresia），尤其是她的儿子约瑟夫二世（Joseph II.）进行了深入的社会改革，普鲁士的腓特烈大帝钻研伏尔泰，任命法国物理学家和数学家莫泊丢（Maupertuis）为一个新科学院的院长，后来又想让达朗贝尔（d’ Alembert）[1] 继任，后者拒绝了，但愿意以自然科学问题顾问的身份前往柏林。边疆伯爵卡尔·弗里德里希·威廉·冯·安斯巴赫（Karl Friedrich Wilhelm von Ansbach）的书桌上放着一座伏尔泰的胸像，萨尔茨堡大主教则更喜欢卢梭的胸像，并委任伊曼努埃尔·康德的一个学生为神学院的院长。”

“这么说每个人都被传染上了？”

“知识分子、官员、贵族——这场运动吸引了所有人。庄园里，人们进行了农业现代化的实验；从哥本哈根（Kopenhagen）到米兰（Mailand），处处都有读书会建立起来，以共同探讨历史、哲学和未来；很多国家的一些措施都是在启蒙运动的推动下实行的，并往往由那些开明的部长带动。”

妇女的作用

“萨尔茨堡大主教……但您刚说过，启蒙主义者遭到教会的猛烈攻击。”贝蕾妮克插上一句。

“两者都对。总的来说，作为一个机构，教会是站在启蒙运动的对立面上。”

“而且他们的理由也够充分的！”

“但神职人员并不都是这样。我们已经讲过狄德罗了。《百科全书》的四十本样本在贝利戈尔（Périgord）出售时，单是神职人员就买去了二十四本。哲学家的著作

[1] 译者注：达朗贝尔（Jean Le Rond d’Alembert，1717—1783），一译达朗伯，法国数学家、启蒙思想家、哲学家。对偏微分方程有贡献。提出一个力学的原理，后来被称为达朗贝尔原理。曾任《百科全书》副主编，在该书第一卷卷首语《知识图》和《初步论断》中，主张按弗朗西斯·培根的原则，将人类知识分为历史、哲学（科学）、美术三大类；强调技术和科学的关系，并指出《百科全书》的目的不仅在于提供知识，而更重要的在于改变读者的思想。在哲学上主张知识来源于感觉，反对“虚构的实在”或天赋观念说，但又认为精神不依赖于物质，上帝是创世主。主要著作有《哲学原理》《力学原理》《数学论文集》等。

可以在修道院的图书馆里找到——甚至是在西班牙的修道院里。但它的影响在政府官员、律师、医生、地主、记者、作家和大学教授那里最大。”

“塞内克斯，”贝蕾妮克把手搭在塞内克斯的小臂上，“我就是不能想象，这一切没有妇女的帮助怎么会是可能的。”

“但一般来说，没有女子，男子什么也做不了！”

“男的说这话只是想让我们闭嘴！”贝蕾妮克摇摇头。

“在启蒙运动中，新思想确实是在女性的沙龙里最早被人们热情地接受。伏尔泰、卢梭和狄德罗已经提到这个了。沙龙这种交际场所在我们今天这个信息时代里可惜见不到了，可那时候它就像一个个鸟巢，新思想在其中插上翅膀，翩翩飞起来。伏尔泰的情人沙特莱侯爵夫人（Marquise de Chatelet）、狄德罗的妻子索菲·沃朗（Sophie Volland）都不只是极为聪慧，而且都有很高的修养，善于谈吐，比那个时代的大多数男子受的教育都高得多；她们掌握稔熟的谈话艺术，写起信来也那么高超。”

“启蒙主义者想要女子获得更大的自由吗？”

“他们看重的是从老得掉渣的旧观念中解放出来，而不是妇女的解放。十八世纪有杰出的女作家、女小说家，但是，能有可观数量的妇女能在公众中有所影响，那还要再过一百多年。”

“但是女皇呢？女沙皇呢？”

“那是例外。在王朝统治时代就有许多女王和女性贵族曾大权在握，你刚才提到了两个，贝蕾妮克——玛丽亚·特蕾西亚和叶卡捷琳娜大帝，后者也被人称为‘宝座上的女哲学家’。但除了这些超群出众的女子外，离教会容许妇女表现自我还早着呢。”

“但要是女圣徒或是女神秘主义者，那就多多益善了！”

“起初是一个开明的君主普鲁士的腓特烈二世，也就是腓特烈大帝，第一个同意一位女子——多萝台娅·克里斯蒂安娜·艾尔克斯雷本（Dorothea Christiane Erxleben）在哈勒大学医学系取得博士学位并开业行医。1742 年她写了一本《关于女性无法上大学的原因的彻底调查》。”

“那么她是一个例外！”

“是个别现象，绝对的。她走得比她的时代远得多，但即使是她，后来也得顺从当家庭主妇、生儿育女的命运。她早逝的原因可能就在于此。”

贝蕾妮克耸了耸肩。她闭上眼睛，看上去就好像没兴趣再听下去了，但这只是假象，因为她马上又接着问道：“但启蒙主义者不是在教育方面有很大成就吗？”

“能上学的年轻人的数量比以前多了，授课水平也提高了。这也为伟大的瑞士教育家亨里希·裴斯泰洛齐（Heinrich Pestalozzi）奠定了一个基础；他生于十八世纪中叶，也就是 1746 年。他在他的著作《林哈德和葛笃德》中阐释了自己的思想。裴斯泰洛齐建立了他自己的一所私立学校，还为公立学校设计了纲领计划，由此引起的兴趣是启蒙运动前从没有过的。”

塞内克斯把他杯子里的饮料喝光，看了一眼表，叫道：“我们得赶紧了。”他迅速站起身来。“走吧！我们要离开巴黎了。不过我们还会再来，因为现在巴黎就如同欧洲的首都；几乎所有改变欧洲的推动力都来自巴黎。伦敦、马德里、圣彼得堡都很边远，意大利由很多个城市国家组成，德国则还根本不存在——它那时四分五裂，有三百多个领地，包括世俗的和教会的，还有五十多个帝国城市。”

机器的时代随着蒸汽开始

第一辆蒸汽推动的车

塞内克斯情绪很好，他挽着罗曼和贝蕾妮克的胳膊，斯蒂芬游离在外，一会儿在左边，一会儿在右边，一会儿又在后边。贝蕾妮克再一次感觉到，塞内克斯触到她的小臂，那接触像羽毛一样轻，简直是超凡脱俗的。

但马上她的注意力就被引开了——塞内克斯说了起来："驿车现在所有的人都能坐了；它也管送信和其他东西。驿车是十七世纪中期开始投入使用的，我所知道的第一条驿车线 1784 年出现在英国，连接起伦敦和当时的时髦温泉胜地巴斯（Bath）。驿车在路途中，马匹每隔一段时间就要在中继站替换，这样就总是有缓过劲儿来的马匹供人使用，这一点很重要。此外，路上也逐渐地安全多了，旅客受到应有的保护，不再常遭匪帮抢劫了，不过这种事情总还是存在的。而且人们意识到，一些基本设施也是很必要的，于是邮路上出现了众多驿站旅馆。

"现在您倒是说说，我们去哪儿啊？"

"去很远的地方，非常远，贝蕾妮克。这一回我们不必赶时间，因为在路上有好多可以说的。路途漫长，因此我们没有利用另一种为道路发明的东西，当时造了一个样品。"

"为道路？不是为铁轨吗？您指的不是火车头吗？"

"还不是，但它是往那个方向上迈出的第一步——虽说是尚很笨拙的一步。我指的是法国军官尼古拉·约瑟夫·居尼奥（Nicholas Joseph Cugnot）1769 年造的第一辆车，一个真正的大怪物，看上去像只巨型昆虫：它有三个大轮子，控制方向用的前轮前面安着一个铜制的蒸汽锅。这辆车看起来很怪异，而且对今天的我们来说，也实在是没法用，因为它的速度就像是蜗牛爬，只有每小时 4 公里。这车很难操纵，造它的目的本来是为了运大炮——所以不是为你们三个这样的轻量级造的。第二辆样车居然达到了每小时 10 公里的速度，但它马上就以如此的'高速'撞上了一堵墙，坏掉了。"

"但它是用蒸汽的？"

"对！"

"我以为是詹姆斯·瓦特（James Watt）造出了第一台蒸汽机。"

“确切地说，是他的一个朋友1759年向他建议用蒸汽给道路用车作动力，但居尼奥的‘汽车’就是比他的早；而且就连居尼奥也不是第一个。1654年法国人丹尼·帕潘（Denis Papin）就做了最早的空气压力试验，并发明了蒸汽气压机原理，但当时没有得到实际应用。1765年，有一个名叫维尔毕埃斯特（Verbiest）的佛兰德斯传教士[1]在北京城里曾开着一辆蒸汽做动力的车，车上用开放的煤火烧热一个水锅里的水。居尼奥的实验之后，又过了二十二年，瓦特才在1781年造出了靠传动装置和飞轮工作的蒸汽机，在旋转运动中存储转动惯量。他又做了一些改进以后，1784年蒸汽机实际上就已经成熟了。接下来的发展便如疾风骤雨一般了。好了，我们‘老式’驿车马上就要拐过来了！”

手工劳动的结束

他们在花园小馆的篱笆外面等着。没过多一会儿，号角就悠扬地吹起来了。随后，那辆高高的四驾马车就拐过了街角，裹在扬起的一团尘烟里。前面的驾驭台上，两个戴高帽子的车夫高高在上。他俩后面还坐着两位先生，是出资较少的乘客。车厢的顶上堆着旅行箱、旅行篮，用皮带绑缚着，上面盖着张挡风遮雨用的帆布篷。车厢后面一个窄窄的位子上还猫着一个仆人。

车夫一抖缰绳，大声吆喝着，马便停了下来。那仆人从后座上跳下来，打开车门，将一块窄窄的踏板打开，放下来。

塞内克斯和三个孩子上了车。车上已经有两个乘客了，正兀自打着盹儿。

车没停多一会儿，因为没有什么货物、邮件或行李要装车。驿车的号角又吹起来了，像要催人去打猎似的。只听一声“嘘”、一声鞭子的脆响，车轮便开始颠簸着滚过路上的车辙，越过石头，辘辘地轧过路上的坑坑洼洼。

巴黎郊区没什么可看的，塞内克斯道：“我们谈谈话，路就不会显得太漫长了——我已经说到了蒸汽机，从那时候起，所有的技术领域都开始了突飞猛进的发展；我打算只提一提最重要的。比如在英国有一个发明：虽然早在1678年就有一个法国海军军官设计出了一种机械织布机，但结果证明不成功；真正可用的是英国教士埃德蒙德·卡特赖特（Edmund Cartwright）1784年发明的一种织布机，而且几年后还达到了自动化。”

“卡特赖特？”

“织布机可不简单！这项发明具有革命性的意义，工业革命由此开始，手工劳动

---

[1] 译者注：中文译名南怀仁，耶稣会传教士，1658年前往中国，曾造红夷炮助清帝国，有历法著作多种，1688年逝世于北京。

的时代接近尾声了。我们已经讲过亚当·斯密，他对工业革命影响的研究是最具预见性的。在前资本主义经济时期，产品销路少，生产手段具有与此相对应的典型特点：每个手工师傅都是自己把每件活儿从原料一直做到成品。”

“那么每一件东西都是他的作品，他可以为它的外观和质量感到自豪。这个，却没有哪个产业工人能说得出来了，我想。”

“是的，只是，手工生产的效率不够高。鞋匠只是根据皮子的种类来区分的，有加工普通皮子的，有加工哥尔多瓦皮[1]的，有加工摩洛哥羊皮的，而每个鞋匠都把自己做成的鞋直接卖给他的顾客。现在人们按照制造阶段来进行劳动分工：在制鞋厂里，有的人负责鞋模子、后跟，有的负责裁剪，还有的负责缝制。这也改变了手工业者和商品出售者之间的关系，分出了工厂主和工人。技术肯定使人们变得更自由了。”

“同时又以另一种方式使人成了奴隶。”

“这是我们这个时代才有的认识，没有什么进步是不伴随着弊端的。那时候的人也看到了行将出现的弊端，因此熟练的亚麻织工和羊毛织工有很长时间阻挠机械织机的发展；他们害怕失去工作，这是很有理由的。”

“这种斗争直到今天还存在呢！”

“而且可能会一直这样下去，并且是在各个领域。那时候，医学领域的进步提高了人的寿命，迅速增长的人口又对机械化的发展起了很大作用，简直可以说是逼着它发展，于是在十八世纪的最后三分之一的时间里，纺织工业成了英国经济的支柱。”

新时代里最大的教育运动

他们坐着车穿过平坦的绿色田野。一个疑问在贝蕾妮克的脑子里转，塞内克斯看出来了，问：“你心里想什么呢？”

“我还在想学校的问题，与妇女有关的，或者再说具体点，与女孩子有关的。您不是讲了吗，由启蒙运动受益的首先是学校和教育，那么确实有所改进的有哪些方面呢？”

“迄今为止，教育的特点一直是强迫和权威。拉丁学校起初只对男孩子开放，女孩子不能进。谁要是想从事学术方面的职业，就必须掌握拉丁语。但现在人们认识到了：不只应该学习一门死的语言，而且也需要科学的知识。这意味着逻辑与思想

[1] 译者注：哥尔多瓦皮，一种以摩尔人的方式用矾鞣制的细致羊皮，过去往往用来制靴，现在主要用来装订书籍。

自由的结合。此外人们转向了古典时期及其人道主义思想。”

“这可是太怪了！想介绍科学知识，却转向古典主义！”

“这是个进步，因为人们背离了宗教的正统主义，去寻找一种新的伦理。”

“不教宗教，改教伦理——有点像我们现在那样？”

“还没有那么远。但是对尘世生活的肯定以及由此而来的思想，希望对年轻人……”

“是男性年轻人！”

“……进行必要的着眼于现实的教育，等等等等——这些进一步排斥了教会学说，提高了实用学科如数学、物理学、自然科学、历史和地理的地位。它们走出了它们那年代久远的阴影。这也要求使用一种新的语言，不再拘泥于僵化、老气横秋的经院拉丁语，而用生动的日常口语：法语或者德语。”

旅程颇有些催眠作用，斯蒂芬的眼睛闭上了，不久罗曼和贝蕾妮克也睁不开眼了，于是，半梦半醒之间，他们没看见什么，没注意到车子更换了马匹，对糟糕的路况也习惯了。他们也没有遇到任何危险：没出事故，车没翻，车轮也没陷到污泥里去。风景对他们来说无所谓，就这样，他们也没看见路上一些本会吓坏他们的景象——大多数地方的交通要道要经过用刑和处决犯人的刑场。比如某条路的两旁都是一人高的柱子，上面挑着水平放置的车轮子——那是用来车裂违法者的；还有绞刑架，尸体还吊在上面，脑袋耷拉在一边。

“这是为了达到震慑众人的效果。”塞内克斯本来打算这样解释的，但这下用不着了。

普鲁士和奥地利的启蒙运动

一个开明的君主？

他们就这样穿越法国，跨过了莱茵河。这时，塞内克斯才又一次开口："我们的目的地是普鲁士。但你们看不到什么特别之处，普鲁士在十八世纪时是一个不和谐的混乱的国家，很多地方都无人居住。对我们来说普鲁士是值得注意的，是因为它对德国的启蒙运动来说很重要。"

三个孩子都坐了起来。"是因为腓特烈大帝，对吗？"

"他的父亲腓特烈·威廉一世（Friedrich Wilhelm I.），人称'军曹国王'的，不是一个喜欢奢华的君主，其简朴在当时的公侯中是很少见的。他是个冷静的统治者，脑子里丝毫没有启蒙思想，正相反：他把当时最重要的德国哲学家克里斯蒂安·沃尔夫（Christian Wolff）驱逐出了国境，他的儿子又急忙把沃尔夫召了回来——这件事显示出父子两人有多么不同。

但专横的统治并没有因此而结束，腓特烈大帝也实行专制统治，人民仍在捐税的重压下呻吟——这主要是为军队。腓特烈大帝采取严厉的征兵措施使士兵的数量增加到了二十万；每年他得为他的军队付出一千三百万塔勒[1]"的军费——不过付出这一千三百万塔勒的当然是普鲁士的老百姓，而这充其量是三百万个生灵。除此之外还有别的赋税。"

"可您说过，腓特烈大帝对启蒙是很开通的。"

"在思想上是开通的，在行动上可没那么开通。'老弗里茨'——这是人们对他的另一个称呼——他的统治从1704年延续到1786年。他的人格具有分裂性：一方面他有极强的自信心，非常专断，另一方面他又让伊曼努埃尔·巴赫（Emanuel Bach）做自己的宫廷羽管键琴师，有一次还把他的父亲约翰·塞巴斯蒂安·巴赫召来，专心致志地听他的演奏，《音乐的奉献》的主题也许就是他给巴赫的。他还是文学爱好者，当然了，喜欢的只是法国文学，并且不带偏见地对哲学感兴趣，与伏尔泰有通信联系，写过一篇《反马基雅维利》；他在其中试图描述仁君的使命，并宣称，马基雅维利在国家生活中播下了堕落败坏的种子，而他，腓特烈，将会把人

---

[1] 译者注：塔勒，十八世纪还通用的德国银币。

性重新赋予国家生活。为此，他支持法国胡格诺派教徒入境，并于1704年六月写道：‘所有宗教都应该得到宽容……因为在这里，每个人都应该按他自己的理解获得幸福。’”

“这说明他极为宽容啊！”

“腓特烈大帝本人可能是个坚定的无神论者；他很清楚启蒙运动的意义，因为他1758年就认为，他这个世纪将是世界历史中划时代的。他写道，他和他的同时代人都经历着世事变迁中最异乎寻常的事件。”

“而他自己并没有经历法国大革命！”

“他感觉到了巨大变革的临近。他促进了德国自由思想的发展，并且不局限于普鲁士，由此为自由主义的进步做出了决定性的贡献。他把柏林变成了德国启蒙运动的中心，把法国哲学家召进他的宫廷。他改进了法律制度，整顿了财政，增加了收入，而自己只要了其中的一小部分。为此，诸侯中出现了效仿他的人，这表明，强有力的人格不是没有影响的。”

“这真让人惊奇。您能举个例子吗？”

“可以，斯蒂芬！”

在奥地利有七百多座修道院被解散

塞内克斯张开十指，指尖相对，压了好几次。“受腓特烈影响最大的可能要数他的死对头奥地利女皇玛丽亚·特蕾西亚的儿子约瑟夫二世。身为军队统帅、政治家、哲学家和音乐家的腓特烈以他的人格力量迷住了约瑟夫二世。受他和启蒙运动的启发，约瑟夫二世废除了他帝国内的依附农制度，改进了教育，进行了税制改革，促进贸易。他取消了许多限制，比如婚姻方面的规定、就业方面的规定。他倡导了一种新的司法制度，取消了贵族的很多特权。他还实行了教会改革——这对他的时代来说，可能太激进、要求得太过分了。他禁止朝圣、举行宗教游行、护身符以及向圣像或圣徒遗物祈祷。”

“多可惜啊。”斯蒂芬喃喃说道，话音里带着一丝嘲讽。

“约瑟夫二世不让教堂里有那么多装饰，让人把祭坛、还愿板和圣像都请出去，于1781年解散了很多修道院。他追求教会和国家的统一，力争建立一个独立于罗马的奥地利教会；他希望能让他的臣属相信，不必听梵蒂冈的，他们也可以依然是天主教徒。此外他还颁布了一道宽容权。假如他当皇帝的时间能超过十年，也许他可以成功地重建国家，但他死得很早。”

“您说他很景仰普鲁士的腓特烈，腓特烈不是在西里西亚发动了血腥的侵略战争吗？”

“人们可以为他出征西里西亚而诅咒他，但对他来说，当时普鲁士面临的形势十分危急。他要为一个易受伤害、四分五裂、边境过长的国家负责。他可以在他的遗嘱中说：‘公民的第一项义务是为他的国家服务。我一生都在不同的情况下试图做到这一点。’”

“这让我听起来太正面了。”

“他是一个严厉的统治者，他的战争损失惨重，他剥削了萨克森。与他同时代的人都被他分成了追随者和反对者。歌德在年轻时很倾心于他，并称自己很有‘弗里茨的思想’。他肯定是很有些特殊之处。从他对他的使命的态度上来看，他配得上‘大帝’这个别名。他缔造了一个新的普鲁士，巩固了他父亲创造的‘普鲁士美德’这个概念。他让他的建筑师克诺伯斯多夫（Knobelsdorff）在德意志的土地上建造了洛可可式宫殿中最迷人的一座。”

“波茨坦（Potsdam）的无忧宫。”

“比它的榜样凡尔赛宫更朴素、更和谐，也优美得多——腓特烈在他的葡萄园之上创造了一件小小的艺术作品。”

在莱辛那里，一切都渗透着精神

有片刻工夫，塞内克斯闭上了眼睛，再睁开眼的时候，他说：“由此我们就要提到莱辛（Gotthold Ephaim Lessing）了。他与腓特烈大帝生活在同一时代，生于1729年，也就是比‘老弗里茨’[1]小十五岁。我认为他是德国启蒙运动中最杰出的人物；在我眼里，他简直就是个特殊现象，因为他具有一些在德语区内极为罕见的东西：他的头脑既是富于批判性的，又是明朗的。是他说出了一句毫无德意志气息的名言：‘艺术的终极目的是享受。’”

“真让人惊讶——这真的是从一个德国人嘴里说出来的话吗？”

“而且还是个德国批评家！莱辛痛恨一切虚假的声音，所以他宁可根本不表达感情。不管他做什么，他都带着理性、批判精神、认识和一个科学家的热情勤奋去做。对他来说，科学不仅仅是件涉及记忆的事，不是死记硬背的东西，而是个逻辑的问题。”

“如果是这样的话，那我猜他是笛卡儿的信徒。”

“莱辛当然是个怀疑论者，是个不断发展中的批评家。他下判断的时候很严厉，

[1] 译者注：“老弗里茨”是对腓特烈大帝戏谑的称呼。

但绝不教条。他远离一切党派政治，因为他认为，谁要想做出理性的判断，就不能喜欢党派这种东西。”

“他指的肯定不只是政党。”

“他指的很可能是一切拉帮结派的现象，包括信仰某种‘理论’的团体。在他的剧本《智者纳旦》中，他也并没有对任何一种宗教表示认同，而是宣扬无限的宽容。”

“而且是在犹太人被迫害了数百年以后。”

“他把情节安排在十字军东征的时代，这并不是偶然的。《智者纳旦》呼吁人与人之间、宗教与宗教之间的爱，真切地预告了启蒙运动。”

一位演丑角的精力旺盛的妇女

旅途漫漫，贝蕾妮克把左胳膊肘儿支在罗曼的肩头，嘟囔道：“莱辛，又是个男的。”

“我可以弥补你的遗憾。”塞内克斯向她喊道，“莱辛还很年轻的时候就和一位十分了不起的女士走到一起了。”

“那会是谁呢？他的妻子还是情人？”

“都不是！应该说是他的剧团经理，名叫卡罗琳娜·诺伊博尔。她是个精力旺盛的女演员，但又是实际上的剧院经理：因为当时不允许女子正式领导剧团，所以剧团名义上由她丈夫挑头儿，但说了算的还是卡罗琳娜。找新剧本的是她，写序幕和表示效忠的诗歌、钻研剧本、决定巡回演出的是她，在舞台上她也是举足轻重的人物。莱比锡举行博览会期间，她和她的剧团在板子拼成的临时舞台上演出，四周就是观众坐的板凳，因为那时还没有固定的剧院。直到卡罗琳娜死后六年，也就是1766年，莱比锡才建起了第一座砖石结构的喜剧院。卡罗琳娜自己还写了一个剧本，其中的丑角被别人一顿饱打，赶下台去。卡罗琳娜得保证剧团演的戏能招来很多观众，保持上座率，但她还是有勇气把最得观众宠爱的角色赶出舞台。”

“我向她致敬！”罗曼说。

“她能这样做，只是因为她的观众主要由市民阶层构成，他们至少都是能读会写的。文盲，也就是人口中的大多数，是看不起戏的，这和莎士比亚时代的英国完全不同。而起决定作用的这一小部分人，也就是来自市民阶层的观众，易于接受理想。”

“好吧，但卡罗琳娜·诺伊博尔从哪儿找来理想、取代丑角呢？”

“她发动了约翰·克里斯托夫·戈特舍德和她一起工作。戈特舍德是位学者、作家，以法国经典戏剧为榜样，创作高乃依和拉辛风格的悲剧。戈特舍德为卡罗琳娜写剧本，但德国戏剧的创造者是戈特霍尔德·埃夫莱姆·莱辛。1748年的他是莱比锡的一个大学生，他为卡罗琳娜翻译了法国玛里沃和伏尔泰的剧本，此外还把自己的一个剧本——《年轻的学者》也交给了她；她很喜欢这个剧本，将其上演，并取得了成功。后来，对她充满感激的作者曾为负债的她做担保，结果不得不连夜逃出莱比锡。他的持久成功是由《汉堡剧评》奠定的——这是他为汉堡的戏剧活动撰写的评论，极为精彩，他在其中为导演、演员及戏剧作家阐述了戏剧中一些原则性的东西，这使他成了德国戏剧批评之父。但我们也不要忘了他创作的剧本。"

"除了莱辛，就没有别的德国戏剧家了吗？"

"还没有，罗曼。当时首先得让观众接受好的剧本。莱辛那出1755年在奥德河边的法兰克福首演的《萨拉·萨姆逊小姐》被称为第一部德国市民悲剧。前去观看首演的人们像着了魔似的听了三个半钟头，随着剧情的发展而动情、流泪；要知道，这些来自市民阶层的观众是第一次观看舞台上演绎的与他们有相同问题的人的命运，就像在镜子里面看他们自己。当他们在《爱米莉雅·迦洛蒂》中看到莱辛刻画的那个厚颜无耻的公爵，看到那个更卑鄙的侍从官，看到他们的对立面——一个市民出身、纯洁无瑕的姑娘时，他们的心震撼了。这出剧在莱辛那个时代是个革命的创举，它在今天的人看来可能显得无足轻重，但当时德国戏剧所处的环境条件绝对称不上'优越'；这不仅是指戏剧的内容方面，也指外部条件。仍以莱辛的剧作为例：他的《明娜·冯·巴恩赫姆》刚在汉堡上演的时候，剧场里几乎是空的，为了招揽观众，只好在幕与幕之间插演杂技。"

"德国戏剧就是在这样的条件下发展吗？这下我可知道莱辛、席勒、歌德、克莱斯特取得的成就有多大了。"

"莱辛对于人的价值所在也有自己的观点。他对那种自以为掌握了真理的态度嗤之以鼻，而对真理孜孜不倦的追求则是一切。他把神圣的理性看成是永远处在形成中的东西，因此真理也只能处在形成中——这是一条通往更伟大的明晰的道路。那时没有一个人能像他那样照亮德国。"

他们沉浸在谈话中，丝毫没有注意到和他们同车的那两个旅客已经下车了。现在车上只剩下他们几个了。

启蒙运动的集大成者

这个时代的一个大城市

阳光的颜色逐渐温暖柔和起来，影子也拉长了。他们到底走多远了？车轮有规律的辘辘声，马蹄的“得得”声，马匹的喘息声，这一切都令他们昏昏欲睡。

他们是醒着还是在梦中呢？

当车子又走在铺石的路面上，声音突然有了变化，马蹄声也更加清脆了的时候，他们在位子上直起身来。贝蕾妮克飞快地向窗外望了一眼。他们正行进在一条狭窄的街上，窄得他们简直可以摸到车旁掠过去的房屋外墙。

车在一个小广场上停下了。塞内克斯揉揉眼睛，解释道，最后一段路他们得步行了，这条街只适合行人走，而不适合车辆走。

“去哪儿啊？”贝蕾妮克问着，从车上一跃而下，没有使用车子那几级台阶。

“去一个哲学家那儿——也许是最重要的哲学家。”塞内克斯走下车后回答，“我们现在是在柯尼斯堡。”这时，钟楼的钟正敲着三点。

“东普鲁士——从巴黎到这儿有多远啊！”罗曼喃喃说道。

“对这个时代来说，柯尼斯堡是一个大城市。”塞内克斯继续说。

“哪个时代？”

“十八世纪中叶。柯尼斯堡有四万居民，比柏林多一倍。正像你们所看到的，这个城市还是一副中世纪的样子，三次大火灾也没使它改变多少。防火措施很不完善，大多数街道都很狭窄，火苗很容易蔓延开来。这些街道也没有都铺上石头路面，但前几年这里总算引进了街道照明系统，虽然区区一千二百盏小油灯发出的光弱得可怜，而且也只是在冬季才点亮。城墙环绕之内并非处处都盖了房子，有些街道和城墙之间还有农业用地，那儿有工商业设施，有水磨，有鞣革作坊，有木材场；在港口有造船厂、仓库、海关，又窄又高的仓库是每个汉莎同盟[1]城市中都可以见到的。街道清洁系统很糟糕，居民从井里打水，和古罗马时代类似，甚至还不如古罗马时代方便。我给你们讲这些，只是为了让你们对那时的生活有个感性认识。”

“这么说我们要讲伊曼努埃尔·康德了，我们肯定得费不少劲才能理解他！他真

[1] 译者注：汉莎同盟是13到17世纪之间德意志北部城市之间形成的松散的商业、政治联盟。

的从来没有离开过柯尼斯堡吗？”

“康德可能是他那个时代最不爱旅行的人了，他极少离开柯尼斯堡，从来没见过山，很可能也从来没见过海，虽然海近在咫尺。所有想聘请他的大学都遭到他的拒绝，他生在柯尼斯堡，死在柯尼斯堡，但他的心中却装着一个宇宙，一个思想的宇宙。”

他们走近了一座老房子。“这房子背临花园、墓地，还有那座有着四百年历史的宫殿，包括它的塔楼、监狱和无数猫头鹰。春夏时节，这儿可以显出十分的浪漫气息。进去吧。”

塞内克斯打开那扇朴素的门，房子里的寂静顿时引起了三个孩子的注意，什么声音也没有。但突然一只狗吠了起来，还有一只猫“喵喵”的叫声。

“它们是女厨子的宠物！”塞内克斯悄声道，“如果没有聊天的对象，她就和动物说话。”

“要是没有它们，我会以为这房子没人住。”贝蕾妮克说。

“这可就大错而特错了——比如这下面就有一个讲堂，时不时地会有很多人来听讲；楼上是餐室。其他房间都很小，厨子的房间和客房也很小。楼上有康德的书房、卧室和给老仆人朗佩的房间，由于他的主人，他在文学上还小有名气呢。康德没有马车夫，没有车和马。由于当时还没有公共交通工具，只要没人让他搭车，他就总是步行。他也很少到房子后面的花园里去。康德终生没有结婚。”

他们走上吱嘎作响的楼梯，穿过一个大房间的前厅。塞内克斯打开下一扇门，这门通向一个更简朴的房间，里面摆着两张桌子、一个沙发、几把椅子和一个五斗橱，中间空着。较大的那张桌子上已经摆好了咖啡具，只缺咖啡壶。

他——哲学家伊曼努埃尔·康德——他就坐在两扇窗户之间的书桌旁。他是坐着吗？不，他是蹲在一把三只脚的半圆圈椅上。

他们在墙边的几把椅子上坐下来。康德的羽毛笔在一张大纸上沙沙作响，这声音和眼前这景象让贝蕾妮克觉得很有趣，同时也让她感动。她转向罗曼，冲他耳语道：“我们现在有了电脑和最棒的程序，可又怎么样呢？相反，这个举世闻名的人却用羽毛笔在粗糙的纸上写字。”

什么是人的认识？

罗曼被伊曼努埃尔·康德那瘦削的身形感动了——这伟大的哲学家好像有一点畸形。他似乎在等待着什么，时不时抬头向门的方向望去。

“他肯定在等咖啡。”罗曼喃喃说道。

塞内克斯向他们低声道：“你们看到的是启蒙运动的集大成者，从某种程度上也可以说是超越了它的人。”

“为什么可以这么说？”

“因为他称他的主要作品为《纯粹理性批判》，而启蒙运动宣扬理性为最高目标——人怎么能批判他的最高目标呢？康德的《纯粹理性批判》追问关于人类认识的真理。简单地说，他将人类能够认识的和不能够认识的加以区分；他要知道，人类的认识是什么，不是什么。他认为，理性无须自然的批判。”

“这是什么意思？”斯蒂芬问。

“意思是说理性能够给予我们知识，而不需要经验加以证实，就像我们知道六乘以六等于三十六，或者某种效果必定有一个起因那样。这些都是‘纯粹理性’的例子。但康德继续追问理性迄今为止做到了什么，于是得出了一个毁灭性的结果——他认为，与物理和数学完全不同，哲学在其超过三千年的发展过程中，从来没有真正进步过。”

“他认为哲学没有给人带来过任何实际的好处吗？”

“至少不能和自然科学方面的认识相比。”

“每个问题不能只有一个正确的答案吗？”贝蕾妮克问。

“康德认为，理性在回答世界的真正本质这个问题上肯定要失败，之所以人们的答案各有不同，原因并非在于哲学家的愚蠢或任性，而在于人类的思维本身。比如，你可以认为，世界在时间上是有一个开端的，而在空间上——他的原话是‘按照空间’——则是局限在一定的边界之内的。但你同样也可以说，世界既没有开端也没有边界，在时间和空间两方面都是无限的。两个让人完全可以理解的陈述便以这种方式导出了无法统一起来的结果。一面说世界是有限的，一面又说世界是无限的，这让人如何是好呢？”

对命令把义务称为神的戒条

罗曼还在回味着刚才那句话，身子靠在椅背上，手揣在裤兜里：“现在我们又从世界和宇宙回到了对上帝的追问上——康德是无神论者吗？”

“康德不否定上帝，但他宣称，上帝是不可证明的；对康德来说，上帝是一个纯粹的假设，它是不可言说的，你只能相信它而为此放弃知识。亨利希·海涅的结论是：康德以此消灭了德国的自然神论。”

“自然神论是什么意思？”斯蒂芬问。

“就是相信上帝在创造了世界万物以后便退出了世界。海涅说，在这之后，就再也没有了无所不在的怜悯，没有了天父的仁慈，也没有了彼岸的酬报和灵魂的不朽。

根据康德的观点，人只有放弃知识，心中才能给信仰留下位置。这样的信仰和教条当然没有关系，而与实践理性有关——这是典型的康德观点；因为如果人是一种理性的动物，那么他行动起来就好像确实有上帝、自由和不朽一样。康德认为其他一切都不可忍受，对于道德来说信仰是个前提。”

“那么他认为信仰是绝对必要的了？”

“是的，康德称信仰是一个不可或缺的理性概念，他说，如果道德和社会秩序不应该只建立在对法律畏惧的基础上，我们就必须支持宗教信仰——即使它只是一个起调节作用的原则。”

“可这和真理没有任何关系！这纯粹是功利的想法。”斯蒂芬喃喃说道。他的声音很轻，轻得塞内克斯根本没有听见，或许是不想听见。

塞内克斯接着说下去：“所以我们必须这样行动——就好像我们知道有一个上帝，知道我们的灵魂是不朽的，我们的意志是自由的。”

“我和康德的想法可不一样！”斯蒂芬到底还是下决心宣布他的想法了。

“我想你有这个自由——这我们已经学到了！”

“谢谢！——看来康德不过是把上帝看成是一种实用的虚构。”

“这个虚构是我们人想出来的，为的是让道德规则可信。康德说，上帝并不是我们之外存在的一种实体。”

“那是什么呢？”

“上帝是我们心中的一种道德关系，因此，如果宗教能够提出预示可信的真理的要求，那人就可以放弃宗教。在康德那里，取代宗教的是哲学，因为对他来说——这是一句很重要的话——哲学思考意味着不受他人的引导而运用自己的心智。”

“这个我喜欢。”斯蒂芬重复着自己刚听到的话，“……不受他人的引导而运用自己的心智。”

“康德写道，只有当人能够独立地走向通往真理的路，他才算是真正成熟，成为完全意义上的人。康德的绝对命令没有预设一种从上界下令的、在我们之外的‘实体’；它就是我们理性的命令。”

“绝对命令已经过时了，不是吗？”

“这个问题得你自己回答，而且人与人的想法不同，国与国也不同。绝对命令把义务称为上帝的戒条，但意思并不是说它是一个上帝给我们的。”

“这么说没有西奈山上得到‘十诫’启示的摩西了？”

“没有，而是理性像上帝一样对我们下达指令。康德把人看成是具有理性地行动的能力的‘animal rationale’（理性动物），因此这些要求对每个人都适用。”

“绝对命令是怎么说的来着，塞内克斯？‘应该能使你行动的座右铭可以是整个人类行动的座右铭’吗？”

“从意思上来说是对的。我知道两个版本，说的基本上就是这个意思，第一个、而且肯定更准确的版本是：‘你的行动应该使你意志的座右铭随时都可以做普遍立法的原则。’这是康德在他的道德哲学主要著作《实践理性批判》中写的，这部著作出版于 1788 年。”

“这是法国革命的前一年！——另一个版本呢？”

“另一个版本是：‘你应该这样行动——你从来不把人性当作单纯的手段来使用，而总是使它同时也是目的——不管是你个人的人性还是任何一个人的人性。”

“我觉得第一个说法更容易理解。”

“我们的意见一致，贝蕾妮克。康德深信他的要求同耶稣的要求没什么两样，即我们的义务是：期待周围的人怎样对待我们自己，我们就怎样去对待周围每一个人。”

自由与平等通往博爱

那坐在桌边的小个子把羽毛笔插进玻璃墨水瓶，从背心口袋里掏出怀表，打开表盖，摇摇头，又把它揣起来，然后接着写下去。

塞内克斯继续说道：“康德在等客人。在他们到来以前，我再谈谈他的作品。对康德来说，理智地行动意味着按照绝对的、无条件的、不羁于一切前提条件的习俗规则行事。这一习俗规则的最高戒条就是人性。既然我们每一个人都是理性动物，那么每个人都是自由的，所以每个人和别的人都是平等的。什么也不能为压迫和不平等做出理性的辩护。或者说，自由和平等通往博爱。”

“这可是预示了法国革命啊！”

“根据康德的观点，理智的行动与逻辑没什么关系，而是与伦理相关。如果我们从这个角度出发回顾一下人类过去的政治行为、经济行为，那我们看到的是一大堆瓦砾碎片。”

“但今天还不是一样！”

“可惜，这是事实。政治行为很少考虑到要合乎伦理。好了——在这儿探讨康德的主要著作《纯粹理性批判》《实践理性批判》《判断力批判》就会打乱我们的计划了，我们可只有几天的时间啊。”

康德写着写着停下了，用羽毛笔管搔搔后脖颈，凝神听了片刻，叹口气，又接着写下去。

塞内克斯道：“好，再说两点：据我所知，康德是第一个思考了和平问题并把它提高到道德范畴的哲学家。他写了一篇小论文，是第一部世界和平秩序的哲学纲领。

很可能它是和平论争中起决定作用的一篇哲学文章。康德提出，国家应该有一部共和宪法，因为自由的公民肯定没兴趣发动侵略战争；他说，为了一个普遍的和平秩序，他们不需要一个世界国家，而需要一个联邦，也就是一个世界共和国。”

“那时就有这种思想了？我还以为国联的思想是第一次世界大战的产物呢。”

“我们是这么认为的，斯蒂芬；但康德已经有了这个思想，而这是很不寻常的，因为从赫拉克利特（Heraklit）以来，哲学家大多赞美战争是万物之父；康德以前还从没有人把和平抬到哲学的基本概念之列中，不像自由、公正、幸福等等。”

“那么说康德怀抱着一个人类的梦想喽？”

“他想要一种自由、平等、博爱、和平的世界秩序。他的论文1796年在柯尼斯堡发表，让普鲁士国王弗里德里希·威廉二世（Friedrich Wilhelm II.）的检查机构很是不满。腓特烈大帝当时已经死了，但我怀疑，即使他还活着，他会不会为康德的论文感到兴奋，因为除了共和宪法及囊括世界的国家联合体外，康德还提出了对普遍的世界公民权的要求，以及从原则上放弃暴力干涉及侵略战争的要求。”

“这肯定会让‘老弗里茨’看成是对他出征西里西亚的批评。”

“而且他有理由这么看，因为康德还提出，即使是小国家也是不容侵犯的，并要求在世界范围内取消常备军。”

“这么说他简直是所有和平运动的领袖啊！”

“但可惜，一切都只是乌托邦罢了——虽然他的思想影响深远，而且他的要求也被今天高度工业化的国家接受了——至少是在原则上。”

“永恒的和平肯定不是一个空泛的理念。”

“对，贝蕾妮克，它是一项持久的任务。但再说一下启蒙运动——康德那篇划时代的文章《什么是启蒙？》更是与启蒙运动息息相关。我有一个1784年的旧版本——《柏林月刊》，是用当时通行的曲里拐弯的哥特体印的。”

塞内克斯递给斯蒂芬一本皱皱巴巴、灰黑色的杂志。斯蒂芬打量了一下，就递给罗曼，最后它又到了贝蕾妮克手里。

“对我来说，这简直是中文或阿拉伯文嘛！”罗曼说。

“我会念给你们听的，不过只念几句。康德把启蒙定义为对迷信的反对，并创造了一句以古罗马诗人贺拉斯的话为依据的口号‘Sapere aude！’——‘勇于去了解吧！’康德这篇文章在全欧洲受到了重视。”

“那就请您念念吧！”

停留在不成熟状态是那么舒服

塞内克斯展平纸张："‘启蒙运动意味着人走出了自己造成的不成熟状态。’"

"自己造成的……"斯蒂芬喃喃说道。

"‘不成熟就是没有别人的引导就没有能力运用自己的理解力。’"塞内克斯的声音这时听起来像玻璃一样澄澈，"‘如果其原因并不是人缺乏理解力，而是缺少决心和在无人指引的情况下运用自己的理解力的勇气，那么这种不成熟就是人自己造成的。Sapere aude！——大胆运用你自己的理解力吧！这就是启蒙的箴言。’"

"启蒙的箴言——这是您说的还是康德说的？"

"这是康德说的，是他自己在惊叹号后面用小字接着写的。"

"这么说那时候他就已经用上'启蒙'这个概念了？"

"当然了，斯蒂芬。"罗曼这时喊道，"他还把它用在书名里了呢，连腓特烈大帝都知道这个词。"

"这个我都忘了！康德指的是各人自己的理解力，这就触及了我们这个时代的根本弊端，也许是人类普遍存在的弊端，并且肯定是所有狂热分子和原教旨主义者身上存在的弊端。他们投身在他人的权威之下，毫无自己的意志。"

"但是告诉我为什么！"

"康德自己给出了答案。"塞内克斯答道，"他那时候就已经做出了回答：‘懒惰和胆怯就是为什么有很大一部分人在自然早已让他们脱离他人的引导之后仍然终生乐意停留在不成熟状态的缘故……停留在不成熟状态是那么舒服。’"

"他真是一语中的——停留在不成熟的状态实在是舒服死了！原来康德不仅是哲学家，还是心理学家。我倒很想握握这位老先生的手呢。"

"这个你就算了吧！"塞内克斯喊道，一边笑着抓住斯蒂芬。斯蒂芬嘟囔道："严禁触摸展品！"

"再听听康德是怎么说的吧——‘要是我有一本书能替我具备理解力，有一个人替我照管我的灵魂和良心，有一个医生替我决定该吃什么，等等，那我就用不着自己费劲了。只要我付得起钱，就不必思想……’最后的结论是（即使不是全文）：‘现在如果有人问：我们是生活在一个已经启蒙了的时代吗？答案是不，但也许这是一个正在启蒙的时代。要想让人们做到在宗教方面运用自己的理解力而不受他人的牵制，那还差得很远。然而，已经有明显的迹象表明，他们面前现在已经展开了自由发展的广阔天地，阻碍他们走出自己造成的不成熟状态……的藩篱也逐渐减少了。从这方面看，这个时代就是启蒙的时代或者说是腓特烈的世纪……"

"康德说得有道理吗？我们真的已经从自己造成的不成熟状态中解放出来了吗？"

"也是也不是，斯蒂芬。如果没有启蒙运动我们迄今还会生活在中世纪，但可惜的是，启蒙运动不只带来了思想的自由，也导致了以为人什么都可以做的臆想的自由。"

“没错，人们的轻信总是被肆无忌惮地滥用，尤其是权力的滥用。”

塞内克斯又一次将十指交叉起来，把它们掰得咔吧直响。“康德还希望，人类在知识上的进步、对自然的理解以及人对自己的认识能使人类大步向前迈进；但今天我们已经认识到，他只是在一定程度上言之有理。”

话音刚落，塞内克斯便指着那位坐在写字桌边的瘦小先生说：“他站起来了！”

康德是个合群的人

康德驼着背向门口走去，他穿着件浅绿色的丝质外衣，纽扣扣得乱七八糟，从领口和袖口都露出里面的花边儿；白头发贴着头皮，目光专注而友好。与此同时有三个人走进来，都和他年龄相仿，衣着也差不多。

塞内克斯对三个年轻人耳语道：“这些是他的朋友，可以说是知心朋友。康德是个合群的人，差不多每天都有客人来吃午饭，或者像今天这样来喝咖啡，人数从来不会少于三个，最多则不超过九个——“三”是美惠女神的数目，缪斯女神则是九个。但是，贝蕾妮克，来找他的从来没有女人，都是男的——搞贸易的、银行家、游学的教授、从大卫·休谟和伊萨克·牛顿家乡来的英国人、从让—雅克·卢梭的第二故乡来的法国人，还有在当地落了户的法国人——有许多胡格诺教徒在柯尼斯堡安了家。”

“康德仇视女人吗？”

“不是，他甚至想过要结婚；在剧院里他是银行家雅克比美丽妻子的常客，也喜欢给两个女画家做模特，还很欣赏他的女厨子……”

“他的女厨子——太妙了！”贝蕾妮克一甩手，语气中带着讥讽。

塞内克斯站了起来：“我们今天还得继续旅行呢！”

“去哪儿？”

“去维也纳。我们会在傍晚的时候到那儿。哲学我们暂且放在脑后，现在我们要放松一下，去听歌剧。”

他们在台阶上碰上了仆人朗佩，他是个头发稀疏的小个子，端着一个放有咖啡壶和蛋糕的盘子。他们贴在墙上让他过去，然后贝蕾妮克便跑在了头里。她在房门前用梳子梳通了头发，伸伸胳膊。柯尼斯堡的大钟正敲着四点。

马车的门敞开着，男孩女孩赤着脚丫，腿上沾着脏脏的泥巴，手里拿着柳枝，把鹅群赶到池塘里去。

他们还不曾交换只言片语，车子就已经颠簸着走出了城门。

“现在请您快告诉我们要看什么歌剧吧，塞内克斯。”贝蕾妮克的话音中充满期待。“既然您没让我们听蒙特威尔第的歌剧，我们的要求可是很高的啊！我一想这个时期里都发生过什么事，首先想到的就是莫扎特了——对不对？”

“说中了！我们要去看莫扎特《费加罗的婚礼》的首演。但我想先就那个时代再最后说几句：康德的世纪——批判哲学的世纪，以自然科学的繁荣为其突出特点。数学领域取得了长足的进步，天文学和物理学也是这样，所有人都受哥白尼、伽利略和伊萨克·牛顿的影响。牛顿死于1727年，那时伊曼努埃尔·康德才三岁。人们满怀激情地研究一切自然力，如路易吉·伽伐尼（Luigi Galvani）在观察青蛙腿颤动的基础上发现了电。化学也迈进了新天地：瑞典人格奥尔格·勃兰特（Georg Brandt）发现了钴元素，瑞典天文学家安德斯·摄尔修斯（Anders Celsius）建议用零度来表示冰点，在此基础上有了以他的名字命名的温度测量标准。1745年，荷兰物理学家彼得·穆申布略克（Pieter Musschenbroek）首次在用于储电的‘莱顿瓶’里制造了电击；一个英国医生发现令所有海员闻之色变的疾病坏血病用柑果可以治愈，等等。”

“真有趣。还有什么？”

“还比如分离空气中的氢气和氧气以及氯气，还有光合作用，但这些都是学校课本里的内容。我想说的是，所有这些新的发明、发现，只要让康德知道了，他都表现出极大的兴趣。他本来就不只是一个哲学家，比如，他很早就开始追问地球的起源；以牛顿的认识为基础，加上自己的认识，1755年他还是个三十一岁的硕士时就已经尝试着要做一番大事业了。他把自己的论文命名为《普遍自然史及天空理论或试述世界大厦及其机械起源——据牛顿原理》。”

“详细得不能再详细了。”

“这种关于地球及天体产生的理论以‘康德—拉普拉斯[1]学说’的名字进入了科学史；此外康德还研究月球对恶劣天气的影响及地震现象，就1755年十一月里斯本的那次大地震他写了《对最奇特的地震的自然描述》，那场地震摧毁了里斯本这座当时世界上最富裕的贸易城市之一，你们肯定还记得这次灾难也使伏尔泰极为震惊。康德对什么都不放过，什么都在他的研究之列，因为康德想象力的伟大和丰富与他思想的深刻、尖锐是并驾齐驱的。”

塞内克斯向后一靠，闭上了眼睛。

---

[1] 译者注：皮埃尔—西蒙·拉普拉斯（Pierre Simon Laplace，1749—1827），法国天文学家、数学家和物理学家。在概率论、毛细现象理论、天体力学和势函数理论方面都有重要贡献。研究成果大部分收集在《概率论的解析理论》和《天体力学》两大著作中。1796年独立于康德提出太阳系起源的星云假说，并从数学上做了论证。以他名字命名的拉普拉斯变换和拉普拉斯方程有了广泛的应用。

维也纳与音乐的繁荣

音乐史上的一桩幸事

时光消逝，然而它又不仅仅是在“消逝”，它也总是在重新诞生——斯蒂芬这样想着；他发现，这是一件很值得思考的事。有那么一阵子，只能听见辘辘的车轮滚动的声音，也只能感到路上的坑坑洼洼。贝蕾妮克有一点想念现代高速列车那无噪音的飞驰了，甚至渴望起乘坐喷气式飞机的舒适来。

过了一会儿，塞内克斯对他们说道：“《费加罗的婚礼》是一部无与伦比的杰作，只是那时候的维也纳人还没有立即意识到这一点，反而是布拉格人对这出歌剧表现出极大的热忱。你们一定知道，莫扎特那三出以意大利为背景的歌剧《费加罗的婚礼》《唐·璜》和《女人皆如此》的产生都得感谢莫扎特与意大利人洛伦佐·达·彭特（Lorenzo da Ponte）的合作——这是一桩少有的幸事。”

“洛伦佐·达·彭特是什么人？”

“一个典型的时代之子——我指的是洛可可时代。我的辞典里称他是一个意大利作家——他也确实是作家，但他同时又具备一个探险家的特点，像卡萨诺瓦，也像卡萨诺瓦一样具有两面性。但不管怎样，他为莫扎特写出了他最好的三个歌剧脚本；只要音乐仍然受到人们的喜爱，他的名字就会和莫扎特的名字一起被传诵下去。”

“您为什么单单要讲《费加罗的婚礼》呢？”

“因为‘费加罗’这个题目正好吻合我们的谈话内容，贝蕾妮克，因为《费加罗的婚礼》这个剧本，也就是《Le nozze di Figaro》的‘Libretto’，和启蒙运动有很大关系；讲过之后，你们才能正确评价其中革命性的成分，要知道，我们这些生活在二十世纪的人对这些东西已经不能很好地理解了。歌剧来源于法国人博马舍题为《Le mariage de Figaro》的话剧本。启蒙运动以前，做仆人的充当剧中主要人物的情况就算有也会是极为罕见的，更不用说这个仆人还以他的幽默机智最终战胜了他的贵族主人了。莫扎特在构思剧本方面与洛伦佐·达·彭特密切合作，让超越一切等级差别的情爱占据很大分量，剥夺人尊严的‘ius primae noctis’，即‘初夜权’（即主子有权第一个占有女性奴仆的身体）遭到谴责与嘲笑，单是这个就已经是对贵族的辱骂了。莫扎特提高并深化了剧本，他辉煌的音乐则以其洋溢的热情和挑战性刻画烘托了各个人物，其艺术性至今无人能超越。”

“那么莫扎特是启蒙主义者吗？”

“不是，他看不起伏尔泰；伏尔泰认为基督教充其量是让人安分守己的一种必要手段，一种‘神话’，这种观点令莫扎特惊骇。他毕竟是一位作曲家，他只生活在音乐中。伏尔泰死的时候，他正巧在巴黎，对那个老叛逆者之死掀起的波澜很不理解。他在给住在萨尔茨堡的父亲的信里说，像条狗一样死掉，这是那个不敬神的恶棍应得的！虽然莫扎特受他那些共济会兄弟的影响，反对教权，但他还是参加了一次圣体节的游行。”

“一个人执着于信仰不一定意味着他拒绝接受其他启蒙运动的、政治方面的思想！”车轮的滚动声中，罗曼竭力让自己的话被人听清。

“莫扎特赞成更多的人权而反对贵族特权，这一点，他用《费加罗的婚礼》做出了证明；正是在人物之间的相互关系上莫扎特和达·彭特脱离了滑稽歌剧以来的老一套。他们塑造的伯爵夫人不仅是一个对丈夫失望的妻子，而且是个生机勃勃的年轻女子，侍从凯鲁彼诺的魅力在她内心引起了骚动，而后者又招来了伯爵的嫉妒。剧的新意尤其在于，女性角色起了主导作用，她们的计谋让伯爵的打算落了空，因此《费加罗的婚礼》也是第一部具有社会批判精神和启蒙主义思想的伟大歌剧。问题是维也纳的贵族能不能接受它，他们会不会感到自己遭到了攻击，一个当过理发匠、又毁了主人艳遇的仆役的狂傲会不会触犯他们呢？莫扎特来自萨尔茨堡，那儿的大主教、他从前的主公柯罗雷多伯爵有知识、有文化，敬佩卢梭和伏尔泰，这也许还是起了一定作用的。不过他也是一个专政的暴君，莫扎特不愿意为他工作，受他控制。”

“莫扎特是什么时候离开萨尔茨堡的？”

“在他创作《费加罗的婚礼》之前五年，他辞去了在萨尔茨堡宫廷的职位。”

“这对他来说是件很冒险的事，不是吗？”

“他决心付出这一代价，做一个自由创作的作曲家。《费加罗的婚礼》是第一部由他自己做主创作的作品，而不是事先接受他人的订货并讲好价钱。在那之前四年，他写了《后宫诱逃》，这是第一部德语歌剧；现在他又在一部喜剧中出色地刻画了各种人物性格，达·彭特不能在歌词中表达得太清楚的地方，也被他用音乐表现了出来。约翰内斯·勃拉姆斯在讲到《费加罗的婚礼》时说：‘每一段演唱在我看来都是一个奇迹，我简直搞不懂一个人怎么能创作出如此完美的东西——再也没有人能创作出这样的作品，即使是贝多芬也没写出来。”

歌剧艺术的一座高峰

斯蒂芬虽然一直沉默不语，听得倒还津津有味。这会儿他清了清喉咙：“一出被您称为革命性的歌剧怎么居然能在维也纳上演呢？那儿不是皇帝、贵族和官员说了算吗？”

“这我们又得感谢一个幸运的偶然：当时掌权的是那位受启蒙运动思想影响很深的约瑟夫二世。尽管如此，达·彭特还是得依据皇帝的愿望缓和原作中博马舍的剧本对社会的尖锐批判，因为据称其中包含了革命观点，会触怒朝廷。就算约瑟夫二世很有些革命思想，但他能允许上演这出喜剧基础上创作的歌剧吗？这个任务很‘刺激’达·彭特，最后他达到了目的，而又不必完全压抑作品中富有攻击性的讽刺成分。皇帝的使者命莫扎特带着总谱进宫，他去了，奏了其中几段，皇帝陛下立刻就喜欢上了它。”

像在柯尼斯堡一样，街道突然变了样子，从土路和碎石路变成了铺石路面。太阳已经贴近了西方的地平线，一座座低矮的房屋立在阴影之中。

塞内克斯站起来，揉了揉眼睛，把那块小表取出来，打开表盖：“维也纳到了！而且时间正合适——六点钟。我们虽然还在城外，但马上就要到达目的地了。今天是1786年5月1日，三年后巴黎将爆发革命。我们要去的是城堡剧院，更正确的说法是宫廷城堡剧院。女王玛丽亚·特蕾西亚是把它作为‘城堡附近的剧院’建起来的，她的儿子约瑟夫二世即位后宣布它为国家剧院。他是想把一系列民族国家统一在德意志——也就是奥地利的领导之下。——到了，我们下车吧！”

缰绳猛然一抖，几匹马都站下了，车停了，还在微微摇晃着。许多车辆都向剧院驶来，寻找着空当儿，好让主人下车。有些车刚刚离开，又有新的车辆拐进这条街。坐轿子来的人更多，轿夫迈着细碎的步子。看戏的观众络绎不绝，忙着入场，洛可可式的衣着五颜六色，一派从前的油画上可以看到的景象，一个个长长的身影使他们看上去似真似幻，像要倏然而逝。

看着那些木偶似的人物，塞内克斯兴致勃勃。“维也纳大概从来没有过像此时这样奢华的宫廷阶层，我们能看到《费加罗的婚礼》，也多亏了他们对音乐、戏剧和娱乐的需求。”

说完，他便和三个年轻人一起走进剧院前厅，最后的阳光还没有消逝。塞内克斯让三个人透过观众席敞开的一扇门往里看。序曲刚刚奏响，塞内克斯耳语道：“观众想来就来，想走就走，这在当时是很普遍的。”

虽然已经点起了数百支蜡烛，天花板上还垂下长长的冠状吊灯，但金黄色的光线仍然不甚明亮。大厅里已经坐满了人，最下面是坐在板凳上的观众，往上是包厢，一层一层的。穿得五花八门的观众，白色的假发，大厅内的布置，天花板上的画，深红色的幕布——这一切更加深了隆重的气氛，再加上那音乐……

乐队的位置在舞台前面，和观众之间隔着一道矮栏。莫扎特坐在前面指挥，面前是一架羽管键琴。

人们虽然在倾听，有些膝上还摊着歌剧脚本，但也有七嘴八舌的闲谈声。

塞内克斯领着三个孩子走进过道，一个管开关包厢门的人替他们打开了一间离舞台很近的包厢。挨着护栏的三把椅子空着，塞内克斯自己则坐到第二排的一把椅子上。

情节一开始是在即将结为夫妻的费加罗和苏珊娜的新卧房里。舞台前部和观众席之间的蜡烛和油灯照亮了舞台布景，而布景之间也安置了蜡烛，有的放在梯子上，有的放在带轮子的架子上，按照需要的亮度或远或近。观众们看到一个仆人和一个女侍是剧中的主要人物，先是显得很惊奇，但等后来费加罗含讥带讽地描述凯鲁彼诺未来的士兵角色时，当他最后唱出他的咏叹调："凯鲁比诺，快奔赴胜利，快奔赴光荣的军队！"时，他们像是被电流击中了一般。他们如梦初醒一般欢呼着："好啊，大师，好啊！莫扎特万岁！"同时热烈地鼓起掌来。

莫扎特向观众鞠躬致意，舞台上那位歌手也走到台前。

塞内克斯悄声道："只有客座演出的艺术家才能在观众面前鞠躬，对剧院长期雇用的人员则是禁止鼓掌的；当然了，观众并不总是遵守规则，艺术家们都热切地渴望自己受人欢迎。"

贝蕾妮克像着了迷似的望着莫扎特，他离她只有几米远。这位天才的作曲家是个小个子，相对于他小巧的身体来说，他的头显得很大，那张窄窄的脸上，尖鼻子显得十分突出。他的目光不停地在观众上方游离。贝蕾妮克发现他长得并不漂亮，但他的一头金发能让人忘掉他的很多缺陷；然而另一方面，他的装束——蓝色燕尾服、金色的纽扣、花边衬衣、银色的丝裤——却又突出了那些缺陷。

这时，莫扎特又迅速坐回到他的乐器前，就好像迫不及待地要展示更多他准备好的宝贝似的。弦乐器组先调了一下音，随后，大师抬起双手，打出起音的手势，乐声再起，莫扎特时不时地站起身来指挥。

塞内克斯稍稍向前躬身，小声说："很新颖——不只是新在所有人物性格的细致刻画上，还有对众多演员表演的巧妙安排以及那些合唱场景，都让人感到惊奇。"

这之后他便不再说话，好让三个年轻人专心致志地观看演出、欣赏音乐。

我的布拉格人理解我

这是歌剧艺术第一次达到高峰，而时间又是多么奇特啊！贝蕾妮克、罗曼和斯蒂芬已经熟悉了每个音符：凯鲁彼诺恋爱中的迷惑、伯爵夫人的怨诉、读信一场的二重唱、苏珊娜的"玫瑰"咏叹调，还有不断认错人的终场的演唱，直到最后伯爵请求夫人的原谅。

掌声如潮，但也有人嘁嘁喳喳表示不满，不过欢呼声和喝彩声还是占了上风。歌手们和莫扎特出来谢幕，幕布缓缓落下。

“人们的兴奋开始时还是有所保留的，”塞内克斯解释道，“但没过多久，《费加罗的婚礼》就掀起了演出季节的高潮。特别是宫廷人士很欣赏剧中的俏皮之处，就像我们今天喜欢的那种卡巴莱轻歌剧，它用幽默的方式说出让人不舒服的真理，本该让人哭，但又使我们得到消遣。维也纳的贵族甚至很乐意自己在舞台上遭人揭露，尤其是因为，所有的讽刺都让人开怀，但同时他们坐在包厢里又感到安全。我们走吧——你们大概已经感觉到了，莫扎特的所有人物都很有人性的深度，一些真实的东西仅通过他的音乐得以表现。莫扎特对所有的人物都不遗余力地加以表现，次要人物也不例外。以此，他将歌剧艺术引向了高潮，而这不过是歌剧在佛罗伦萨首次上演一百八十八年之后的事。”

他们走到了出口处。

外面天已经黑了，照明的只有仆人手里的火把。马车等在那里，轿子还搁在地上。观众从剧院里涌出来。出租马车的马由举着灯的仆人牵着。

“走这条侧街。”塞内克斯向前一指，并招呼一个仆役。那人默默地在他们前面引路，举着火把。

“皇帝很喜欢《费加罗的婚礼》。”塞内克斯说，“懂音乐的内行们也认为该剧是一部杰作，就像洛伦佐·达·彭特在他的回忆录里说的那样。但莫扎特在维也纳受到的欢迎远远不如在布拉格那么热烈——那是次年的事儿，他在布拉格又演了一场《费加罗的婚礼》，虽然这次他只是以指挥的身份受到雇佣。这次的成功毋庸置疑，以至于莫扎特说：‘我的布拉格人理解我！’经理人又委托他写一部新歌剧——又是一桩幸事，我们因此有了《唐·璜》。错了，斯蒂芬，向右拐！”

塞内克斯指着一座黑暗之中几乎看不清楚的建筑。

他们推开门走进去，明亮的电灯光马上包围了他们——又到宿营地了，他们在柜台上找到了房间钥匙。

第八晚
不世出的音乐天才

一个洛可可时代的世界级音乐天才

由父亲推出的神童

吃过晚饭，塞内克斯建议：“我很想再给你们讲一点莫扎特的事，不过只讲他生活中最重要的。他是一个音乐神童，从小就被父亲拖着到处表演，走遍了欧洲，在父亲的教导和带领下，早早地就对成功习以为常了。六岁时，他就和他的姐姐在维也纳的宫廷里演奏羽管键琴，在一次历时三年的旅行中到过很多德国城市，也去了巴黎和伦敦。十三岁时，萨尔茨堡大主教任命他做首席小提琴手，同年，他又去了意大利，如此等等。你们都知道，莫扎特移居到了维也纳，成了第一个完全独立的重要作曲家。1782 年他与康丝坦策 · 威伯结婚，也许你们读过关于他俩的事，或者看过众多关于莫扎特的电影中的某一部。歌德回忆过那男孩儿的一次音乐会，回忆起那个‘戴着假发、佩着剑的小人儿’——是他父亲把他打扮成这个样子的。我们先说说他的歌剧。在阐释剧本方面，莫扎特赋予了音乐一种前所未有的表现力，并把终曲提高到了戏剧性的高度。他的《魔笛》是世界上上演最频繁的歌剧。但，尽管成就斐然，莫扎特终其一生都拮据贫困，体弱多病；他总是缺钱，不得不一再求他的资助人借钱给他；他甚至想典当他的家具，但没来得及——这个我们都知道。但对莫扎特来说更糟糕的是，1790 年歌剧《女人皆如此》首演后不久，皇帝驾崩，这下莫扎特失去了资助人。这部歌剧停演了，他其他的舞台作品在他的有生之年也没再出现在维也纳的演出剧目里。莫扎特死于 1791 年。”

“您为什么只提歌剧？莫扎特写的比这可多得多啊！”

“他在短短三十六年的生涯里写出了大量丰富的作品。路德维希·克歇尔（Ludwig Köchel）编的全集目录中列出了六百二十六部作品，奏鸣曲、三重奏、四重奏、五重奏、协奏曲、嬉游曲、舞曲、小夜曲、交响曲、咏叹调、歌曲、歌剧——部部都是杰作。莫扎特对他那个时代的所有音乐潮流以及前辈大师进行了消化吸收，包括约翰·塞巴斯蒂安·巴赫，莫扎特研究了他的《平均钢琴律》。莫扎特的音乐，旋律上的丰富无与伦比，形式与内容结合完美而均衡、织体透明、音响感受细腻，他的高度再也不曾有人达到过。”

塞内克斯站起来，走到餐台边，给自己拿了一瓶瓦豪[1]红葡萄酒。

音乐像呼吸一样自然而然

斯蒂芬从塞内克斯手里拿下酒瓶，把开塞钻拧进软木塞里，把它拔下来，又给塞内克斯斟满一杯酒。

“谢谢！”

贝蕾妮克略略倾身在桌上，好离塞内克斯更近些。“唐·璜的形象成了追逐女性的登徒子、肆无忌惮的诱拐者的象征；莫扎特是从哪儿得来的这一素材呢？”

“这一题材在西班牙文学中时隐时现，已经存在了很久了。达·彭特采用了它，而且受到了皇帝的喜爱，这又称得上是一件幸事。莫扎特一见到它，也是兴奋不已，但时间紧迫，他直到首演前几个小时才创作了序曲——那是一段完美地预示了全剧的悲剧及喜剧因素的音乐。莫扎特可以视谱演奏任何音乐，因为他看特定的音符组合看得太多了，可以把它们看成是一个音符。”

“就像常看书的人可以一目十行那样。”

“据说，音乐对他来说就像呼吸对我们那样自然而然；他自己说：‘我整天就是和它打交道。’他的妻子康丝坦策写道，他也会拿其他东西，如帽子、包儿、表带、椅子什么的当钢琴弹；有时候，他一边听另一出歌剧的演出，一边继续他那种无声的作曲。他总是随身带着乐谱。在布拉格，他写下了《唐·璜》的第二个终曲中的定音鼓和小号声部，写的时候根本没用其他乐器声部的总谱——全部的音乐都在他的脑子里呢。首演已经一拖再拖，现在，总谱总算赶在演出开始前到了乐队手中，谱

[1] 译者注：瓦豪（Wachau）是多瑙河位于下奥地利的一个河谷地区，盛产葡萄酒，文化历史悠久，2000年被联合国教科文组织选为世界文化景观。

纸上的墨迹还没有干，这样，演出等于没有经过排练，乐队直接视谱演奏。布拉格人立刻就感到他们听到的非同小可。你们一定还记得启蒙运动时期记者业、尤其是批评的出现吧——当时，《维也纳邮政总报》做了评论，大意是，行家和音乐家都认为，布拉格还从未上演过可与这出歌剧相提并论的东西；其他报纸也表达了同样的兴奋。洛伦佐·达·彭特在他的生活回忆录里提到了这次首演——这是一份音乐史和戏剧史上的重要文献，我把它带来了。”

塞内克斯从上衣口袋里掏出两张纸，摊开在桌子上。“‘《唐·璜》在布拉格的首演我没有看到，但莫扎特立刻就把演出获得的巨大成功告诉了我。’瓜尔达索尼写道：‘达·彭特万岁，莫扎特万岁！所有的，所有的艺术家都该赞美他们。只要他们两人还活着，人们就不会见到戏剧陷入窘境的情况。’皇帝把我召去，用他那种特有的和蔼态度对我大加赞扬。又送了我一百个采希纳[1]，并说，他简直等不及要看《唐·璜》。莫扎特回来后马上把总谱交给了抄写员，后者则赶着把各声部的谱子抄出来，因为皇帝马上就要出征土耳其。《唐·璜》上演了，但人们不喜欢它；除了莫扎特，所有的人都认为它缺了点儿什么。于是又加了些东西，调换了咏叹调的位置，重新演出，可人们还是不喜欢它。皇帝怎么说呢？‘这出歌剧气势恢宏，也许比《费加罗的婚礼》还美，但它不对我这维也纳人的口味。’我把这话讲给莫扎特听，可他面不改色，答曰：‘那我们就给他们些时间，让他们好好品品滋味。’他说的没错。我根据他的意思，让这出歌剧反复上演，每演一次，它受到的欢迎就多一些。渐渐地，维也纳那些味觉比较迟钝的先生们品出了《唐·璜》一剧的滋味，理解了它的美，给了它应有的地位。从此它被认为是曾上演过的最美的歌剧之一。’达·彭特的话我们就听这么多吧。”

声音阐释意义

塞内克斯把两张纸又揣了起来。“后来，罗西尼把《唐·璜》称为所有歌剧中最伟大的一部；它也给歌德留下了极深的印象，以至于他在给席勒的信中说，可惜莫扎特活得太短了，没能给《浮士德》谱曲。直到今天，人们对《唐·璜》依然赞叹不已。”

“有一件事我已经想了很久了。”罗曼说，“不仅与莫扎特有关，也涉及贝多芬和舒伯特，在某种意义上也与巴赫有关，肯定还有很多我没说到的人——所有这些天才都总是处在拮据的经济状况之中，而假如他们活在今天，会是世界上最富有的人。

[1] 译者注：采希纳，古代威尼斯金币。

我读到过，若是在今天，莫扎特单靠版税就足以买下整个奥地利，可他的结局却是埋在穷人的墓地里。”

“我们所有的人都自然而然地把前辈为我们留下的财富看成是礼物，但我们应该把它用来鼓励现在的年轻艺术家。莫扎特创作歌剧得到的报酬很一般，即一百杜卡特。歌剧《唐·璜》使他得到了二百二十五杜卡特[1]，今天上演该剧可获得好几百万。莫扎特不会理财，他的妻子康丝坦策就更不要提了。莫扎特把钱都用在日常开支上，要花钱买乐子，要买漂亮衣服穿，还要满足前来请求帮忙的朋友的愿望。他欠的债远远超过了他的收入，只好写些可怜巴巴的求援信。此外他还身患重病，1790年8月他写道：‘今天我的情形糟透了，整夜疼得睡不着……您为我设身处地地想想吧——病歪歪的，还得操心……您就不能恩惠我几个子儿吗？眼下无论什么对我都是帮助。’就这样，这位音乐史上最伟大的天才得到了十个古尔登。”

“这么说他不是被他的竞争对手萨列里或是那些共济会成员下毒害死的了？”

“这些说法全都证据不足。他很可能患有肾功能不全，但我也要说一说他精神上的痛苦。心理学家认为，莫扎特虽然对自己的能力深信不疑，但从根本上来说他不爱自己，而且渴望得到爱。他非凡的音乐表现力有可能是受着对爱和好感的追求的驱使。”

斯蒂芬向上推了推眼镜，他开口的时候像是在自言自语：“谁知道渴望会给一个人带来什么样的影响呢——不管是积极的还是消极的！”

贝蕾妮克惊奇地看了他一眼，现出若有所思的样子。

罗曼转向塞内克斯：“‘共济会’这个字眼儿让我想起了《魔笛》。”

“从其意义上来说，《魔笛》也是启蒙运动的产物，因为最早的共济会分会就是那时候成立的。维也纳的一些重要人物纷纷加入共济会——官员啦，商人啦，艺术家啦。莫扎特本人就是分会成员，在他的引荐下，他的父亲也进了分会。歌剧第二幕中僧侣上场时唱的歌词就是表达共济会重新建立基督教兄弟之爱的要求的。这就是共济会式的音乐，大祭司的咏叹调《这座圣殿里没有仇恨》也是这样。剧院领导兼歌词作者伊曼努埃尔·席卡内德把《魔笛》的场景布置得极为豪华，有富丽的装饰和服装、火、瀑布、野兽、飞行的气球（你们还记得蒙戈菲尔气球吧），舞台效果是一流的，维也纳剧院的票几乎总是一抢而光。莫扎特最后一部歌剧在他死后成了他最伟大的歌剧，在世界各地受到广泛的欢迎。歌德也把它列在1794年魏玛的演出剧目上，《时尚日报》报道了这个歌剧获得的巨大成功：‘此剧在所有的剧院上演已经有若干年了，一直盛演不衰，就像萨满教的魔鼓，总能把远处的观众吸引来，装满剧院的钱箱；这也包括那些简易的小剧场，演出时不过是几个歌手、几把提琴、一

[1] 译者注：杜卡特，欧洲十四到十九世纪通用的金币名。

块幕布、六个布景而已。”

天才是怎么来的？

罗曼向后一靠，把手插进兜里，伸长腿，眉头一皱，道：“我想，莫扎特的音乐永远不会过时。”

塞内克斯呷了一口葡萄酒：“丹麦的宗教哲学家索伦·克尔凯郭尔（Søren Kierkegaard）曾想建立一个教派，不仅把莫扎特置于至高无上的地位，而且根本就不容其他人。汉斯·维尔纳·亨策（Hans Werner Henze）[1] 称他是下凡的阿波罗神，还有阿尔弗雷德·爱因斯坦（Alfred Einstein）——注意：不是阿尔伯特·爱因斯坦——德国一个有名的音乐学家，说莫扎特是一个伟大的人，像所有伟大的人一样，是一种独特生物的例证——这种生物可以说是肉体与精神、兽与神的结合体。”

罗曼继续刨根问底：“这我就要问所有问题中最大的一个问题了，尤其是逛了进化公园，我就更憋不住要问：人类在发展了数十万年后，是怎么产生这么一个也许再也不会出现的天才的呢？”

“可以肯定的是，特定的条件结合在一起造就了这个天才，而这种结合是极为罕见的。”塞内克斯喃喃说道，“首先是遗传来的天赋，再加上那孩子的好胜心、父亲的督促、社会上普遍的兴趣、时代的趣味与莫扎特独特才赋的吻合。没人能猜出这个谜，但我们可以记下，进化是可以造就出极端情况的，人类大概不能达到更高的程度了。”

“您是说，莫扎特的父亲也有一份功劳吗？”

“那时候家境较好的德国家庭里的孩子每人都应该学一样乐器，列奥波德·莫扎特也坚持这一点，南妮儿十一岁时就已经是演奏羽管键琴的高手了，沃尔夫冈三岁时就能弹出和弦，四岁时就能凭记忆演奏曲子，五岁即能作曲，他一边弹，父亲一边记谱。列奥波德没有把沃尔夫冈送进学校，莫扎特后来对没受过良好的普遍教育耿耿于怀——他父亲没有给他这个时间。他不太关心其他艺术门类和文学，但对于这个孩子的天才来说，任何经历都是某种教育。”

“难道不总是这样吗？”

“大概是吧。孩提时的莫扎特也会自己一连几小时坐在钢琴前，没人命令他的话，他就会一直坐下去。列奥波德是个毫不留情的老师，在对位、通奏低音和作曲诸方面对儿子进行了严格的训练。”

[1] 译者注：汉斯·维尔纳·亨策（Hans Werner Henze），生于1926年，最重要的德国当代作曲家之一，生活在意大利。

“请您再说说进化的问题。”

“我们永远也无法探明究竟哪些因素组合在一起会唤醒一个人潜在的种种可能性。决定天才的不是人，甚至不是人格，而是人身上等待被利用的那些可能性。”

“就像一只行将跃起的猫！”

“还有偶然！莫扎特的时代儿童夭折的比例还是非常高的。莫扎特自己有六个孩子，但只有两个活到了成年。”

“您是想说，他本人没有在很小的时候就夭折，这其实是个偶然，或者说是个奇迹。”

“当然。”

“那该有多少人在他们身上潜伏的天才还没发挥出来之前就死掉了啊！”贝蕾妮克思考着，“我这个微不足道的人能够存在，也是偶然又偶然的结果，那我对此要加倍地感激了。”

“我也很高兴有你这么个人。”斯蒂芬哑着嗓子说。

罗曼咬住了下唇。

塞内克斯微笑起来：“明天我们又要去另一个地方了！”

Ⅳ
从法国大革命到今天

第九天
大革命与拿破仑

墨丘利和维纳斯

耀眼的珠宝

又是一个灿烂的清晨。时辰还早，但塞内克斯和三个年轻人已经上路了。他们发现自己是在威尼斯醒来，都很高兴。此刻他们正站在吉乌代卡（Giudecca）运河岸边，这条运河在圣马可广场附近注入威尼斯泻湖。

塞内克斯早早地就把贝蕾妮克、罗曼和斯蒂芬从床上轰起来了。从他们的住处出来走不了几步，穿过一条铺石路面的小巷，就到了一条窄窄的运河边，一条“贡多拉”[1] 在水上轻轻摇荡。船夫协助他们上了船，便站到座位后面的平台那儿去，摇起长长的船桨。他们滑过狭窄的水上街道，两侧是房屋的墙壁。那些墙壁大多是用红色的砖石砌成，并且还是见过十四世纪的阳光的呢，虽然带着些破败的痕迹，但尊严依旧。

“这是另一个威尼斯。”塞内克斯解释道，“不是贵族、财富的威尼斯，而是小市民和工人的威尼斯。”

“贡多拉”无声地从一座座摇摇欲坠的桥下滑过。贝蕾妮克四下里张望着——她

[1] 译注：贡多拉，是威尼斯具有代表性和传统性的狭长平底小游艇，带有鸟形船首和船尾。

不是在做梦吧？她像是坐在一张悬浮的魔毯上。水光在石坝上闪动，在房屋间流溢，又渐渐变得模糊。一层细腻的银色微光笼罩着深蓝、粉红和金黄，与空气交织在一起。微风之中，水中波光粼粼，泛起层层涟漪。

他们穿过大运河，它就像是用宝石和鲜花镶嵌着的珠宝，光彩熠熠——尤其是在这晨光之中。初升的太阳还在喷吐着它的火焰，悄无声息的运河上，一切都在静止之中。古老的宫殿犹如泊在岸边的船只，与此同时，城市像是被托在天蓝色的丝绸上，从雾气的面纱中升起来。它穿一件由历史和现实织就的衣衫，缀以螺钿、欧泊、象牙和白银。

但这一切转瞬即逝，随后，吉乌代卡运河那虽不甚壮观却十分宽阔的水道展现在他们眼前。这里也是一片沉寂，只在稍远处有一条“贡多拉”，两个人在摇桨。

“现在您快说说吧，塞内克斯，您为什么这么早就把我们从床上拽起来啊？”贝蕾妮克的声音还带着清晨的慵懒。

“这就说。现在我们还没有到达目的地呢。”

他们这时大约到了宽阔运河的中央，塞内克斯向前指去：“我们到这儿来，就是为了那条“贡多拉”的缘故。我们再向它靠近一点——这可不容易，弄不好会让那两个船夫加速驾船跑掉的。”

那条船上那两个摇桨的很卖力，前俯后仰地，身体几乎都快与船板平行了。船中间的坐板上有两个男子猫在那儿，不停地四处张望，亡命徒一般。

他那个时代里最让人捉摸不透的冒险家

两个乘客之一看上去像个农民，他穿着件红色背心，紫色皮裤，外罩一件华丽的大衣。

另外一个乘客穿着比较时髦，但对凉爽的清晨来说，恐怕是嫌少了些。他穿着件花边衬衫，头发拢在脑后的发网里，这使他像是从一个放荡的舞会里出来的。尽管如此，因了那顶镶着金边，插着白羽毛的西班牙式三角帽，他还是显得优雅漂亮。

这时塞内克斯说：“对这两个人来说，再没有比最终抵达大陆，获得自由更迫切的愿望了。左边那个农民打扮的人是一个神父巴尔比，我们不感兴趣，他和另外那人关在一起，并在他的帮助下逃了出来，很快他们就会分手。”

右边那人就是贾科莫·卡萨诺瓦（Giacomo Casanova）。这一天早上他成功地逃出了威尼斯的监狱——总督府中那臭名昭著的铅顶囚室简直是坚不可摧的。”

“我了解他的回忆录。”罗曼轻声说。他那不听话的头发被风吹得竖了起来。“他什么细节也不放过，尤其是情爱方面的。”

“所以‘卡萨诺瓦’这个名字成了追逐女子的风流子的代名词，正如唐·璜这个名字；只是，卡萨诺瓦不是文学形象，而是一个活生生的男性的例证。不错，他是个撞大运的人，还是个江湖骗子，但更重要的是，他体现了他的时代——这里我指的既包括洛可可也包括启蒙运动。他聪明、富于头脑，轻浮却又品味高雅，是个地地道道的性感魔鬼；他欺骗，但并不卑鄙；他贪图玩乐，但总是带着思索，甚或温文尔雅。他总是在恋爱，但大多数时候一文不名。一旦他得了钱财，马上又会不假思索地把一切挥霍出去。年轻时他正式做了神父，但对此满不在乎；他是个自由的灵魂，永远在旅途之上。除了卡里奥斯特罗（Cagliostro）之外，可以说他就是意大利冒险家的形象；但他又强过卡里奥斯特罗，因为他留下了一部鸿篇巨制的回忆录。他在其中以他细腻敏锐的感受力全面地描述刻画了他的时代，对自己也不留情面。他对什么都不尊重，甚至不在乎自己的名声。”

“他为什么既代表了洛可可，又代表了启蒙运动呢？”贝蕾妮克任自己的手指在水中划过。

“你只要看看他，就知道洛可可时代的骑士是什么样子的了——长及膝盖的短裤，丝质外衣，剑，假发辫。如果把洛可可看成是一个矫饰、精致及夸张的举止风度盛行的时代，那么在卡萨诺瓦那里，样样都做到了极致。可一旦他开口说话，你又立刻可以听出他丝毫不带偏见的精神，对他来说，自由——包括思想的自由——凌驾于一切之上。几乎没有一个重要人物是他不认识、没聊过天、没争辩理论过一番的，连国王、贵族也不例外。普鲁士的腓特烈大帝请他担任波美拉尼亚的军校学生团教师，在圣彼得堡的花园里，他和叶卡捷琳娜大帝讨论格利高里的历法改革。他和奥地利的约瑟夫二世谈过话，也和他称之为自己老师的伏尔泰谈过话。为了援助让—雅克·卢梭，他送去乐谱供他抄写，但同时却说，卢梭这人不管是在人格还是在思想方面都并不出众。这些会见，还有无数其他会见，都在他的回忆录里得到生动的描绘，一字不落，栩栩如生，就算你不能完全相信他写的东西都是真的，那至少也得承认他大师级的写作水平。”

“他是因为什么被捕的？”

“那时候，遭到逮捕是很容易的，尤其是在威尼斯。他被官方视作搞阴谋诡计的危险人物，总是将自己的生存建立在牺牲别人的基础上，而且行为放荡不羁，是个神秘的赌徒。终于有那么一天，他被逮住了，共和国最高法庭判他坐三年牢，但他十五个月后就逃了出去。起初，对卡萨诺瓦来说，被囚禁在那铅皮屋顶下窒热的空气里，简直无异于被判了死刑；但到了后来，却可以说这件事倒让他走了运，因为再没有什么比他那次冒险的越狱给他在全欧洲带来了更大名望、打开了更多的门的了。我不知道还有谁做这种事成功过。他对此事所做的描述成了十八世纪最受人喜爱的故事，人们讲它，笑它，对它惊叹不已。要把这事从头到尾细细道来，卡萨诺瓦自己得用两个钟头。”

“他后来怎么样了？”

“他逃出了威尼斯的边界，之后便走遍了欧洲——他横穿了路易十五和庞巴杜夫人[1]的法国，还有西班牙、葡萄牙和两个乔治国王统治下的英国，俄国和普鲁士我刚才已经提到过了。他还去了波兰，和国王斯坦尼斯瓦夫谈论贺拉斯的讽刺作品。他的生活中充满了意外和偶然，在他的性格中你可以看到彼此矛盾的能力。再没有人比他更具有两面性了，他既和王公、主教，也和妓女、演员一道欢宴嬉笑。”

“那我想，要理解卡萨诺瓦那个时代，就得读他的书。”

“卡萨诺瓦的回忆录是一座最完备的时代人物肖像馆，收藏了形形色色的对话、谈天和时代的罪恶。”

“既然他交游这么广，死的时候一定很阔吧？”

“正相反。波西米亚的瓦尔德斯泰因伯爵雇用他作图书馆管理员，给了他一口面包吃——这得感谢他写的回忆录。他觉得自己的晚景十分凄凉。好了，说他说得够多的了。我们划回威尼斯去吧，我们要在那儿看一眼狂欢节，它可以算是洛可可时代的尾声，再往后，这座舞台前就要落下厚重的幕布了。”

洛可可时代的尾声

“贡多拉”调了个头，在泻湖上滑行，这时太阳已经升得很高了。贝蕾妮克要把一切都印在脑子里——小船、“贡多拉”、货船……海洋将威尼斯拢在怀抱之中。慢慢地，教堂和宫殿越来越近了，它们犹如海上的一串珍珠。大圣乔治岛问候过了，又经过安康圣母教堂。远远地，水面上浮动着一片朦胧的绿色——那是利多沙洲。

在顶着狮子和圣泰奥多尔的柱子间他们靠了岸。小广场上是总督府，色彩明亮，由拱廊环绕着；斜对面是钟楼，鸽群正围着它高高耸立的尖顶盘旋。轰鸣的钟声响了起来。

到处是熙熙攘攘的人群。

堤道上五颜六色的小摊和帐篷像是从地里钻出来的一样，那里展示着会说话的鸟、用链子拴住的大象、笼子里无精打采的狮子或是犀牛。

后面的广场更是色彩缤纷，像个大年市，似乎全欧洲和东方把它们的各色服饰、各种语言都送到这儿来了。小孩子吹着喇叭，到处是笑声，其间夹杂着讽刺和放肆的小调儿。

三个年轻人不管往哪儿看，都能看到各式服装、头巾、尖顶小帽、条子围裙、

[1] 译注：庞巴杜夫人是路易十五的情妇。

闪亮的小旗儿、斗篷宽大的风帽，尤其是，人人都戴着面具，黑的、彩色的都有，没人露出自己的真实面目。有些妇女穿着土耳其式长袍，甚至戴着胡子或假的喉结；还有扮成小丑的，扮成快活女仆的，扮成法典官的，跳大神儿的，等等等等，传说故事里的神奇形象在宫殿的拱廊下挤来挤去。到处是华丽的帽子、阳伞、晃动的面纱、耀眼的绶带、飘舞的手帕、挥动的扇子，钻石和珍珠闪闪发光。这儿有个踩高跷的，那儿有个拄拐棍的，还有装扮成熊四脚着地爬来爬去的……

“太棒了！”贝蕾妮克兴奋地喊了起来。

“还不仅是棒呢——这虽然只是个肥皂泡，但其中却头一次闪烁出民主的光，哪怕是变了形的。化妆抹掉了贵族与平民、富人与穷人之间的一切界限；通过面具，所有人取得了相同的权利。每年一次，面具把这个从根本上来说贵族气息浓厚的城市变成了一个宽容而没有阶级差别的城市，每个人都戴上面具走到大街上来，不管是公爵还是女佣。差役、厨子戴着面具买菜，市场上，买主卖主戴着面具讨价还价。事务所里办事的戴着面具，舞会上跳舞的戴着面具，法庭上，公证人戴着面具念他的辩护词。戴着面具，大人先生去最隐秘僻静的地方，因为，戴了面具，就什么都是允许的，这，正是它的特别之处。”

“无论什么都是允许的吗？”

“除了犯死罪。共和国保护一切自由，只要戴了面具就不管阶级差别，于是所有的人都戴上它，就连脾气乖戾的让—雅克·卢梭去威尼斯的时候也化了妆。任何界限都不存在了，甚至也没有权威。谁都可以当‘元帅大人’，不管是贵族还是扛活的，修女还是警察……”

“警察？”

“对，警察。甚至连宗教裁判所的审判官也没有了。”

“这真是太激动人心了！”

全欧洲掀起了气球热

塞内克斯把食指弄湿，举到空中：“很好，”他满意地说：“风也朝我们计划的方向吹呢——现在是从东南往西北刮。走吧，什么都准备好了，我们到利多沙洲那边去。”

那里的草地上悬着一只气球，被六根绳索系住了。它下面的“贡多拉”是一条小船的形状，可以乘坐四个人。

“上去吧！”

贝蕾妮克怀疑地打量着这个空中交通工具。

“你尽管放心好了。”塞内克斯安慰她，“近十八世纪末时，全欧洲掀起了气球热。从我们在凡尔赛宫看蒙戈菲尔气球升天起到这个时候，这种会飞的球数量增长之快令人吃惊。你不仅可以在所有的民间节日和年市上见到它，人们还从街道上、阳台上放飞迷你型的，用燃烧的酒精加热空气，而且不分日夜。在巴黎，充了气的小气球是孩子们最喜爱的玩具。谁都想做或大或小的飞行试验。1784 年，一只没载人的氢气球飞越英吉利海峡，中午时分在肯特升空，同一天下午三点便在瓦尔纳通附近距里尔九英里的地方被一个男孩子发现。一年之后，让—皮埃尔 · 布朗夏尔——一个充满激情的气球先锋人物——以及约翰 · 杰弗里斯博士进行了第一次横越英吉利海峡的载人飞行，从多佛出发，飞抵加莱。他们在抵达法国海岸前时差一点就半途而废了，因为飞行高度降低得厉害，十分危险，那位博士已经准备牺牲自己，从海峡上空跳下去了，因为所有的压舱物已经扔完了。在最后的关头来了一股劲风，救了他们。这是布朗夏尔所做的第三十八次飞行。”

罗曼道：“这么说，他们两个人做成功了的，我们今天就更不用说了！”

“我们也不打算飞越大海，充其量飞过波河平原、阿尔卑斯山，飞入法国，最后到达巴黎。”

“又去巴黎？”

“那座城市已经大变样了，到了以后有我们看的、说的！”

他们一个接一个爬上“贡多拉”，刚好在窄窄的板凳上挤下。绳索随即解开，他们升上了天空。

这次空中旅行悄无声息，连一丝风都没有，他们感觉不到空气的流动。飞越普罗旺斯，他们最后终于到了法国的心脏。放眼望去，辽阔的地平线上是城市和乡村。土地还没有被人为分割得支离破碎，城市坐落在绿色的海洋之中，像一个个圆形的小岛。有些零星的房屋散布在城墙之外，像溢出去的水。

“我们这是在从东南向西北飞，”塞内克斯解释道，“这意味着……”他狡黠地微笑了。“这意味着，我们在时间上做了个小小的跳跃，因为太阳在巴黎自然比在威尼斯升起得晚一些。虽然这实际上可能连几分钟都不到，但在进化公园里，这就是几个小时了。我们将在晨曦之中到达巴黎，确切地说是在 1793 年 1 月 21 日。”

贝蕾妮克看到太阳似乎正从东方落下去——这可是违背常理的啊。天色渐渐昏暗下来，虽然天空还带着些苍白，但已经有几颗星亮起来了。城市和村庄的照明还没有那么明亮，田野就更是沉没在黑暗之中了。天还那么早，连一支蜡烛都没有点起来。但贝蕾妮克还是注意到他们是在一个大城市的郊区上空，她还感觉到气球正在缓缓下降。

晨雾笼罩着城市。谁也说不出他们的旅程到底用了多长时间，但他们清楚地听到了从地面传到空中来的声音，那是成千上万个声音汇集在一起，或呼啸，或喃喃。再加上鼓声，有时还有号角声、喝令声和行进的脚步声。

他们的气球接近了地面，然后震动了一下，便停住了。

法国大革命

您是来赴死的

塞内克斯第一个迈出“贡多拉”，径直往前走去，并不等待三个年轻人，他们便赶忙追上去。朦胧的晨光之中，塞内克斯的身影显得是那么瘦削。

每走一步，嘈杂声就大上一分。

“我们这是在哪儿？”贝蕾妮克问。

“在巴黎，这是共和广场——不久前它的名字还是路易十五广场，而不久之后它又以协和广场的名字成为优雅巴黎的中心。著名的方尖塔还没有矗立在那里，但你们可以看到背景里的王宫、卢浮宫以及它附近奉卡特琳·德·美第奇之命建起的杜伊勒里宫。”

“这个广场真的好大啊，但我们肯定不是为了这个来的。您想向我们展示什么与法国大革命有关的东西，不是吗？”

“是断头台。它就设在已经推倒了的路易十四骑马像基座的旁边。当时的人们把这件可怕的刑具看成是一种人道的进步——比如和火刑堆相比。”

“如果这样比，那还是断头台好些，我想。”

“你们即将目睹的事件，从好几个角度来说都是很重要的。但我们会保持足够远的距离的，这样不至于因为过分逼真而让你们受惊。你们也知道，我们只是在一座文化史的博物馆里，其中的一切都不是真的。”

“我早就不知道什么是虚构、什么是真实了。”贝蕾妮克喃喃地说，把手插进裤袋里，“这不正是您的意图所在嘛，塞内克斯！”

“被时间的巨口吞进去，或是沉入历史的深潭之中的东西，任是谁也无法再将它拉上来。”

“时间的指针永远不容逆转！”

“我们只能尝试着将历史再现，为此我们需要想象力。”

他们穿过由荷枪实弹的士兵站成的夹道，士兵后面是密密麻麻一眼望不到头的人群，他们的兴奋让空气都嗡嗡地振动起来了。这儿那儿有人用竿子高高地挑着自由帽或是圆锥形帽[1]。

大概走到一半的路时，塞内克斯让三个人停下。现在他们能看到高高矗立在台子上的那件可怕刑具了。贝蕾妮克告诉自己，这只不过就像看舞台上的魔术师表演砍头似的，被砍了头的演员最后还会出来谢幕的。

但结果整个处决过程还是令人压抑，每个人都被那股阴沉的力量攫住了。贝蕾妮克紧紧抓住了罗曼和斯蒂芬的手。

一辆简单的车子辘辘地穿过士兵组成的夹道。车上是个肥胖的男子，正试着让自己读书。他在祈祷，旁边立着个身穿法衣的神父。

车子到了那血腥的刑具前，那男子站起来，人们抓住他，把他引到台子上。

"路易十六。"塞内克斯的声音十分冷静客观，让气氛缓和了一些。"这个被赶下了王位的国王现在被称为路易·卡贝。昨天晚上，他同他的妻子、原奥地利公主玛丽·安托瓦内特以及他的儿子做了最后的告别。他命令王太子赦免所有那些要把他的父王送上断头台的人。他的妻子想和他共度最后的夜晚，但他已经与生活诀别，想要一个人呆着，只由一个修道院院长助他为走上最后一段路做准备。他睡得很安稳，人们甚至得在早晨五点钟把他叫醒。他领了圣体，摘下结婚戒指，让人把它交给他妻子，又把遗嘱交给一个官员。此刻，刽子手迎了上来，两个助手打算把国王的衣服扒掉，国王却把他们推了回去，然后自己把衬衫从脖子那儿扯开。但人们还是把他的手反绑起来，剔掉他后脖颈上的头发。这时，他突然一跃而起，面向人群，高呼："法国的人们……"

"他想申明自己是无辜的。"塞内克斯低声说道，"但人们用这样的话打断了他：'您不是到这儿来演讲的，而是来死的！"

一个军官举起了剑，震耳欲聋的鼓声盖住了人们最后的话音。

君主专制制度的结束

路易十六被推到了断头台斧下。他没有动。咚咚的鼓点声中，人们几乎没有听到那金属落下来的声音和碰到肉体那沉闷的一响。

一个年轻的刽子手把手伸到篮子里去，提着头发把那颗头颅举到空中。血还在滴，头颅暴露在晨光之中的地平线上。人群中发出一片低沉的叹惜，缓解了紧张的气氛。

"这是一个象征性的姿态，刽子手以不羁的姿势转向民众，展示那颗头颅，以此

---

[1] 译注：法国大革命时期雅各宾党人戴的象征自由的红色圆锥形帽，尖端下垂。

象征一个从君主的独裁专制下解放出来的未来。然而，面对这些愚钝的民众，我们可以感觉到，那不过是一种幻想。

士兵们列队准备走了，刽子手抹掉血腥的痕迹。观众中也开始有离开广场的了。

“现在国王的尸体怎么办呢？”贝蕾妮克问，她已经放开了两个男孩子的手。

“他被装到了棺材里，然后被运到一个墓地去了。”

“那玛丽·安托瓦内特呢？”

“她也在 1793 年 10 月被砍了头——但我们还是离开这个可怕的地方吧，我主要是想让你们看到，不光是宗教的狂热和迷信会导致血腥恐怖，高尚的思想，比如自由、平等、博爱，也能蜕变成恐怖。来吧，店铺本来在执行处决期间全都得关门，但现在又都重新开张了，商贩们也又可以摆摊儿卖货了；光顾咖啡馆的人比以前任何时候都多。

塞内克斯说着迈开了步子，他走得那么快，三个年轻人要想追上他，还得费点劲呢。

法国的自由徽章

塞内克斯有意停顿了一会儿工夫，然后说：“我们也再去一次昨天去过的那个咖啡馆——说是‘昨天’，实际上是二三十年前。”

他们从共和广场出发，穿过城市。塞内克斯的话音又变得和缓明朗起来：“巴黎那时候还脏得要命，因为它还没有下水系统，像伦敦和德累斯顿已经有的那样。内城依然像中世纪时那么狭窄。直到十九世纪，大规模的改造工程才彻底改变了城市的面貌。”

他们沿着窄窄的街道信步走着，两侧房子的一楼或是杂货铺，或是工场作坊；无数的招牌夸耀着他们各自的商品。来来往往的人摩肩接踵的，空气中充斥着叫卖之人的吆喝声，变戏法的想方设法吸引人们的注意力——真像过年时的大集市。

他们走过新桥，走过那座精美的哥特式圣礼拜堂，到了巴黎圣母院，走进那家他们已经认识了的咖啡馆。

三个年轻人立刻看出这里发生了多大的变化——布置当然还是原来的样子，地毯、桌子、椅子什么的；但客人可变了；“昨天”还是穿着天鹅绒外套和丝质短裤、优雅时髦的贵族，今天就成了市民打扮的人。

“好好看看那些‘长裤汉’！”他们走向一张空桌子的时候，塞内克斯特地提醒他们注意。

贝蕾妮克问：“这个词是从哪儿来的？”

“人们一般都把‘长裤汉’看作是革命者的代名词，但事实并不总是如此，比如两个杰出的革命家罗伯斯庇尔和圣鞠斯特就总是穿得很漂亮。‘长裤’成为一种时髦，这还得感谢凡尔赛宫的一个高级礼仪官呢。他想让普通老百姓，也就是所谓的‘第三等级’，都穿上毫无装饰的黑布外衣，好一下子就能把他们与打扮得鲜艳富丽的特权阶层区分开来，甚至显出可笑的样子。可结果，这却成了时髦。时新的还有管状长裤，其灵感来自英国的水手服，被称为‘pantalon’，你们看，它与法国传统的膝盖裤不同，比较宽松，长度到膝盖以下两手宽处。在有革命行动的时候人们还要再戴上雅各宾帽，裤子则喜欢穿有三色旗颜色那样的，鞋子很简单，再拿一柄长矛。‘长裤党’真正代表了与大资产阶级相对立的另一类人，他们的运动有穷人、手工业者、帮工、开铺子的和小企业主参加，他们构成了革命的核心，建起街垒，示威游行。革命的记者，如马拉和艾伯特，支持他们的要求。”

“他们提出了什么要求？”

“他们要求私有财产，但不是财富——他们痛恨富人；他们也要求得到有社会保障的工作……”

“换了我们，大概会说想要工作职位……”

“他们要的是有保障的工资和社会保险，另外还要民主制度。”

“那么他们代表的是‘小人物’了？”

“他们所处的地位是在富有的市民（也就是所谓的大资产阶级）和一无所有的真正无产阶级之间。”

“很可能像伏尔泰、狄德罗和卢梭这样的知识分子并没有直接影响‘长裤汉’；反正我是这么想的，因为他们中的大多数人大概连字都不认识。”

不管是不是贵族，都倒霉

塞内克斯又停了半晌，然后说：“你们设想一下吧，国家几乎处在经济崩溃的边缘，财政赤字持续增长，有的赤字还是路易十四的时代遗留下来的。而且，法国十八世纪的君主制完全是个废物，因此启蒙运动的思想在法国政治方面的影响是最大的，资产阶级，甚至贵族，都普遍受到它的影响。”

“人们要相信理性，把僵化的传统扔到垃圾堆里去，是不是这样？”

“在法国，古老贵族阶层根深蒂固的利益与上升中的资产阶级之间的对立比其他任何地方都更尖锐。首先，政府试图维持贵族、教士和第三等级的老格局。第三等级在政治上还软弱无力——虽然除了少数特权阶层人士外，所有的法国人都属于第三等级。”

“国王没有尝试过改革吗？”

“半心半意地试过，然而面对特权阶层，王室想改革也是无法办到的。虽然所有的人都在君主制的暴政和无能之下呻吟，但起初还根本谈不到自觉的革命运动。二千三百万人口中的四十万贵族，即第一等级，享有极大的特权，如免税。教士阶层要求的特权更多。然而，贵族阶层的经济状况不怎么样，它的成员不能去从事与他们的身份不符的职业。他们只能得到租佃地产而来的租子；他们会尽可能地结一门富贵的亲事，并从朝廷得到礼物和退休金。但总的来说，他们的开销在增长，收入却在减少。因此他们全都往由国家发给薪俸的公职位置上挤，十八世纪，他们成功地把出身市民阶层、有能力但没有政治影响的公职人员都排挤掉了。到1780年左右，一个贵族只能当军官，所有的主教也都是贵族。”

“不是贵族的人倒霉了！”

“但这种情况没有持续多久，然后就反过来了——出身贵族的人倒霉了！革命以前，贵族不仅是把市民阶层，也把农民驱入了绝望的境地。1688年，法国散文作家让·德·拉·布吕叶尔在描述路易十四统治下的时代时写道，贵族眼里的农民简直就是一群畏葸的牲畜，被束缚在土地上，顶着骄阳不停地又翻又挖，头发黑黑的。”

“太看不起人了！”

“法国革命前一年，作家尚福尔讲过这样一件事——路易十六的女儿和照管她的女仆一起玩儿的时候，惊讶地发现：‘怎么！您也有五个手指，和我一样吗？’”

贝蕾妮克一副搞不懂的样子，大摇其头：“这又是一个证明我们今天永远也不能设身处地地想象过去的人类的例子！我们的感受和他们可不一样！”

“可以肯定的是，大约占人口总数百分之八十的农民过得很糟糕，大多数都是没有土地的小农，其收获之微连满足生活最基本的需求都不够，却还得向封建主赋税纳贡。人口的持续增长扩大了对肥沃土地的需求。此外农民还得在军队里服役很长时间。“

“还有这个！”罗曼向后一仰头，把腿伸到桌子底下，手又揣进了兜里。

“市民的情况好一些，有的甚至很有经济实力，但他们觉得，自己不管是在社会生活方面还是在政治方面都没有得到与此相应的承认。正是这些人被新思想吸引住了，在沙龙和共济会分会里，在俱乐部和咖啡馆里，他们形成了反对旧社会秩序的统一战线。”

“那么先起来革命的只有市民吗？还是也有农民？”

“1789年，法国的专制统治从根基上动摇了。从五月到十月，老政府即使在法律上依然存在，但实际上已经崩溃了。七月十四日，巴士底狱被攻占，这一天至今还是法国的国庆日。巴士底狱不是被攻下来的，因为还没有攻，它就投降了。无论城市还是乡村，各处的人民都起来了。农民闯进他们痛恨的地主家的宫殿城堡里，摧毁了档案室，焚烧了强令他们服徭役的文书；许多贵族和教士被杀。法国燃烧起来了。在革命的压力下，特权阶层的代表在国民会议里放弃了很多权利，当然，那些权利实际上也已经不值什么了。但最为重要的是，受美国榜样的启发，出现了一部人权宣言。”

“我早就等着您讲这个了！请您说说，‘人权’过去指的是什么，现在指的又是什么！”

“那就是宣布所有的人生而自由、平等；不应该再有人生下来就享有特权——至少在法律面前不该是这样。人民的主权应该构成一部新宪法的基础。旧的秩序、包括统治者所有特权和被统治者所有负担在内的采邑制度被摧毁了。宣言的第一条就是：‘人生下来就是自由的，并且应该在法律之下自由、平等地生活……’”

“对那个时代来说，这听起来确实很革命。”

“然而，如果社会差别来自‘对社会所起作用’的不同，那么这差别依然存在。诚然，所有人在法律面前应该都是平等的，自由发展的道路对有才能的人应该是敞开的，但私有财产被认为是天赋的权利，而天赋的权利是神圣的。”

“事实并没有仅仅停留在这些多多少少是理论性的要求上吧？”

“没有。许多修道院和宗教团体被关闭，教会财产被没收，学校被收归国有，除宗教婚姻外，实行了民事婚姻。1792 年九月出现了关键性的转折，先占了主导地位的吉伦特派和丹东、罗伯斯庇尔领导下的激进的雅各宾派决裂了，国民会议取代了到那时为止的立法会议，宣布了第一共和国的成立，下令处决国王。接下来又开始了雅各宾派的恐怖统治，不仅是差不多所有的贵族，连法国的许多优秀人物也成了它的牺牲品。及至 1795 年，它的领导人物罗伯斯庇尔和圣鞠斯特也被处决了。”

国家，一个危险的概念

大家都给自己倒上新鲜的咖啡。塞内克斯想改说另一个话题了：“最后再说一句——后来由五人执政内阁领导的政府因拿破仑·波拿巴发动政变而告结束。1799 年，拿破仑宣布革命结束了。”

“那么外国呢？法国的剧烈变革不是激起了国外敌人的愤怒吗？”

“不管你怎么批判雅各宾派，可还是得承认它很善于对付国内外的敌人。在反抗国外敌人的过程中产生了《马赛曲》，法国的国歌。”

“这是我所知道的最有感染力、最令人振奋的一首歌了！”罗曼喊道。

“不仅在法国内部八十个省中的六十个反对巴黎，德意志诸国和英国也发起了进攻。整个国家破产了。在法国内部，对教士和贵族的仇恨更高涨了，在丹东、罗伯斯庇尔和马拉的领导下，雅各宾派建立了独裁统治，断头台更是派上用场了。从长远角度看，这对法国革命的名声起了恶劣的影响。但是，丹东这个腐化然而天才的革命家以极大的热情组织起反对外国进攻的抵抗力量，普遍兵役制度开始实行。那时人们创造了‘群众起义’（levée en masse）这个词。十四个月后，不仅外国军队被赶出了国界，比利时也被占领了，并且法国从此开始了在欧洲战场上连连得胜的一段历程。从这时候起欧洲人认识到了‘民族国家’这个概念的危险性。比如说，那时候要是有哪个说德语的人到巴黎去，那他并不是以德国公民的身份去的，而只不过是某个小侯国或者某个城市的居民。革命则使统一的国家成为现实，这便造就了一种强烈的民族意识。不过这已经是‘拿破仑’那一章里的内容了，我现在只想再提一句的是，1793 年，雅各宾派的领导人让·保罗·马拉在浴缸里被人刺杀了，而且刺客是一个女子！”

“她一定有很好的理由这样做。”

塞内克斯惊讶了，望着贝蕾妮克，有一会儿工夫没言语，然后才继续说：“年仅二十五岁的夏绿蒂·科黛是个受过教育、十分博学的女子，她想要把人民从那个暴君、‘嗜血者’——她就是这么称呼马拉的——的统治下解放出来。几天之后，她被处决了。她的行为引起了人们特别的厌恶，这正是因为事情是一个女子做出来的。”

“这么说女子也为革命而战了？”

“首先，缝纫女工、洗衣女工、熨衣女工和制造工场里的女工提出了改善她们经济状况的要求；她们的工资几乎还不到男子所得工资的一半，而男子的工资对维持生活来说还紧巴巴的呢。革命以前，会写字的女子还不到百分之三十，男子中会写字的则占不到一半。单是在巴黎，就有大约七万名女子不得不靠卖淫来维持生计。每年都有数万名儿童遭遗弃，要么就是因为得不到良好的照顾或由于疾病而死掉。为抢一口面包吃而导致的争执斗殴是司空见惯的……至于革命在理想方面要达到的目的——革命在开始的时候当然是抱着某种理想的——妇女们并不那么感兴趣。”

“可以理解！”

“她们要求食品的价格停止上涨，这就激怒了小商人。国民会议解散了‘共和国女革命者协会’，禁止她们搞政治活动。但现在还是回过头来说男人吧——罗伯斯庇尔占有绝对的统治地位之后，越来越残酷，到最后竟下令处决了丹东及其朋友；他正式废止了基督教会，树立起一种‘理性与美德崇拜’——一种崇拜‘最高主宰’的平民信仰。他试图实现他最为景仰、视为‘神圣’的让—雅克·卢梭的理论，实行血腥的恐怖统治。”

“这些都是毫无理由的吗？”

“资产阶级不这么看。资产阶级接受恐怖，认为罗伯斯庇尔既不是特别残忍，也不是不公正，认为处决是拯救国家和革命的唯一可能。然而恐怖毁了有才能的人——那时就是这样。”

“那么恐怖是怎么结束的呢？”

“军事上的成就带来了转折，贝蕾妮克。等最大的国外政敌被消灭了以后，罗伯斯庇尔和圣鞠斯特也被处决了。”

坚定不移的统治

一直沉思着的罗曼，还要刨根问底：“罗伯斯庇尔大概是革命时期最重要的一个人物了吧？”

“和他同样，不，最好是说在他之后的还有米拉波伯爵（Mirabeau）[1]、马拉、丹东、德穆兰（Desmoulins）[2]、记者阿贝尔（Hébert）[3]和严厉无情的圣鞠斯特。马克西米利安·罗伯斯庇尔总是引用卢梭的话，他心目中的世界图景是单纯的，他的意志是明确专一的，而又不带任何可能会起阻碍作用的激情，这使他具有强大的冲击力。他的样子并不引人注目，中等个儿，面色苍白，租住一个木匠的房子，房间里布置得十分简朴。他说他自己只有一种激情，那就是为人类的幸福而战。他最喜欢用的词里有‘背叛’、‘谋反’、‘伪装’、‘揭露’和‘无耻’。任何一个不是无条件地信仰卢梭学说的人都被他视为敌人。由于他总是揭发任何企图贿赂收买他的行为，他被人们称为‘不受贿赂的人’。他的一个伙伴拉萨尔·卡诺（Lazare Carnot）发现，最危险的人总是那些冷酷无情、像刀子一样锐利、只知追求唯一的一个理想的人——而罗伯斯庇尔正是这样一个人。他滥用自由和思想的力量，为他的学说去毁灭他周围的人……”

“最后自己也死了。”罗曼插嘴道。

“很难正确评价这个衣着优雅、冷酷偏激、强调美德高于一切的律师。德国人康拉德·恩格尔伯特·艾尔斯纳（Konrad Engelbert Oelsner）这样评价罗伯斯庇尔：如果他真的了解人——不仅仅是盲众，如果他对历史了解得更多一些，如果他不是对

[1] 译者注：米拉波（Honoré Gabriel Mirabeau，1749—1791），法国资产阶级革命立宪派领导人之一，贵族出身。早年著有《论专制》一书。1789年以第三等级代表选入三级会议。革命初曾大胆揭露封建专制制度，但坚决维护君主立宪政体，极力阻止革命深入发展。1790年开始接受王室贿赂，四处为宫廷奔走。次年病死。

[2] 译者注：德穆兰（Camille Desmoulins，1760—1794），法国资产阶级革命时期的活动家、新闻记者。革命初参加科尔德利俱乐部，后参加雅各宾俱乐部。1792年9月选入国民公会，属山岳派。雅各宾专政时期，与丹东一起公开反对政府实行革命恐怖和普遍限价政策。1794年4月被处死。

[3] 译者注：阿贝尔（Jacques René Hébert，1757—1794），法国资产阶级革命时期的活动家，原为新闻记者。革命初期，在巴黎创办《杜歇老爹报（Le Père Duchesne）》，并参加科尔德利俱乐部。1792年当选巴黎公社第二检察长。1794年3月密谋起事反对罗伯斯庇尔政府，失败后被处死。

国外的情况那么无知，那么凭他的素质他本来可以成为一个伟大的人。艾尔斯纳认为，罗伯斯庇尔像所有的空想者一样，只看到事物的一面，并自认为是天之骄子。艾尔斯纳说这话的时候，对恐怖统治还一无所知，要是知道，也许他的评价会更严厉一些，因为罗伯斯庇尔就是暴政的化身，这是毫无疑问的。”

“毁灭力、杀伤力最大的总是对理想状态的渴望、过分的理想主义，不是吗？”

“卢梭用思想所做的事情，罗伯斯庇尔想通过断头台将其付诸实现。”

“那么罗伯斯庇尔和卢梭是一块金牌的两面喽？”

塞内克斯有些犹豫，但还是点了点头。

贝蕾妮克在桌面上画着看不见的小人儿：“全社会又只是由男子组成的了！”

塞内克斯又掰响了他的手指：“在1791年的国民公会上，妇女还没有得到选举权和其他政治权利；但是妇女在法国大革命期间扮演了重要的角色，把逃跑的国王和王后抓回到巴黎的不就是巴黎集市上卖货的妇女吗？”

“但却不是为了砍他们的头。”

“谁知道呢，妮克？”斯蒂芬用讥讽的口气说，但却又马上咬住了舌头，因为一道闪亮的目光射到他身上，那简直具有毁灭性的威力呢。

塞内克斯挽救了局面：“卢梭要是知道罗伯斯庇尔如此滥用他的学说，一定会大惊失色的。罗伯斯庇尔把自己看成是卢梭的信徒，为了给他血腥的手段辩护，他总是抬出他这位老师的名字。然而罗伯斯庇尔的打算违背了革命的原则，因为他想把立法权和执法权统一起来；但要是这些权力不能分开，那也就离独裁不远了。从1790年起，革命者中的卢梭崇拜现象愈演愈烈，最后人们终于决定要把他的遗骨运到巴黎的万神殿去。”

一次彻底的全民起义

罗曼又直起身来：“巴黎的万神殿是和古罗马的万神殿一个样吗？”

“只是名字一样罢了。罗马的万神殿供奉的是众神，而巴黎的万神殿建的时候就建成了教堂，实际上变成了法国人的纪念馆。”

“能与法国革命相提并论的革命大概哪儿也没有了吧？”

“法国革命虽然在表面上看起来是值得效仿的——至少在开始时好像是这样——然而实际上除了几个微不足道的例外，哪儿也没有可以和法国革命相比的革命形势。另外，法国革命与它之前发生的革命相比，其差别主要在于，它是一次全民起义，比其他革命更加彻底；后来它还在全欧洲扩展蔓延，将它的思想散布到全世界。对后来的革命运动，它始终是一把标尺。英国的君主立宪制影响也很大，它在民主制度方面与法国革命形成一种竞争，因为巴黎那充满血腥味的革命进程令很多人惊骇。法国革命被一部分人视作榜样，但却让另一部分人毛骨悚然。”

“这么说对自由、平等、博爱的梦想没有实现喽？”

“我认为，可以把大资产阶级说成是革命的最大获利者，它基本上实现了自己在政治、经济方面谋求的目标。农民也还算是满意，他们摆脱了很多负担，成了他们所耕种土地的主人；教会财产和逃亡贵族财产的出售造就了一种新的农业格局，而这是一个有活力的农民阶层得以发展的前提条件。与大资产阶级和农民阶级相反，革命后的小资产阶级、手工业者和工厂工人两手空空，一无所获；他们虽然革命热情高涨，并且付出了很高的血的代价，但他们的处境却几乎没有什么改善。他们的生活条件依然令人沮丧，而这正是因为农民得到了好处，因为农民的财产权使他们成为一股强大、稳固的力量，这股力量让无财产阶级的目标无法实现，并且在长达一个世纪的时期里起到了稳定的支柱的作用。由于农村方面有了保证，资本主义便得以在城市里发展。”

“那我猜贫富之间的巨大差距并没有消除。”

“革命没有解决社会问题，也没有创造出新的社会秩序；但它促进了自由的发展，并且超出了法国的范围。比如在法国的殖民地里，奴隶得到了解放。”

“真不容易！”贝蕾妮克的手势像是要挣脱锁链。

“是的！在启蒙运动时期反对蓄奴的呼声就已经高起来了，最早禁止蓄奴的是丹麦。1794 年，法国废除了它在加勒比海领地的奴隶制。英国这样做还要再晚一些。1815 年的维也纳国际会议上，横跨大西洋的奴隶贸易被宣布禁止。爱好自由的美利坚合众国却一直到 1865 年才废除奴隶制。最后，1925 年，联合国约定进行反对奴隶制的国际合作；在联合国的国际公约中，反对奴隶制也被明确规定为共同追求的目标。”

“那教会在这方面的态度呢？”

“教会在这方面的形象可不光彩，只有瑞士的宗教改革家茨温利（Zwingli）[1] 从一开始就反对任何形式的不自由，在瑞士的宗教改革地区和德国南部第一次实现了蓄奴禁令。但强大的天主教会直到 1965 年才在梵蒂冈的宗教会议上谴责奴隶制。”

塞内克斯啜了一口咖啡。

[1] 译者注：茨温利（Huldreich Zwingli，1484—1531），瑞士宗教改革运动领袖，1518年起任苏黎世大教堂牧师，得到市议会和新兴资产阶级的支持，领导瑞士东北各州进行宗教改革，否认罗马教廷权威，反对出售赎罪券，主张教士可以婚娶，解散隐修院并没收其财产。废除天主教的繁琐仪式，禁止敬拜圣像，取消“弥撒”而改行“圣餐”礼仪，称之为对耶稣的纪念。促进新教各州结成联盟，对抗教皇和皇帝，希望借此促进瑞士联邦统一于新教，遭到继续信奉天主教各州的反对。对宗教改革运动中激进的再洗礼派则进行残酷迫害。1531年在与信奉天主教的各州作战中战死。

拿破仑演出的插曲

完全变了样的法国和欧洲

接下来是一阵沉默，每个人都在思索。这时，嘈杂声传了进来。贝蕾妮克向咖啡馆的窗外望去，但隔着花玻璃，一切都是模模糊糊的。“出什么事了？”

原来是好多人从四面八方涌了过来，有单个来的，有三五成群来的，有走着来的，也有坐轿子的、坐豪华马车来的。他们都想进巴黎圣母院的大门，但只有边门是开着的。

“这是干什么？”

塞内克斯打开怀表。“这么晚了！我又说得太多了，好在我们还什么也没有错过。现在是 1804 年 12 月 2 日上午，我们已经进入另一个世纪了——而且也进入了一个完全变了样的法国和欧洲，一个变了样的时代。这另一个世纪不是那个我们即将谈论的人的作品，但新法国、新欧洲，甚至新时代，或者说新世界却是他的作品。”

“您说的是拿破仑？”

“拿破仑·波拿巴。虽然我们很少讨论战争和战争统帅，但他却是我们在‘进化公园’里不能回避的那些例外之一；因为拿破仑不仅是一个政治家、战士、军队统帅和后来的皇帝，他还是人这个制服了火、在草原上逐猎、发明了轮子和文字的物种最出色的一个范例。你的问题也将得到解答，贝蕾妮克。几分钟之后我们就能看见他了，走，我们到圣母院那边去。”

“我们是不是去看拿破仑的皇帝加冕典礼？”

“正是！”

“约瑟芬也会在那儿吗？”

“还有很多别的人——虽然不是所有的人都来了！”塞内克斯喊道，这时他们正向着门口走去。“你当然会想到德茜蕾、约瑟芬、玛丽·路易莎、拿破仑的母亲莱提茜亚、瓦列夫斯卡夫人……新时代的政治舞台和文化史上从来没出现过类似的场景。这个人把全欧洲都搅动了，一切之上都留下他的烙印，没有什么是他不曾触动过的。人们认为他来自古代，但他却炸开了通往现代的大门。他将法国革命的思想带到了一个新时代，同时又将其做了全新的改变，由此他超越了法国革命。他自认为结束了革命——不仅结束了革命的恐怖，而且结束了表面上的民主，而那实际上并不是民主。”

“但那样他还和革命有什么关系呢？他是皇帝啊。”

“起初，他的敌人称他是‘革命的儿子’。他维护了农民的解放，支持企业发展，保障法律面前的人人平等，给有才能的人提供意想不到的发展机会，开始时坚持保卫边境，从这些方面看，他确实是革命的儿子。但是，当他把自己从执政官变成皇帝，压制新闻和报业的自由，与天主教会和解，将比巴士底更糟的新监狱塞满了犯人之后，他就不再是革命的儿子了。”

“他只是野心勃勃的自大狂呢，还是确实有一个更高的目标？”罗曼把自己后脑勺上的短发捋得竖了起来。

“在他的权力达到巅峰的时候，他也许企图统治全世界，但他首先把革命从外部敌人的威胁下解救了出来。后来他想要建立一种‘超国家’——一个以法国为领导的统一欧洲，但要达到这个，欧洲还不成熟，于是，作为一种反应，其他欧洲国家的力量增强了。有二十年之久，欧洲在拿破仑军队的铁蹄下颤抖。他使半个世界惊恐，但也使它着迷。”

整个国家似乎都被代表了

巴黎圣母院前的广场上，人流还在不断涌来。

“淑女们让最好的裁缝用贵重的料子给她们缝制了新衣裙，先生们也穿上了自己最漂亮的衣服，男装裁缝和制帽匠也被订货压得喘不过气来，刺绣工、鲜花贩子、鞋匠、珠宝匠……所有的手工业者和商人都有事儿干、有生意做。

塞内克斯抬手指着周围的房子，只见很多人都挤在窗户边向外张望。“人们太好奇了，为了得到一个窗边的位置，有些人家甚至出钱出到三百法郎——那几乎是一笔小小的财富呢。教堂里的位子肯定就更贵了。”

他们被人流裹挟着进了左边门。教堂里，不仅是中堂的空间和高度都给人留下深刻印象，而且，那透过彩色的玻璃窗射进来的光色彩斑斓，把柱子也染成了彩色的，营造出一种似乎脱离了尘世的气氛。

哥特式的穹隆下，教士的歌声又响起来了，他们不仅在乞求天上那最高统治者的祝福，也在期待着教皇的到来，他的宝座就设在祭坛旁。官员代表和议员们都按照他们的级别高低顺墙列队，墙上挂着贵重的织花壁毯。虽然时值冬日，可还有鲜花做装饰。

“如此的豪华富丽几乎是前所未有的。”塞内克斯耳语道。

全法国的人似乎都在这里有代表。只见羽毛在参议员、将军的帽子上飘舞，旁边是法官深色的长袍；金光闪闪的制服挨着教会显贵华丽的法衣。教堂高处合唱队的席位上站着美丽的淑女，穿着那个时代最漂亮最时髦的衣服。

有一条板凳上还空着四个位子，塞内克斯和三个孩子挤了进去，贝蕾妮克在斯蒂芬和罗曼中间，塞内克斯在外面。贝蕾妮克仰望高高的穹顶，不由得想起了夏尔特的大教堂。从去那里到现在，他们在“进化公园”里不过又漫游了几天工夫，中间却已隔着五百多年了。在这五百年里，世界的变化有多大啊，人和人的想法也随之发生了巨变。

教士们开始唱“Tu es, Petrus ……”——一首庄严缓慢的圣歌。教皇从边门走了出来，迈上祭坛。嘈杂声消失了。

“庇护七世。”塞内克斯向前点头示意。

教皇的身形在巨大的教堂里显得十分渺小，但他是个令人肃然起敬的人物。他穿着整套礼服，头上戴着主教冠，脸上的表情拒人于千里之外，谁也读不出他在想些什么。他就是这样以一副难以接近的样子出现的，一动不动，间或闭上眼睛，等待着，让玫瑰念珠在他的手指间滑过。

他在法国刻下的烙印一直延续到今天

塞内克斯转向他的三个年轻伙伴，轻声说：“波拿巴攫取了权力，但其实权力也是被拱手交给他的。他先是升为普通执政官，后来成了终身执政官，现在又升上了皇帝的宝座。他能做到这些，因为在他的统治下，本来一直被认为是无法解决的问题迎刃而解。他只用了短短几年，就用各种改革和法律改变了法国。他创造了《民法》，后面我们还要提到它。他还和教会签了协定，给了法国一个国家银行，并建立了荣誉军团。”

“革命者不是刚刚和教会决裂吗？”

“他将这个恢复为原状——是出于政治上的考虑。连伏尔泰也说过，要是上帝不存在，那就得发明出一个来。波拿巴本人却相信存在一种更高的智慧。‘一切都显示出上帝的存在’，他在圣赫勒拿岛上写下此话，但‘要说出我从哪儿来，我是什么，我要到哪儿去，这超出了我的认识能力’。但他也认为，灵魂不是不朽的，因为假如它是不朽的，那它在人出生以前就已经存在了。他又想向太阳祈祷，就像埃赫那顿[1]，因为是太阳使万物结出果实。他写道，如果从我们的世界诞生之日起宗教就存在，那他保证是虔信的；但既然他读到了苏格拉底、柏拉图、摩西等，他就不再有

[1] 译者注：埃赫那顿（Echnaton）是古埃及第十八王朝法老，在位时推行阿顿（即太阳神）崇拜的宗教改革。

什么信仰了。他的观点是，一切都是人发明的。拿破仑把教会作为一种高级警察机构重新引入，因为他想让教士宣扬秩序和纪律。他还革新了许多法国在管理和裁判权方面的机构。就这样，他在法国刻下的烙印一直延续到今天。他的《民法典》成了很多国家效仿的对象。他解释了新的官员、法庭、大学和学校的等级制度，所有这些直到今天还带着他的烙印。他为许多人带来了安定和财富。”

“但这不包括那成千上万在战场上流尽了血的士兵。”

“通过政治上的成功和军事上的胜利，他改变了全欧洲的版图，大量书籍对其进行了描述、批判和探讨。他想让自己的家庭成为最有权力的家族，于是他为自己带上了皇冠，让约瑟芬这个来自马提妮克岛（Martinique）[1] 的克里奥耳人[2] 当上了皇后。”

“他为什么和约瑟芬离婚呢？我猜他确实是爱她的。”

“他想得到继承人，哪怕有一个孩子也好，可约瑟芬不能满足他这个愿望。此外，他想让自己的家族作为世袭君主长长远远地统治下去，而又一直苦于自己的家族算不上正统，因此他认为，如果能和奥地利皇帝的女儿玛丽·路易莎结合，获得正统地位的目的就达到了。至少他的孩子应该摆脱出身低贱这个阴影。他始终不能忘掉，自己曾是革命军里一个饿肚子的军官，连地道的法国人都算不上，他永远也摆脱不掉身上那股科西嘉岛（Korsika）丛林里的味道，即使身为西方国家的皇帝，可以向手下馈赠王国，可以挟制耶稣基督的代言人也无济于事。他自己说：‘我的一生是一部何等曲折的小说啊！’”

[1] 译者注：马提妮克岛（Martinique）是西印度群岛中的一个岛屿，法国的海外行政区之一。

[2] 译者注：克里奥耳人指西班牙殖民时代出生于南美洲的欧洲人后裔。

资产阶级自封贵族

欧洲最令人惊叹的人物之一

贝蕾妮克交叉起双手，搭在收起的膝盖上。“那好吧，塞内克斯，他这个人怎么样？”

“人们对他的描绘是敏锐非凡、杰出、兴趣广泛、想象力丰富。即使权力的迅速扩张改变了他的性格，但他在聪明劲儿上肯定是超过他周围的人的。他脑子很快，行动起来不可战胜，但却不能在恰当的时候停止。不过，尽管有这么个致命的弱点，他仍是欧洲最令人惊叹的人物之一。他在革命中脱颖而出，创造了一种新秩序，而其中有的部分还是违背他自己的意志的。”

人群骚动起来，原来外面响起了炮声，虽然声音很沉闷。教皇稍稍直起了身子。

塞内克斯解释道：“拿破仑的队伍从杜伊勒里宫前出发，这会儿马上就要到了。天气好转了，既不冷也没下雨，天空放晴了，站在通往巴黎圣母院的街道两侧的人们可以好好欣赏那隆重的景象，而又不会挨雨浇。”

教堂里的人们显见地激动起来，又开始交头接耳了，并且坐直了身子。过了一阵，号角声、鼓声响了起来，圣母院的正门开了，光落在石头地面上；拿破仑和约瑟芬走了进来，后头跟着他们的朝臣侍从、兄弟姐妹、亲戚朋友、军官元帅、官员仆人。拿破仑引着他的妻子，缓缓走在中间的过道上——他大概意识到了自己的重要意义；但他的脸上又带着蔑视的表情。所有的观众都站了起来，在这对夫妇面前深深鞠躬。拿破仑头上戴着顶金色的桂冠。管风琴发出了鸣响，男童合唱队开始歌唱。

未来的皇帝及其皇后的宝座设在主祭坛对面，拿破仑和约瑟芬落了座，周围环绕着欧洲各国的统治者。

音乐声消失后，穿着穷极奢华的拿破仑从宝座上站起来，迈步走向祭坛。坐在那儿的教皇也站了起来，等着为他加冕。

拿破仑给人一种平静、镇定的印象，耐心地任漫长的仪式一步步进行。教皇给他涂了三次圣油，嘴里念着加冕时的套话。

拿破仑安静地倾听着，然而，当教皇的手伸向那顶皇冠时——据说那还是查理大帝的呢——拿破仑摘下他的金色桂冠，自己伸手过去抢先抓起了皇冠，并自己将这权力和尊严的象征戴在了头上。此时此刻，这小个子显得无比威严，皇冠让他的脸孔亮了起来。

随后，拿破仑用敦促的目光向约瑟芬望过去。约瑟芬站起身，走向他，跪下来，忍不住流下了眼泪；泪水滴在她交叠在胸前的双手上——与其说她是向上帝举起她的手，还不如说是向她的皇帝。拿破仑又为她戴上一顶皇冠，上面的宝石比她原来那顶头饰上的更多。但这一次只是试戴似的，他又把它摘了下来，然后再一次为约瑟芬戴上。就这样，他不用教皇，而是亲手让约瑟芬成为皇后。紧接着，就好像不愿再耽误时间似的，他和约瑟芬走下了祭坛的台阶，返回到宝座那儿。

在这整个过程中，颂歌在气氛隆重庄严的教堂里回荡。

很多女人都擦拭着眼里涌出的泪水，男人们也不是无动于衷。

“仪式结束了。”塞内克斯说，“在教堂里的人走光以前，我再就拿破仑说上几句。”

几个年轻人很愿意，因为他们还不想走，从他们身边经过的一切都是那么华丽、壮观，向着玫瑰花窗下的大门走去。现在大门是对所有的人敞开的了。

塞内克斯一边让三个人大饱眼福，一边接着往下说：“拿破仑的时代反映在无数的作品中。当时有见证人说，贝多芬在创作《英雄交响曲》的时候想到的就是波拿巴——那时的他还是第一执政官，贝多芬当时对他的评价很高，在总谱的最上面就写着‘波拿巴’，下面写着‘路德维希·凡·贝多芬’。当大师听到波拿巴自封皇帝的时候，不由大怒，喊道：‘他也不过是一介凡夫而已！现在他要践踏所有人的权利了！’贝多芬撕碎了他作品的扉页，把它重新写过，现在交响曲的名字成了《英雄》……不过这些我只是顺便说说。

“拿破仑的腾达、他的影响造就了一种独立的风格，这就是‘帝政风格’；这种风格远离一切贪图舒适和游戏性，一切都置于皇帝的光辉之下。古典风格这时被重新拾了起来，信奉尊严和财富。在家具上，单纯的线条取代了过去不规则的线条。远征埃及期间人们受到的启发使人们创造出新的方式——棕叶饰、桂冠、狮子、斯芬克斯和天鹅等。拿破仑让人把他的宫殿内部改装成帝政风格，庄严而富丽。”

“那时装方面呢？”

“这方面经历了一场解放。人们摒弃了过去那种可以称之为‘扭曲身体’的不自然风格，而开始追求一种理性的自然。”

“理性？时装中的理性？”

“妇女们以古典风格为榜样，穿用轻盈的麦斯林纱做成的垂感好而线条流畅的裙子，腰身高，裸露肩膀。”

建立统一欧洲的幻想

罗曼又把话题引回拿破仑："他犯了哪些重大错误？"

"他在思想和行动上不知节制，这一点造成的后果最严重；虽然策划起来周全彻底，他还是常犯错误——这既包括评价人的方面也包括估计时机的方面。他蔑视小人物，不重视民众。没有民众，任是哪个统治者也做不成事；但拿破仑认为他可以是例外。其实他根本就不承认民众的存在。大众不定什么时候会提出大问题，会发动巨大变革，这，拿破仑根本想象不到。这个从法国革命中脱颖而出的小个子军官没有把人权还给人民，完成革命，而是复辟了旧贵族，创造了新贵族。他既看不到机器和自然科学日益增长的力量，也看不到劳动机械化带来的社会问题；他的目光只盯在统一欧洲这个幻想上。"

"拿破仑是一个狂热分子吗？"

"他从来不是一个魔鬼，即使在他最阴郁的时刻，他也从不曾失去过清晰的头脑。他很理智，很聪明，但又斤斤计较。他自己说，他的脑子就像一个分成许多格子的柜子，如果他不愿意再想某件事了，就把装这件事的那个抽屉关上，拉开另一个抽屉。如果他想睡觉了，就关上所有的抽屉，就可以睡着了。"

"我觉得他就像一堆火苗蹿得很快、但熄灭得也同样快的火。"

"这可太诗意了，罗曼！"

"他的时代和他拥有的传记作家、剧作家、叙事文学作家早就比比皆是了，我只说托尔斯泰。"罗曼向后一靠，闭上了眼睛。

塞内克斯拾起了这个话头："俄国人的反抗，莫斯科（Moskau）的大火，冰天雪地中那戏剧性的撤退，冰冻的别列津纳河，这些都给皇帝以沉重的打击。他本以为降伏了俄国，可现在他遇到了让他根本无法理解的反抗。"

罗曼解释道："他令人民和国家都反对他。"

"拿破仑是个坚定的笛卡儿主义者，所以他把思想和理性看成是一回事；没有哪个天才悄声告诉他该做什么，一切都需要思量。他常常在夜里起来工作。当然，他也是个想象力极其丰富的人。"

塞内克斯转过身，建议道："走吧，教堂里已经空了！"

他们信步走出教堂的大门，走到皇帝加冕日的阳光下。到外面后，他们在教堂的石头台阶上坐下。贝蕾妮克身子向后倚着台阶，长发触到了石头。"天都这么暖了！"她仰望着高处——怎么，真奇怪，太阳好像移动了位置？不，这一定是她的幻觉。

"时间不仅是过去了将近十年，而且从 12 月 2 日变成了 4 月 6 日，冬天变成了春天。"

“那现在是哪年了，塞内克斯？”

“今天是 1814 年 4 月 6 日——我们的马车来了！”

在白马庭院里

马车的车门上，一个“N”字金光闪闪，字母上还环绕着一顶上端开口的桂冠。

“我们现在不是去凡尔赛，而是去枫丹白露（Fontainebleau）；拿破仑选择了这座弗朗索瓦一世和路易十五建的宫殿作为自己的住处。”

这次旅程和以前的比几乎没什么两样——这也没什么好奇怪的，因为枫丹白露是在巴黎的东南，凡尔赛是在巴黎的西南，只不过到枫丹白露的路程是到凡尔赛路程的三倍。但距离在“进化公园”里不是个问题。

不久他们就通过敞开的宫门，进了皇宫庭院。主台阶对面是列着队、举着队旗的士兵方阵，其装束是深蓝色的制服，猩红色的翻领，白色皮带斜在胸前，再加上带红色绒球的黑色熊皮帽。

“这是‘白马庭院’，从现在起也将被称作‘告别庭院’了。这些士兵是拿破仑的近卫军团，是最忠诚于他的人。”

塞内克斯在一棵树下为他们找到了一个座位，在那儿，整个宫廷内院和台阶可以一览无余。“我们现在即将看到的是拿破仑做法国皇帝的最后时刻。他的妻子玛丽·路易莎和被封为‘罗马王’的儿子已经被人带走，和他分开了。儿子不再在他身边，这是最让他痛心的事，因为他是个典型的南方人，喜欢孩子。他的《法典》特别为儿童提供了保护。”

“那妇女呢？”

“现在我要说说《拿破仑法典》了，或者叫《民法典》。他稳固了丈夫对妻子及其财产的控制。他虽然确认了法国革命取得的大多数成果，保证所有的人在法律面前一律平等，废除等级特权，废除农奴制，在法律上让犹太人得到解放，从根本上改变了学校里的授课。但同时他也收回了许多婚姻方面的改革。像过去一样，妻子自然得服从丈夫，所谓‘丈夫是妻子的保护者，妻子则有义务听从丈夫。’这一条的效力一直持续到 1938 年。在拿破仑眼里，女子是为男子而生的，男子是为国家、为他的家庭、为名声和荣誉而生的。他要求女孩子上宗教课，不让女孩子‘思考’，而让她们‘相信’。他对女性头脑的软弱深信不疑，认定女性的想法容易动摇，认定她们需要委身于人。他不要看到迷人的女性，要看到富于美德、严守原则、热心肠的的女性，而不要她聪慧、风趣。”

贝蕾妮克不以为然地摇着头：“哼，妙极了！”

他的帝国不复存在，他征服的一切又都丧失殆尽

这时，皇帝从宫里走了出来。他走在大理石台阶的中部，让周围的一切黯然失色。

“他真矮。”贝蕾妮克喃喃说道，“而且他看上去是那么筋疲力尽！”

“在经历了这几天之后，这一点也不奇怪。他已经是强弩之末，并曾企图用氰化钾自杀，但没有成功。他最忠诚的战友要么拒绝听他的，要么向敌人投诚；他的两个最重要的部长在谋划怎么毁了他，约瑟芬欺骗了他好几次……”

“他也骗了她。”贝蕾妮克插嘴道。

“玛丽·路易莎在最艰难的时刻离开了他，他的儿子被人从他身边带走，他的兄弟姐妹要么大肆从他身上榨取油水，要么背弃了他。他早早地便衰老了，健康每况愈下，他从前犯的每一个错误，现在都找上门来。他的敌人让他感觉到他们是多么蔑视他，因为他们不用再惧怕他。青年时代的轰轰烈烈烟消云散了，他的帝国不复存在，他征服的一切又都丧失殆尽，他留下的是一个萎缩了的、血流尽了的国家。”

欧洲从前的统治者孤零零地站在宽阔的砖墙前，墙上的窗户闪着光——这一切都深深地印在了贝蕾妮克的脑子里。她知道，她是一个历史性时刻的见证人。像几天前在古罗马的时候一样，她什么也不想错过、忘掉。她望着拿破仑·波拿巴，望着他佝偻着的矮小身子和他那件有名的长大衣。他的脸色苍白，他的头与身体相比较而言显得很大，但头形很好。他的肩膀很宽，胸部隆起。一个仆人拿着他的三角帽，帽子上除了一个法国的三色标志外，别无装饰。

这一切之上是澄澈的天空，鸽群在屋顶和庭院上方盘旋，也掠过士兵组成的方阵。

拿破仑一个人站在那里不动 。远远地，在宫廷院落的另一头，马车排成一长串等着。慢慢地，拿破仑开始讲话了，声音破碎。

“我的老卫队的士兵们！”他用他此时能喊得出来的最大的声音说，“我向你们告别。有二十年之久，我在荣誉与声名的道路上看到你们。你们是勇气与忠诚的典范——在好时候是这样，现在到了最后，依然是这样……”

一个卫兵忍不住流下了眼泪，他擦了擦眼睛；他旁边的人紧紧地盯着皇帝的嘴唇。

“我要离开你们了。你们将继续为法国服务。再见了，我的孩子们！”

拿破仑挥挥手。一个带着鹰和旗子的旗手向他走来。那些头发已灰白的战士们没有一个能抑制住自己的泪水，就连英国、普鲁士和奥地利派来的代表目睹了这告别的一幕，也不由得被深深地震撼了。

卫队亮枪致敬，那位前皇帝拿过那块上面用金线绣着他所有辉煌战役的名字的

绸子，把它久久地按在他的嘴唇上。

此时此刻，他在想些什么呢？

一个巨变的时代的孩子

拿破仑克制住自己，举起左手，说："再会！请你们在心里记着我！"随后，他便走下台阶，走向他的马车。他匆匆地登上去，马车便载着他驶出了宫廷的院子。就这样，他踏上了流放厄尔巴岛的道路。第一辆车里坐着一个将军和几个军官，皇帝及大元帅贝特朗（Bertrand）坐在第二辆车里，后面跟着德国、俄国、英国和瑞典各国联盟代表的车子，押后的是八辆行李车和皇帝剩下的随从坐的车。

"大约一百辆行李车已经先行走了，还有一支卫队正在去萨沃纳（Savona）[1] 的路上，他们将在那里登船前往厄尔巴岛。"

"我们该怎么评价他呢？"贝蕾妮克问。

"他是从封建社会到资本主义社会过渡时代的孩子，人们有充分的理由可以把他的名字与野心、专制、血腥的战争和不知餍足的征服欲望联系在一起，然而同时也想到他在战场上的勇敢，他的天才，以及他把事情做到底的勇气；还有，他是一个政治家，他给了封建保守的古老欧洲毁灭性的打击；他曾写下简洁有力的号召和令人赞叹的信件。他让工人的子弟当上了军官，让军官当上了将军，让将军当上了元帅，让元帅当上了国王。当我们这个世纪迎来他的二百周年诞辰之时，无数关于他的书籍和文章出版、发表，研讨会召开，电视里放映有关他的节目，他这个人和他的影响又一次成了人们讨论的话题——这种讨论永远不会停止。公众依然在对这个军队统帅、自封的皇帝、这个人探讨不休。"

"争论的焦点是什么呢？"

"一些人诅咒他，又有的人，比如尼采，把他视作超人。但不管各种见解有多么五花八门，在一点上人们的意见是一致的：拿破仑拥有独一无二、令人惊叹不已的命运和让人难以解释的能力，他统治欧洲达二十年之久。不管好坏，在他之后，几乎再也不曾有哪个人可以同他相提并论，登上历史的舞台；当然这也是因为情况有了根本上的改变。不过好了，说他说得够多的了。我们去找马车吧，车门上现在已经没有那个金色的'N'字了。车会把我们带到住地去。"

[1] 译者注：萨沃纳（Savona），意大利西南部港口城市。

第九晚
变革、变革、再变革

变革的世纪

来自萨拉戈萨的包金匠之子

今天自助餐台上的饭菜与他们法国之旅正相吻合——薯条、填鸡、小丸子、法国的各种蔬菜，像菊苣、蘑菇、芹菜，还有鱼；饭后甜点有巧克力慕斯、冰激凌。此外还有矿泉水、乡村葡萄酒、波尔多红葡萄酒、夏布利白葡萄酒。

塞内克斯给自己选了夏布利白葡萄酒。他解释说："喝这个可以提神，所以不仅对吃鱼来说很合适，对讨论严肃的题目来说也很合适。"他兴致勃勃地看着贝蕾妮克，想让她兴奋起来："我们现在要谈的人和拿破仑正相反，对妇女没有敌意。不过总的来说，他对人的评价是充满怀疑的。我说的是一个画家，他生于 1746 年，也就是说，法国大革命爆发时他四十三岁，拿破仑退位后他又活了十三年。他经历了拿破仑的崛起、辉煌和倒台。他是个西班牙人。"

"您说的是戈雅（Goya）。"罗曼在一个小水碗里蘸了蘸他的手指。

"他的蚀刻铜版画和肖像画使他称得上是最早的现代画家之一。他是一个萨拉戈萨（Saragossa）包金匠的儿子，所以说父亲的职业和儿子的天赋之间还是有联系的。戈雅虽然在经济上靠的是订货，但他从不让自己被收买；他始终保持着批判的眼光，甚至揭露自己身边的人。而且他像个预言家，一直望进了未来。"

“这么说他很自信喽？”

“他是一代批判性的、解放的艺术家中的第一人。他带着激情和惊人的把握从事他的行当。”

“就像用他的画笔说话，是吗？”

“更好的说法是，就像用他的画笔论证。他不仅显露表面的东西，更多的是揭露内里的东西：实质、痛苦、绝望、侮辱、无耻。他毫不留情地表现人性的扭曲，以及由此而来的理性和激情之间的矛盾冲突。他先是寄希望于启蒙运动也能给西班牙带来改革，但由于国王作祟，一切归于徒劳；国王甚至助长了宗教裁判所的权力。”

“这肯定令戈雅十分忧愤。”

“戈雅在心理问题方面极其敏感，他的风格从学院派的布局和运笔中解放了出来。他一方面回溯历史——伦勃朗、佛兰斯·哈尔斯、委拉斯凯兹可能都曾是他的榜样——但他也同样着眼于未来。他以他的方式做一个启蒙主义者，因为他摘下了人脸上的面具。他成了他那个时代最敏锐的批判家，揭露阴谋诡计和权力的滥用；不管它来自宫廷还是来自教会，他以他的辛辣尖锐同等地鞭挞两者。渐渐地，他成了西班牙最有成就的画家。他的视角向新的、现实主义的转变也是在他个人的病痛和心理危机的压力下完成的。一种疾病，可能是梅毒，害得他卧病在床达一年之久，最后他的耳朵聋了，但他连这也克服了。他画了很多领袖人物的肖像，他的观察是那么仔细、表现得是那么敏锐。后来他糟糕的心理状态还表现在由八十幅铜版画组成的一个系列中，被他称为‘Caprichos’。”

“这是什么意思？”

“具有讽刺意义的是，这个题目的意思恰恰是‘脾气’，其实他表现的根本不是什么脾气，而是极其尖锐的社会批判。西班牙哲学家奥特嘉·伊·加塞特（Ortega y Gasset）说，戈雅是一种最高秩序的化身，他属于欧洲的命运。和他相遇总是引人深思，令人不安，无动于衷是不太可能的。戈雅让我们感觉到，艺术可以是何等的不羁；它潜入我们生活的深处，触及那些我们平时惯于回避的东西。在他那里，明与暗怪诞地交错在怪异的丑陋中，刻画它成了他的漫画手段。戈雅揭示了他那个时代的虚荣与愚蠢，腐败与迷信。男人在他的笔下成了驴子，女人道德败坏，相爱的人是不可救药的蠢货。我们看到了打着哈欠、吃得脑满肠肥的僧侣，样子可憎、正为早弥撒而穿衣服、顽固不化的人，狡猾谄媚、阴险恶毒的脑袋，下面是猛禽的身子，还有巫婆、魔鬼、插在签子上烤的孩子……一句话，都是夸张的梦境，可怕的幻觉。”

“我想，他有些像希罗尼穆斯·波希（Hieronymus Bosch）！”

“戈雅从西班牙国王的绘画收藏里认识了波希这位尼德兰大画家的画；他像波希一样，看到了人身上的魔鬼，但他更倾向于人本身，通过鞭笞愚蠢、逢迎、刻薄以及贪婪，他画出了恐怖。拿破仑战争给他留下的印象使他创作了铜版画系列《战争的灾难》。也许你们知道他那幅关于枪毙1808年马德里起义者的画；他把人画成虐待狂和野兽。他最重要的作品之一是《Pinturas negras》，也就是《黑色图画》，这是他老年时画的，那时他已过起了隐居生活。这些画是充满恐惧和灾难的幻觉的画——还有梦魇，是孤独和绝望的画。”

“这真让我难过——一个孤独、耳聋的老人！”贝蕾妮克的目光停在塞内克斯身上，这目光让塞内克斯有些莫名其妙。

巨大的变化

罗曼一边努力让一颗鲜红的糖渍樱桃滚进他的甜食小勺，一边问：“关于人的观念，在经过了启蒙运动、法国革命和拿破仑战争之后，难道不是有了根本性的转变吗？”

塞内克斯点点头：“我们已经迈入了十九世纪，变革涉及各个领域：医学上有了最早的值得一提的进步，技术的发展使生活日益变得轻松愉快。”

“但我们今天都知道，这也是有它的弊端的。”

“事情那时候还一切正常，贝蕾妮克。人们刚刚启程前往新的海岸，还预想不到那时候起步的发展日后会产生不祥的结果。我暂且先说说医学吧。那时候开始了天花疫苗的接种，这是征服传染病最早、最重要的一步。现在再请你们回想一下莎士比亚时代的伦敦，那时我们谈到了精神病人……”

“人们把他们像犯人一样关在笼子里，还像看动物园里的动物一样去参观他们！”厌恶让贝蕾妮克漂亮的脸蛋儿显得硬邦邦的。

“在法国，人们也把精神病人像犯了重罪的人一样绑在牢房里的墙上，企图用冰冷的铸模、施刑一般的方法和让他们呕吐的手段使他们驯服；但慢慢地，改进出现了。第一次用心理学的方法指出人在精神上患了病的是法国的一位菲利普·皮内尔（Philippe Pinel），时间是在法国革命期间。他写道，疯子没有罪责，不该受处罚。革命者让他当了一家精神病院的院长，他把他的病人从链子上解了下来，热情洋溢地开始实行改革。他写下了现代精神病学最初的篇章。”

“我想，这样的事只可能发生在人们曾为人权走上街垒的法国。”

“这是深入认识精神病症的开端，是走向更广泛的人道的一步。”

斯蒂芬用食指推推眼镜，说：“走向人道主义的每一步都是重要的，但是，就连医学进步这块金牌也有它的背面。”

塞内克斯没有对此做出直接的回答：“那时候的人口数量少得在我们今天看来简

直像天堂，而英国人托马斯·罗伯特·马尔萨斯（Thomas Robert Malthus）[1] 已经开始考虑人口增长的问题了。1798 年，也就是法国大革命以后差不多十年，拿破仑崛起……”

“那时候世界上生活着多少人？”

“据我所知，人口开始迅速增长是十八世纪的事。到 1702 年为止，欧洲大约生活着一亿到一亿两千万人。这个数字肯定不够精确，因为那时当然还没有可靠的统计。1975 年的世界人口是 1650 年世界人口的八倍，也就是从五亿增加到了四十亿；到 2000 年，世界上是有六十亿人。但别扯远了，还是回过头来说马尔萨斯：他认为，人口在和平、健康和富裕的时期会增长，而在战争、瘟疫和饥馑过后则减少。在他关于人口原则的论文中，他阐述了人口的增长是如何不可避免地、不可改变地超出同一时期食物的供应的，以及只有通过饥馑、战争和疾病才能得到控制。”

“我想，他这么说可不对！”

“许多发展他都没能预见到，但他是第一个提出这个问题的人。”

“而这在那时候还根本没必要。”斯蒂芬又给自己倒了点葡萄酒。

“马尔萨斯也反对未来乐观主义。这种乐观主义预言，只要保持住理性的崇高地位，就会有自由、幸福和足够所有人吃的食物——不管人口有多少。他对欧洲普遍存在的人口政策提出了质疑。莱布尼茨还认为，一个国家的实力就在于它的人口数量；马尔萨斯却指出了人口增长的界限，并为惊讶的人们算出，乐于繁殖后代的做法肯定会招致饥荒、瘟疫和战争。”

罗塞达石碑

塞内克斯啜了一口白葡萄酒。“那时人们还发现了回顾历史的方法。”

“怎么？”

“拿破仑征服了开罗以后建立了埃及研究所。当时人们在离亚历山大城三十英里远的地方偶然发现了一块黑色的石碑，按照发现地点，它被称为‘罗塞达（Rosette）石碑’。石碑上的铭文用两种语言、三种字体刻成，也就是象形文字、古埃及文和古希腊文。拿破仑远征埃及的军队中的一名士兵让—弗朗索瓦·商博良（Jean—Francois Champollion）想到，这些文字很可能说的全都是一回事。如果真是这样的

[1] 译者注：马尔萨斯（Thomas Robert Malthus，1766—1834），英国经济学家、牧师和教授。拥护当时资产阶级化的土地贵族的利益。因发表《人口论》（1798年）著名。认为人口的增长快于生活资料的增长，减少人口使之与生活资料相适应的决定性因素是贫困、饥馑、瘟疫、繁重劳动、战争等，并主张采取各种措施以限制人口繁殖。又认为商品的价值决定于商品所能购买的劳动量，它代表在生产上所实际使用掉的劳动量加利润；要使商品能够全部卖掉，利润能够实现，必须有僧侣地主阶级和官僚等的寄生性消费。另一主要著作是《政治经济学原理》。

话，那么，虽然两种埃及文字是迄今为止没人能读懂的，但同在碑上的希腊文却是很多学者所熟悉和掌握的——他说得很有道理。就这样，人们学会了破译埃及文字，把了解这个尼罗河国家漫长历史的钥匙握在了手心里——当然，这可不那么容易。商博良被认为是埃及学的奠基者，他证明了象形文字是一种音标文字。”

“我们也从他的认识中得到了好处。”贝蕾妮克把她的盘子推到一边。“说到埃及人让我又想起了那些装饰、标志坟墓或者夜晚给房屋照明的灯。您不是已经给我们讲了吗——亚历山大城很早就有了街道照明系统。那么灯在十九世纪是怎么发展的？”

“有灯了！人们起初是用装菜油的灯或动物油脂做的蜡烛，后来它们又被硬脂蜡烛取代了。”

“但还是像中世纪那么落后！”

“然后人们又发现了，在烧制木炭时会分离出可以燃烧的物质，那是些气体；可以将其引到其他地方去点燃、熄灭、再点燃。十九世纪初，第一盏气灯成功地通过了检验，它烧的是煤气。煤气灯顿时大受欢迎，大约有一个世纪之久，富裕人家的住宅、房子以及大城市一到晚上就被摇曳的煤气灯光照亮。它导致的变化是巨大的，就连社交活动也因之受益。晚餐成了一项重要的社交活动，比午餐更重要，因为在晚上人们有更多的时间聚在一起。在夜间赶路也因为照明条件的改善而更加安全可靠了，犯罪的数量减少了。”

“这么说技术进步改变了人类的共同生活？”

“把黑夜变成白昼是人类一个古老的愿望，我们的祖先便是在火堆旁会集；但他们也被束缚在火堆旁。等城市和街道被煤气灯照亮了以后，人们便可以在夜间走出房子。当人们还处在黑暗之中，便总是要与‘阴暗势力’作斗争，虽然这斗争可能并不是事实上的，而只存在于人们的想象之中。在人类被人造灯光照亮以前，黑暗对他们意味着什么，是我们今天所无法想象的。有了人造光，生活的一部分便发生了戏剧性的变化。‘夜游神’、夜总会、晚间餐馆的时代到了。黑暗失去了它对人类的威胁力，恐惧消失了，阴暗、神秘、危险重重，都被明亮的灯光驱散，取而代之的是像白昼一样的令人熟悉的现实。”

“人造光肯定不是那个时代唯一具有开创性的发明，对吗？”

“你说得对，罗曼。要把所有的新生事物列举出来简直是不可能的。”

“那您想起来什么，就给我们讲什么。”

“比如意大利物理学家亚历山大·伏打——他曾给拿破仑演示他的‘伏打柱’，它能够输送一股均匀的电流，这就是最早的电池。伏打还成功地解释了 1786 年路易吉·伽伐尼发现、当时无人能解释的现象：只要他用一把解剖刀碰触一只挂在铁签上的青蛙的大腿，就会发现青蛙的肌肉抖动——这就是电力的发现。接踵而来的是弧光灯的发明，不过，它可没有将蒸汽转变成动力这一发明产生的影响那么大。”

技术改变了生活

新的机器，新的需求

“当人们想到工业革命的时候，脑子里首先出现的往往是蒸汽机，但这其实不对，因为工业革命的开端可以追溯到中世纪，那时的人们就利用了流动的水。人们还只拥有可以再生的和可以重新长出来的能量来源，即人和动物肌肉的力量、水、风和木头；使用纺锤、压力机、踏轮、风磨、水车、帆等工具。现在人们用由沸腾而产生蒸汽的水而来的力取代流动的水产生的力量。但为此就需要另一种能源，因为首先得产生热。人们最先用的是木头……”

“这就是说，人们去动用自然资源了！”

“但那时人们用的还是一种可再生的原料，而且消耗很有限。用瓦特发明的一种方法，人们提高了效率，这方法就是让火在锅炉内部燃烧。结果，到 1829 年生产出了最早的斯蒂芬森蒸汽机车——‘火箭’。”

“这可有点言过其实了，不是吗？”

“是啊，能量效率才勉强达到所施加能量的百分之十，在我们看来那‘火箭’简直是蜗牛爬，但在当时却已经够轰动的了，因为最早的机车毕竟能拉八节车厢，能以每小时七公里的速度行进。说到这里，就不能不提到另一个人：理查·特里维西克（Richard Trevithick）。1800 年他就研制出一台高压蒸汽机，并把它安在一辆马车上。这样，他就发明了第一辆可以开的机动车，把蒸汽技术用到了交通中，甚至范围还挺大的，因为他凭着几辆小小的蒸汽车，在伦敦开办了一家出租车公司，搞起了客运。但这种交通工具没能推行下去，因为街道的状况实在太糟，车开起来通常比人步行还慢，而且根本不能出城。”

“那人们就继续乘坐马车吗？”

“英吉利海峡另一端的法国在拿破仑帝国时期，也造出了驿车——一种慢腾腾的交通工具，最多能乘十八个人，分成四个部分。它从巴黎开到雷恩（Rennes）需要四天，到里昂（Lion）需要六天，到斯特拉斯堡（Strasbourg）需要十二天，不过所用的时间逐渐缩短，慢慢减到了开始时的一半。”

“那到底有多快？”

“大约每小时六公里，而不是开始时的每小时三公里，斯蒂芬。此外，送信的驿车也搭两到三名乘客。邮车比驿车轻，由五匹马拉着，因此速度可以达到每小时十公里，后来还达到了十五公里。维克多·雨果（Victo Hugo）甚至说此车是‘飞驰而去’。”

铁路有前途吗？

斯蒂芬咬着下嘴唇，一副沉思的样子。“我真想看到维克多·雨果坐在一辆城际高速列车里的样子，听听他会说些什么。后来呢，塞内克斯？”

“糟糕的街道让特里维西克想到一个主意：让蒸汽车在轨道上走。最早的轨道是用木头造的，粗糙而不平，什么毛病都有。木头是一种‘活’的材料，它是会变化的，所以特里维西克后来改用了铁。1804年他造了一台蒸汽机车，它在一座铁厂里铁造的轨道上，拖着五节共约十吨重的车厢和七十个好奇而且据说‘不怕死’的勇敢乘客，以每小时六公里的速度艰难地开了十五公里。虽然铁轨在重负之下发生了断裂，但人们看到，轮子是可以在光滑的轨道上拉重物的。1813年，乔治·斯蒂芬森转向搞铁路建造，他的设计是最成功的。”

“我猜以后的发展很可能就是接二连三的了，不是吗？”

“别着急。很多年里，人们对于铁路有没有前途都没把握；虽然它很早就被用在英国采矿业中，但还没带来对后世具有重大影响的变化。造一台机车的花费看来是太高了，对短距离运输来说——比如在煤矿里——这或许还值得，但除此之外……直到1814年造出一台能拉八节车厢、共约三十吨重、并且每小时能开七公里的火车，这项新发明才开始获得成功。1825年九月斯托克顿（Stockton）与达灵顿（Darlington）之间通车，《泰晤士报》对此做了报道……”

塞内克斯从胸兜儿里掏出一张业已发黄的报纸，把它展开，读道：“‘三台各具五十马力的蒸汽机车将十三节载满货物和各种产品的车皮拉上了一段上坡路的至高点。在那儿，一台被命名为‘体验’的车头又拉起了一串载着公众人物、德高望重的绅士和股东的车厢——现在一共有三十四节车厢了，其中一节车厢里坐着乐手，演奏着欢快的进行曲；另一节车厢上装饰着一面旗，上面写着‘Periculum privatum,utilitas publica……’”

“这是什么意思？”

“大意是：个人的冒险带来了普遍的用处。”塞内克斯继续读下去，“‘……列车开动了，人群发出兴奋的喊叫声。骑马的先生们想要跟上火车，但很快就被抛在了后面。在下坡的坡度最陡的地方，火车达到了每小时二十六英里的速度。’《泰晤士报》的报道我就念到这儿。这份报纸在那之前十年第一次开始用一种快速印刷机印刷，这也是一项新发明，它带来了大众报刊的时代，因为有了它之后，一夜之间就能印出英国首都订阅的全部共四千份报纸。工业化的进程十分迅速，同时铁路征服了全欧洲。”

“那么蒸汽轮船呢？英国可是个岛国啊！”

“人们对他们的帆船可自豪了！第一艘蒸汽轮船是 1733 年在美国制造的，但它未能马上获得推广，罗伯特·富尔顿（Robert Fulton）的‘克莱尔门’号桨轮汽船才在哈德逊河（Hudson）上成功地进行了长时间航行。接着，人们在纽约和奥尔巴尼（Albany）之间开辟了一条航线。在欧洲，一个法国人于 1783 年造了一艘蒸汽轮船，桨轮在尾部。1802 年，‘夏洛特·丹达斯’号在苏格兰的福尔斯 - 克莱德运河上试航成功，这就是世界上第一艘营业的桨轮汽船。”

“我本来还以为工业革命是从英国发起的呢。”斯蒂芬摘下眼镜，擦了擦眼睛。

“英格兰和苏格兰的工程师们将他们强大的技术能力运用到铁路和蒸汽轮船的建造中去，并且在维持遍及全球的英帝国的一体上起到了很大的作用。1816 年，一艘蒸汽船尝试横渡英吉利海峡，但从伦敦到勒阿弗尔，用了九天才到；这条船的功率只有五马力，难以跟当时恶劣的天气抗衡。第一次在莱茵河上航行的也是一艘英国制造的蒸汽船，报界在报道中写道：‘今天将近中午时分，在我们美丽的莱茵河上，我们看到了神奇的一幕：一条相当大的、没有桅杆、帆和桨的船以极快的速度沿着莱茵河逆流而上。河岸上和岸边停泊着的船只上霎时间便挤满了涌来的人群。这艘勾起了所有人的好奇心的船是一艘从伦敦开到法兰克福的英国蒸汽船。”

层出不穷的技术新发展

天已经很晚了，但塞内克斯还不知疲倦。“通过新的机器——尤其是在纺织工业中——和蒸汽的运用，英国经济迅速地繁荣起来。”

“为什么偏偏是英国经济呢？”

“起初领先的是欧洲大陆人，主要是在关于技术的书籍方面。比如，法国人已经知道了狄德罗和达朗贝尔的《百科全书》中的描述。顺便说一句：1809 年，德国出版商布罗克豪斯以他的名字出版了一套六本《百科全书》；它和以往出版的众多百科全书不同，明确指出是面向广大读者的。在技术方面，当时的人对英国人的评价起先并不高；巴塞尔的一个轧棉机商人 1766 年时还曾写道：‘谁都知道这个国家，他们在克服任何阻碍时的勤奋和执著是令人难以置信的。他们没有很多的发明可挂在口头上夸耀，但却可以说他们善于使别人的发明趋于完备。因此出现了这么一句俗话：要想让一样东西完美无缺，就得在法国发明它，在英国造出它。’不过，这种情况很快就改变了。不久，这个岛国在技术方面的发展就变得层出不穷了。等到了

1832 年时，就可以说大不列颠区别于其他国家的最显著的特点就是他们在发明、改进工具和机器方面的数量和精益求精了。”

“真的是这样吗？”

“是的。此外，在英国还出现了最早的现代厂房，它们的样子看起来和现在的差不多。比如棉纺厂设计成三到四层、没什么装饰、着眼于实用性的砖结构建筑，二十多米长，七米多宽，装置了水车，为大约一千只纺锤及相应数量的机器提供动力。起初只有少数建筑师有能力建造这种带水力设备的厂房，但人们学得很快。1780 年还只有二十家这一类型的工厂，但到 1788 年就超过了一百四十家。这些工厂之所以是现代化的，是因为它们能够用不同的机器进行生产——虽然暂时还只是用水力；还因为劳动分工是这样一家工厂的一个重要因素。这既和传统的手工作坊不同，也和集中化的工场不同。虽然它要求很大的投资，但它使短时间内生产大量产品成为可能，就这样，现代化的大批量生产开始了。”

“带来了很多负面结果。”

“也带来了许多好处，至少对消费者来说是有好处的。对工人来说，生活完全改变了；产生了以前从未有过的社会张力。早在启蒙运动和革命期间就有最早的关于社会不公及原因的公开讨论。过去人们肯定也工作得很辛苦，但相对来说工作环境还是可以忍受的。但当工业生产迁到了庞大的厂房里，过去常见的小作坊变得空空荡荡以后，过去那种生产组织就解体了。工人的工资非常低，所以一个家庭里，不仅当父亲的得去工作，当母亲的也得出去干活。如果可能的话，孩子们也去工作；年龄大些的孩子反正得去，小的往往被带去，跟着干些简单的活儿，比如清洁机器。”

“而且妇女还得干家里的活儿！”看得出来，贝蕾妮克怒气冲冲的。

“在工厂里干了一天活儿以后——那往往是十四个小时——妇女还要在家里操劳，照料孩子们。”

“还有丈夫！”

“极少有男人能适应变化了的情形，和他们的妻子分担家里、院子里的活计。不管怎么说，虽然很难，但这时下层阶级中的妇女有时能够自己挣出自己的生活费用了，而在较高的社会阶层，这几乎是不可能的。手工业中也几乎没有妇女了。”

塞内克斯喝了口酒，考虑了片刻，问道：“我没让你们觉得累吧？”由于没有得到回答，他就继续说下去：“从 1733 年起，纺织领域实行了机械化。在这方面英国也是领先的。1786 年，爱德蒙德 · 卡特赖特（Edmond Cartwright）[1] 因一种机器驱

[1] 译者注：卡特赖特（Edmond Cartwright，1743—1823），动力织机的发明者。英国人，原为传教士。十八世纪后期，英国棉纺业已使用动力，而棉织业还是依靠手织，致发生脱节现象。卡特莱特在访问阿克莱棉纺厂后获得启发，进行研究，于1785年发明动力织机，织布效率较前提高四十倍。但这种织机异常笨重，不甚完善，后经约翰逊（Thomas Johnson）、拉德克利夫（William Radcliffe）、霍洛克斯（John Horrocks）等人在二十多年中不断改进，才在织布业中大量推广。

动并操纵的手摇织机获得一项专利。后来，经过深思熟虑，他又将其改进成一种更好的织机，在发生危险情况的时候可以自动停止运转。1805 年，法国的丝织工约瑟夫—玛丽·雅卡尔向人们展示了第一台印花织机，它织布的速度大大提高了。由此，贝蕾妮克，他使得从事织工这门职业的人失去了赖以生存的基础。矛盾冲突激化了。1811 年发生了第一次工人暴动，工人们摧毁了诺丁汉（Nottingham）附近一个村子里的长筒袜工厂中的六十台织机机架，一大群人在旁边助阵。在这次行动中我们可以看到破坏机器举动的开端。纺织工人们抗议工资的大幅度降低、生活资料价格过高以及失去工作的危险。”

“那时候就这样了！”

“我想，从那时候起，人们需要有更多的能源供给更多的机器，是吗？”

“由此开始了那种给我们带来越来越多的问题的发展。像今天一样，人们需要能够用于提供机械能的热能，这就必须对两个问题做出回答，第一个问题是：我们从哪儿得到能源？哪些资源能够供我们利用？我们怎样才能得到它们？第二个问题是：我们拥有哪些技术手段，可以唤醒、解放并转换沉睡在原料中的能量？于是，人们扑向了石煤，这首先是在英国。”

“这意味着对我们的地球进行掠夺，掠夺它的原料，因此给自然环境造成负担，毒害大气，造成温室效应。”

每种物质都向混乱的方向发展

“确实是这样，但那时还没有出现已经可以觉察的负面后果，连想象都不曾有人想到。至少在英国，人们越来越多地使用这种不可再生的化石燃料。石煤可以变成其他材料，但是——根据热力学的第二条重要原理——它永远也不可能再回到初始状态了。你们都知道，热力学第二原理说，每种物质都向混乱的方向发展，‘熵’总是在增加，它从不会降低。这一过程的体现是变成游离状态和热量的散失。”

“您能不能举个简单的例子？”贝蕾妮克现在到底还是感觉到自己的眼皮开始发沉了。

“最简单的——那我可以举咖啡豆为例。它们先是在阳光下生长，然后被人采摘下来，运走，焙烤。做这些都需要力和能量。它们一旦被磨细了、放在咖啡壶里煮开了，你就再也不能把它们变回咖啡豆了。”

“我觉得鱼的例子更简洁、更形象。”

“什么意思？”

“用鱼缸里的鱼虽然可以熬一道鱼汤，但不能从鱼汤再变出鱼缸里的鱼。”

塞内克斯点点头："只要人们还用旧的采矿技术工作，就只好为获得采矿用的能源付出高昂的代价，尤其是在煤的深井开采中。蒸汽机投入使用后情况就改变了，蒸汽机把石煤转化成了机械能。"

"但却再也不能变回石煤了。"贝蕾妮克喃喃说道，有点像是塞内克斯所做解释的回声。

"此外，以机器纺织厂为开端，各种机器的使用迅猛增长，为此需要额外的新能源；生产和运输业的机械化就此开始了它不可遏制的进程。对能源的需求越来越大，这是一个没有尽头的螺旋。"

"而这一切都是随着作为能量制造者的蒸汽机和作为能量来源的石煤开始的吗？"贝蕾妮克站起来，从咖啡机那儿给自己取了一杯意式浓缩咖啡回来。

"你手里拿的是熵。"斯蒂芬说，"它再也变不回咖啡豆了。"

塞内克斯继续说："在这个日益机械化的世界里人们需要普遍适用的度量衡计量单位。你们还记得巴塞尔的印棉商对法国大量发明的高度评价吗？我要给你们讲讲这个民族的另一个聪明措施——在我们今天看来，那是太自然而然的事了，我们根本无法想象它出现以前世界是个什么样子。欧洲的度量衡单位一片混乱，国与国、城市与城市，甚至一个手工师傅与另一个手工师傅用的计量单位都不同。'米'作为一种长度单位，那时还不存在。在法国大革命的进程中，法国人想要度量衡单位也'理性'起来，于是他们成立了一个委员会，成员有拉普拉斯（Laplace）、拉格朗日（Lagrange）、拉瓦锡（Lavoisier）以及其他一些人。这些聪明人试图导出一种自然的、与地球能拉上关系的单位，于是他们想到把北极与赤道之间距离的一千万分之一作为基本长度单位，并把它称为'米突'，这个词来自希腊语的'测量'。所有的面积和空间都可以用'米'来表示——不管把它乘上十还是一百，或是除以十或一百。事实证明，这一米制体系是合乎逻辑的，是合理的，因此在大陆上推行起来。此外法国人还有另一个发明，虽然它在我们今天看来也是不言而喻的——我只透露一点：发明者是个厨师。"

改革成了时髦

贝蕾妮克说："如果没有巴黎的厨子还有什么巴黎菜！"

"但是在那以前所有的菜都很容易坏掉！于是厨师弗朗索瓦·阿佩尔（François Appert）[1] 想到了一个主意：把食物加热到一百度，然后立刻密封起来——嘿，看

[1] 译者注：真实名为尼古拉·阿佩尔（Nicolas Appert），弗朗索瓦有"法国人"的意思，可能被错当成了他的名字。

呐！罐头就这么诞生了！从此它就变得不可缺少了，在家庭里，旅馆里，远洋轮船上和其他许多地方——至少是在一个反其道而行之的方法出现以前。”

“……低温能更好地保存食物！”

“但罐头还远不会消亡。”

“男人——厨师！”贝蕾妮克喊道，“那妇女呢？我指的不仅是在厨房里。”

“当然任何一个世纪都有妇女，在十九世纪她们扮演了一个特殊的角色。她们以各种各样的方式起作用，但贝蕾妮克，在说这个以前让我再说点别的。你们还记得吗——笛卡儿之后有斯宾诺莎和莱布尼茨，他们之后又跟着伏尔泰、卢梭、康德和狄德罗——启蒙运动。继启蒙运动，尤其是继卢梭之后是法国革命。这两者之后是许多国家里将教会财产移归俗用的运动。”

“这个词我经常琢磨！”

“它的意思是国家宣布教会的财产和主权无效。在奥地利，约瑟夫二世解散了许多修道院。在法国革命期间，很多教会的产业被收归国有，并经过拍卖到了私人手中。在德国，帝国代表会议主要决议废除了许多主教管区和帝国修道院进行世俗统治的权利，此外教会也失去了财产，因为世俗王侯的领地扩充了，他们没收了修道院、教会的财产。这对神圣罗马帝国的政治、社会、经济形势产生了深远的影响。”

“这也是启蒙运动的一个结果吗？”

“当然，虽然世俗化在中世纪就从神学角度得到了解释，并在宗教改革时期实行。但这些和十九世纪初期相比都是小意思。你也可以把世俗化理解为一种改革，而改革在那时成了时髦；别忘了约瑟夫二世。普鲁士的腓特烈·威廉一世在 1807 年颁布了一道解放农民的诏令，世袭的农奴制被废除了，因此，封建制度的基础便被消灭了。”

“这简直是一场小革命！”

“那时拿破仑正处在他权力的巅峰——包括在普鲁士。随着这一纸敕令的颁布，所有的普鲁士人都成了国家的臣仆，而不再是某个封建主、地主的奴才了。农民不用再服劳役了，他们可以自由地选择居住地；这也造成了农村劳动力的外流。各种职业之间的界限也取消了，贵族可以从事市民的职业，农民可以变成市民，反过来也一样。这便创造了一个自由的劳动力市场。庄园产业的流通也获得了自由，所有的市民都可以购买骑士封地，这样便出现了一个新兴的流动的产业主阶层。——自由的精神吹遍了全国。”

“那一定有很多人大大松了口气！”

“也有很多人恨得咬牙切齿，妮克！”

“你是指贵族，斯蒂芬。”

“还有过去的庄园主。”

“现在，富裕的市民经常购买没落贵族的府邸或骑士的庄园，启用能干的管理者使其再次兴旺繁荣起来。但显然，越来越多的自由的新职业及工业化的发展都要求受过更高教育的劳动力，而且是来自各个阶层的，不只是贵族或富裕市民，还包括受雇佣的人、工人。”

资产阶级的壮大

使人得以自由发展天性的教育

斯蒂芬揉揉眼睛："那就得改进学校教育。"

塞内克斯微笑起来："你们都累了，我会说得简短一点——现在，裴斯泰洛齐的时代确实是这样了。"

"我上的那个小学就是以他的名字命名的。"贝蕾妮克说。

"约翰·亨里希·裴斯泰洛齐（Johann Heinrich Pestalozzi）是瑞士人，瑞士很小，但却很为它自己内部资产阶级拥有的权利而自豪。裴斯泰洛齐被认为是大众学校和师范学校教育的开路先锋。1804年他在沃州（Kanton Waadt）建立了一所寄宿学校，在那儿尝试了他的教育理念。他的目标是'培养力量'、'自为'以及'把思想与自然感性结合起来'。在他最成功的时候，他的学校里有来自全欧洲的一百六十个富裕家庭的学生住宿、受教育。很快在其他国家里也出现了效仿他的机构及师范学校。他在寄宿学校里设立了一所穷人学校，但陷入了财政上的困境。他留下的是他的教育学文章、他进步的授课方法和关于大众教育的思想。"

"其中最重要的是什么，塞内克斯？"

"裴斯泰洛齐继承启蒙运动和卢梭的传统，认为'人的天性是好的'，教育、授课应该使孩子天赋而各不相同的潜能、能力得到发展。在师范教育中，他建议要'自然'地一步步提高难度，一步步掌握。他很重视孩子'自为'的能力——这既包括思想方面，也包括实践、动手方面。他想取代机械的学习，代之以学生自己积累实践经验，形象地把握知识。"

"我们要感谢他的地方很多啊！"

"对，因为他改革了教育学——虽然他的思想经过很长的时间才被接受。"

"那他的思想也涉及女孩子吧？"贝蕾妮克问，"十九世纪妇女的情况到底怎么样？"

富裕的妇女和女仆

塞内克斯似乎透过贝蕾妮克看到了过去。"1800年到1900年期间发生了极多的变化。如果说在这个世纪初女子上大学还只是例外，那么在世纪末，课堂已经对所有的女性开放了——至少在理论上是这样；事实上呢——很多家庭或女孩子的父亲仍然认为女孩子没必要去学一门职业，更不用提学术性质的职业了，因为她们反正是要结婚的。克服这个在男性心中扎根颇深的偏见比克服来自外部和官方的障碍要晚得多。由于我不能把这个时期女性的处境和经历全部展开来说，我打算只说两个截然不同的两个方面。”

“哪两个方面？”

“法国革命是以农民暴动开始的，思想上的准备则是启蒙运动，而启蒙运动的思想得以传播多亏了巴黎的沙龙。我要讲两个女子，她们的沙龙十分有代表性。为了和她们做对比，我要讲讲女仆，她们不是流浪者，不是乞丐、窃贼，也不是妓女，但她们的生活却格外艰难，没有前途也没有自由。我就先说说生活在普鲁士的女仆。腓特烈·威廉一世 1807 年下了解放农民的敕令，但他可没有想到这些仆役，他只是让农民无须再服劳役了。”

“如果一个人被解放，那他开始时肯定是被囚禁着的。”

“服劳役正是这么回事儿，贝蕾妮克。它不仅束缚了做长工的男子，而且尤其束缚着做女佣的女子。解放农民的诏书发布三年以后，普鲁士有一项劳役法规生效了。它的适用范围很广，同时也很苛刻。根据这项法令，仆役只有义务，主人却什么权利都有。负责下达命令的必须有一本仆役簿，其中记录着所有的劳役项目，男佣和女佣都有义务要服从主人，如果必要，他们得昼夜工作，而且方方面面都得服从主人的意志。主人自然也得给他们工钱，养活他们，但如果他们病了，只有当病是在干活的时候得上的才能得到帮助——还得拿出证据来！主人可以拿各种各样的理由解雇佣人，比如女佣怀孕了这样的情况。”

“简直是狗一样的生活！”

“简直和古代的奴隶制相差无几！”

“这种蔑视人的尊严的规定能够存在的那种思想基础一直延续到二十世纪，而且今天还在许多国家继续存在呢。”

没有妇女就没有沙龙

贝蕾妮克也掰开一块面包，问：“上层妇女一定过得好些，是不是？”

“主要是在巴黎。她们过得好多了，简直没法比。我只举两个例子，但我得说，在欧洲各国的首都都有类似的例子，比如在柏林、马德里、伦敦、罗马、华沙——到处都有富裕的夫人组织起社交活动的中心，吸引来那些处在领导地位的男人——

要么用她们的美貌，要么用她们的头脑。”

“您是说沙龙吗，塞内克斯？”

“自从启蒙运动以来，沙龙所起的作用怎么形容都不过分，而如果没有妇女，就没有沙龙……”

“但是，如果一个女子自己没有财产或者没有她丈夫的财产，她能承担得起办一个沙龙这样的奢侈吗？”

“当然不能。我那两个迥然不同的例子也是这样；你们肯定知道她们：一个是雷卡米埃夫人（Madame Récamier），也被她的朋友们称为‘茱莉（Julie）’或‘茱莉埃特（Juliette）’，另一个是史达尔—荷尔斯泰因夫人（Madame de Staël-Holstein）[1]。如果我们可以相信当时人们的描述的话，茱莉·雷卡米埃是个极富魅力的美人儿，可爱，优雅，一个天生的尤物，而且迷人，善良，品味高尚。最好的画家要是有她做模特会觉得幸福。拿破仑形容她是‘国王的美味’。直到晚年她都被视作美人儿。她很聪明，嫁了一个银行家。

“另一位，日尔曼妮·德·史达尔与之相反，被描绘成一个粗犷然而头脑睿智出众的女子。她很幸运——父亲是百万富翁、路易十六的财政部长雅克·奈克尔。二十岁时她与一个并不重要的贵族结婚——驻巴黎的瑞典大使，只是为了让她自己过得比在父母家里更自由，而她在父母家里已经够自由的了。参加她婚礼的一个客人，布福勒伯爵夫人，在提到她时说，她很霸道，意志坚强到了极点，她的自信是在同年龄的其他人身上绝对看不到的。虽然两位女子在外表和才赋上极为不同，但她们彼此成了好朋友，这友谊甚至超过了一切爱情上的竞争。茱莉·雷卡米埃的魔力来自她的可爱迷人，史达尔夫人吸引人的则是她的才赋；当她讲话时，会给所有的人留下深刻印象；在与人交谈中，她的言谈比所有人都高超。一位英国女子范妮·伯尔内（Fanny Burney）在文章中说她从没见过谁能在谈话中把生动的雄辩、敏锐的思考、妙趣横生的机智以及温文尔雅如此完美地结合在一起。此外她还是一位成功的作家。在那一时期有名的女子中她大概是最有魅力的一位——既是由于她头脑敏锐、机智，也是由于她乐于助人。所以我想集中谈她。”

“说到沙龙，我想起了古代雅典和罗马的盛筵。”

“不过两者最大的不同是，沙龙里的中心人物是主妇——或者说就是女子，其他一切都围着她转；而在雅典，女性根本就不在受邀赴盛筵的客人之列，顶多是使唤

[1] 译者注：史达尔-荷尔斯泰因夫人（Madame de Stael—Holstein，1766—1817），法国女作家，积极浪漫主义的前驱。原名安妮·路易丝·日尔曼妮·奈克尔（Anne Louise Germaine Necker）。受启蒙主义思想影响，主要作品有《论卢梭的性格与作品》，赞扬卢梭思想，小说《黛菲妮》和《柯林娜》，描写妇女渴求从家庭生活中获得解放，揭露贵族的专横阴险；论著《从文学与社会制度的关系论文学》，提出文学决定于社会和政治生活的主张。还写有《论德意志》一书，对法国浪漫主义文学起过一定影响。

的奴隶或吹笛手、舞女。”

伏尔泰也不曾拥有过同样的东西

贝蕾妮克又来了精神，她问："那日尔曼妮·德·史达尔都写了些什么呢？"

"两本小说——《黛菲妮》(《Delphine》）和《柯林娜》(《Corinne》)，不过它们对我们今天来说已经没什么意义了。此外她还写有关于文学的散文。重要的是，她热情地为妇女的权利而斗争，也为妇女自由的婚外恋、为使妇女的思想创造获得承认而战。她的生活中贯穿着她在这方面的热情投入，而且她自己的行动也与之相符。她换过一个又一个情人，并写道：'对我来说，在上帝和我的爱情之间，除了我自己的良心以外，没有其他中介。'她最早的情人之一是塔列兰（Talleyrand）[1]，那个富于思想、无视道德的公爵、主教和外交大臣、当时最有趣的男人之一。史达尔夫人的一部作品直到两百年后的今天还有读者，那就是《论德意志》。这部作品促进了人们心目中形成关于德国的一幅理想画面，这个国家里居住着远离世事的思想家和善于梦想的诗人。同时，正是在这个德国，也有一些妇女促进了文学、文化沙龙的繁荣。我只提一下耶拿的卡罗琳娜·史雷格尔（Caroline Schlegel)、拉埃尔·瓦恩哈根·冯·恩泽 (Rahel Vaarnhageen von Ense）和柏林的亨莉埃特·赫尔茨（Henriette Herz)。"

"史达尔夫人后来怎么样了？"

"她费精耗神——先是为革命，后又是为救助那些在革命恐怖统治时期遭迫害的贵族；她自己也逃亡了，把她父亲在日内瓦湖边戈佩的宫殿变成了一个知识分子中心，小说家司汤达（Stendhal）说，'连伏尔泰也不曾拥有过同样的东西，思想、金钱和贵族的称号都集中在这个显赫女子的沙龙里。'她回到巴黎，和拿破仑这个全欧洲最有权力的男人作斗争，直到他的末日。她吸食鸦片，拿破仑的倒台使她体验了一种忧郁的胜利，因为她感觉到。她也快要走到头了。她是当时欧洲最重要的女作家，歌德翻译过她的作品，两人还在魏玛见过一面。奥古斯特·威廉·史雷格尔（August Wilhelm Schlegel）曾当过她孩子的老师。她很早就具有一些今天重又变得现代起来的认识。"

[1] 译者注：塔列兰（Charles Maurice de Talleyrand-Perigord，1754—1838），法国外交大臣（1797—1807、1814—1815）。出身贵族家庭，当过主教。1789年革命时，为制宪会议代表。1792年奉使赴英。英法开战后逃亡美国。1796年返国。1797年起历任督政府、执政府、第一帝国和复辟王朝初期的外交大臣。1814—1815年出席维也纳会议时，竭力利用同盟国间的矛盾，改善法国的地位，曾提出反动的"正统主义"原则。1830—1834年驻英大使任内，力促英法接近，并参与决定许多国际问题。他以权变多诈闻名，为十九世纪初资产阶级外交家的重要代表人物之一。

“什么样的认识？”

“比如，仅有心智的增长是不够的，知识只是认识的一个因素，另一个因素是感觉；既要有敏感的心灵，也要有敏感的感觉。她死于 1817 年，终年五十一岁，放纵的生活耗损了她的身体，毒品对她造成了毒害。”

“茱莉·雷卡米埃呢？”

“她也在她巴黎的沙龙里反对拿破仑，后者把她从城里被驱逐了出去。直到拿破仑退位，她才得以重返巴黎。她活到了七十多岁，晚年时她的眼睛失明了，而眼科医学当时还处在‘蹒跚学步’的阶段呢。她于 1849 年去世，比拿破仑三世成为法国总统晚一年，比她的朋友日尔曼妮·德·史达尔多活了三十二年，比拿破仑一世多活了二十八年。好了，提到了这些重要人物的去世，提到了新的人物、新的名字的登场，我们也该离开十九世纪初这一章了——当然了，只是离开十九世纪初的巴黎，因为我们以后还要再一次回到这个时代呢。但在我泄露太多的东西以前，我建议你们上床睡觉，已经很晚了。”

三个孩子都点点头。

第十天
从歌德到黑格尔

魏玛古典主义

精神世界的中心

三个年轻人是被一阵钟声敲醒的，那声音一下一下传来，迟疑不决，仿佛在哀悼什么损失。

接着便是一片宁静，静悄悄地没有声音；即使有，也只是人们交谈的片言只语，好像不好意思似的。

旅馆坐落在一个中等大小的长方形广场上，周围环绕着低矮的房子。房子的立面显示出它们是些深褐色的桁架房屋，只有几座是粉刷过的，被刷成浅绿色、浅黄色和浅棕色。

麻雀还算是最有生气的活物，它们扑扇着翅膀四处飞来飞去，一边觅食，一边叽叽喳喳地叫。广场边上走着的人们一个个步履沉重。

贝蕾妮克受了这压抑气氛的影响，本能地穿上了一件颜色低调的连衣裙，外罩一件深色的外套。

大家在吃早饭的时候碰了面。塞内克斯已经在等着三个年轻人。

"我们今天是在哪儿？"贝蕾妮克一上来就问。

"让我猜猜。"罗曼插上一句，"这些房子我好像以前见过……我想，我们是在德国。这个城市很小，但很重要，要不我们就不会来这儿。”

塞内克斯点点头。“对，这是德国中部的一个小城市，而我们现在是在十九世纪的头三分之一。”

“您这么一说，再猜就不难了——与这个环境最符合的德国最重要的人物是歌德。从昨天到今天，从拿破仑到歌德，这只是小小的一步。这两个人甚至曾经见过面。我们是在魏玛吧？”

塞内克斯又点点头。“歌德虽然出生在莱茵河畔的法兰克福，但他主要是在魏玛度过他的一生。今天是 1832 年 3 月 26 日，四天前歌德在他的弗劳恩普兰的家里永远闭上了眼睛。枢密官、魏玛公侯陵的建造者古德雷，设计了他的墓葬。这个时候，日后的帝国创建者俾斯麦已经十七岁了。”

“难道要我们去看歌德的遗体吗？”斯蒂芬好像感觉有点别扭。

“中午时分我们去参加他的遗体告别仪式。”

斯蒂芬耸耸肩膀。“今天他不就是个类似纪念碑似的人物了吗？”

“我要试着带你们更走近他一些。也许让你们在魏玛公园里散一次步会使他的形象显得更生动些——歌德经常走这条路到他的花园小屋去。我觉得这条路很有意义，并且希望你们会在那儿受到感染。这个人不是一座纪念碑，斯蒂芬，而是一种精神，是每一代人都该为自己重新发现的精神。歌德是一个特殊现象——不仅在德国是这样，而是在全欧洲、全世界也是这样；要知道，那时还没有德国，德国是在拿破仑时代过后才慢慢形成的。从他出发，可以向当时思想界的所有重要人物引出一条直线——而且还不只如此。我会再提一下拿破仑，然后是席勒（Schiller），音乐领域的杰出人物贝多芬（Beethoven）、门德尔松（Mendelssohn-Bartoldy），最后还有舒伯特（Schubert），歌德与他虽然不曾谋面，但却激发他创作了他最美的歌。”

“歌德认识到舒伯特的天才了吗？”

“舒伯特把他的作品第十九号寄给了歌德，但没引起歌德的重视。有悲剧意义的是，比歌德年轻很多的舒伯特比歌德去世还早。在魏玛，没人听他用歌德的诗谱写的歌；即使有人听，肯定也听不懂。对魏玛人来说，那些歌在音乐方面太丰富了，太难了，太富于表现力了。另一位作曲家路德维希·凡·贝多芬在卡罗维瓦利见过歌德一次。贝多芬说他在‘为《埃格蒙特》创作音乐’，并为歌德在钢琴上做了精彩的演奏；歌德希望自己能够喜欢这个‘非同寻常的天才’，可结果还是不能对这位作曲家对他表现出来的好感做出相应的回答。歌德认为，艺术家贝多芬虽然令他感到惊异，但可惜他这个人太狂放不羁了；他觉得世界令人厌恶，这当然并非全无道理，可这样既不能让世界对他，也不能让世界对别的人来说更富乐趣。”

“一个像贝多芬这样的天才大概不可能有别的感受，尤其是他又不能把他的感受明明白白地说出来！”

“歌德和贝多芬是两个迥然不同的人，贝多芬肯定给歌德留下了印象，而且也许比歌德承认的要深刻。歌德终生都在寻求和谐，而他看到和谐在性格粗暴的贝多芬那里遭到了威胁，因此，为了保持自己内心的平衡，他对贝多芬不予理睬。开始他和席勒之间也是这样，但这个以后再说。既然你们已经吃完了早饭，我们就出发吧。天气很温和，快到四月了。我们这就离开旅馆——这次，我们的旅舍是在魏玛有名的旅馆‘大象旅馆’里面。”

绝不是一个黄金时代

塞内克斯选择的路径斜穿过一个地势略微有些倾斜的市场广场，然后穿过一条小巷，小巷又通向一个较宽阔的广场，这个广场也向着魏玛王宫的方向倾斜。塞内克斯带他们走过这个广场，只提到歌德于 1775 年 11 月来到魏玛，时值启蒙运动时期，法国革命爆发前。

他说：“魏玛当时是一个宁静的小城市，人口将将达到六千。摄政的大公爵夫人安娜·阿玛莉亚的长子卡尔·奥古斯特刚刚成年，开始跟着母亲进行统治。歌德在五十年后回想起他，对艾克曼说，年轻的公爵让他觉得像是某种名贵的葡萄酒，还正处在强烈的发酵过程之中，不知道该把自己的劲儿往哪儿使。魏玛城和萨克森—魏玛—埃森纳赫公国都还处在他母亲的影响力之下。她鼓励艺术和科学，颇有成效，把魏玛变成了一个‘缪斯之殿’；她把重要的人物请到魏玛，其中包括克里斯托夫·马丁·维兰德（Christoph Martin Wieland）[1]——莎士比亚作品的翻译者。”

“他是第一个翻译莎士比亚的吗？”

“翻译他的全部作品在当时可不是件简单的事。歌德还在莱比锡的时候，赫尔德（Herder）就已经勾起了他对莎士比亚的兴趣，而维兰德的翻译让他认识了莎士比亚。”

“赫尔德不也到魏玛了吗？”

“他比歌德晚一年到魏玛，是经歌德的介绍去的，他早就是歌德最亲密的朋友圈中的一员了。赫尔德是一位新教的布道者、神学家、哲学家和诗人。但我要再对维兰德说两句，因为是他出版了第一本德语文学杂志——《德意志信使》。维兰德开始是个虔诚的虔信派教徒，但后来他脱离了宗教，成了一个重视感官快乐、富于才智的人。他使德语更加优美、表现力更强，并且努力寻求感性与理性之间的平衡。”

[1] 译者注：维兰德（Christoph Martin Wieland，1733—1813），德国启蒙主义时期作家。生于牧师家庭，曾任瑞士和魏玛宫廷教师，同歌德、赫尔德有交往。早期诗歌带有宗教训诫色彩，以后思想有所转变，作品多揭露时代缺点，讽刺虚伪道德。主要作品有自传体小说《阿迦通》，小说《阿伯特拉城居民的故事》《金镜》和叙事诗《欧布朗》等。还翻译过莎士比亚的剧本。

“那我觉得他一点也没有‘德国味儿’。”斯蒂芬喃喃地说。

“法国洛可可晚期那种启蒙的、练达的文化在维兰德身上刻下了深深的烙印，这种文化对他的影响比对歌德的影响大。歌德刚到魏玛那段时期，魏玛绝不是一个让人觉得舒适愉悦的城市；周围到处是战乱和革命。洛可可也不只是优美，它也是残忍的，比如把年轻男子作为士兵高价卖给其他国家。歌德朗诵他的《伊菲革涅亚》的前一天晚上，就在安娜·阿玛莉亚的‘缪斯之殿’旁边，还举行了一场‘夹道鞭笞’[1]。你也得把这位诗人、大自然的观察者放在这个大环境中去看，那不是歌德希望在希腊人那里找到的一种黄金时代。几乎没有人像那个时代的人一样不得不消化那么多变革、动荡——你们只消想想从马车到蒙戈菲尔热气球，再到蒸汽机和铁路的变化。”

再没有比不工作的闲人更可怜的了

“歌德在魏玛生活的时候，魏玛肯定变了，是不是？”

“作为国家的一个部长，这也有歌德的份儿，贝蕾妮克。歌德晚年时，已经到处都是新式的学校，基础课程得到了改进，还有了穷人寄宿的地方。各种组织着力于慈善活动、兴办普遍教育、农业以及犯人关怀的问题，所有这些在以前是不为人所知的。歌德很看重自己造福社会的公务活动，他在日记里写道：‘忙碌的压力对心灵来说好极了，而一旦心灵卸下了重负，它就会更自由地游戏、享受生活。再没有比不工作的闲人更可怜的了，因为再美的馈赠也会让他恶心。’但他也说：‘不得不做的事很难，但只有在做不得不做的事时，人才能显示出他内心的状态；任意而行，这谁都会。’你们要知道，莱茵河畔的法兰克福在歌德1749年降生人世的时候不过是个三万六千名居民的小城市。法国重要的小说家司汤达描写过那里有着凸出两英尺的顶层的木头房子、店铺上方雕刻得十分粗糙的动物形象、蹩脚的哥特式建筑、阴郁的太阳。歌德有个难得的快乐童年，因此他眼里的法兰克福大概与司汤达的不同。我想说的是，在歌德年轻的时候，法兰克福至少举行过两次公开处决犯人，歌德的舅舅、参议员泰克斯托参加过玛格蕾特·布兰特杀婴一案的审判。歌德写道，他不得不多次亲眼目睹行刑的情景。”

“玛格蕾特·布兰特……一个杀婴女犯……”贝蕾妮克用疑问的目光望着塞内克斯，“歌德是不是以她为原型写出了《浮士德》中的甘泪卿？”

“歌德在他的《浮士德》中对这个不幸的人物也许做了诗意的美化。但我在此想指出歌德性格上的一个特别之处：他对生活的黑暗面缄口不言。他不提这些，在公

[1] 译者注：受（一百名到三百名士兵）夹道鞭笞是旧时德国军队中的一种刑罚。

开场合从来不会激动发火，就更不用说政治上的事了，但他会在日后的文学创作中流露出他的深刻感触。他什么都经历了——洛可可时代、七年战争、普鲁士的腓特列大帝、启蒙运动、法国革命、拿破仑的崛起和衰落……如果你读他的作品，你会觉得这一切似乎都不留痕迹地从他身边掠过去了，在他的文字中反映得极少，就好像他不愿记住这一切。但，造就了他和他的作品的仍然是这一切。法国革命的血腥在他心中引起了无尽惊骇，他的回应却是更强烈地转向宁静和井然有序的大自然。在这一点上，他与席勒和克罗卜史托克（Klopstock）、甚至维兰德和赫尔德完全不同——这几位对冲击巴士底狱无不欢欣鼓舞。而歌德呢——他担心的是革命的风暴会将精神、文化置于危险的境地；但他同时又认为以前的波旁王朝寡廉鲜耻而否定它。”

“他难道不希望出现变革吗？”

“他只希望有像自然界中那样的进化过程。在去世前十几年，他对他的对话伙伴艾克曼说，他不能赞同法国革命，因为革命的恐怖触目惊心，激怒了他，而革命带来的积极的后果他还看不到。他也同样不赞同专制统治，他深信，假如有公正的统治，就不会爆发革命。他一生都在致力于对历史材料进行加工，把它们从时代的限制中解放出来；他的象征艺术只对超越时间的东西感兴趣，他要刻画他称之为普遍的、人性的东西。但在他漫长的一生中，他所经历的自身转变其实也是巨大的。在生命接近尾声的时候，他终究看到了工业时代即将来临。”

“他不是批判了工业时代吗？”

“那时人们已经在谈论‘人对人的剥削’，不久事实就证明这是个爆破力极强的全新字眼。机器时代令歌德十分不安，然而他又在《浮士德》第二部里对它做了艺术上的加工提高。他看到蒸汽轮船和蒸汽机车正在驶近，看到科学和艺术正受到技术的影响。这时，孤独的创造者、个体不复存在，也不再有万能的天才，有的只是四处奔忙、重利轻义的商人、团体和委员会。”

“我相信他一定很讨厌这一切！”

“在他去世前一年，即1831年，歌德完成了《浮士德》第二部。他在日记里记道：‘最首要的事完成了；收尾；全部誊清并装订完毕。’一个月后，他封好手稿，决定这部书在他死后才能付印。歌德的《浮士德》反映了一个时代向另一个新时代的过渡。”

既是真实也是虚构的公园

这时他们已经深入魏玛公园了，公园在伊尔姆河畔延伸。树木伸展着它们的枝杈，但还没有披上绿装，但已经能感觉到美丽的芽苞正报告着树叶即将出现的消息。

因了飞来飞去的鸟儿，色彩与活力的缺乏得到了弥补，它们正寻找做窝的草杆。

“你们会感到惊奇的。”塞内克斯停下脚步站了片刻，手臂画了个大圈儿。“这个公园也是歌德的作品，至少是在他的监督下，按照他的意图建造的。造这个公园的灵感来自德绍（Dessau）附近沃利茨宫的园林。歌德关于花园的构想被他写在小说《亲和力》中。也就是说，歌德既在现实中造了一座大园林，也在文学创作中造了一座虚构的园林，这双重的创造很能反映他的性格。他本就不仅仅是个伟大的诗人；他也是个国家官员、部长、剧院经理、自然研究者、绘图家、收藏家……”

塞内克斯继续迈步向前。“我们已经提到了《浮士德》，歌德花了一生的时间写这部作品……”

“这个题材已经有歌德以前的作家写过了，是不是？”

“是的，没错，而且跨越了三个世纪。英国诗人马洛（Marlowe）写的《浮士德博士》也很有名。但若追根溯源，所有关于浮士德的故事都来自于十六世纪时的一个人物。只有歌德写出了关于浮士德的世界级诗剧；他笔下的浮士德身上发生的变化，也反映了歌德本人的思想发展，从《初本浮士德》中年轻人的狂飙突进到年迈老人的智慧。歌德创造的这部作品是德语戏剧中最深刻的一部，充满了譬喻和象征，这在海伦的出现中达到高潮，她的形象正是完美的象征。正如恩斯特·布洛赫（Ernst Bloch）[1] 所说的，歌德以他的《浮士德》展示了一个最为重要的乌托邦式人物的范例；他也以这部诗剧成为德语语言的经典大师。不管从内容上还是从形式上，《浮士德》都是世界文化上的一座高峰。”

“我们在学校里学它的时候可是费了九牛二虎之力。”斯蒂芬插嘴道。

“我承认，对中学生来说，这部作品很难理解。但一个人到了青年时期就会开始感到它的魅力了。你一辈子都得时不时地在头脑中回味《浮士德》才行；但要做到这个，你得先接触它。尝试阐释这部作品的著作多得不计其数，但我仍然觉得，其思想和语言的丰富永远取之不尽、用之不竭。”

“我也认为只读一遍是不够的。”

这时塞内克斯喊道：“到了！我们的第一个目标是歌德的花园小屋，这是他的卡尔·奥古斯特公爵送给他的礼物。”

整个自然是神性的表现

这座方方正正的小屋坐落在高处，浅灰色的墙，黑色的屋顶。一扇白色的花园

[1] 译者注：恩斯特·布洛赫（1885—1977），德国哲学家，二十世纪最重要的西方马克思主义代表人物之一。

小门直接通往屋前那几级台阶。众多的灌木丛和树木环绕着小屋。

进了屋子，他们也只迈了几级台阶，就到了歌德的书房。房间里布置得很俭朴，朝向花园的一扇窗子敞开着。罗曼走过去，靠在窗台上向下望去。“他就是在这儿写下了那首名为《致月亮》的诗：

你静静地以你的清辉，
再次洒满山谷和丛林，
终于我也如此的幸运，
将整个心灵消融无形。
……”

塞内克斯指了指三张椅子，罗曼、斯蒂芬和贝蕾妮克便坐下了。“歌德是在一个冬夜里写下这首诗的。那一夜，伊尔姆河的河水漫过了草地……自然时常激发他的灵感，比如下面这首看似简单的诗：

一切的山之顶，
沉静，
一切的树梢，
全不见，
些儿风影；
小鸟儿们在丛林中无声。
少时顷，你快，
快也安静。

歌德把这几行诗句刻在了一幢打猎小屋的木板墙壁上。”

有片刻工夫，大家都沉默不语。随后贝蕾妮克开口说道：“我们刚才说到歌德的《浮士德》的时候，我想起了‘甘泪卿的问题’……”

“……那是一个关于信仰的问题。歌德对于信仰究竟持怎样的态度呢？他可是经历了启蒙运动的，而且他也知道莱布尼茨和斯宾诺莎……”

“他把身为作家和艺术家的自己称为‘多神论者’——一个崇拜众多神灵的人。但他这么说的时候肯定不是完全当真的。然而古希腊的众神是他这个艺术家所十分熟悉的。作为一个研究自然的学者，他又说他是一个泛神论者，他信仰一个神，而这个神与宇宙相一致。我想，他的这一说法是与他所处的位置最相吻合的。在我看来，他指的显然不是一个基督教的、个人化的神。神圣的与尘世的事物对他来说是一个如此广阔的王国，只有万物的感官一起才能把握一切。”

“感官？不是理智吗？”斯蒂芬拧起了眉头。

“对歌德来说，上帝是人不能用头脑来把握的，这是毋庸置疑的，而自然是神性的表现；上帝将他的精神反映在他所创造出来的千变万化的形态中。歌德的作品证实了这一点。你们都知道，歌德花费在自然研究上的时间和精力一点也不比他花费在文学创作上的时间、精力少。从年轻的时候起，他就开始研究解剖学，到魏玛后，他的研究范围又扩充到了植物学、矿物学和地质学，后来还有关于骨骼和光学的理论。经验向他证实了直觉让他认识到的东西。三十五岁时他就提出了一种进化过程，而这比达尔文早了几乎有一百年。他认为，动物和人的头盖骨都是由相近似的椎骨发展而来的。这离他内容丰富的形态学已经只差一小步了；根据他的形态学，所有的形态都在运动、变化以及消亡。对他来说，形态学是关于变化的学说；他对某种原始形式的存在以及一切生物彼此间的亲缘关系深信不疑。”

“不知怎的，这让我想起了苏格拉底的理念论。”

“你能想到这个，这很好，罗曼。歌德最后写出了关于动物变态的书，还在很多年里以传教士一般的热情将心思用在颜色学的研究上，结果竟写出了一本超过一千页的著作。”

“但他的学说是错的。”

“如果从纯科学的角度看他是错的，贝蕾妮克。反对牛顿的数学物理、反对自然中的可测量性，这是他的一桩谬误；他从观照出发，不愿看到感性、主观的东西从对自然的解释中排除出去。然而这是个天才的谬误。他坚信，数学的、量化的自然科学只能研究自然领域中可测量的部分，而他看重的却是广泛的自然观，这种对自然的观照宣告了一种新的真理（当然这真理是不可证明的）。他的目标是整个自然的统一，所以对他来说，所有单个的现象都是一个基本的原始现象的某种特殊形式，颜色也是这样。他激烈地反对牛顿关于白色中包含所有其他颜色的发现，他自己的说法是，所有的颜色都是由混合、由明与暗的共同作用形成的。就算他说的没道理，他的研究文章也是极富启发性的。”

塞内克斯向窗外望去。

逃出小城的狭隘

塞内克斯向花园里瞥了一眼后，接着说道：“在莱比锡上完大学后——他在那儿也学习了绘画和铜版画——他到法兰克福当了律师，并开始了文学创作。1772 年，他去了韦茨拉尔（Wetzlar），进了帝国最高法院，并爱上了夏洛特·布夫（Charlotte

Buff)，他青年时代的天才作品《少年维特之烦恼》的写成正是要感谢这次恋爱，在这篇作品里，他发出了前所未有的新鲜声音。他返回法兰克福，继《维特》之后，又产生了《葛兹·冯·伯利欣根》(Götz von Berlichingen）和《克拉维戈》(Clavigo)，它们被视为所谓的'狂飙突进'时期的代表作。歌德一下子成了名。他那时候就已经想去意大利旅行了，但在海德堡，发自当时年纪尚轻的萨克森—魏玛公爵卡尔·奥古斯特的邀请信追上了他；结果他调头回来，开始为公爵服务。在小城的最初几年里，他又爱上了矜持冷淡的夏洛特·冯·斯泰因（Charlotte von Stein)、宫中女官安娜·阿玛利亚斯（Anna Amalias）和公爵的马厩总管的妻子。歌德一边在管理部门工作，一边开始动手写几部作品，但并未完成；此外他还研究矿物学和解剖学。但这一切以及魏玛小资产阶级的环境都让他觉得太狭隘、太矫揉造作，而且他的自然研究也告诉他，繁忙的公务使他冷落了自己本来的兴趣爱好。终于，当他在魏玛呆到第十个年头儿的时候，解脱自己的决定成熟了。”

“然后他就真的动身去意大利了，我想。”

“趁一次去波西米亚某温泉的机会，他在一个凌晨的三点钟匆匆出逃，时间是1786年，法国革命爆发的三年之前。只有公爵知道他的计划，并答应给他留着部长的位子。”

“他走了多久？”

“两年，这是他格外多产的两年，也是对德国文学意义重大的两年。当他归来的时候，他很清楚自己已经成了另一个人。他获得了内心的、人性的伟大，变得更加热诚；他对感性的世界益发敞开了胸怀。他变得更加广博，变成了一个视公务为负担的艺术家、平淡的魏玛小城里的一个陌生人。这回他和年轻的克里斯蒂安娜·福尔皮乌斯（Christiane Vulpius）生活在一起。”

“这下他一定冒犯了社会吧？”

“当然人们希望他只是一时糊涂。克里斯蒂安娜先是秘密前往花园小屋，去找歌德。她是个长着金色发卷、小资产阶级出身的图林根人，她的年轻、单纯、快活以及一派天真的感性吸引了歌德——尤其是在他经历了冷淡、忧郁的冯·斯泰因夫人之后。这位夫人比歌德年长七岁，她从未原谅歌德秘密逃往意大利的行为。歌德不仅让克里斯蒂安娜做了他的情人，而且不久又让她成了自己家中的伴侣。十八年后，两人在宫廷教堂里结为夫妻。但我们说得太快了。刚才说到歌德刚从意大利回来，公爵解除了他很多公务负担，使这位诗人可以更加专心致志地进行他的自然科学研究。这十年是他终于完成了许多作品的十年。这一阶段的高潮是他完成了《浮士德》第一部的写作；《亲和力》令许多文学爱好者心潮澎湃。这之后歌德又写下了《诗与真》——到魏玛时期为止的回忆录。对法兰克福银行家的妻子玛利安娜·冯·维勒莫（Marianne von Willemer）的迟来的爱促成了《西东合集》的创作，后来的人们一直无法搞清其中究竟哪些诗是歌德写的，哪些诗是玛利安娜·冯·维勒莫写的。不管怎么说，歌德的文化研究使东方成了德语文学中常见的题材。《西东合集》诗意地结合了陌生与熟悉、深刻与戏谑，它证明了歌德自身不断发展变化的能力，也证明了他永远年轻的心灵和他的想象力；它是德语文学中最动人的作品之一。后来，倾心于另一个人的无限能力又一次征服了这位年已七十四岁的老人——他爱上了优雅妩媚的十九岁少女乌尔莉克·冯·勒夫茨沃（Ulrike von Levetzow），并向她求婚。来自外界的阻挠，再加上乌尔莉克迟迟不做出回答，到底还是让歌德放弃了。这最后一次伟大的爱——他自己心里很清楚这是最后一次——在他的《玛丽恩温泉悲歌》中留下了印记。他完成了《威廉·迈斯特》和《浮士德》的第二部。他的全部作品的校勘本包括一百三十三卷，外加几卷后来补充的。好了，我们走吧！”

他像是睡着了

贝蕾妮克第一个跑下台阶，在花园里她停下脚步，伸开双臂，转了好几个圈。“太美了，这春天的香气！还有这么湿润的泥土！”她挽住了斯蒂芬和罗曼的胳膊。他们就这样走出了公园，走过宫殿，穿过广场。从那儿再到弗劳恩普兰的房子就不远了。红色而微微拱起的房子对面是个大水池，水哗哗地响着。尽管有很多身穿黑色丧服的客人纷纷涌进歌德的房子，但还是有女仆、伙计、孩子聚集在泉边一边闲聊一边打水，把水倾在桶里，然后担着走开。谁想喝水，就把他的水罐接在水柱下面。一切都是那么有生气，有活力。没有人露出不耐烦的样子。一个小男孩爬上泉水的石台，直接把嘴巴凑上去喝水。

塞内克斯走向房门。门厅的两侧是松柏枝。他们和穿丧服的客人一起走进去，男人们都把礼帽拿在手里。前厅和走廊里整个装饰成了黑色，人们向歌德的房间涌去。那逝去的人躺在他的棺材里，上身略向上倾，穿一件白色缎子做的衣服。一条黑色的天鹅绒被单盖在他身上，胸部以上露在外面。他的左臂平放在体侧，右臂则弯曲着放在被单上。他的头上戴着一顶桂冠。

“灵柩台后面，你们可以看到左边有一个架子，上边有一顶镶着宝石的金冠，这是他的出生地法兰克福在几年前给他送来的。”塞内克斯向他们解释着。“右边的台子上放着他的证书奖状什么的。中间还有一只古典风格的陶罐，上面挂着字幅——它们象征着歌德的作品。旁边放着一只金色带花饰的里拉琴。周围侍立着守灵的人，他们是由大公爵图书馆及宫廷剧院的成员、艺术家以及射手协会的代表（你们说怪不怪，歌德居然还是射手协会的名誉会员）组成的。”

“他像是睡着了。”贝蕾妮克有点畏惧地说道。她感到压抑，因为她总共还没见过几个死人呢。

“马上就要到十二点了，到时候门就要关上，很多人就得出去了。棺材将被盖上，并于今天下午五点在丧钟声中送到公侯陵去。半个魏玛城的人都跟着去了，据当时的人说，葬礼的队伍由二十五个部分组成，车子一辆接着一辆，仪仗队、亲友、医生、宫廷剧院的成员……送葬的队伍有数百人，还有数千人站在街道两旁目送。”

他们走出房子，回到明亮的阳光下。门在他们身后关上了，前来致哀的人如果刚到，也只好掉头回去。

灵魂与肉体的统一

塞内克斯和三个年轻伙伴一起沿着街道慢慢走回来。街不长，向左一转，便通向一条宽阔的林荫大道。这是魏玛人喜欢汇聚的地方，他们前后左右有很多人在闲逛。

“再往前走一段，我们就到席勒的寓所了。”塞内克斯解释说，“但这儿有一家小餐馆，我们利用中午这段时光休息一下吧。”

他们欣然走进餐馆，在离窗不远的一张圆桌旁坐下，点了些小吃。塞内克斯让他们安安静静地吃完，然后才接着刚才的话头说：“歌德是个很矛盾的人，他自己发现他是由很‘极端’的特点组合而成的一个统一的整体。我们不能只看人本身，也应该看到这个人的作为。我们得把歌德作为一个灵魂与肉体的统一体来把握，否则我们就不能理解他和他的作品。”

“我看反正也没法儿理解。”

“有一次他问道：‘我是谁？我创造了什么？我吸收一切，不管什么，只要是我听到的，观察到的，我就学习。我的作品从成百上千各不相同的人——傻子和智者，明智的头脑和愚人——那里汲取营养。’他说他也收获了别人播种的东西。‘我的作品是一个集体的作品，却顶着歌德的名字。’既然如此，我们为什么不试着从他那里吸收他能够给予我们的东西呢？你们吃好了吗？那好，我们走上几步，去席勒的寓所看看吧。不过我们不进去，只从外面往里看一眼，到时候我再就他说上几句——歌德起初根本不欣赏他。”

“他对海因里希·冯·克莱斯特（Heinrich von Kleist）还不是一样的态度！”

“对，克莱斯特他也没看准，而且没能修正这一错误，这点和他对席勒不一样。总而言之，他不知道该怎么对待浪漫主义。”

他们离开了餐馆。

浸透了革命的思想

不久他们就站在了一座窄窄的房子前，它比歌德的房子朴素得多。“考虑到席勒的出身、童年、青年时代，这房子还是能象征出它的主人与歌德相比在财产上上升的幅度更大——歌德反正终生都生活在富裕的资产阶级环境中。弗里德里希·冯·席勒（Friedrich von Schiller）则不同。他和歌德一样也不是贵族出身，而且是在窘迫的环境下长大的。符腾堡（Wurttemberg）公爵让他在卡尔军事学校里接受一种斯巴达式的严格教育。后来，年轻的席勒在大学里学习法律和医学，成了军医。但我不想给你们一一介绍他生活中的细节，而只要说，截然不同的青年时代也塑造了截然不同的两种性格。席勒 1759 年出生于内卡河畔的马尔巴赫（Marbach），比歌德年轻十岁。他与歌德受的影响不同，很年轻就为启蒙运动的思想所激动，二十出头就写下了《强盗》。这部剧于 1782 年在曼海姆（Mannheim）首演，它浸透了启蒙主义的、革命的思想。”

“那么说在法国革命爆发前七年，曼海姆的舞台上就先发生了一场革命？”

“当时革命的时机已经成熟了。席勒不想让自己这个作者暴露身份、姓名；他躲在一个包厢的角落里，肯定很担心自己被捕。但演出获得了巨大的成功，一下子就使充满叛逆精神的年轻作者名声大噪。观众沸腾了，人们互相拥抱，喊叫，握起拳头向着舞台挥舞，但不是在喝倒彩，而是心中充满了对统治秩序的痛恨。”

“歌德知道这一成功吗？”

“他当然得知了戏剧上的这一轰动事件；他当时已经生活在魏玛，并得到了皇帝约瑟夫二世颁发的贵族证书。”

“那他大概根本不欣赏《强盗》。”

“他主要是从艺术性的角度出发觉得这出剧形式上不美、不成熟。《强盗》首演十年后席勒被法国革命政府宣布为法兰西共和国荣誉公民——这层关系也很少引起人的注意，这显示了他的名字已经越出国界，在德国以外传扬，在法国也赢得了名望。但很快，席勒被法国革命的恐怖惊得退缩了，开始集中精力研究康德哲学。康德哲学对他的影响十分深刻，使他的内心经历了一场转变。”

“而且由此向歌德靠近了吗？”

“他们之间仍然存在着一条鸿沟，即使席勒迁居到魏玛后也还是这样。据说他当时说过：‘这个人，这个歌德，让我想到命运待他有多厚，待我有多薄。’席勒在魏玛生活了七年，歌德这个枢密顾问都不曾注意到他。歌德‘使很多人为之着迷，而他自己却无牵无挂，像上帝似的；他从不会把自己交出去’，这也让席勒产生一种抗拒心理。他讽刺说：‘枢密顾问大人先生是个信仰自然的人，和他的崇拜者一起搞矿物学，出去采集花花草草，和纯洁的大自然对话，在精致的花园里铺路挖洞。’——席勒拿歌德‘童真的单纯’和‘他的追随者’寻开心。”

“真够刻薄的！”

“也许就是出于这个原因，歌德在公爵面前表示赞同席勒被召到耶拿大学去（而且没有薪俸！），好摆脱掉这个找别扭的家伙。而正是在耶拿，两个人进行了一场被歌德称为‘幸运的谈话’。两个人是在参加完耶拿‘自然研究协会’的一次会议后交谈起来的。”

“他们是怎么搭上话的？”

“可能是席勒用了点心计。总而言之他很聪明，把话题引到歌德感兴趣的自然科学上，更确切地说，是歌德最喜欢的一个话题，即是否可能存在一颗原初植物的问题……坚冰敲碎了，局面打开了，结果是歌德成了席勒计划办的一份杂志《时序》的合作者，从此两人开始了一段传奇般的友谊，在这过程中席勒又回到了魏玛。好，这一来，通过与歌德的合作，席勒得以把他所有关于艺术和哲学的思索转变成文学作品，写下了他的理论文章以及‘古典主义’剧本，包括《华伦斯坦三部曲》《玛丽亚·斯图阿特》《墨西拿的新娘》和《威廉·退尔》，还有断章《德梅特里乌斯》。所有剧本中的主人公都饱受义务与爱好之间矛盾冲突的折磨。我们又一次看到了一环扣一环的关联。”

“一种思想的进化过程？”

“一方面，假如席勒没有研究莱辛的天才著作，他就写不出这些作品；另一方面，要不是维兰德已经翻译出了莎士比亚那些关于国王的戏剧，席勒也写不出他的剧本。他从莱辛那里学到了明晰和精确，从莎士比亚那里学到的是如何将惊心动魄的历史题材搬到舞台上去。”

“两人之间迟来的友谊真的对歌德有那么重要吗？”

“我们不可能看到一个人的心里去，贝蕾妮克。但是我想，这场友谊对歌德确实是很有价值的。每个人，甚至连天才也不例外，上了年纪后都会感觉孤独——老朋友都去世了。歌德的父亲去世了，他见了母亲最后一面。他的孩子中有四个都死了，克里斯蒂安娜还活着。对席勒的好感使他得以避免陷入一种严重的隔绝状态。德语文学中最有价值的通信要感谢这十年的友谊；通过歌德和席勒，魏玛这个小城市成了德国文化的中心；到魏玛去的重要人物越来越多，比如有威廉·冯·洪堡（Wilhelm von Humboldt）和亚历山大·冯·洪堡（Alexander von Humboldt），有哲学家费希特（Fichte）和谢林（Schelling），有天才作家让·保尔（Jean Paul），有作家奥古斯特·威廉·冯·史雷格尔（August Wilhelm von Schlegel）和弗里德里希·冯·史雷格尔（Friedrich von Schlegel）、《穿靴子的猫》的作者路德维希·蒂克（Ludwig Tieck）、浪漫主义作家诺瓦利斯（Novalis），还有哲学家黑格尔（Hegel）。1805年，年仅四十五岁的席勒因肺病去世后，前往魏玛的热潮也没有平息。两位伟大作家的棺木并排安放在公侯陵里。”

毕德麦耶尔派时期

市民阶级生活状态的一幅理想图画

街上时不时驶过一辆马车，有时，一辆农家车辆辚辚地走过去，偶尔还有人策着马驰过。大部分人走在人行道上，妇女穿着宽大的曳地长裙，料子要么是不带图案的麦斯林纱，要么是浅色的塔夫绸，要么是沉重的真丝，很多还戴着别致的帽子。她们的女仆则穿着蓝色的印花棉布裙。男子多穿燕尾服或深蓝色、深棕色、黑色的棉质短上衣，白色或浅黄色的针织裤子，打褶的棉布衬衣，还打着繁复的领带。上等阶层的先生顶着高礼帽，工人则戴鸭舌帽。

席勒寓所对面的一座建筑吸引了三个年轻人的注意力，不知怎的，它看起来不像是真的。

塞内克斯微笑了："我们只管进去！"

走廊里灯光晦暗，墙上挂着一些铜版画。房间里的家具是浅色的——椅子、一个五斗橱，五斗橱上方挂着三张剪纸，一个陈列柜，里面是些小摆设、瓷器、小人像什么的，一张折叠式写字柜的盖子掀开着，一只鹅毛笔插在玻璃墨水瓶里，旁边放着吸墨砂瓶。小窗户上的窗帘是条纹状的图案，桌布则是碎花图案。对面的墙上挂着一幅画，上面画的是一辆邮车的到达，一个士兵枪刺朝上，迎接着它。

"这就是一个所谓的'好房间'。"塞内克斯开始了他的解说，"人们只在特殊场合下才用它，它体现了某种艺术风格的特点。"

"那肯定是毕德麦耶尔派风格！"贝蕾妮克指着那家具喊道。

"对。它体现了这个时期处在上升中的资产阶级的家居文化。毕德麦耶尔风格描画了市民阶级理想的生活图景，这也体现在他们的居室中，我们今天还可以从当时备受欢迎的风俗画中看出它们的样子。卡尔·施皮茨韦格（Carl Spitzweg）堪称风俗画大师。这样的画展示日常生活，直观、舒适、平和、令人愉悦，正如市民阶级所希望的那样。亨利希·海涅在流亡法国期间曾中肯地描述过它：'在我们可爱的德国那里，一切可明朗得多、舒适得多了！那儿的一切是美梦般的雍容、安逸！卫兵平静地走来，在平静的阳光中，制服和房子闪着光，屋檐下燕子扇着翅膀，肥胖的司法顾问太太们从窗子里向外微笑，大街上有足够的地方，狗可以合体地互相嗅来嗅去，人们可以舒舒服服地站在那儿聊剧院里上演的戏，若是有哪个上等家伙或者次上等的家伙穿着漂漂亮亮的衣服，饰着五颜六色的带子，或者哪个穿金抹粉的宫廷元帅雍容大度地翩翩走过，他们会深深、深深地鞠躬问候。'”

“德国原来就是这样。那法国、英国、意大利呢？”

“毕德麦耶尔派风格只出现在德国和奥地利，斯蒂芬。我们这就去奥地利。”

他们惊讶地一齐看着塞内克斯。

他继续说：“这所房子有点特殊的地方。我们不能总是在路上奔波，而在这段时间里，我们又得从一个城市到另一个城市，从一个国家到另一个国家。不过在‘进化公园’里没有奔波的必要，一切都设计好了。这次又像上次在耶利哥那样——我们穿过一所房子，便到了另一个国家。这次我们是去奥地利维也纳，实际上，我们已经到了，只是你们还没看出来——好了，毕德麦耶尔派对后世没有什么大影响，人们只不过把这个小小的世界看成是一个风格而已。工业文化正欣欣向荣，类似的东西以前还从没有过。不过你们还是先休息一会儿吧。”

三个年轻人坐到铺着花桌布的圆桌旁那几把浅颜色的椅子上。

“我们现在面对的是一种新现象：在这以前都是由手工业者塑造并做出他们自己的产品；手工业其实和艺术的性质相去不远。过去，产品是在作坊里用手工做出来的——你们知道如今人们赋予“手工制造”的产品以什么样的价值。但这一切突然之间全变了，大工业产生了，随之而来的是大批量生产，为此就需要有模子，其造形主要是由考虑排场的资产阶级决定的，他们是产品最主要的买主。”

“而这塑造了人们的趣味？”

“这时候产生了我们今天称之为‘设计’的东西。但在革命带来的变革中，市民阶级有好长时间举步不前，像一大群慢慢腾腾的人似的，构成了安稳的一极。它把目光往回投向一个过去的世界，在那里，它似乎曾经过得舒舒服服、安安逸逸。它维护植根于过去的那些价值；对它来说，启蒙运动的思想非常非常遥远。”

“我看，这和今天一样——在这一点上至今也没什么转变。”

君主反动势力的中心

他们走出房子的时候，迎接他们的是一个周围环绕着树木的广场，它较长一边的尽头有木制栏杆遮挡，挡住了栏杆外一段很陡的坡路，坡路的底端，大片房屋参差交错着在那里伸展，是典型的大城市所特有的。只见一大片山墙之中，一个更尖更突出的屋顶和一座哥特式大教堂的钟楼耸入天空。

“我们是在维也纳森林。你们眼前就是奥地利的皇城及它那座斯蒂芬大教堂。你们看见霍夫堡皇宫了吗？再远处是美泉宫（Schloss Schoenbrunn），那边是巴洛克时期的杰作贝尔佛第宫（Schloss Belvedere），曾抵抗土耳其人进攻维也纳的萨伏伊亲王欧根（Eugen von Savoyen）就住在那儿。多瑙河岸上的普拉特绿地也已经有了，那儿设起了旋转木马、秋千、演戏的帐篷，是个大众娱乐场所，大转轮是后来才建的。在拿破仑被囚禁在厄尔巴岛，以及他最终在滑铁卢彻底失败并被放逐到圣赫勒拿岛期间，维也纳一直是欧洲的政治中心，那是在歌德去世十七年前的事了……”

“我猜您指的是维也纳会议吧？”罗曼倚在栏杆上。一缕缕烟从一个个烟囱中冒出来，雾气笼罩在那一片屋顶的海洋上，空气中弥漫着烟味。

“拿破仑的死对头梅特涅公爵（Metternich）试图建立新的欧洲秩序——或者，更好的说法是，他想复辟欧洲的老格局，让法国革命就像没发生过一样。通过他，维也纳从一个国家的首府成了反动君主势力的中心。当时简直根本谈不到宪法了，哪儿也没有像维也纳那么多的皇帝、国王、公爵、侯爵、伯爵、男爵汇聚着，而哪一个都随身带着他的妻子、女官、情妇、大臣、首相、外交家、仆役——简直把整个朝廷都搬来了。维也纳的霍夫堡皇宫成了蚂蚁巢。外交家和他们的仆役进进出出，传递文件、便条、机密信件和复杂繁琐的协议。头顶王冠的人中有俄国的沙皇亚历山大一世（Alexander I.）——人们背后议论说他去参加舞会比去参加会议频繁得多。他向所有美丽的夫人献殷勤，卷进了多起桃色事件中，并喜欢匿名混迹于舞女群中。当时华尔兹成了时髦，让跳舞的人为之疯狂。几年之后，约瑟夫·兰纳（Joseph Lanner）和施特劳斯父子（Strauß）将华尔兹带达巅峰。华尔兹不再是宫廷音乐，也不是古典音乐，它是每个人的音乐，是平易近人的音乐，并且真真是恋人的音乐。满街飞的传单上写着：‘俄国的亚历山大——他替所有的人恋爱；普鲁士的弗里德里希·威廉——他替所有的人思想；丹麦的弗里德里希（Friedrich）——他替所有的人说话；巴伐利亚的马克西米利安（Maximilian）——他替所有的人喝酒；符腾堡的弗里德里希（Friedrich）——他替所有的人大吃大嚼；奥地利的弗兰茨皇帝（Franz）——他替所有的人付钱。’这个维也纳是一个没完没了地举行着盛筵庆典的城市，霍夫堡皇宫里，贵族的宫殿里，没有一天是不开舞会的……这个维也纳现在就在你们脚下。”

“维也纳议会原来在跳舞！”

“不仅是议会，跳舞的激情攫住了每个人。”

“这么说娱乐不再是上等人和富人的特权了？”

“最普通的市民也在公共舞厅里里汇聚一堂，贝蕾妮克，而维也纳有很多舞厅。‘奥黛昂’已经开了，它是全城最大的舞厅，几乎有一百五十米长、三十四米宽的大厅里面可以容纳一万多人——你们想象一下那是个什么排场吧！舞会时得有三个乐队同时奏乐才行。约翰·施特劳斯（Johann Strauß）的父亲是维也纳宫廷舞会的指挥，为舞厅落成开张创作了《奥黛昂舞曲》，并把乐队扩充到七十名乐手。有些人一跳就是一个通宵。”

哼唱，跺脚打出节拍

“同时严肃音乐也很繁荣。那时候还没有‘不插电’音乐和‘电子’音乐的区别。约翰·塞巴斯蒂安·巴赫在莱比锡去世后，维也纳就成了欧洲音乐的首都。第一个不能不提的是海顿，他出类拔萃，可又往往被人们低估。他的影响主要在维也纳和埃森施塔特（Eisenstadt）。1780 年莫扎特来到维也纳时，海顿四十八岁。1792 年，贝多芬从波恩（Bonn）来到维也纳，想成为海顿的学生。他的资助人瓦尔德斯坦因伯爵给他写信说：‘现在您到维也纳来了……莫扎特的靠山还在哀悼他的死……’——莫扎特一年前刚刚去世——‘您将以毅力和勤奋从海顿手中获得莫扎特的精髓。’”

“但贝多芬成就了他自己的独特风格。”

“为了把这条线索续完，贝蕾妮克，我只想再提一下，1797 年弗朗茨·舒伯特出生于维也纳，贝多芬那时二十六岁。好，我们回过头来接着说贝多芬——我们去他的住所吧，离这儿不远。我说‘他的住所’的时候，你们可别从字面上去理解，因为贝多芬从没有过属于他自己的住所，这个住所也只是他暂时居住的地方之一。他经常搬家。”

他们走在一条略微有些上坡的路上，最后面前出现了一座低矮的灰白色房子，依着地势建在坡上。

“我们进去吧。”于是他们穿过内院，走进一个楼梯间，马上就听见一种奇特的声音——一种哼鸣，大声而含混不清的哼唱，还时不时伴着用脚击打节奏的声音，跺得木头地板一个劲儿地呻吟。

书房里，那位大师坐在桌边，旁边是一架钢琴。贝多芬俯身在乐谱上画出一个个音符，笔上的羽毛上下翻飞。他一再地抬起头，用手打拍子，然后又低下头去继续写，划去不要了的，写上新的。

“贝多芬的耳背恶化得很快，”塞内克斯解释道，“仅仅两年，他就陷入了一片死寂的世界中，只能靠内心的‘听觉’了。”

屋子里一片混乱，地板上到处是雪片似的谱纸，椅子上摞着高高的纸堆，堆得乱七八糟。桌子上，玻璃杯子被满是污迹的谱本挤到了一边，旁边是没拾掇的餐具。贝多芬浓密的黑发竖在头上、散在额头上和他鼓鼓的圆脸上。他的脸上因为害天花留下了疤痕，浓密的眉毛下，深陷着一双不安生的眼睛，闪闪发光。下巴藏在脏兮兮一直向上延伸的络腮胡子下。上门牙向前凸出，鼻子又宽又扁。他的外衣穿得歪歪斜斜，满是污渍。时代最伟大的音乐家是个有力的小个子，内心的张力外露。有时他似乎在凝神谛听，就像格外敏感的聋子常做的那样。

“他这么一副尊容，日子肯定不会好过。”贝蕾妮克悄声耳语道。

“主要是在社交界不好过，而他的委托人及资助人又都来自那个社交界。他绝对不是个英俊的男子，人们嘲笑他的小矮个，还因为他的黑发而叫他‘摩尔人’。晚年时他曾叹息道：‘噢上帝，长着像我这么一张悲惨的脸的人，该是多么痛苦啊！”

“可如今全世界都拜服在他脚下！”

塞内克斯把贴着墙的一个箱子上的书和乐谱推到一边，腾出的地方将将够三个人坐的，斯蒂芬又拉过一把椅子，上面堆的东西被他堆到了桌上。

“贝多芬年轻的时候从他的出生地波恩来到维也纳，到后不久莫扎特听了他的演奏。贝多芬是个出色的钢琴家，名声已经传到了布拉格和柏林。当贝多芬用莫扎特提供给他的主题弹了一段变奏曲之后，莫扎特说：‘注意那个人吧，有朝一日他会让全世界的人都谈论他的。’不过，给你们讲这件轶事，我觉得很不好意思——它简直是尽人皆知。但这件事确实证明了伟大的音乐家彼此之间的关系——不仅是通过外界的偶然，而更是在他们的音乐实质上——虽然他们各自的音乐语言都是那么独特。他们在音乐艺术进化的意义上彼此相承。很能说明贝多芬特点的是一个同时代人的评价：‘这就是那个在我们失去了莫扎特之后将给我们以慰藉的人！’海顿的另一个学生在谈到贝多芬的即兴创作时写道：‘在我所听过的所有创作随想曲的艺术家中，没有一个能哪怕是接近贝多芬达到的高度……他心中涌起的乐思之丰富，他的激情，他处理的多样性。他表现的或创作的音乐难度，这些都是取之不尽的。”

“可他的家境很贫寒！”贝蕾妮克插上一句。

“他年轻时受的创伤从不曾愈合，他从不能忘掉使人感到压抑的贫穷，就更不用说所有受过的屈辱了，而且他还不得不眼看着他的父亲被酒精一步步毁掉。可惜，他的日子和命运越是悲惨——尤其是因为耳聋的加剧——他就越是频繁地也到酒中去寻求安慰；这可能也是他受肝病以及其他病痛折磨，并且死得较早的原因之一。”

贝蕾妮克充满同情地向大师那边看了一眼，悄声说：“我真不明白，一个作曲家、音乐家外加杰出的钢琴家怎么能忍受耳聋呢？如果是在今天，可能他的耳聋还有治。”

“每个人的命运都不仅仅是由家境和天赋决定的，时代也起着作用。巴赫是在一次失败的眼睛手术后死去的，这在今天可能只是个再平常不过的小手术而已。贝多芬则聋了耳朵。他的《海利根施塔特（Heiligenstadt）遗嘱》是一份动人的反映了他心灵上所承受折磨的文献，他从没让人看过，人们在他死后才发现了它。幸亏当他在看乐谱的时候便能够用眼睛听他的音乐——线谱的发明我们在波姆波萨（Pomposa）的修道院里经历了。他所有的晚期作品都是杰作，他的音乐在全世界的音乐厅里回荡。”

浪漫主义

逃进理想的梦乡

塞内克斯把外衣抻平，四个人离开了贝多芬的房间，走出房子，穿过院子，出了门。贝蕾妮克、罗曼和斯蒂芬感觉到时间又已悄悄变换了。他们随塞内克斯沿着巷子漫步走去，各自沉浸在思索之中。树木的绿叶闪着光，鸟儿飞来飞去。塞内克斯又把他们领到了那个可以俯瞰维也纳的广场上。

“贝多芬 1827 年去世，比歌德去世早五年，享年五十七岁。我们现在离开他也是合逻辑的，因为随着他的去世，维也纳古典主义也就到了尾声，他已经让人感到了浪漫主义的临近。”

斯蒂芬说：“启蒙运动的人们才刚刚把‘理性’写在他们的旗帜上，我想，理性可不是浪漫主义的特点。”

“作为一种生活风格，浪漫主义是在十九世纪初产生的，来源于对技术发展和资本主义弊端的不满。浪漫主义者从现实中逃进他们理想的梦乡，浪漫主义接替了古典主义。同时法国革命在文化上造成的震荡还在起着作用，启蒙运动的理性主义让人们在革命之后心生失望，感到自己被孤零零地撇下了，因此希望能够在无意识领域和大自然中得到充实。这意思不是政治上的反动，人们是在非理性的道路上寻求心灵的丰盈。人们想让生活之中流贯着艺术，于是他们回望中世纪、罗马风格和哥特式风格，或者寄希望于未来。人们还发现了童话及传说的丰富、精髓……”

“那是格林兄弟（Brüder Grimm）。”

“有好几个名字值得提及，而且不限于德国人；但浪漫主义像宗教改革一样，主要产生、存在于德国——这其中表现出强调感觉的北方对南方罗马语族理性占统治地位的拒绝。浪漫主义者避开‘此地’、‘此时’，转而到别的地方去寻求他们的快乐。他们搜集古老的诗歌，感到自己受着神秘、梦幻和疯狂的吸引；他们以此希望能够避免一种无家可归的状态，那让他们充满痛苦。”

“什么样的无家可归？”

“一方面，人们不再有那种中世纪的人尚且拥有的由信仰而来的绝对安全感、庇护感，另一方面对带来不断变革和巨大进步的新世界感到陌生。这产生了乡愁和对远方的渴望，出现了很多‘不带目的的漫游’。浪漫主义者渴望孤独，沉浸在他们自己的痛苦中。”

“妇女不是在浪漫主义中扮演了重要的角色吗？”

“是的，贝蕾妮克。精神生活的中心是女子主持的沙龙，这在德国主要指的是卡罗琳娜·冯·史雷格尔、贝蒂娜·冯·阿尔尼姆（Bettina von Arnim）和本来姓莱文的拉埃尔·瓦恩哈根·冯·恩泽 (Rahel Vaarnhageen von Ense)；她们都是各自文学沙龙的中心。这个时代最杰出的女性包括音乐界的范妮·亨塞尔（Fanny Hensel）——作曲家费利克斯·门德尔松—巴托尔迪（Felix Mendelssohn-Bartholdy）的姐姐，还有克拉拉·舒曼（Clara Schumann）。浪漫主义的音乐转向了较为短小的形式，并试图与诗歌相结合；在这种追求中，新的音乐形式艺术歌曲便繁荣起来；维也纳人弗朗茨·舒伯特成了这方面的大师。但我们无法去探访什么舒伯特的住所，因为他搬家搬得比贝多芬还勤，在三十七年的生涯中搬了十七次家，总是处在动荡和对孤独的巨大恐惧中；他尽可能去找朋友，实在不行的话甚至回到他不喜欢的父母家里。他几乎从没迈出过维也纳一步，即使出去也是去非常近的地方。1828 年 11 月，贝多芬去世后仅一年，他便也去世了，但他已经成了一种新风格的代表。理查德·瓦格纳（Richard Wagner）讽刺说，他就像一块海绵，挤他一下，便挤出音乐来。但是让他出类拔萃的并不是他作品的数量，而是他作品的质量、深度，以及那呼出深情的每一个音符。从舒伯特身上我们看到，要跻身不朽艺术家的行列，并不一定要具备知识、教育、哲学或者对自然科学的了解；舒伯特懂得如何在他的音乐中探索人类生存中的一切高度和深度。”

“用表达他自己痛苦的方法吗？”贝蕾妮克问。

“为什么一定是痛苦呢？还有欢乐啊！但人们不仅是在音乐中开辟了新的道路，所有的艺术形式都反映了浪漫主义带来的世界观方面的转变；浪漫主义绘画的时代也开始了，我在此只提一下德国人卡斯帕·大卫·弗里德里希（Caspar David Friedrich），以后我还想再讲一个我挚爱的英国人。”

“您挚爱的人？这您可勾起我们的好奇心了。”

塞内克斯继续说：“可我们现在还在德国。在这儿，中世纪的历史、传说和童话被发现了，并被做了艺术的加工。以前从没有过这么多的小说、这么多重要的小说家——在法国有司汤达、巴尔扎克（Balzac）、维克多·雨果；尤其是雨果，他说过：‘让我们把锤子砸在旧的理论、体系和诗艺上！让我们把遮盖艺术真面目的旧墙饰拉倒！’他以此要求超越古典诗艺。在德国和英国，浪漫主义文学也欣欣向荣。我首先得提的是克莱斯特和诺瓦利斯。在英国，瓦尔特·司各特（Walter Scott）为历史小说奠定了基础，成为浪漫主义典型的有雪莱（Shelley）、济慈（Keats）和拜伦男爵（Byron）。要我选出该讲给你们听的人是越来越难了。我不能略过英国年轻的狄更斯（Dickens）、萨克雷（Thackeray）、勃朗特姐妹（Brontë），俄国文学以普希金（Puschkin）、屠格涅夫（Turgenjew）、陀斯妥耶夫斯基（Dostojewski）和托尔斯泰（Tolstoi）赢得了世界声誉。从狄更斯和陀斯妥耶夫斯基那里我们可以看到浪漫主义到现实主义、自然主义的过渡。”

“我想，这也和现实世界有关。”斯蒂芬插话道，“由于技术的发展，现实世界肯定有了巨大的变化！”

“最主要的是，十九世纪文化的发展深深地刻上了科学技术成就以及工业发展中的新发现、新发明的烙印。人们对电子技术有了最初的认识。煤气带来了光。人们学会了从石煤焦油中提取人造颜料和药物，并开始制造钢和铝。科隆（Köln）工程师尼古劳斯·奥古斯特·奥托（Nikolaus August Otto）设计出了内燃机；另外，照相术发明出来了——它不是力量型的，但却以另一种方式对世界进行了革命。”

塞内克斯考虑了一下：“我现在应该把你们往哪里引呢？我们去过了魏玛的歌德和席勒那儿，他们代表了德国文学的一个时期。我们也去过了贝多芬那儿，他是维也纳古典音乐的高峰。但总的来说，歌德、贝多芬和——我现在要提一个新名字了——黑格尔的时代正是德国历史以及欧洲历史的高峰。在这之前，自文艺复兴和宗教改革以来，德国再没经历过类似的繁荣，三十年战争带来的严重后果给它造成了太过深重和持久的创伤。另一方面我又想带你们去英国伦敦，但既然我们不能跳过哲学家黑格尔，而且讲过一段文学和音乐后再讲点哲学也不错，那我就先带你们去柏林。我的朋友们，到我们那座有魔力的房子里去吧！”

唯心主义

令人振奋的清新，澄澈的光明

塞内克斯走向他们不久前才离开的房子。他们迈进走廊，走廊被一支蜡烛照亮了。塞内克斯引着他们走上另一个方向："我们往东北方走！"

当他们再次走出房子的时候，立刻便感觉到空气的变化。和维也纳弥漫着烟雾的空气相比，这儿的清新令人振奋，明亮的天空是那样澄澈。

"柏林！"塞内克斯喊道，"普鲁士最大的城市，它在欧洲的影响自拿破仑失败后越来越大。普鲁士成了德意志的领导力量。古时候，雅典在波斯战争后一度成了古希腊的文化教育中心；而这时的柏林就是这样一个历史时刻的雅典，一个思想的中心。人们开玩笑说：'世界精神乘着一辆车来了，在弗里德里希·威廉大学黑格尔教授的课堂里下了车。'"

他们面前呈现出一个宽阔的广场，其尽头是一座宏伟的建筑，高高的栏杆把它与外界隔开，两个侧翼在建筑主体前围出一个场子。主楼中间的入口处装饰有六根柱子，一直伸到三楼处；带状缘饰之上是六个雕像。

"这就是柏林大学。它成为德国在人文科学方面举足轻重的高等学府，而黑格尔也在其中起了很大作用。"贝蕾妮克、罗曼和斯蒂芬不由得想起了近一个星期前——或者说两千年前——看到的毕达哥拉斯在克罗托内（Kroton）建立的"社团"，因为，和那儿一样，在这儿他们也遇到了进进出出的年轻人。但两者的差别可大了：在克罗托内的阳光下，年轻人都显得很开朗，穿着轻捷而透气；尤其是，那儿的女孩子几乎和男孩子一样多。可在这儿几乎看不见什么女孩子，充其量有那么一两个，还捂得严严实实的，让人从远处根本认不出她们是女的。她们的裙子长得一直拖到了地面，她们的胳膊一直到手腕处都遮住了，衣领则又高又紧。她们的头发梳得紧紧贴着头皮，并且藏在帽子底下。至于她们的眼睛——她们的目光一律直盯着地面，决不会去看哪个青年男子，更不用说向他微笑了。

庄严的大门通往一个授课大厅，里面已经坐得满满的，讲座一定是马上就要开始了。

讲台上的教授"蹲"在那儿——总之姿势很怪，你不能说他是"坐"着。

"这就是格奥尔格·威廉·弗里德里希·黑格尔。"塞内克斯将声音放轻了一些，

“他的讲座被视作是无聊的，但却又那么重要，以至于引来了越来越多的听众。最后，全欧洲各国的大学生都来听了，因为黑格尔建立起了康德之后的最为完整和最有影响的思想体系。作为老师，他不那么让人喜欢，而且演讲起来也很一般，这，你们马上就能听到了；而对女大学生，他根本就是全无好感。他和奥古斯丁及托马斯·阿奎那一样，始终囿于对女性的传统偏见，认为女孩子的命运就是结婚、只有结婚；她们的爱情与婚姻必须是一致的。按照他的观点，男人与女人的差别就像动物与植物的差别一样大。”

“哼，这可是越来越妙了！本来我还指望一个哲学家能批判、超越他那个时代存在的弊端，为一个更好的未来设计蓝图呢。”贝蕾妮克脸都气红了。

“那时候的人普遍认为不能为此指责他。他并不敌视妇女，反而和一个比他年轻二十岁的市民家庭的女儿过着幸福和感情深厚的婚姻生活。婚前在耶拿时，他和女房东生有一个私生子。那是个男孩子，黑格尔毕竟承认了他并且把他接到家里。此外他还就爱情说过一些很动人的话：‘爱情的真理是什么？爱情真正的实质就在于失去了对自我的意识，在另一个自我中忘却了自己；然而在这个自我消失的过程中、在这种忘我中才真正找到了自我并拥有自我。’”

“这听起来确实不错，但这不能为他在妇女面前的狂妄态度开脱！”

“我们究竟为什么来黑格尔这儿呢？”罗曼这时插上了一句。

“因为他是德国唯心主义的思想大师。”

“怎么理解‘唯心主义’这个词呢？唯心主义的代表是否都是那些我们所理解的理想主义者、或多或少与世人格格不入的狂热分子呢？”

“不是的。这个词来自‘理念’这个词。位于这一体系中心的是绝对，而且是绝对的理念，是自然，是精神。‘唯心主义’指的是这样一种哲学：它的出发点是，一切都可以由理念和理想导出来并为它们所解释，包括存在和世界观。”

“也包括实际生活吗？”

“是的。也许不说‘生活’，而说‘实际生活的态度’更好些。作为价值，理想应该决定人的行为以及个人的判断；人的生活应该遵循伦理的和审美的理想。与极端唯物主义相反，唯心主义认为，一切事物——包括物质——能够存在都是由于非物质的存在，也就是精神，精神的实质则被定义为自由。”

“那黑格尔怎么说？”

“他为此发展出了最为全面的哲学体系之一，斯蒂芬。而且，他的思想方法对人文科学以及政治社会思维产生了很大影响。”

“这是什么意思？”

“黑格尔的基本思想是，任何一个正题都必然生出一个反题。他那部被说成是既令人信服、富于挑战性又艰深难懂、令人泄气的主要著作对马克思、克尔凯郭尔

（Kierkegaard）、海德格尔（Heidegger）和萨特（Satre）产生了巨大的影响。马克思和恩格斯（Engels）接受了黑格尔的辩证法，但却把绝对唯心主义整个颠倒了一下，赋予辩证法以唯物主义的基础。卡尔·马克思相信，相互竞争的经济体系必然会相互撞击，社会主义终将占上风。黑格尔对基督教，尤其是新教神学也有深远影响。但你们还是先好好看看他，更重要的是听他讲几分钟。他今天上的可以说是本学期的最后一次结语课——对你们来说也是如此。他会给他的主要思想做一个概括——也许有些脱离了前后关联，但我还是希望你们能有所收获。”

一切现实的都是理性的，只有理性的才是现实的

贝蕾妮克发现，黑格尔是多么怠懈忧愁地坐在那儿，而他说起话来又是那么仓促。他不停地清嗓子、咳嗽，干扰了自己的讲课，句子与句子都像是割裂开的，费了很大的劲才乱七八糟地说出来，成了断片。一个个词和音节好像都很不情愿被说出来，但还是被他那带着施瓦本方言的平淡声音赋予了某种强调，表现出它们的重要性。

三个年轻人感到，要想集中精神听他讲是件很难的事——是的，开始时他们越是听，越是竭力集中精神，就越是听不懂，罗曼恨不得溜出去才好。他先想，还是照顾一下塞内克斯的情面吧，可后来，他的好奇心上来了，而且渐渐地越来越强，终于变成了兴趣。

塞内克斯小声说：“黑格尔讲的东西主要出自他的著作《精神现象学》，但也掺进了其他作品中的思想，主要是《哲学全书》中的。他坚信自己把乍看之下一片混乱的丰富的精神现象归到了一个科学的体系之下。《现象学》连同他的《逻辑学》是德国唯心主义和哲学史上最重要的著作。在《现象学》里，他研究了不同精神现象的形式及其阶梯式的自我意识过程。他描述了意识从健康的人类理智出发，发展为哲学家的真正知识的过程，以此为哲学科学奠定了一个基础。”

现在他们开始认真地听了起来。黑格尔用他那种仓促的方式说着：“自然生活和精神生活的一切现象都可以从精神的实质中推导出来。全部的现实是绝对精神的自我发展、自我展开，其基本前提是，一切现实的都是理性的，只有理性的才是现实的。”

塞内克斯又转向罗曼：“这是黑格尔最重要的一句话——至少是他被引用得最多的一句话：‘理性的是现实的，现实的就是理性的。’”

那哲学家埋头在他面前那些纸里找着，然后接着说：“哲学的意图是，正确对待现实。在现实之中有很多负面的东西，自然法则与我们对人道主义的设想相对立，

而当精神在血泊之中跋涉的历史时期，这情况就更加严重。我们今天研究的对象之一是‘全体’，我视其为世界精神，这样我就可以说，真实的就是全体。一棵植物的真不在于它的芽苞，也不在于它的花或果实，不在于任何单个的部分中，而在于所有这些的集合。‘真的’必须被理解为时间的系列。芽苞、花和果实是顺次出现的，它们是一个发展过程中的必要时刻。如此，上帝也不是‘存在’着，他是‘形成’着，他在通向我们的路上。他曾被看成是超越时间并因此而超越自然史和人类史的主，现在却被归在时间之内了。上帝也处在时间之中。”

罗曼皱着眉头喃喃说道：“主啊，你的话真够晦暗的！”

黑格尔像是找不着线索了，把那些纸翻来翻去，然后含含糊糊地继续说下去：“关于我们的逻辑学，我的理解和以往人们的理解也不同。我在我的逻辑学里试图阐述的，是上帝在造世界之前便有了的思想。亚里士多德把逻辑学理解为由概念、判断、结论组成的关于思想形式和法则的学说，但这只是逻辑学的一部分，因为作为一个整体，逻辑学关注的不是人类思维的形式或内容，而是精神，是超越了时间和空间而处在纯粹的‘自在状态’的理念；因此概念和逻辑表述都不是思维形式，而是客观实体。世界精神的发展分三个阶段：第一阶段是世界被创造出来之前的精神，它是逻辑的对象；第二阶段是处在‘外化’之中的精神，也就是它经过过渡变成它的对立面，变成自然，它是自然哲学的对象；第三个阶段是回复到自身的精神，处在发展的顶点、哲学的顶点，能够通观完整过程的全貌，它是精神哲学的对象。”

“好家伙！”贝蕾妮克叹了口气。

罗曼抽抽鼻子，从眼角里瞥了贝蕾妮克一眼，充满理解地扬起一边的眉毛。

“黑格尔在耶拿写了《精神现象学》，而且是在法国军队步步逼近的时候。”塞内克斯小声说，想帮他们更好地理解那位伟大的哲学家，“黑格尔亲眼见过拿破仑一次，他给朋友的信中写道：‘我看到那位皇帝、世界之灵魂骑马出城去巡察。事实上能看到这样一个人的感觉真是好极了，他在这里骑在一匹马上，聚精会神于一点，志在统治全世界……他从星期四到星期一所获得的进展，只有他这个非同寻常的人才做得出来。’”

黑格尔一副筋疲力尽的样子，继续讲着：“重要的是把握现实的中心，重要的是按辩证的步骤进行思维的技巧，这些步骤依次分为正题，反题，最后在合题之中两者和解。存在的一切维度都在一个统一整体中辩证地统一在一起。人类的所有思维和现实都充满矛盾对立，唯有矛盾才使更高意识的发展成为可能；通过对立与综合的辩证过程，世界走上通向完美的道路。”

克服、保持、上升到更高阶段

塞内克斯又轻轻地对他的三个伙伴说：“这太重要了：在《精神现象学》里，黑格尔就运用了他独特的辩证法方法，根据这种方法，三个步骤正题、反题、合题带动发展，在发展的过程中扬弃了必然出现的对立。‘扬弃’这个概念有三层意思：克服、保持、上升到更高阶段。”

黑格尔好像又一次失掉了线索，结结巴巴地往下说着，不停地翻着他的本子，一会儿往前翻，一会儿往后翻的，也不知在找什么：“在思维的出发点，也就是在对爱情的追问中——爱情既是人类道德的表现，也是一种自然的需求——就实际存在着对立与和解。此外我相信在历史和各个民族的生活中有一个终极的目的。人类的理性和外部自然是一种绝对的两面，我称这种绝对为上帝。在此我指的是一个世界中的上帝，一个世界精神，它原本是统一的，后在历史中作为反题被分解为两种形式。不只是人类的理性，从根本上来说自然也是精神的。哲学认识到，作为一个整体的绝对精神历史地产生分化，于是精神作为历史发展的综合，找回自我。我说‘理性的就是现实的，现实的就是理性的’，意义就在于此。”

“对黑格尔的批判也正在于此。”塞内克斯解释道，“因为他指的不可能是现实，而只是他的哲学思维。但我们具体的人不仅是认识着的动物，也在实际行动着，对我们来说，现实自身总是矛盾的，而且也还没有处在发展的末端。”

“现在您也像黑格尔一样说话了。”贝蕾妮克被逗得小声说道。

黑格尔还在那儿讲，深灰色的便装都从肩上滑了下来：“现在我还要给你们说说我的最爱——这就是哲学。我的理想不是圣徒，而是智者。我不承认人类理解力的未来发展有界限。目标，也就是绝对知识，或者说知道自己是精神的精神，在它的路途中拥有不同精神的记忆。但在达到这个顶点之前很久，哲学就会认识到，真实的世界不是我们看到、触摸到的那个世界，而是由关联与规律性构成的，他们赋予世界秩序和尊严以及没有写出的法则——这些法则让太阳和星星运行，并构成非人的世界精神。哲学家会忠诚地为这一绝对理念服务，并在其中找到他景仰的对象、他的自由和一种平静的满足。”

“阿门！”贝蕾妮克嘟囔道。

“这听起来确实像宗教——反正我是这么看的。”斯蒂芬小声说。

“你们最好是听他自己说。”塞内克斯回答，话音里带着柔和的责备。

哲学是上帝的现实的完成

黑格尔继续讲下去。他脸色苍白，死气沉沉，但并不是被激情，而是被持久的思想、怀疑、寻找、摒弃弄成这样的。“我看到了绝对知识和形而上学之间的综合，在这里我也把艺术和宗教包括进去。对我而言，不仅有以抽象和测量为手段的对事物的掌握，还有文学语言向我们指出的知识或问题，由它们出发，人的需求要求我们在神学的思考中去思索人的有限性。有一段时间人们很清楚这是另一种知识，和只建立在数学、逻辑学基础之上的知识不同。人们从一开始就认为，在这里不能用与自然科学中相同的思维方式去认识，这里需要另外一种才赋。我的宗教哲学，我可以这样来概括：作为宗教发展最高阶段的基督教的内容与真正的哲学的内容是完全一致的。全部的哲学不是别的，就是证实基督教以其为中心的真理：上帝是爱、精神、实质、主体和永恒回复自我的过程。对我来说，哲学不仅是为人服务的绝对知识，也是上帝的现实的完成。”

斯蒂芬迷惑地把一条腿架到另一条腿上，扶正眼镜，罗曼则已经在他的位子上往前滑到了不能再滑的地步。

“如此，哲学之哲学，即人与神精神的自我认识在我思想的尽头便面临着一个哲学家所能面临的最高任务。此外，宗教就是一个民族定义在它看来是真的东西的处所；因此，这种关于上帝的观念就构成这个民族存在的基础。”

斯蒂芬怀疑地望着塞内克斯，小声问：“这是不是意味着黑格尔是信教的？”

“不能这么说。黑格尔晚年远离了宗教。他虽然还承认宗教对性格形成及社会秩序的意义，但他太重视理性了，以至于神学的不确定性、圣徒的痴迷、对震怒的上帝的敬畏和僵化的仪式对他都不再有什么意义。青年时的他与荷尔德林（Holderlin）、谢林同屋时，曾和他们一起为法国革命欢欣鼓舞。到了成熟的年龄后，他便致力于让基督教信仰和他的辩证法相一致。”

“他成功了吗？”贝蕾妮克问。

“不太成功。他的追随者后来把他的上帝解释为非人的法则或宇宙的理性，把不朽解释为人在尘世造成的持续影响。尽管如此——在他看来，革命犯了一个错误，那就是把宗教宣布为它的主要敌人；而他认为宗教是理性自我呈示的最高表现。”

黑格尔的前额、双颊，甚至是嘴边，都像是布满了皱纹。有时他的身形使他显得很衰老。但是当一个思想抓住他的时候，他的脸就会在刹那之间生动起来。他直起身子喊道：“生活的目标不是幸福，而是完成。如果一个伟大的人物出生在一个恰当的时代，他就会推动发展——即使他害得整整一代人遭殃。”

他沉默片刻后，又断断续续地说下去：“哲学要把握当前的事物，而不是假设彼岸。国家作为当前的事物，应该作为一个自由的王国去统治——是通过法律，而不是通过专断。但哪里有法则，哪里就有理性——也就是可以被认识的和应该被认识的理性。所以我要再说一遍：‘理性的是现实的，现实的是理性的。’全部现实都处在形成的过程之中，它不是巴门尼德（Parmenides）那个静止地存在着的世界；他宣扬实体的统一和永恒；现实是赫拉克利特（Heraklit）的那个形成中的流动着的世界。”

“他指的是那个说‘Panta rhei’——‘万物皆流’的哲学家。”塞内克斯低声说。

“全部的现实，所有的思想和事物，历史，宗教和哲学都处在不间断的发展中，而且是通过消除内部的矛盾，通过不停向复杂阶段迈进的步伐。”

“这让我觉得很现代。”斯蒂芬喃喃说道，“但是永远向复杂阶段迈进——这不是熵的反面了吗？”

塞内克斯震惊地看了那男孩子片刻。“这真的会把一切都头朝下颠倒过来，这值得好好思考。”然后他又接着说：“在此黑格尔暗示的又是他的辩证法，以及由正题、反题、合题组成的谈话艺术：一个思想自身也包含着它的矛盾，发展它，与它做斗争，最后二者统一起来，形成一个新的、然而同样会变化的形式。”

这时，黑格尔就好像听到了斯蒂芬提出的质疑似的，紧张地说：“我把历史分成三段：东方的、古希腊罗马的以及基督教的。在它们的先后顺序中，我看到了持续的发展。在东方世界，一个人有统治其他人的自由。在古典时期，某个阶层可以让其他人做奴隶，臣服于它。基督教世界则追求所有人的自由，因为每个人都拥有一个灵魂。”

“这么说可够大胆的。”斯蒂芬喃喃说道。

为所有思考着的人升起的太阳

黑格尔紧接着又把他的话校正了一下：“但在奴隶贸易这件事上，这一追求遇到了抵抗，直到法国革命这一冲突才从世界上消除掉。出于这个原因，我甚至要为这场变革唱颂歌——或者最好是说为这场革命的头两年。这是一次壮丽的日出，所有思想着的人都共同欢庆这个时代。后来盲众的暴力行为使这次日出变得阴暗，但血污终于被洗清了，重要的一步向前迈出了。”

“黑格尔认识到了法国革命带来了什么样的改善——包括给德国人带来的改善。”塞内克斯解释道，“比如拿破仑的《法典》、许多封建特权的废除、人和财产方面更大的自由。”

可以感觉到，黑格尔快要结束他的讲座了，为此，他很是高兴，说起话来也放松多了：“世界历史的进程——我已经说了——是一个意义重大的、有目标的事件。世界精神为了实现它的目标所运用的手段，是单个人的行动。位于非历史的个人之上的是世界历史上的重要人物。但是他们以为他们只不过是在追求自己的目标，实际上，‘狡猾’的理性利用他们为普遍的目标服务，他们只是在执行世界精神的事务。出于激情，他们在他们的路上践踏了一些无辜的花朵，摧毁了很多东西，这只会让那些不理解什么是真正的伟大的学校老师烦恼。天才不是榜样，但他们也不是沾沾自喜的自私自利之徒。拿破仑不只是为了征服而征服，他是——不管有意还是无意——欧洲寻求统一和共同法则中的开路先锋。但天才如果不能体现时代精神，那就毫无办法。而个人则是代价，是牺牲；他们的自由只在于他们成为一个普遍的道德整体的成员——现在，我的朋友们，我要结束了。哲学提出的唯一的思想是单纯的理性的思想；理性统治世界，世界历史的进程也是理性的。在世界历史中，现实也是理性的，是唯一、必然的发展结果。”

“对此我可表示怀疑。”斯蒂芬嘟囔道。

那哲学大师就像卸下了一副重担似的把他的本子匆匆归置到一起，把歪歪斜斜的便装拽正，然后便离开了课堂，根本没注意听众的鼓掌声和劈里啪啦合上桌子盖的声音。

塞内克斯也迅速站了起来，学生们还在往书包里塞他们的纸张、书本时，他已经和三个年轻人离开了大教室。在大学前面的场子上，投在沙子地面上的栏杆影子长长的，像某种装饰似的。

激进的学术三人帮

塞内克斯指了指一段凸出的墙，他们半站半坐地靠了上去。塞内克斯开始解释了：“黑格尔晚年在柏林教课。你们已经听出来了，他是施瓦本人，一辈子也没去掉他的口音。但他在生命的最后几年声明他认为普鲁士国家是理想的政府形式，认为它实现了自由。我给你们讲了，他年轻时曾为法国革命感到欢欣鼓舞。革命爆发时他十九岁。”

“那时他和荷尔德林、谢林是同屋？”

“对，那时他在蒂宾根神学院学神学，与哲学家谢林和诗人荷尔德林组成了一个快活而激进的学术‘三人帮’，他们不只欢庆法国革命，也为上帝重新下了定义，将斯宾诺莎、康德和费希特的学说重新混合起来。黑格尔后来不再想成为神职人员，这当然毫不奇怪，因为自由的思想对他的影响太大了。除了斯宾诺莎外，他还读了马基雅维利（Machiavelli）、霍布斯（Hobbes）、莱布尼茨、孟德斯鸠（Montesquieu）、洛克（Locke）、伏尔泰、休谟（Hume）和康德的著作。比起今天，那时候人们对读书看重得多，黑格尔勤奋地读那些书，而他那本来就动摇不定的信仰被这些怀疑主义者弄得更动摇了。他很年轻，充满了矛盾精神，他成了异教徒。巴士底狱被攻占七年后，他写了《耶稣的生活》，但有很长时间都没有拿出去发表。在这本书里，他对《圣经·新约》进行了激烈的攻击，以此抢了他后来的学生大卫·施特劳斯（David Strauss）的先。黑格尔描写的耶稣是木匠约瑟和玛丽亚的儿子，而不是上帝和玛丽亚的儿子。他拒绝相信耶稣那些奇迹，要么就是用自然的原因去解释它们。书的结尾是钉在十字架上的叛逆者被埋葬，而不是他的复活。但更重要的是，黑格尔那时就对上帝下了一个定义，而且后来终生没有改变过：对他来说，神性只在于纯粹的、无限的理性。”

“我觉得这听起来像启蒙运动。”

“只是，黑格尔是用唯心主义去填充理性的概念，而这是启蒙主义者那里所没有的。至于黑格尔的生活，我只想说，他先是受雇当家庭教师，后来，在歌德的帮助下，在耶拿大学得到了一个教书的职位，由魏玛大公爵供给薪俸。黑格尔的主要著作也是在耶拿写成的。离开耶拿，又在其他几个地方呆过后，最后到了柏林。六十一岁时，他在柏林死于霍乱。”

“这么说他也是医学落后、卫生条件差的牺牲品了。”贝蕾妮克说。

“而他居然还认为普鲁士是个理想的国家？”罗曼满腹狐疑地问。

“黑格尔认为，一般人没有能力自己选择能干的统治者，因此他拒绝民主。”

“他是个反动者吗？”

“这么说他不公平，我们应该考虑到时间和地点。在拿破仑之后的混乱之中，有竭力要恢复旧王朝统治秩序的反动政府。黑格尔大概已经老得不能再表述什么颠覆性的思想了，在他看来，用没有经过检验的理论或是盲众的统治来取代旧的统治形式，这太冒险了。他更希望有一个能保证思想的自由和宗教宽容的统治形式，但也仅此而已。他以他写的《法哲学原理》成了被承认的普鲁士国家哲学家。他忠实于自己‘理性的是现实的，现实的是理性的’这一思想，他把普鲁士国家说成是历史发展的高峰。”

“我想不是哪儿的人都喜欢听他这么说！”

“但是，他把建立一个自由的立宪君主国的主张与建立宪法政府、废除农奴制、承认犹太人的主张联系起来，我对此评价很高。”

“确实。”贝蕾妮克的脚尖在地上画着一个图案。

现代存在主义之父

“黑格尔对普鲁士国家的尊重为俾斯麦铺平了道路。不管怎么说，我已经暗示过了，索伦·克尔凯郭尔、卡尔·雅斯贝尔斯（Karl Jaspers）、埃德蒙特·胡塞尔（Edmund Husserl）、马丁·海德格尔和让—保尔·萨特都在《精神现象学》中清楚地看到了人在世上的生存竞争，在这个世界里，人必须得在没有上帝指引的情况下自己寻找出路。在这个意义上，黑格尔是现代存在主义之父，而存在主义最杰出的代表人物是法国人让—保尔·萨特以及比他还早一点的德国人马丁·海德格尔。但在说他们之前还要先说点别的。黑格尔是魏玛的教授，而歌德是他的国家部长，两个人结成了一种友谊。1827 年，黑格尔去魏玛走访他的老朋友时讲道：‘然后又走上美丽的公园里那条熟悉的、二十五年前走过的老路，问候小小的伊尔姆河的河岸和它的微波，听到那不朽的歌。’他以此证明了他有着一颗敏感的、容易接受诗情画意的心灵。而歌德也写到过柏林的黑格尔教授：‘这个思想极其敏锐细腻的人很久以来就是我自然观点的朋友了，尤其是我在颜色问题上的朋友。’他在这里指的是颜色学。在另一封信里，他对黑格尔不能在魏玛呆得更久表示遗憾：‘这样一个人的书在我们看来是模糊难解的，这是因为我们不能因为需要而去掌握它；但这将会在生动的谈话中成为我们自己的财富，因为我们会发现，在基本的思想上，我们和他是一致的……’”

黑格尔声称他反对牛顿关于颜色的学说，而赞成歌德的学说，歌德对此很高兴，给黑格尔写信说：‘您是这样热情、这样坚定地赞同古老的、不过是由我重新提出来的颜色学说，这令我不得不对您表示双重乃至三重的诚挚谢意，因为要再次让公众听到我对这一研究对象的见解，我需要朋友和赞同者。’”

“连天才也不能没有人赞同！”

“黑格尔也不行。虽然他讲起课来漫不经心，话也说不清楚，他还是一个受欢迎的客人。在他死后，黑格尔学派兴盛起来，但并不是一个统一的方向，而是分裂成两个对立的派别——‘黑格尔右派’和‘黑格尔左派’。‘右派’是尊重黑格尔的每一个字的好学生，只是在对《圣经》的历史批判方面与黑格尔有分歧，与之相反，‘左派’则加强了黑格尔对宗教和政治正统派的进攻；‘左派’对黑格尔统一上帝与理性的做法做了如下的阐释：自然、人和历史都服从于不可更改的、与人无涉的法则。他的学生费尔巴哈（Feuerbach）是这样说的：‘关于上帝的知识是人自身的、关于他自己的本质的知识。’这意思是说，宇宙的理性只有在人的意识中才存在，只有人才能想出宇宙的法则。与之不同，马克思则把范畴的辩证发展转变成对历史的经济学阐释，据此，阶级斗争是历史的主要承担者并挤走了英雄人物；他对黑格尔的了解只限于他的文章。”

“现在我清楚您为什么向我们介绍黑格尔了，即使他很难懂，但他还是能产生这么大的影响，这真是太棒了。我想，人们肯定是发现他的思想很好，好得使他们忘掉了他艰深的表达方式。”

“好，在此我还可以引用叔本华（Schopenhauer）的话；针对康德，他认为人可以认识到，阴暗的不总是无意义的；但他接着说——你们好好听着——‘过去人们只在疯人院里听到过的全无意义的胡诌、胡凑在一起的唇枪舌剑，终于在黑格尔这里端到桌面上来了，成了最笨拙粗俗的故弄玄虚的工具，获得了让后代看来传奇般的成就，始终是德国式‘Niaiserie’的一座丰碑。’”

“原来不只是作家互相咬，哲学家也这样。”罗曼笑着说，抓抓后脑勺，“请问‘Niaiserie’是什么意思？”

“意思是‘瞎扯、胡闹’。”塞内克斯回答说。“但我觉得用这个来总结黑格尔是不恰当的。叔本华是个出色的思想家，如果不考虑他对黑格尔的这番猛烈批判，倒值得听听他对人的悲观主义见解。”

“这您说过了。”斯蒂芬回道。

否定，进步的一个必要因素

塞内克斯学贝蕾妮克的样，在沙子上画了一个正方形。“我还得补充一点重要得多的东西。黑格尔在世界历史中看到了上帝存在的正当性。对他来说，解释这一正当性的作用就是理解世界上的弊端，包括恶。比如，他指的是1755年摧毁了里斯本的那场地震、在拿破仑的战场上阵亡的人，甚至整个民族被征服者屠杀净尽说到底也是合乎理性的事。他想要以此把思维着的精神与他在世界里到处看到的负面消极的东西和解，因为他把否定看成是进步的一个必要因素。”

“好啊，谢谢！”贝蕾妮克抹掉了她的图案。

“啊，您要说的在这儿呢，塞内克斯——黑格尔恰恰是以他的这一观点为纳粹狂徒和希特勒屠杀犹太人提供了辩护词。”

“事实上就是这样，斯蒂芬。黑格尔的《精神现象学》也经常被拿出来与歌德的《浮士德》做比较。在《浮士德》中，梅菲斯托说他自己是一股总要做恶事，但却总是创造出好的东西的力；这样可以把这话颠倒过来，说黑格尔是总想做好事但却做了恶事的力。”

塞内克斯点点头：“我们本来还应该讲讲费希特和谢林，他们和黑格尔一道是那个时期德国哲学的三颗巨星。但在选择的问题上我又为难了。费希特是三人中年纪最长的，但他作为一个人和一个作家比他的著作更有意思；他也在耶拿教过书，是个令人着迷的演讲家，但也许太热烈，太容易激动了。谢林称他是一个‘非常受欢迎的作家’。从他的书中可以读出一个失去了他的信仰、正在信仰与怀疑之间寻求一条道路的人的渴望。他越是上年纪，就越是倾向于基督教的虔诚和爱国主义。让他出名的主要是他的《对德意志民族的演讲》，其中，他想要唤醒德国人对他们的历史的自豪感，但这一点应该说更属于政治领域，因为他以此激起了人们与拿破仑做斗争的热情。出于这个原因，德国民族社会主义者宣称他是他们最喜欢的哲学家之一。”

“您对谢林有什么可以说的？他是不是比较重要？”

“我们可以这样说：对他那个时代来说，他肯定更重要些。你提这个问题，贝蕾妮克，这让我觉得很合适。谢林接近浪漫主义者，他赞同肉体的兴奋，公开承认女性的美在精神和肉体两方面都令他激动。谢林不能设想精神与物质可以统一起来，觉得它们中的一个可以导致另一个是不可想象的。他所看到的精神与物质是一个复杂、统一的现实的两个不同方面。他丝毫看不上一种仅仅诉诸于理性的哲学，认为这样的哲学不可避免地会引回到斯宾诺莎，而对他来说，斯宾诺莎的逻辑是如此僵化，简直没有任何活力。他认为力和能量是物质和精神的实质，并认为一个始终存在的上帝既不能是物质也不能是自为的精神，而是由无数力量统一起来的物质与精神的统一体。谢林以这种基本观点写的《自然哲学》既是关于诗艺，也是关于哲学的一部著作。他为所有那些被科学征服并搞糊涂了的、渴求信仰的人寻找一种新的、超验的确定感。黑格尔死后，谢林在柏林顶替他的哲学教席达十年之久，步入高年的他成了神秘主义者。但他没有能力吸引他的听众。当时世界的变化简直是疾风骤雨式的，物理和化学上的新认识、新发明一个接着一个，各种科学都经历了繁荣。查尔斯·达尔文（Charles Darwin）的著作不久就要从根本上动摇旧的世界图景的根基。有些东西你们还会看到的。”

“这么说又要去英国了？”

“是的，但不是马上去查尔斯·达尔文那儿，因为我迫不及待地想向你们介绍我最喜欢的画家，他的大胆和现代性，直到今天还有影响。”

“我都等不及了，您快讲吧。”

“他就是威廉·特纳（William Turner）。”塞内克斯说，然后停了片刻，就好像他要充分欣赏这个名字的声音效果似的，“走吧，我们去伦敦。要知道，我本来很犹豫，因为我们去威尼斯也可以，因为威廉·特纳在那儿画出了最美的威尼斯水彩画。本来也该提及的丢勒（Dürer）虽然比他去得早，但没有在威尼斯画过水彩画。不过我还是要提醒你们别忘了他在越过阿尔卑斯山去南方的路上画的水彩画。好，走吧，我的朋友们，穿过我们的魔术房子。”

比马车还快

穿过走廊，他们走到另一扇门前。等他们再次到了露天下的时候，迎接他们的是一个雾茫茫的、风雨欲来的夜晚。空气滞重地压迫着他们的肺，空中还弥漫着烟尘、烧木炭火的味儿以及从烟囱里出来的浓烟。他们站在港口的防波堤上，左右都是好几层高的库房，其中伸出些滑轮，样子像绞首架。坚硬的铺石路面上，一辆辆载着板条箱的马车、手推车来来往往，酒桶滚来滚去，黄麻卷摞得高高的。码头墙边，下了锚的帆船桅杆晃来晃去地在水面上悠荡。海鸥、燕鸥、乌鸦在这一切之上盘旋、尖叫。

一只带两个轮子的架子聒噪着从广场上穿行而过，轮子之间坐着个戴高礼帽的男子，两腿不停地蹬着。塞内克斯指着让三个年轻人注意看："这是最早的真正的自行车中的一辆。巴登（Baden）的管林员德莱斯·冯·绍尔布隆（Drais von Sauerbronn）男爵已经设计出并试验了一种'跑轮'，它在1817年得到实验。冯·绍尔布隆认为，人跑的时候如果不需要抬起全身的重量，跑起来就会更轻快；因此他相信，一个坐着的司机只需要较少的力气，在耗费相同能量的情况下，能比用两条腿走路的人前进速度快。可当时街道还很差劲。你们现在看到的是经过进一步发展了的——一辆带驱动后轮的脚蹬子的自行车。它是苏格兰的一个名叫科尔克—帕特里克·麦克米伦的铁匠制造的。当然它还没有完全成熟，还没有安上弹簧，但它已经有了可以用的车把。你们眼前这个骑车人的速度已经超过马车了。"

似乎为了证实塞内克斯的话似的，立刻就不知打哪儿出来了一辆马车，只由一匹马拉着跑过广场。骑车人毫不费力地超过了它。"这是当前最受欢迎的马车类型。它只有一米二宽，可以坐两个人。底盘很低，使上车、下车更加容易。最早的汽车就是从这种方便的结构方式发展来的。"

骑车人消失在一堆板条箱后面了，就像舞台上的木偶消失在幕布后面。马车则驶向一艘废弃的帆船。一个拎着一只小箱子的男子跳下车来，匆匆跨过甲板上一块窄窄的木板。

"这可能是一个医生，被人召来看病人的。"塞内克斯喃喃说道，"这种所谓的'布鲁姆'有篷单驾四轮马车（Brougham）尤其为医生所重视，因为它令他们可以更舒服地赶到病人家里去。"

右边一条两侧都是房子的街道通到广场，从那里又出来了一辆由三匹马拉的车，长长的蓝色车厢，他们还从没见过。车不仅在后部有一扇很宽敞的门，而且还有几节盘旋式的台阶通到车顶。车顶上有护栏，围着几只板凳。车停下来，门开了，几个人跳下来，同时车顶上也有乘客站起身来；其中也有妇女，拽着她们长长的裙子走下台阶。

“这是世界上第一条公交路线。”塞内克斯解释道。“你们肯定知道，‘Omnibus’这个词来自拉丁语，意思是‘为所有的人’——这也是造这种车的初衷——它应该运送所有的人，不管他们什么性别、什么年龄、来自什么阶层，只要他们交得起很低廉的车票钱就行。不过车还是由马拉的。这条线1828年起运行，一次可以运送二十二名乘客。伦敦已经是一个百万人口的大城市了。短短三十五年后就有了第一条地铁线——当时的发展就是这么快。”

“那我猜，人们大概头都搞晕了。”

“英国也有了第一条铁路，从利物浦（Liverpool）到曼彻斯特（Manchester），1830年，这条线上就有了第一个客运火车站，以唤起人们对这种新式交通工具的信任。火车站是用石头造的单层建筑，有宽大的窗户、柱子和装饰。在这些东西以下三十米的深处——你得走无数的台阶——有两条轨道通到一个几公里长的隧道系统中。有八列火车为通车典礼做了准备，车上载了一千多名贵宾。斯蒂芬森本人驾驶了其中一个机车头。火车通过了一片漆黑的隧道，这就已经够轰动的了；虽然人们都很紧张，但还是觉得此行挺舒适的。悲惨的是一个事故给这件大事蒙上了阴影——一位贵宾摔了一跤，当天晚上就死掉了。尽管如此，车还是开到了曼彻斯特，并又返回，于昏暗的夜里到达利物浦。两天后举行了这条路线的公开运营典礼。在大洋彼岸，北美也兴起了铁路热潮。”

突然间，塞内克斯又把三个年轻人的注意力引向水边——一只帆船刚刚返航归来。只见一个中等个头的男子被绑在桅杆上。

塞内克斯解释说：“他并不是囚犯，这样做只是要保证自己不会被冲到水里去。”

可不，那人头也不抬，一味低头看着用一根皮带从他脖子上吊下来、水平置于他面前的板子。他正聚精会神地画着，帆船进港、靠岸、下锚一概与他毫不相关。他戴着顶很紧的皮帽、一件有防水夹层的长外衣以及高筒的橡胶靴。船停稳后，他才把自己解下来，踩着码头上的木板离开——一个黑色的身影，胳膊下夹着画板，另一只手里拎着个小箱子。他急匆匆地穿过广场，向左一拐，消失了。

“那就是他！”塞内克斯没做更多的解释，只说，“天黑了，而且天气也不好，我们最好就此找过夜的地方吧。今天够长的，我们这就去舒服舒服吧！”

他们今天的住处和其他房子左右相接，连在一起，简直认不出来。

第十晚
工业化时代

作为价值的印象

色彩、光与影

饭菜很好，量也很大，但是细节不值一提——要不是从维多利亚帝国时代的殖民地汲取了些烹调艺术的精华，英国菜就是那么回事儿。

“您还是再给我们讲讲那个看起来闷闷不乐的人吧！”贝蕾妮克提议道。

“就像我已经说过的，他工作时让人把自己绑结实。”塞内克斯回答道，“他要为大自然、波涛、激浪画速写，好让他能够回去后在画室里再现那些自然力的激荡——但并不是以精确到极点的自然主义的方式，而是将其作为印象来表现，作为‘Impression’——我是有意用这个词的，因为这用在他身上很适合。直到拿破仑失败，大陆封锁取消后，他才得以从英国前往意大利，并且去了很多次。他在那里获得了重要的印象，我只提一下威尼斯和罗马。六个星期之中，他画了一千五百幅速写，并且在返回英国后对其中的一些进行了加工，在色彩、光与影方面做新的尝试，甚至让影子都说起话来。他也参观了卢浮宫，并为塞纳河（Seine）创作了光亮透明的水彩画。跟其他那些从不迈出家乡城墙一步的同行相比，他在这些旅行中学到了更多的东西。他统治了英国的绘画界，并且影响力远及欧洲大陆——虽然没那么快。他在色彩的丰富和大胆上超出了其他任何一个画家；他的大胆在于他几乎不再着眼于形状，而恰恰以此获得了极强的感染力。”

“我觉得，任何浅浅的勾勒比起精确的照相术来都更能激发人的想象力。”

“我也这么想，罗曼。特纳画上的轮廓越是模糊，它就越是能立刻给人以极其忠于自然的感觉——这就是他的令人惊叹之处。与他同时代的人却指责他只给出色彩，不给出形状，就连他的色彩也像是随意的信手涂抹，好像它们就是他表现的对象，而这，人们认为太少了。”

“我能想起来他的一幅画。”贝蕾妮克说，一边闭上眼睛，在脑海里搜寻着，“那肯定是在一个画展上，我记不清那画的是一道山脉、一座山、还是只是太阳和天空。光，也许还有云，黑色和黄色的云，笼罩在几乎看不见的山上。”

“他画上的房子和人往往只是暗色的小块儿、不显眼的斑点、笔道。”塞内克斯补充道。“而这样一来，自然就更是压倒一切，自然中更重要的则是天空。有时候你会以为他的画上除了太阳和云以外什么也没有，哦，当然也有山和波涛汹涌的海。但是，他把光线请到了绘画中，这是艺术上最伟大的发现之一。他创作了欧洲的油画和水彩画中光最充盈的作品。他向人们展示出，光线不仅是一种现实，也是可以用千差万别的方式去表现的激情。没有哪个画家对自然现象的了解能比他更多。他为艺术增添了匆匆易逝的光的效果——日出、暴风雨、薄雾，增添了一些以前从没有人用画笔和颜料创造出来过的自然现象，而且——我还要补充一下，以后也不会有人做得有他那么完美。”

“听您这么一说，谁都会相信特纳是一个印象主义者，比法国人还早。”

“我要说，特纳是一个技艺卓绝的印象主义者。就算我们再赞服法国的印象主义者，他们并不曾超越他。德加（Degas）、莫奈（Monet）、毕沙罗（Pissarro）和雷诺阿（Renoir）在几年后写信给一个伦敦的艺术商说，他们永远也不会忘掉，‘在这条道路上，有一位英国画派的大师，著名的特纳，走在他们的前面’。特纳将一切都转变成纯粹的色彩，不只是光，感觉也变成了色彩；他反对持续了数百年之久的主题和样板，反对过时的规则，反对僵化的传统和奴隶般的忠实于现实以及由此而来的对想象力的蔑视，成了浪漫主义绘画在这种批判方面最强大的声音。我们很难想象这是怎样一个革命的过程，因为几百年以来，只有那些能够去抓，能够去摸，能够去接触的东西才被人们认为是现实的。”

“我们今天还是这样！”

“而艺术应该给人们造出这种错觉；所有得到公认的艺术都要求可把握性——要么是立体的，要么是清晰的线条。与威廉·特纳同时代的英国画家威廉·布莱克（William Blake）就曾说过：‘如果不是正确的清晰线条’，那有什么能区分诚实和欺骗呢？特纳年纪越大，就越是执著于光的魔力；他画的对象几乎让人认不出来了，取而代之的是引人入胜的对色彩、光芒和深重的阴影的钻研。正是歌德的颜色学说激发他创作了几幅后期作品，其中的光和色几乎吞没了一切。他最后在威尼斯画的作品给人超凡脱俗的、先知一般的感觉。”

“您简直是陶醉了呢，塞内克斯！”

“可能，斯蒂芬。每个人都有他最喜欢的、偏爱的东西。你虽然可以说威廉·特纳几乎一点也不可爱，既不迷人，也没风度，但他是一块未经雕琢的宝石，是一个离群索居者。他自己几乎从不曾快乐过，并说过：‘别人卑鄙地对待我。’只是到了我们，他的天才才被认识到，他之后的重大发展其实已经被他做到了。”

从艺术到技术的过渡

塞内克斯喝了一口红葡萄酒，这种葡萄酒是从法国进口的，其产地曾是英国人的地盘，一直到奥尔良的圣女贞德为止。

“人们那时候已经开始照相了，对不对？”罗曼问。

“对，而且我觉得，这一点是从艺术向技术的一个很好的过渡，因为照相术是技术方法，却介入到造型艺术之中，并对其影响深远，尤其是它从绘画那里夺走了一项重要任务。”

“摹写现实，对不对？”

“你说得对，贝蕾妮克。摹写现实——照相术在这方面确实做得更好，做起来也简单得多，精确得多。但是那时候还没有照相术。”

“那它是怎么开始的？”

“十八世纪初时，萨勒河畔哈勒城（Halle an der Saale）里一个名叫舒尔策（Schulze）的市民就发现了银盐类物质的光敏性。真正开始照相的是法国学者约瑟夫·涅普斯（Joseph Niepce）。1827 年，他在一个锡盘上涂上一层沥青，然后放到一个‘照相暗盒’里去感光。有光落在上面的地方，沥青变得不再溶于水，其余部分则被溶解，这样便留下了一个可见的图像。但涅普斯的‘相片’还无法保存，直到 1839 年，一度是他的合作伙伴的法国画家雅克·达盖尔（Jacques Daguerre）才做到这一点。他的做法是把一张感光的银盘冲成正片，但是这种所谓的‘达盖尔银版摄影法’也有缺点。”

“可我喜欢它！”贝蕾妮克喊道。

“但它是不可以复制的，那时候每一张‘达盖尔银版照片’都是孤版，达盖尔还曾激烈地反对继续发展复制照片的方法。它们的独特当然使它们极有价值，但也限制了它们的可能性。起了改进作用的是英国的一个物理学家、化学家福克斯·塔尔波特（Fox Talbot），他在达盖尔之后仅五年就发明了冲出负片的方法，由负片可以再洗出纸质的正片。”

“照相术就开始乘胜前进了！”

“现在人们就可以拍摄风景、街道、建筑、人——男人、女人、贵族、工人——也可以拍交通工具、城市风光、时装，等等等等，而且可以随意复制。”

“这便有了风景明信片！”

“旅行摄影迅速流行起来，尤其是因为旅行也越来越普遍。摄影成了人们的一种激情，到处都可以看到男男女女带着装在三角架上的盒子，庞大而样子奇特；他们把头钻在一块黑布里，在承影毛玻璃上把他们的图像调清楚——那可能是在布朗峰（Mont Blanc）前，可能是在埃及吉萨（Gizeh）的金字塔前，也可能是在那不勒斯湾（Neapel），让冒着烟的维苏威火山（Vesuv）做背景，或是在雅典卫城的帕提侬神庙（Parthenon）。你说得对，贝蕾妮克，旧照片对我们来说有一种魅力，这肯定也是因为它向我们讲述着一段业已流逝而永不再现的时间。”

“您说照相术改变了造型艺术，这我太相信了。”

“它把绘画从尽可能精确地模仿自然的任务中解放了出来——虽然这种观念是渐渐地才普遍起来的，尤其是因为照相术还需要很多的发展步骤，才出现彩色摄影，才达到目前的高水平。”

“而这高水平现在又已经被数码照相超越了。”

“这只是些技术上的多样化罢了，可以说是从一颗原初植物中长出来的新生事物。不管是过去以化学为基础，还是现在以数码技术为基础，照相术越来越多地作为一种艺术被人们接受了。”

大众的时代

我们越来越多地遇到大众现象

塞内克斯给自己续上葡萄酒，说："新发明像下过一场温暖的雨之后从地里冒出来的蘑菇，不仅是在欧洲，也在大洋彼岸被欧洲移民垦殖居住的北美洲。有些发明家本来是艺术家，比如美国人塞缪尔·摩尔斯（Samuel Morse）。他本是名画家，创作浪漫主义风格的肖像画、历史画和风景画。快速传递消息的尝试在拿破仑时代就已经有了，要是把烽火也算上，那还早得多得多。但直到有了旗语人们才能在视野范围内传递比较精确的消息，从一个旗语台到另一个旗语台，只是还受制于天光和天气。当到人们能够通过金属线缆发射电信号后，这种情况迅速得到了改进。摩尔斯虽然不是电报的发明者，但他成功地进行了起决定作用的改进——通过摩尔斯击键和摩尔斯电码。他想出了电磁电报机的主意，并申报了专利。开始人们是在纸带上写出锯齿形的符号，后来他用长短不一的信号来代表字母，在接收者那里出现的则是道儿和点儿——这就是摩尔斯电码。人们用了它很长时间，最长的是在航海中，在海上，有了它的帮助，是可以拯救人命的。用摩尔斯电报机，人们在华盛顿和巴尔的摩之间建了第一条试用线。"

斯蒂芬把眼镜推正。"这么说现在传递起消息来更容易了，而且有了最早的火车，旅行起来也快多了。"

"不只是快多了，而且也频繁多了！从现在开始，大众现象随处可见。个体后退了，大众排斥了个体。当然了，过去那些朝圣的香客也是成群结伙的，但每个人都要靠自己的力量，靠自己的两条腿，对自己负责。"

"现在呢？"

"人们由此做起了大众的生意，而这一功劳……"

"这是个功劳吗？"

"既然世界人口急剧增加，这绝对是个功劳！这功劳该归于一个英国人，而他起先根本没想到过要做生意。他的名字是托马斯·库克（Thomas Cook），是印刷工和一个浸礼会教堂的业余牧师。他怀有毫不利己的动机。他向人们提供全包旅游的想法本来有十分明确的目标，就是为了让工人远离烟酒。他有坚定的道德原则，还很有主意，很有组织天才，他利用了不同的交通业主之间的竞争，最后得到了非常便宜的价格。1841 年他组织了第一次出游，一共五百七十人从莱斯特（Leicester）出发，去了二十公里以外的拉夫堡（Loughborough），然后返回。乘车价格便宜得可笑，参加旅行的人不仅得到火车票，还得到饮料、食物、音乐，还可以跳舞。库克想以便宜的价格组织工人星期天去游览海岸，让他们在那儿透透气；然后当天晚上就可以回到家里，星期一一大早就又可以去上班了。因此这种旅行叫'库克的月光之旅'，他成了全包旅游的发明者。在这以前，旅行虽然已经容易了很多，但还是令人叫苦不迭的。"

"为此大概得有铁路网的扩建做前提吧。"

"对。事情是一环扣一环的。库克达到了集体打折的目的，这样，这种旅行就是人们可以承受的。不久他便开始向远处发展，开辟了新的路线和目的地，带人们去莱茵河畔，欣赏那里的浪漫情调和城堡废墟，他甚至还组织了带导游的瑞士之旅。这种服务尤其受到了妇女的热烈欢迎，这给了她们以前单独旅行时从没有过的机会。库克组织的旅游者目睹了苏伊士运河的开通——所以英国人称这条运河为'库克的运河'——紧接着还去了尼罗河，乘了豪华游船。他成功的秘诀是自己料理一切，并且自己带队。他办了一份旅游杂志，并且十分重视做到让他的旅游者在旅程中无忧无虑。"

"这么说是全面的成功喽？"

"度假旅游、集体旅行现在才成为可能。豪华火车、豪华客轮、宫殿似的饭店也是其结果。库克于十九世纪末去世的时候，在身后留下了他活跃于世界各地的旅行社。"

"我想，我们今天对集体旅游的态度可不同了。大众旅游业对自然风景造成破坏，这大概从那时候就开始了。"

"亲爱的罗曼，那些沾沾自喜于他们自己个性的所谓'背包旅行者'带来的问题恐怕也不会更少，不是吗？"

"你们两个都有道理。库克那个年代就绝不是所有的人都为他的事业感到欢欣鼓舞。尤其是富人嗤之以鼻，因为现在一大帮'毫无教养的粗人'也可以涌到意大利去观光了，高贵的《泰晤士报》也激烈反对'大众旅游'——虽然是徒劳的。"

"我想，今天谁也不想放过又便宜又舒适的旅行机会——虽然伴随着有很多负面影响。"

"我也这么想，每年就算没有数以十亿计的人，肯定也有数以百万计的人出行，包括我们自己。"罗曼说。

"数以百万计的人……这又让我想起了人口的增长。从公元六世纪到十九世纪初，欧洲的人口数量几乎没有变化。我们不知道确切的数字，因为那时还没有人口统计，但变化保持在很小的范围内。直到十九世纪初，人口才开始以跃进的速度增长。人们估计，1650 年左右地球上大约生活着六亿五千万人。由于医疗和卫生条件的改善，死亡率首先降低了，人口繁殖的速度加快了，虽然还没到今天这种程度。”

“这是人类最大的问题。”

深深地介入家庭生活

罗曼又开始往前出溜儿，伸长了腿向后靠——他特有的思索时的姿势。“我们难道不说说日益发展的工业化吗？它与此密切相关啊。”

“这个话题也会让贝蕾妮克兴奋起来的！”

“什么话！我又没有睡着！”贝蕾妮克抗议道。

塞内克斯微笑了：“工业化不纯粹是男人的事。虽然大部分发明家、工程师、机械制造家都是男子，大部分工人也是男的，但工业化，或者更确切地说，工厂生产，已经深深介入了家庭生活之中，不仅是男子、父亲的生活，也是女子、母亲，甚至是孩子的生活；而且那种介入程度是我们在今天的欧洲无法想象的。”

“您指的是女工和童工吗？”

“我们以前已经涉及过这个题目了。所有领域中都产生了巨大的需求，但我们只以纺织工业为例就够了，同时不要忘了，铁路的迅速发展为整个欧洲带来了巨大的变革。1780 年到 1850 年间欧洲人口急剧增长，正因为这样，工业革命时代——人们就是这么称呼这个时代的——才得到了足够的劳动力，而且妇女和儿童也得出力。”

“劳动在体力消耗方面是不是轻些了？”

“劳动需要的知识也少了。特别是在纺织业中，操纵新式机器的活儿只限于几个动作，很快就能学会。”

“但妇女和孩子的工资比男子的少。”

“也正是因为这个，到处——只要有可能——都用妇女，因为她们不仅便宜，而且听话。管理机器的人通常是用男子。重复几个单调的动作，同时要服从、守纪律，这就是工厂生产的前提。谁要是得不到工作，或者遭到解雇，那就惨了，顶好也只能去贫民劳动教养所。疾病、急难事件、年老一概没有防备措施的保障，没有医疗保险，丧失劳动能力后也得不到帮助，出现死亡事故也不管丧葬。渐渐地工人才自己创造了救助协会，比如所谓的‘友好协会’。”

“人们不是希望机器能减轻人的负担吗？可现在听您一讲，塞内克斯，事实完全是相反的！”

“减轻劳动是人们追求的理想，尤其是抛弃早期文化中压在奴隶身上的沉重体力负担。但总的来说，那些工厂主们看重的首先是利润；日益沉重的肉体及精神负担肯定不是工程师们想要看到的，而且他们也无法预见到，体力较弱的人倒被雇来做据说是比较轻省的活，因为他们更便宜。结果呢，是另一种形式的奴隶制的产生，是贫困和工业无产阶级的产生。”

到处是一片混乱

贝蕾妮克继续追问："那么工程师、技术人员和发明家没有达到他们的目的了？"

"虽然人们'招来魔头驱赶恶鬼'，但我还是得承认，只有工业化才为越来越多地涌往劳动力市场的人提供了足够的工作；没有它的话，贫困会更严重。工业的增长另一方面也使工资得以提高。到处是一片混乱。起初，技术的好处仿佛妙不可言，是造福人类的大好事。原材料看起来也还像是取之不尽、用之不竭的，谁想得到人类不可能无休无止地向大自然伸手索取呢！"

"人们到现在也还没明白这一点！"

"我想今天的人们还是明白了的，斯蒂芬，只是在认识和实现之间存在着一条不可逾越的鸿沟，实践逼出来的鸿沟，没人能轻而易举地逾越。那时候人们还以为可以控制自然，今天我们必须改变想法，学会把自然作为我们的生存基础来加以维护。但这并不是说，那时候的人是完全盲目的，有少数几个人——可惜太少了——已经预感到了工业化带来的社会和生态方面的弊端。但他们被看成是'异想天开的人'，大多数人认为没必要把他们的话当回事儿，认为他们是不谙世事的理想主义者。这些人中大部分是医生，甚至有几个具有远见卓识的企业主。人们为了对付空气的污染，把烟囱建得更高，结果把有害物质散播得更远。河流到处成为容纳一切污水和垃圾废弃物的阴沟。卡尔·马克思的战友弗里德里希·恩格斯那时就写道，河流'从城市的一头儿流进去时是清澈透明的，从另一头儿流出去的时候已被各种垃圾废料弄得污浊不堪，臭气熏天'。"

"我想人们对此置之不理的态度更甚于今天。"

"那些损害看起来还没那么具有灾难性。环境卫生情况往往是差得无法形容——当然，在很长时间里，没有人觉得自己应该为此负起责任来。城市里的工人区脏得要命，一副不可救药的样子。贫穷到处露出它忧虑憔悴的面容，但是没有人想正视它。医疗条件糟透了，疾病是家常便饭，水供应不足，就更别想水的清洁和消毒了；这方面的技术虽然已经有了，但需要它的人没有钱使用它，富人当然是去找干净高雅的住宅区居住。"

"查尔斯·狄更斯也描写过伦敦贫民区里的可怕环境。"

"只要富人过得好，只要臭气没有吹到他们那边去，官方就不会采取任何措施，或者浅尝辄止。直到两次霍乱夺走了数以十万计的生命，还带来了其他令人震惊的后果，人们害怕被传染，这才有了最低限度的改善措施，一些犹犹豫豫的试探、改善工人处境的尝试；但这些都收效甚微，而且并没有着眼于未来，环境意识还远远谈不上，连马克思也没想到过这个。那时候就和今天一样：若说运用新技术，谁都是不可遏止，既不考虑社会，也不考虑生态，对工厂条件遭到的批评更是充耳不闻。因为要顾虑这些，没有大量的投资是不行的，而投资不仅得分期偿还，而且还得值得做，要不就不会有哪个企业主愿意冒这个风险，否则他会江河日下。而且生产也不能停下来，不能拖延，不能中断。固定的花费已经在那儿，而且总是那样，很容易就会招致亏损。所以，工作时间得固定，工作时间得尽可能地长，工人要能二十四小时连轴转才好呢。”

“今天也一样能听到人这么说！”

“与家庭生产或手工业生产相比，工厂生产意味着工人得离开住所和家人；此外，他们失去了一切决定自己的工作和工作节奏的可能性——不过这一点在手工工场时期已经存在了，但还没有现在这么明显。工作时间的长短、工作日的分配、工作周等等都有严格的规定。”

“工作时间有多长呢？”

“每周工作六天，每天工作十二到十四个小时——这不仅取决于雇主，也取决于机器。一切都规定好了，包括工间休息和机器停转的时间——这里说的是机器不得不停转的情况，这是让工厂主很生气的一件事。

“如果在今天，这就叫‘利润最大化’。”

“儿童高死亡率的问题仍然威胁着家庭，其主要原因是社会条件太差，再加上普遍的、令人发指的使用童工现象。很多孩子成了残废，或者患上了肺结核。一个地毯厂的工人说，他每天早上得把他的儿子背到工厂去，等他干了十六个钟头后，晚上再驮回家；中午吃饭时得喂他，因为他得站在机器边工作，不准离开。很多孩子七岁时就开始干活，好帮着贴补家用。一天工作十八个小时的现象并不少见。在火柴厂里，很多五到七岁的孩子就那么暴露在有毒的磷气中干活儿，脸上的骨头都被毁了。在煤矿、铁矿井里，小孩子们要拖动沉重的矿石，把它们堆到敞篷货车上，再把沉重的车推到提升矿井那里去。这些可怜的孩子们经常几个星期看不到阳光。还有些孩子得用流着血的手从矿石堆里把尖利的矿石分拣出来。农业也好不到哪儿去，使用童工也很普遍。”

“太惨了！我们已经忘掉了这些，这真是太不好了！”斯蒂芬喃喃说道。

“你是说，我们本该对当今的状况更知足些吗？”

“对，我想是的！”

人何尝有过廉耻

贝蕾妮克嘟囔道："我可没想到情况有这么严重！"

"而且——说句不该说的——完整、正常的家庭里的孩子还算是过得好的，因为，在 1802 年出现第一部儿童保护法以前，有很多孤儿院为了改善自己的经济状况，把院里的孤儿送到棉纺厂里去做工，美其名曰'让他们受教育'！然而这样的'教育'简直令人无法想象，孩子们往往得分成两班一天二十四小时连轴转。"

"这简直是奴隶制嘛！"

"这个词不幸用得很恰当。一旦涉及到自己的利益，人何尝有过廉耻！结果，棉纺厂得了'牢房'的坏名声，招来了严厉的批评，批评者中也包括作家查尔斯·狄更斯，罗曼刚刚提到了。有些厂子磨磨蹭蹭地做了点改进，但童工劳动的情况并没有减少，直到 1833 年，十四到十八岁的青少年工作量才减到每天最长十二小时，九到十三岁的儿童工作量减到每天十小时以下，而且也有人对此进行监督了。自此，童工劳动才渐渐少了起来。"

"但还不是说一切都好转了，是吗？"

"绝不是。工业化引起的变革改变了一切，无论是在经济结构、社会结构上，还是在工作方法、生活方式上，甚至连居住区的建造也受了影响。扩大了的城市、铁道、新的街道，这些都使大地的面貌有了改变。不管是哪儿，都可以很容易、很快地抵达。很多人认为这是对他们熟悉的环境的一种巨大破坏；但也有一些很兴奋的声音，新的成果一出现就陶醉欢呼。"

"这一切真是发人深思，塞内克斯。"斯蒂芬拧起的眉头更强调了他说出来的话。"我敢说，我们中间没有一个人想回到工业化以前的时代，但也同样不想回到这个工业化刚开始的时代。"

"那时候就已经有人写道，奴隶制依然没有成为过去。你只要去参观一次英国的工厂，就会看到数百个骨瘦如柴的男女工人在为一个人干活，仅仅为了维持最低的生活需求牺牲他们的健康和生命。于是人们问道：如果像对待动物一样对待人，这不是奴隶制又是什么呢？要求国家关心最贫穷、最下层阶级的呼声高涨起来。请注意'阶级'这个词——'等级'这个词已经不提了。中世纪的行会就算不完美，毕竟还能充作一种工人的组织；现在行会早就被摧毁了，难道所谓的'自由'工人就得被迫当另一种奴隶吗？从师傅的统治下解放出来，又得走到工厂主的皮鞭下吗？难道没办法解决这些问题吗？已经有人在这样提问。"

"有解决的办法吗，塞内克斯？"

"有一个回答叫做：自由结合，组成团体。"

"生产资料交到工人手里！"

“还没那么远呢。我们现在还是在十九世纪初，我们现在还是在英国，1831年的一次人口统计表明英国有公民二千四百万，很多人都认为这是不可能的；这意味着人口在三十年内翻了一番。如果遇到严冬，每十个人中就得有一人靠救济过活。中等阶层的纳税者认为界限已经达到了，他们想要严厉地对待那些‘国家的脓疮’——他们用的就是这个词——为什么要帮助那些逃避工作的人呢？”

“这听起来多现代啊！”

“但有一点可不是这样。和今天相比，那时候大众忍受的困苦要大得多，对生命的威胁也大得多，简直不能相提并论。人口爆炸，而且是在卫生条件恶劣得不可言谕的环境里。地位高的人问，他们为什么要资助那些‘穷家小子和穷家姑娘’结婚，生下更穷的孩子呢？这种抱怨起了作用：穷人法的附加条款颁布出来，其中规定了严厉的措施，于是穷人的日子就更惨了。所有人的救济都被无情地取消了——只除了那些病得太厉害、太老的人；他们只能去找那些可怕的穷人院，好至少得到点吃的和一点点钱。在穷人院里，人们是有意识地把穷人像犯人一样对待，以对他们产生一种威慑力。夫妻被分开，好防止他们生出后代。人们以为用这种方法就能大幅度减少接受救济的人数，就能节省大量开支了。还有那等玩世不恭的人挖苦说，这是为那些穷人好，因为这能把他们从他们的依赖性中解放出来。”

社会问题

人们遭受的一场惊吓

他们看得出来，这个题目让塞内克斯很不舒服。他匆促地接着讲下去，几乎连重音也不带："只有当你们清楚了当时的困苦，才能理解将要到来的一切，尤其是理解那个我们今天几乎不能公正看待的人。"

"我猜您指的是卡尔·马克思吧？"

"我们的时代很难正确地评价他。以前的社会主义国家中以他的名字命名的那些城市、广场、街道现在又都改了名字。而所谓的'马克思主义'的历史不是卡尔·马克思的历史；他想的共产主义不是那个样子的。人们利用了他的思想，同时把它们与它们的创造者割裂开来。被歪曲和滥用了的马克思主义—共产主义恰恰导向了他想避开的国家形式。每种思想都是它出现于其中的那个时代的产品，在马克思的问题上具体地说是当时的社会状况。因此，了解当时的社会状况很重要，哪怕只了解一点点也好。今天被称为'马克思主义'的东西并不是卡尔·马克思创造的。"

"但共产主义思想不就是由他那儿来的吗？"

"连这个也不是他的，贝蕾妮克。当年柏拉图就开始反对私有制了，后来，原始基督教和许多教派都提出了这一要求。比如纯洁派[1]、瓦勒度派[2]、再洗礼派[3]，还有托马斯·闵采尔（Thomas Münzer）。早在十六世纪，托马斯·莫尔就在题为《乌托邦》的书中描写了一种以集体财产为基础的集体形式，自成一派。十八世纪，尤其是法国革命期间，这种思想获得了新的追随者，1830年起，在法国，首先是在秘密政治社团之中引起了很大反响。十九世纪四十年代初，德国出现了无数关于社会问题的著述。1840年，法国的一本小说里头一次出现了'共产主义'这个词，从此它便迅速地广泛传播起来。"

"那时候人们是怎么理解这个词的？"

---

[1] 译者注：纯洁派是基督教的一个信仰分支，主要兴盛于十二至十四世纪的法国南部，主张灵魂高于肉体的二元论，灵为善，肉为恶，生活的目标是令人身上的善——即灵魂——脱离恶的世界，升入天堂。

[2] 译者注：瓦勒度派据说是彼得·瓦勒度（Petrus Valdes）于1176年左右创建的教派，以上帝的圣言为信仰和生活的唯一准则。

[3] 译者注：再洗礼派是宗教改革时期创立的一种派别，主张从精神上革新教会，成年后施行洗礼。

“它是一个集合概念，指的是不需要钱和私有财产就行得通的财产共同体。这种共同体中不再有统治，只有管理。它的目标是一个由革命的无产阶级创立的社会。”

“但卡尔·马克思不是写了《共产党宣言》吗？”

“那是和弗里德里希·恩格斯一起写的。文章的开头是：‘一个幽灵，共产主义的幽灵，在欧洲游荡’。马克思和恩格斯是受‘共产主义者同盟’的委托写这篇文章的，在其中概括阐述了共产主义理论。当他们在1848年2月发表《共产党宣言》时，还料想不到它会产生那么大的影响，会成为最广为流传的书之一。最开始它的影响并不大，只印了一千册，共产主义运动在组织上也还处在很幼稚的阶段。”

“弗里德里希·恩格斯是怎样的一个人？”

“恩格斯是乌珀塔尔—巴门（Wuppertal-Barmen）一个工厂主的儿子，本人是商人。他了解实践中的经济，而这是马克思所缺乏的。他们不仅在人格上互相补充，在学科领域上也形成互补。马克思必须得勤奋钻研半天，然后才能表达出来，而恩格斯很快就能找出问题的头绪，表达起来毫不费力，又漂亮又中肯。”

“您提到了英国的状况，提到了那儿的工业革命和工人受到的剥削，现在出版的却是两个德国人写的书，这是为什么，塞内克斯？”

“卡尔·马克思在上完大学后去了巴黎，在那儿，他和法国的社会主义者及俄国的无政府主义者保持着联系。由于普鲁士施加压力，他被驱逐出了法国，写《共产党宣言》的时候，他住在布鲁塞尔。不久之后他又去了伦敦，弗里德里希·恩格斯也去了。马克思总是处在窘困之中，而恩格斯总是慷慨地资助他，使他不必有后顾之忧。但是，为什么偏偏是两个说德语的德国人呢？共产主义者瞄准了德国，因为德国似乎正面临着一场资产阶级革命。德国的无产阶级有当时最进步的组织，可以指望在那儿取得成功，并由此拉开英国、法国无产阶级革命的序幕。”

“这是对的，是不是？”

“至少在1848年时，资产阶级和无产阶级是两个矛盾无法调和的对立阶级。”

“资产阶级和工人阶级之间有那么深的鸿沟吗？”

“弗里德里希·恩格斯阐释道：资产阶级是现代的资产阶级，是生产资料的所有者，雇佣劳动者，无产阶级被其利用。马克思和恩格斯最初认为资产阶级也是一个革命的阶级，是中世纪的封建社会灭亡的过程中出现的。而实际上，压迫依然存在，只不过压迫的条件变了，新的斗争形式不过是取代了旧的而已。”

“我想，马克思在历史中看到了阶级斗争吧？”

“马克思和恩格斯主要是把历史定义为一连串的阶级斗争，总是存在着自由人与奴隶、城市贵族与城市平民、贵族与隶农、师傅和帮工的对立——一句话：压迫者和被压迫者的对立。它们总是处在争斗之中，有时隐蔽，有时公开，每一次都是以社会重新建构结束，或是斗争中的阶级共同灭亡。那么，马克思和恩格斯认为，结束这种发展的时刻到了，资产阶级的灭亡和无产阶级的胜利是不可避免的。”

“但开始的发展满不是这么回事儿，对吗？”

政治方面基本上没有变化

“不只是普鲁士，在全欧洲，1848 年的 3 月似乎就是一个新时代的开端。报业的发展简直有如暴风骤雨一般，有很多报纸出版，表达人们的普遍要求。无数协会也成立起来。但是，被作为‘社会的救星’当选的总统路易·波拿巴·拿破仑（Louis Napoléon Bonaparte），那位伟大皇帝的侄子，找到了一个反击工人的借口。巴黎的七月革命遭到了血腥镇压，三千名工人被杀，一万五千人遭到放逐。统治力量对准备不足的起义者的胜利是一个信号，表明了欧洲反动势力对民族、民主运动的胜利。所谓的‘美好时代’开始了。”

“可您刚才不是说了吗，德国的工人准备得更好些？”

“但德国工人的成果也几乎是零。虽然在几乎所有的德意志联盟国家里 1848 年春天都发生了流血冲突，报告了民主运动的消息，但并没有形成突破。这是历史上德意志人第一次追求统一和自由的努力。革命虽然失败了，但它的目标还在。德国在拿破仑战败后还是一块打着补丁的破地毯。许多在 1848 年提出的要求直到二十世纪才得以实现。尽管如此，革命对民主的价值还是毋庸置疑的。在德国，人们主要是要求有一部宪法，要求结束审查制度，废除所有封建特权。但是君主制太强大了，反应决绝。在农村，它很快就使三月前几周的骚乱泄了劲儿，大多数情况下只消答应废止封建特权就行了，但这只是空洞的许诺。城市里，一方面由于巴登的革命企图失败和巴黎革命的惨败，人们心中对‘暴民统治’的恐惧在增长，另一方面，下层的不满日益高涨。工人要求实行社会改革，资产阶级则追求民族统一、受宪法保护的自由化和自由的私有经济。”

“哪方面得到了改善呢？”

“从根本上来说，什么变化也没有。虽然普鲁士国王和其他君主遭受了挫折，犹如迎头挨了警告的一枪，但他们还是自命不凡地任命着他们的部长，指挥着对他们俯首帖耳的军队。你可以把整个十九世纪加上二十世纪初看成是没有权利的人反对占统治地位的社会秩序的斗争，反对拥有资本因而拥有全部权力手段的资产阶级。”

“然后呢？”

“然后，在第一次世界大战末期，像一道灿烂的光芒，1917 年的十月革命带来了列宁斯大林主义，这之后产生了苏维埃国家。在欧洲，封建制度实际上已经灭亡了，贵族在媒体中成了轻歌剧里那样的陪衬人物。”

“但您本来是要讲卡尔·马克思的。我发现，人们对卡尔·马克思本人了解得太少了。一个不起眼的人物，却产生了那么大影响，简直可以和耶稣相比！”

“这是个有趣的类比。耶稣和马克思承诺要拯救人类，要改善他们的处境。耶稣把希望放在彼岸，马克思则想在地球上、在此岸实现希望。但如果我们不考虑他们要传达的信息中确实存在着的相似性，那么二者之间的差别还是很大的。我们对耶稣了解得太少了，以至于总是有人怀疑他是否真的存在过、生活过。卡尔·马克思的情况不一样。他的生活从多方面都有据可查，与他同时代的人把他说成是一个由能量、意志和信念组成的人，外表则极为奇特。厚厚的黑色毛发盖着脑袋，手上也长满了毛，衣服上的扣子都歪系着。但不管他的外表有多奇怪，他还是很引人注目。他说话只用命令式，不容许有任何反对意见，用他信念的力量宣扬他的主义。他的脸部线条显示出他旺盛的精力，他心中燃烧着一团大胆无畏的灵魂的火焰。没错，通常人们把他看成是资产阶级秩序、科学及文化的一个阴郁的否定者。事实上，他是一个既英国化又德国化的绅士，在和亨利希·海涅的诚挚交往中获得了机智讽刺和快乐的能力。卡尔·马克思和亨利希·海涅做了几年朋友，我认为，他能得到那个讽刺大师的好感，这很能说明他的为人。卡尔·马克思给海涅留下了深刻印象，后者在他的影响下写出了几首带有共产主义倾向的诗和他的几篇最尖锐的讽刺作品，比如《西里西亚的纺织工人》和《德国，一个冬天的童话》。马克思被驱逐出巴黎的时候给海涅写信说‘我很想把您一块装到我的行李里’——这是多么亲热、多么诚挚的一句话啊！它为我们照亮了马克思整个人。共产主义思想中吸引海涅的，当然不是它关于财产的观点——这是为他所拒绝的——而是无神论观点。无神论不一定是共产主义所特有的，但被马克思带到了共产主义中，并从哲学上做了论证。”

罗曼把两只脚搭在一起。“马克思的理论不也是以黑格尔为根基的吗？”

“马克思和黑格尔是不可分的，即使在两人有着根本差别的地方也不能截然分开。马克思解释说，哲学家只是用不同的方式阐释世界，而对他来说阐释是不够的，他看重的是改造世界。还从不曾有哪个哲学家提出过如此具有进攻性的要求，黑格尔也没有。因此马克思起来反对黑格尔哲学，因为它为现存的东西辩护。我们知道，黑格尔认为，通过他建立的体系，哲学已经完善了，未来已经不让他感兴趣了。然而，青年人的思想恰恰是针对未来的，尤其是在问题重重的情况下；马克思也不例外。尽管如此，他还是在黑格尔的意义上进行他的斗争的，因为黑格尔的哲学也有革命的一面，即他的辩证法。辩证法不把世界和事件看成是完成了的、不可改变的，而将其看成一个无休止的过程，其中的一切都始终处在不断形成和消逝之中。这也得到了马克思的赞同，但，只有当黑格尔的思想符合他的理性认识的时候，他才会承认自己信奉黑格尔。因此他必须首先以批判的目光去审视黑格尔的国家哲学；而当他做这件事的时候，他向共产主义的转变就合理地、合乎逻辑地完成了，这是一个严肃的思想家的决定。对他来说，重要的是搞清无产阶级在资产阶级社会中的地位；他认为人在退化，人的本质在异化，在以劳动分工和市场经济为基础的工业中，这种异化达到了顶点，只有通过社会革命，获得普遍的人性的解放，人才能重新赢回自己的本质。”

把工人从依赖性和困苦之下解放出来

罗曼稍微坐直了一点。“马克思不只是写了《共产党宣言》吧？”

“他的主要著作是《资本论》，但他没有把它全部完成。这部著作大概也是一部所有的人都在嘴里念叨，但又没有几个人读过的书。但我想先给你们讲一个他在伦敦最初几年的小细节。他那时候境况很糟，弗里德里希·恩格斯是到后来才替他分担了忧愁的。那时他的女儿弗朗西斯卡出生了，那是在十九世纪中叶。小女孩不久就夭折了。他的妻子写给一个女友的信清楚地表明了他们家的凄惨处境：‘三个活着的孩子躺在我们身边，我们为那小天使哭泣，她就在我们身边，冰冷、苍白。这可爱的孩子的死正是在我们最穷的时候。我跑到一个住在我们附近、不久前来看过我们的法国难民那儿去，他表现出极大的同情，立刻给了我两英镑，我就用这钱买了小棺材，我可怜的孩子现在就安息在里面。她到这个世界上来的时候没有摇篮，她最后的安息之所也好不容易才得到。’”

贝蕾妮克紧紧抿着双唇。

“要想理解卡尔·马克思的处境，也不能忘掉这个。那时候他也开始了在国际工人协会的政治活动，他成了协会的领导人物。这个协会是1860年在英国和法国工人的倡议下产生的。与此相关，让我觉得有趣的是，俄国革命者巴枯宁（Bakunin）也参加了协会，但最后还是拒绝了共产主义，因为他那时就已经认清了，共产主义会集结起一切暴力，不可避免地导致一切权力和资本集中在国家手中。巴枯宁希望废除国家，‘彻底消灭那种奴役、压迫、剥削、侮辱人的国家权威原则’。他也是那个时代面貌的一个组成部分。”

“马克思肯定没有料到他的作品会有那么大的影响。”

“他没有看到欧洲所有国家的群众民主党派都信奉他的那一天。1893年，第二国际在苏黎世召开大会，欢迎恩格斯的时候，他动情地说：‘要是马克思能和我站在一起，看到这一切该多好……’对几代工人来说，马克思象征着他们对充满尊严的生活的希望。哪里响起《共产党宣言》中‘全世界无产者，联合起来！’的战斗口号，哪里的工人就组织起来。卡尔·马克思的学说——就算没有人读过——把他们紧密团结起来，并最终为他们创造了他们在社会中的地位。”

“但又不完全，塞内克斯。他的目标为什么没有达到？”贝蕾妮克疑问地抬起了手。

“我今天还不想对此做出回答。我只能提示一下——与其说这是个政治问题，还不如说它是个心理问题。不过明天我们会就此讲得多一些。现在我只说这一点：有三个人在以往的五百年间进行了动摇基督教的革命。”

“首先是哥白尼，我想。”

“您指的大概不是卡尔·马克思，但也许是查尔斯·达尔文吧？我想，他让《圣经》中的创世史萎缩成了神话和童话。”

贝蕾妮克扬起了眉毛。“我想起了好多名字——也许有前面提过的西格蒙德·弗洛伊德吧？”

“没错，他把人在基督教中的古老形象整个颠倒了过来，用精神分析取代了基督教的灵魂学说。不是精神，而是性，被他认为是人最本质的驱动力。但我又太着急了。该结束今晚的谈话了，我还剩下一个问题——你们对此是怎么想的？世界是变得越来越简单、明晰呢，还是变得越来越复杂和变化多端？”

罗曼和斯蒂芬互相看了看，斯蒂芬取下了眼镜，罗曼用食指抵住了嘴唇。他们把问题交给了贝蕾妮克。

“这还用说吗，”贝蕾妮克答道，“当然是更复杂了，但是我不会因此就不那么喜欢生活了。”

第十一天
进化与进步

达尔文的转折

一艘三桅船

“进化公园”的领导很善于让三个年轻人喜出望外。贝蕾妮克、罗曼和斯蒂芬在第十一个清晨醒来时感到很惊奇——他们的房间缩小了，缩得像船舱那么狭小；而当他们走出房间的时候，发现自己是站在一艘帆船的甲板上。

闷湿的热气迎面向他们扑来，使他们觉得自己像是在蒸桑拿。

塞内克斯从他的舱房里踱出来，解释道：“这次我们离开了欧洲，不过我们的同伴毫无例外都是欧洲人。这船名叫‘贝格尔’号（Beagle），是一艘小小的三桅船；人们还不想用蒸汽。‘贝格尔’号有十门炮，大概——如果按照历史的真实面貌展现——只有两间窄小的舱房，但为了方便你们，我们变了变魔术，让船舱多了几个——反正这船并不是最重要的。”

“那什么是最重要的呢？”

“你们向四周看看吧！”

光芒闪烁的水面包围着他们，但他们是在沙嘴或岛屿之间穿行。眼前的景象可不是像他们想象中的热带风光那样，既没有棕榈树撑着大伞的沙滩，也没有丛林茂密的海岸，有的只是黑色的火山熔岩，其上贯穿着巨大的裂缝，覆盖着被烈日烤焦的枯萎灌木。晒得干燥至极的地表面给人一种无边的孤独感，即使有那孤零零的几棵植物也消除不掉的感觉。

“什么味儿这么奇怪。”贝蕾妮克嘟囔道。

罗曼和斯蒂芬都点点头。

塞内克斯让一个水手递给他们三个望远镜，这下他们在对面的岛上发现了合欢树丛和奇形怪状的仙人掌，它们投下了小小的影子。那些植物不仅长着叶子，而且很多都在开花。

“首先要注意那些鸟。”塞内克斯告诉他们，“尤其是燕雀。你们能看出这些鸟以它们的短翅膀、身体和羽毛的形状彼此有亲缘关系吗？你可以数出十三个对加拉帕戈斯群岛（Galapagos）[1] 来说富有代表性的种类。查尔斯·达尔文发现，这些燕雀喙的大小和形状都在其他种类那里出现。他比较了锡嘴雀的喙和鸣禽的喙，发现了不下六种喙部有着细微差别的不同种类，从椋鸟式的喙到鹦鹉式的喙，什么样的都有。”

“这给了他灵感吗？”

“对，贝蕾妮克。他不仅想成为描述自然的生物学家，他还想去理解事物；所以他必须得找出加拉帕戈斯群岛燕雀变种的解释。这成了自然科学的一个历史性时刻，因为就在这里，太平洋的加拉帕戈斯群岛上，达尔文明白了，每个生命都只能理解为发展。谁能在它的生活空间内应付得最好，它就能生存下来，繁殖出最多的后代。现在你们和我一起坐到这些桶上吧。我得先告诉你们，达尔文受推荐参加‘贝格尔’号环球旅行的时候才二十二岁。这次旅行历时五年。达尔文怎么得到这个机会、他为什么要做这次旅行，这些都不重要，顶多可以提一下，达尔文本来是想研究神学的，最后却成了自然研究者。为写作他的《物种起源》他工作了二十多年，这部著作于 1859 年发表。好了，在到达加拉帕戈斯群岛以前，‘贝格尔’号已经绕着南美洲航行了一遭，它的美令达尔文兴奋不已。他到过了火地岛（Feuerland）、福克兰群岛（Falkland）、蒙得维的亚（Montevideo）、巴塔哥尼亚（Patagonien）、智利（Chile）、科迪勒拉山脉（Kordilleren）、还访问了门多萨（Mendoza）、秘鲁（Peru）、利马（Lima）。现在，在他二十六岁的时候，他到了加拉帕戈斯群岛。现在我们就在这儿，时间是 1835 年 9 月。”

“他在这儿彻悟了是不是？就像帕斯卡在他姐姐病好了时候，或者笛卡儿在梦中那样？”

“说得很好，罗曼，因为达尔文确实发现了理想的研究机会。在到目前为止的旅行中，他看到了人种是多么的不同。他有一些发现，那对他思索研究地球过去时代中的生命有所启发。现在他又观察到了燕雀的变种，按照他自己的说法，它们引着

[1] 译者注：也叫科隆群岛，台湾地区译为加拉巴哥群岛，位于太平洋东部，由7个大岛，100多个小岛组成，面积8010平方公里，属厄瓜多尔。

他去研究物种的起源。”

“这是天才的呢，还是因为他观察更仔细？”

发展取代创造

塞内克斯把一只手搭在罗曼肩上，目光掠过大海和岛屿。

“很多因素凑到了一起。从圣经时代以来，人们一直相信上帝在一次辉煌的创造行动中创造了世界、植物和动物，并一次性地赋予它们最完美的形式。达尔文现在修正了这种静态的观点，用一种动态的、扣人心弦的新过程取代了它。”

“不是从全无中一下子创造出尽善尽美，而是逐渐的发展。”罗曼喃喃说道。

他没有得到回答，也并没想得到回答。

贝蕾妮克说：“我只看到螃蟹和黄色、红色的蜥蜴——真恶心！”

“你也不用像抚摸一只埃及猫那样去抚摸它们啊，妮克！”罗曼说。

远处，熄灭了的火山以它们典型的锥形形状点缀在天空下。这儿那儿的有些零星的植物扒在干旱的地面上，与其说是绿色的，还不如说是棕色的。其他突起的地方都皲裂而赤裸。贫瘠的灌木丛中，巨蜥爬来爬去，有些睡在海岸边的岩石上。巨大的乌龟拖着身子碾过地面，爬向雨后留下的水洼，或者在路上啃着长刺的果实。还有些长得像蜥蜴的东西倏地贴着地面跑过，像蛇似的，只有它们长得像龙一般的脑袋时不时抬起来，一激动就甩起尾巴。长着小脑袋的水龟滑过海湾。

眼前的景象越来越吸引他们，但塞内克斯要求他们：“别只顾看，忘了听我讲话，我要讲讲查尔斯·达尔文。刚才我们已经说到，自哥白尼以来，对基督徒震动最大的莫过于达尔文的学说，今天他的学说在其要义上得到了公认，但那时候，哪本书也没有像他的著作掀起那么大的波澜。”

“人们为什么那么激动呢？”

“通过达尔文，一种进化论的思想开始传播。它不仅对哲学上的许多说法提出了质疑，更重要的是它把《圣经》中的创世史挪到了童话的地位上。”

“我想，《圣经》给人的感动并不因此而减弱。”

“在这方面没人会反驳你，罗曼。”斯蒂芬道。“可童话就不是真的！”

“世界的多样性是自然而漫长的发展过程的结果，而不是上帝的一次性创造成果，这一定理——注意：是‘定理’而不是‘断言’——把迄今为止人们一直在传授、一直在相信的一股脑儿全推翻了，比哥白尼的表述还要激进。突然之间，人就不再是上帝创造的了，尤其是，他不再是上帝完美的作品了，而是在历史中成长的、在无尽的时间中慢慢产生的一种生物，再说明白些——不过是一种极成功的动物而已！”

“但却是高度发达的！”

“只是，不再是宇宙中的宠儿了，而不过是许多彼此相像的物种中的一种而已。这当然颠覆了到目前为止人们心目中的世界面貌。现在人是什么呢？被驱逐出伊甸园的亚当和夏娃吗？是万物之长还是改头换面成了人的猴子？达尔文本人虽然从不曾提过猴子，但这个词马上就冒了出来，成了人们热烈讨论的对象。这种讨论有时很逗乐儿，但我不想讲它，因为它与事情的核心无关；猴子到底是我们的祖先还是和我们同祖先的一个分支，对我们的尊严也没什么大碍，反正我不觉得自己被贬低了。”

“但教堂可是激烈地反对来着！”

“因为这与他们的一切教条和《圣经》相悖嘛。人会是从低等的动物世界发展而来的？这哪儿行！因为上帝是一次性把我们造好的，独一无二的，而且是‘按照他的样子’。基督徒心目中的世界面貌岂能容忍如此大不敬的侮辱！因为，达尔文关于造物提出的问题是：上帝，还是自然选择而来的进化？他不但提出了这个问题，还一口气回答了这个问题，而且这个回答是对宗教不利的。”

“我想，达尔文的思想本身就是进化过程的一部分！”

“这个看法很好，但每种改变生活的新认识都是这样的。我们今天提到达尔文主义的时候，指的是通过自然选择而来的进化。我首先要说的是‘生存竞争’这个关键词；在生存竞争中，只有那些最有适应能力的动物才能存活下来，只有它们才能繁殖以增加自己的数量，在这个过程中渐渐物种改变，结果是向更高级的物种发展——也许更好的说法是‘继续’发展。生存竞争贯穿了一切自然领域，往往被我们认为是残酷的，实际上却是必要的。达尔文认识到，没有这种斗争就既没有秩序也没有进步。假如一个物种中诞生的许多个体不是仅有一小部分能够存活，那后果将是不堪设想的。你们想象一下，要是每个鱼卵都孵出一条鱼，每粒草籽都长成一棵草，那会怎样！”

“或者老鼠、臭虫、跳蚤、蚊子没边儿没沿儿地繁殖。”贝蕾妮克喊道，“虽然从另一方面来说，所有的动物都互相吃来吃去的，这也很残酷。”

“自然既不残酷也不睿智，它只是漠然。但‘生存竞争’不仅是必要的，而且是大有裨益的。只有它保证了生物平衡的维持。为此达尔文创造了‘适者生存’这个概念，说的就是最能适应环境的生物能够生存下来。纳粹由此得出了‘强者生存’的公式，并且以此为他们所谓‘雅利安人是优等人种’的思想做辩护。但不管是在自然界还是在人类中，都不是‘最强的’才能生存下来；运气、偶然、环境起着决定性的作用。如果所有的生物都无限制地繁殖，那就谁都没有足够的地方，生物平衡就会被迅速地破坏掉，所有生物的生存空间就都会毁掉。维持生命不是唯一重要的。自然选择让一对父母的后代中只能有几个——平均是大约两个——足以活到自己也能繁殖后代的时候。”

“只有人类违反了自然规则，对自己有害无利——这一点我们认识得太晚了。”斯蒂芬又皱起了眉头。

“你指的是这个世纪世界人口的增长令人担忧——你说得对。人无视自然选择；在人没有介入的自然中，这本是一条法则。少数比别的更运气或者拥有更好的特质的得以生存。”塞内克斯继续说，“因为如果一个物种或形式被证明更适合于生存，它便占了一种优势——在生存上，也在繁殖上。”

“您是说，更好的物种由此产生吗？”

进化没有目标

塞内克斯考虑了一下：“照你说的‘更好的’，或者说更有生存能力的，不被‘创造’出来，贝蕾妮克。进化没有意图，没有目标。它之中没有有意识的意志。大多数突变都是缺点，只有极少数有好处，而只有这少数能保持住。既不存在某种通过自然进行的有意识的选择，也不存在某种行动着的、引导和选择着的精神。绝大部分得以存活的生物都得感谢偶然。”

“或者是您刚才说过的运气！”

“首先，一个个体是不是能比它的同类更好地应付周围环境中的各种变化，这取决于它的身体是否具有更占优势的功能。进行选择的并非周围的环境，而是更成功的某种有机体的力量。”

“但环境还是起作用的吧？”

“每种发展都由生活空间提供的条件中取得发展的方向，达尔文把这称作‘自然选择’。今天存在的一切，身上都可以说贴着质量验证标签，因为他们都通过了自然选择的考验。”

“那么今天活着的一切，都有着长得没有尽头儿的一系列成功的祖先。”

“没错，贝蕾妮克。我们人类拥有大脑，可以拟定计划、发展思想；我们有感觉，会生出爱和恨，但我们依然整个是自然选择的产物。”

“那您认为达尔文最重要的认识是什么？”

“他最重要的认识就是：进化是通过变体，通过自然选择，通过偶然与必然的交相作用而来的，也就是没有任何超自然的外力施加影响。”

“进化往什么方向去呢，塞内克斯？”

“不往哪个方向，贝蕾妮克。每种生物都会继续尝试以尽可能好的方式去适应它自己遇到的情况。”

“除非人现在横插一杠。”斯蒂芬插嘴道，“达尔文还不知道基因，更料想不到什么基因工程 。”

塞内克斯点点头，但随后他突然中断了谈话，喊道 ：“下船吧，我们到了！”

怀疑与悲观主义

毫无顾忌地思想的前提

三个年轻人都没注意到，那个热带岛屿世界早就被他们抛在身后了。他们的船——可这还是‘贝格尔’号吗？船驶进一个有沙滩的海湾，抛下了锚。周围生长着山毛榉和橡树，但主要还是树冠蓬乱的松树。

“我们在哪儿？”贝蕾妮克问，“这儿已经不是加拉帕戈斯群岛了！”

“加拉帕戈斯群岛已经远在天边了。我们已经又回到了欧洲，你们面前的是哈韦尔河岸——这是在德国，普鲁士的柏林。”

他们下了船，进了一片像公园似的地方，沙子路在他们脚下嚓嚓作响。在与他们的路平行、并环绕一片草地的小路上走来一位上了年纪的先生，一副急匆匆的样子。他个子矮小瘦弱，穿着件毫无瑕疵的外衣。他身旁跟着条乖巧伶俐的贵妇犬，理过毛发，头上戴着顶小发冠，尾巴梳成流苏式，脚腕上套着贵妇犬专用的“袖子”，穿着件小毛衣，露出毛梳理得很光滑的屁股。

那人继续匆匆走着，根本没注意到他们。他长着活泼、专注的蓝眼睛，薄嘴唇，唇边微微露出讽刺意味的微笑，就好像他刚刚冒出个风趣的想法。翘起的两个白色发卷令他高高的额头显出机智和幸灾乐祸的样子，但他的表情里没有任何卑鄙的东西。他身上的一切——他的衣服、他的花边儿、白色的领结，都让人想起法国革命以前高雅的旧贵族。

“这位是哲学家阿图尔 · 叔本华（Arthur Schopenhauer）。”塞内克斯解释道。“他出生在十八世纪的但泽（Danzig），不久就迁到了汉堡，不停地在北欧旅行，学会了法语和英语，上了哥廷根大学（Gottingen）和柏林大学，住在德累斯顿（Dresden），去过意大利，现在是柏林大学的讲师。他成为讲师——也就是教授——从根本上来说是违背他自己关于知识分子独立性的观点的，因为他蔑视所谓的‘教授哲学’，对他来说，这样的哲学是与思想的不自由联系在一起的；它的基础不是‘为’哲学的生活，而是一种‘倚赖’哲学的生活。他的观点是，完全的独立是‘毫无顾忌地思想’的前提。他从直接的生活体验出发，想要从生活本身得到进行哲学思索的动机。他说：‘学者是那些死读书的人，而思想家、天才、照亮世界并促进人类发展的人是那些直接读世界这本大书的人。”

“说得很好，但他现在自己不就是教书的，是个倚赖着哲学的教授吗？”

“理论和实际，罗曼。很多东西就是不能按人的愿望那样实现。也许这对他的悲观主义观点起了作用。你们看，他走得多快！这种往往要持续两个钟头的急行军式的散步是很有他的特色的。”

“这个喜欢动物的人、悲观主义者！”罗曼很感兴趣地打量着那小个子先生。“我本应该能从他的贵妇狗上认出他来。”

“他从来不会不带狗就出门；他和狗生活在一起，虽然这会带来很多不便。要叔本华放弃与两条腿的动物的交往反倒更容易些，没有狗的生活是他无法想象的。他深深地凝视它们忠诚的眼睛，把他四条腿的朋友叫做‘阿特玛’，这意思是‘世界的灵魂’。对他来说，对动物的同情与性格的善良紧密相关，他甚至做出结论——对动物残忍的人不可能是好人。被视为人类之敌的他，有着一颗善感的心。”

“尽管如此，他还产生了那么大的影响吗？”贝蕾妮克问道，显然对叔本华很有好感，“我以为，心肠好和成就往往是不能并存的！”

“他主要影响的是思想家和艺术家。我先提一下理查德·瓦格纳，他于十九世纪中叶读到了叔本华的主要著作《作为意志和表象的世界》，并发现其中关于放弃的主要观点与他的《尼伯龙根指环》很接近。叔本华的哲学后来对瓦格纳的剧本创作及音乐理论思想有很大影响。弗里德里希·尼采钻研《教育家叔本华》，托马斯·曼在他获得了诺贝尔奖的小说《布登勃洛克一家》里有整整一章是写叔本华的，另外还有一篇关于他的随笔。好了，不说那么多人名了，只再提一个名字——那引导了动摇教会的巨大变革的第三个人也从叔本华那里接受了很多东西。我指的会是谁呢？我们已经提到过他的名字了。”

“在哥白尼之后您说了达尔文……唉，那个名字就在我嘴边。”

塞内克斯微笑了：“他有力地撞开了一扇门！”

“通向人类心灵的门！”贝蕾妮克喊道，“西格蒙德·弗洛伊德！”

“他和叔本华有什么关系？”

“可以说，叔本华以某种方式抢先提出了弗洛伊德的学说。我觉得叔本华更贴近现实一些，弗洛伊德一味地盯着性，以此他把叔本华的见解推向了极端。叔本华的观点是，性爱是除了对生活的爱以外最强大的推动力，它占去了年轻人一半的精力和思想，是每个人追求的最终目标。弗洛伊德则把他所说的最强大、最活跃的推动力说成了唯一的推动力，占去了人从年轻到年老一半的精力和思想。”

“我想弗洛伊德太夸张了。”

“我们很快还要更详细地谈弗洛伊德，但现在我们还是再说说叔本华。当歌德娶了克里斯蒂娜·福尔皮乌斯，激怒了魏玛的上流社会时，叔本华的母亲表现出引人注目的大度。做儿子的拜访过那老诗人两次，歌德说他是‘一个往往不为人所认识，但也确实很难让人认识的年轻人，很值得赞扬’，他的来访提供了‘互相教诲的机会’。厌世者叔本华的风度是所有厌世者中最好的。他说话的时候，伴随着活跃的、有时很激烈的动作，就像贝蕾妮克，话里夹杂着拉丁语、希腊语、法语、英语、意大利语中的套语。他妙语连珠，随时可以旁征博引，而细节上又总是十分准确。有他在的时候，人们会觉得时间过得很快。除此以外，他的生活从表面上看平淡无奇；他博览群书，以吹笛子作为放松的方式。”

“这听起来让人很有好感。可我想，重要的不在这里。”

“对。叔本华的主要著作《作为意志和表象的世界》有几十年之久没人关注。他的哲学的创新之处在于，他提出了一种无方向、无意识的原始力，一种‘意志’，它指导着我们在生活中的所有表现。”

“他这是什么意思？”

“意志是每个人可以在自己心中体会到的，而且是他最直接的意识。具体地说这种意志表现为‘生存的意志’，它永远在追求，却永远达不到目标。人还可以认识到，这种意志同样也是一切自然现象的最内在的本质。在植物体内起作用的力、使晶体结晶的力、使指北针指向北极的力、甚至让石头落在地上以及让地球被太阳吸引的重力，这些都被他称为‘意志’。对叔本华来说，生活成为永恒的痛苦，因为意志没有止境，使之得到满足的可能性却是有限的，因此形成了新的不满足的源泉。从每个意志中都生出一种需求、一种缺乏，痛苦便由此产生。每一次满足也只是在一定的时间范围内减轻了痛苦。他认为，这就是人类痛苦的原因所在。”

生物担惊受怕的混乱场所

塞内克斯让三个年轻人在草地上坐一会儿。

“这真能让一个人深深地感到悲哀呢。”贝蕾妮克叹了口气说。

“叔本华认为，艺术能把我们从这无尽的循环中解救出来——但只是暂时的，而持久的解脱就在于放弃任何欲望——通过禁欲克服生存意志，通过冥想达到涅槃。”

“这听起来像是佛教了！”

“他就是这么想的。这个同样存在于佛教中的观点贯穿了叔本华的作品；他接受了印度哲学的思想。在基督教中，他看不到乐观主义，因为在福音书中，‘世界’的概念几乎等同于‘邪恶’。”

“我想我可以理解这个——你只要想想原罪就行了。”

“所以叔本华说，我们的现状被基督教视作是不可救药的，我们需要解脱。他在我们的世界上看到的是一个混乱的场所，受着折磨、担惊受怕的生物在其中活动，一个撕碎另一个，每个撕扯着的动物都是成百上千其他动物的活坟墓——一连串的折磨、死亡。他抗议那种把这个世界解释成是所有可能性之中最好的一个的说法。”

“就像莱布尼茨！”

“他想到了莱布尼茨拿宗教来解释的关于前定和谐的观点。叔本华难以接受这个，无论如何他还是更倾向于尘世的，不相信有一种成功的世界，他宣布，不管是人还是动物，一切生物的推动力都是非道德的，是追求生存和健康安好的自私自利。他认为这种自私自利是无限的，用他的话说是‘巨大’；它突显在全世界之上。”

“叔本华有没有提出什么手段来对付这个？”贝蕾妮克很想得到一个肯定的回答。

“如果他没有这样做，他就只是一个描述现状的人了。他建议压制一切自然欲望，尤其是性欲。他想到的包括克服一切激情，消除一切欲望，制造绝对的平静心情；为此我们需要有思考力，因为除了去认识，什么也不能使欲望平息。”

“思想，思考力——我同意他的观点。”斯蒂芬一反常态，热烈地喊起来。他伸直腿，在草丛里用胳膊支起上身。

“我自问，如果那样的话，我们还活着干什么。”罗曼喃喃说道。

“叔本华也问自己这个问题。他说，人只有通过他自己才能得到解脱，因为他是唯一能借助他自己的理性看透他自己的本质和世界的本质的一个。由此而来的是一种摆脱存在的道德义务。”

“什么？难道他宣扬自杀不成？这个我可不同意！”斯蒂芬又喊起来。

“他认为，只有通过有意识的禁欲才能摆脱存在。”

“这个人难道从来没爱过谁吗？”

“至少他有一颗同情心，贝蕾妮克。他说：‘就像火炬和焰火在太阳面前黯然失色一样，思想，甚至是天才，还有美，都会被一颗善良的心发出的光芒盖住。’”

“这个我喜欢。”贝蕾妮克点点头。

就在这一刻，斯蒂芬和罗曼两个人同时感到他们有多喜欢她。

“对叔本华来说，公正和人之爱就植根于自然的同情心中；而这种同情心本身就是人类意识的一个不可否认的事实，是它所特有的，不以前提、概念、宗教、教条、神话、教育为基础；它是原始的，直接的，就存在于人的天性之中。”

“这听起来一点都不像是敌视人类的！”

“如果我讲讲他关于‘女人’的论文，你马上就会改变你的看法的，贝蕾妮克。这论文中有的观点可能是对的，但他说‘女人按照其天性注定是该服从的’，这你肯定不会喜欢。他继续说：‘任何一个处在违背其天性的独立状态下的女子，很快就会与某个男子结交亲近，受他的引导和统治，因为她需要一个主人；如果她很年轻，这个主人就是一个情人，如果她老了，这个主人就是一个忏悔神父。’”

“啊，关于妇女的蠢话我已经听够了，偏偏又都是些聪明的男子说出来的。”贝蕾妮克在那儿嘟嘟囔囔的。

“最后还要说说叔本华的著作。他和伊曼努埃尔·康德相似，他在不能为我们的感官所感知的事物和我们面前呈现的世界之间加以区分。”

“他指的是我们对世界的观念吗？”

“他说，世界是我的‘表象’，现实是我们的‘表象’。康德也解释说，我们认识事物并不是按照它们本来的样子，而是按照它们由于我们认识器官的特点而向我们呈现的样子。人必须从原则上区分‘自在物’和‘现象’。”

“可我们不是只设想世界，它就是实实在在的嘛！”

“但我们的意识和我们的感受给它打上了烙印，而我们的意志又改变着我们的感受和我们的意识。假如我们是蚂蚁，那一根树枝就不仅仅是树枝，而是一个巨大的障碍，一棵树不再是一棵树，一座房子不再是房子。现代大脑研究也把意志看成是意识最重要的部分。”

“叔本华为什么要去柏林呢？”

“柏林那时是人文文化的中心。1802 年，叔本华在某种程度上成了黑格尔在柏林大学的竞争对手。他无比自信，把自己的讲座全都排在跟黑格尔的讲座重合的时间，黑格尔那时刚刚达到其声名的顶点。叔本华这么做可没给自己带来好处，几乎没人来听他的讲座，他遭到了灾难性的失败。只在一点上叔本华比黑格尔聪明……”

“怎么呢？”

“你们知道，黑格尔因霍乱死于柏林。叔本华则一辈子患‘超级疑心病’，他及时避开了瘟疫，逃到莱茵河畔的法兰克福，在那儿一直呆到去世，而且后来也得到了承认。”

“通过什么？”

“通过他的《生活智慧箴言》。这只是一本大部头著作《Parerga unde Paralipomena》中的一部分，这个题目的意思是‘附录与补遗’。其中的《生活智慧箴言》多是关于要尽可能愉快和幸福地度过自己一生的艺术的。”

“这又像是肯定生命的了！”

“尤其是在这一作品中，叔本华充分阐发了他中肯、论证得很聪明的思考。大多数提到叔本华的人都会想到《箴言》。他 1860 年死于法兰克福，享年七十二岁。再说一句别的：据我所知，叔本华是第一位我们能看到其本人照片的重要哲学家——达盖尔银版照片。”

“您大概又要把话题引到技术上去了吧，塞内克斯？”

“暂时还不要，斯蒂芬。来，和我一起到那棵菩提树下的长凳上坐一会儿。”

寻找新价值

我们应该研究我们的特性、我们的行为

塞内克斯翘起了二郎腿，接着道："当然了，技术变得越来越重要。铁路网的迅速兴建带来了社会、经济和政治上的巨大变化。但在再提两个人和他们的著作之前，我还不想离开哲学这个话题。"

"可是只剩下尼采没讲了。"

"他嘛，我们留到今天晚上再讲。"

"那么是克尔凯郭尔吗？"罗曼问。

"他是其中一个，另一个绝对是他的对立面，但我想先说这个人。他们两个人都研究基督教，在这点上他们都和叔本华有关。"

"可是女性在哪里？我又只能听到男人的事！"

"世界变化了，它的变化也在对妇女的观念上。现在先让我说说哲学家路德维希·费尔巴哈（Ludwig Feuerbach）吧。在这个1841年发表了著作《基督教的实质》的人身上，我们看到的是到那时为止对我们的宗教进行了最严厉的批判的批评家——虽然大卫·弗里德里希·施特劳斯（David Friedrich Strauß）在他之前六年已经写了《耶稣的生活》这本书，在其中把《新约》称为关于古老智慧的神话故事集，并严厉批判了'国家基督教'。"

"我发现，那时候的哲学家确实是有勇气，他们攻击了国家的宗教，而'渎神'是肯定要受罚的。"

"这些都对，但启蒙主义哲学家，尤其是伏尔泰，已经走在前面了。好了，路德维希·费尔巴哈的宗教批判确实给他的学术生涯造成了阻碍，他代表的是一种前后一致的无神论。他认为，每种宗教都是被压抑的愿望的表达，使人与他的本质之间产生异化。他指责宗教，是它，用彼岸来欺骗我们，而这彼岸与我们的尘世生活毫无关系。我们应该更好地去研究我们的特性和我们的行为，而不是去研究神学。"

"不是每种无神论都是消极的吗？"贝蕾妮克向后靠去。

"费尔巴哈的观点不同。他想要一种肯定生活的无神论、自由和自我实现。"

"这能统一起来吗？"

"也许在未来吧……"斯蒂芬喃喃说道。随后他提高声音，问："但您也提到了他

的战友——还有谁呢？”斯蒂芬稍稍向前弓身，显然他对这个话题的兴趣越来越大了。

“首先是卡尔·马克思，另外一个我要说的就是索伦·克尔凯郭尔，虽然他是以基督教的方式思考。人们认为他是存在主义哲学的创立者之一。他多次到过柏林，并在那儿听了谢林的讲座，并出版了一本题为《非此则彼》的小说，他在其中阐明，人不得不总是做出抉择——或者是选择审美的生活，或者是选择伦理的生活。”

“伦理的或审美的？他是怎么理解这两个词的？”

“对克尔凯郭尔来说，审美的生活就是虚无、忧郁、自我享受的生活，它导向绝望。”

“而伦理的生活可以把我们从中挽救出来吗？”

“他是这么看的，贝蕾妮克。人只有勇敢地跃出因审美生活的虚无而来的绝望，跃入伦理生活之中，才能拯救自己。这一跳跃必须在对上帝的信赖中发生，这之后人就可以积极地行动，实现自我了。克尔凯郭尔试图分析他的时代，分析这个时代的浪漫主义和黑格尔主义，而且他不是做抽象的思索，而是思索具体生存中的人。他的基督教存在主义哲学有很长时间不被重视，直到二十世纪它的影响才充分表现出来，主要是通过马丁·海德格尔和让—保尔·萨特，然而那就和基督教没有关系了。”

给社会举起一面镜子

贝蕾妮克又以她那种安静的，然而又毫不松懈的方式质问道：“那女性呢？”

“这个我得从很远的地方讲起。我们已经谈过了十九世纪上半叶的经济和社会状况。人们估计，当时在德意志国家里，属于第一个阶级，也就是富人阶级的人，占人口总数的大约百分之五；中间那个阶级的比例是这个数字的两倍多——百分之十三；占人口绝大多数的是所谓的第三阶级，也就是没有财产的人，他们约占人口总数的百分之八十三。但什么叫‘没有财产’，这在我们今天已经根本无从想象了。现在我要说妇女了，贝蕾妮克，因为贫困不仅涉及到男子，也以严重得多的程度涉及到女子；尤其是因为她们除了忍受普遍的困苦、饥饿、疾病、屈辱、没有保护以外，还得承受并不想要的怀孕这种痛苦和负担。现在我们四个正在柏林，这里有很多要靠佣人劳作的官员之家、市民之家、工厂主之家，也有些艺术家之家。佣人主要是女佣，她们被更好的赚钱机会吸引着，从农村来到城市，试图通过一个中介得到一纸雇工合同。在火柴发明以前，一个重要的雇佣标准就是，看她们会不会在厨房里把火生起来。如果她们不会这个，那希望就渺茫了，其他的事就看运气了。”

“女佣的待遇怎么样？”

“通常很不好，但和工厂里的女工相比，她们至少身在一座房子里，受到某种程度的庇护——当然这庇护也往往很可疑。早晨四点钟就起床洗衣服，这一点都不少见。虽然有最低限度的法律保护，但实际上往往并不受任何保护。”

“没有人为她们说话吗？人们不会被这样的困苦、这样的处境惊醒吗？”

“提得好，贝蕾妮克！当时的作家，其中包括台奥多·冯塔纳（Theodor Fontaner），深入刻画了这种人在其中全无尊严的处境。一个生活在柏林的女作家——贝蒂娜·冯·阿尔尼姆——关心社会的疾苦，1843 年发表了一本书，并赋予它一个极有挑战性的题目：《此书属于国王》。这是一个很轰动的行为，几乎没有人比她更富批判性。她与阿西姆·冯·阿尔尼姆结婚，是克莱门斯·布伦塔诺的妹妹；那两人出版了《男童的神奇号角》。贝蒂娜·冯·阿尔尼姆预感到她的书将会掀起巨大的波澜，因此她选了这个书名，希望能借此躲过审查和迫害——但却是徒劳的。人们怀疑她是共产主义者，连她的家人也对她退避三舍。”

“为什么？”

“因为没有一个社会能容忍自己在面前竖起的一面镜子里的形象是负面的，而这本书简直是一点情面也不留。贝蒂娜写了德语中的第一部社会报告文学；若是在今天，它不会让人激动，在当时却是骇人听闻的。她找到了最强有力的词句，描述柏林城里及城周围穷人的困苦。她以此激怒了所有人，骇着了上层社会的淑女，却没能让她们良心上有所发现。总之一句话，她让自己出丑了——她本人不也是‘上等家庭’出身的吗？她不是一个著名作家的寡妇吗？现在她散布这些耸人听闻的政治思想，为那些受歧视受压迫的人出力说话，全然忘记了她是女人，本该谦虚、克制才行。”

“她肯定非同寻常地勇敢！”

“重要的是她具备一种到那时为止同时代的人不曾具备的东西——社会良心。贝蒂娜·冯·阿尔尼姆肯定没读过卡尔·马克思的书，也决不会接受他的全部思想，但她对社会做出了类似的清算，因此在争取更多的社会正义的斗争中，她是一个女先锋。”

“她毕竟还能出版自己的作品。”

“为出版她的书遇到的困难令她烦得要命。为了避开困难，她创建了一家她自己的出版社。她相当不容易。”

男人的特权不是天定的

贝蕾妮克仰起头，甩甩头发，她还是不满意：“那时候的男子是从根本上反对妇女的吗？我是说，反对她们的权利？”

“那个社会是父权式的。但我们也知道，在任何时代都有男人站出来为女人说话。1862 年，法律史学家约翰 · 雅各布 · 巴赫奥芬（Johann Jakob Bachofen）发表了他的著作《母权》，他在其中证明了，在早期文化中，女性是占统治地位的——不仅是在家庭里，也是在政治上。”

“那他肯定让资产阶级的社会大为震惊。”

“他确实招来了他人的愤慨，先是他的同行，然后是在公众舆论界。他的调查研究明确指出，在古老的宗教时代，妇女统治原则是占主导地位的。对我们‘进化公园’的参观者来说，这没什么新鲜的，我们知道妇女在史前时代的耶利哥的突出作用，尤其是她们在埃及高度发达的文化中承担的角色。雅各布 · 巴赫奥芬描写了母权是如何借助农业活动实现的。”

“母权？”

“是这样，贝蕾妮克，母权最明显地体现在女性继承顺序这一点上。不管听起来有多么奇怪，但是在最早的文化中人们还根本不懂得生育是怎么回事——不过埃及人已经知道了——不知道男性也参与了生育孩子。雅各布 · 巴赫奥芬在后来的父权社会秩序中看到了一种进步——这我们在古希腊了解到了——脱离了‘物质的’，也就是女性的，而走向了‘精神的’，也就是男性的。”

“男性的自大狂是永远也刹不住闸的。”

“巴赫奥芬毕竟明确了这一点：男人的优先权既不是天定的，从其作用的意义上说也不是更好的，它只不过是历史地发展来的，因此也是可以改变的。”

“只是没有人去做！”

“妇女得自己把自己的事情握到手里，这种尝试一直有，比如在古代的雅典，男人们不是已经不是那么头脑褊狭了吗，妇女能够开口说话。当然，那总是些零星的声音，但这在逐渐地改变。1865 年 10 月，在第一届德国妇女会议上成立了‘全德妇女协会’。”

“也是时候了！”贝蕾妮克松了口气。

“这不是第一次尝试，但妇女运动在 1848 年革命失败后被压制下去了，并经历了一个萎缩的时期；现在它又活跃起来了，出现了德国第一个有组织的妇女联合体。”

“它的目标是什么呢？”

“它为让妇女接受更高的教育、改善她们的工作条件而努力。这实现起来还有些困难，但不管怎么说，分会迅速成立起来，五年后协会已经有了一万名成员，主要是对自己的地位不满，要求做些事情改善地位的女性。可惜还有很多人没有组织起来。”

“很可能是因为她们不敢！”

技术与资本主义

一个技术迅速发展的时代

塞内克斯交叉起双手："我现在要把话题转回到技术上了，它的发展给这个世纪打上了烙印。扮演了其中一个格外重要的角色的是电。在这个领域里工作的有维尔纳·冯·西门子（Werner von Siemens），他生活在 1816 年到 1892 年间。他与机械工程师约翰·格奥尔格·哈尔斯克（Johann Georg Halske）一道建立了一个电报台。他发现了电动原理，发明了发电机，有了它，就可以用简单的方法十分便宜地制造出强度不受限制的电流来。电动机无比迅速地排挤了水车、风车、蒸汽机。"

"而现在我们要试着回到利用风力！是西门子发展了三相交流电技术吗？"

"主要是他。1879 年他建了第一条电气铁道，不久又建了第一条有轨电车道。他自己写道：'技术现在得到了一种手段，可以以便宜、方便的方式在各个有劳动力的地方制造出无限强度的电流。'可我不想对这个德国发明家讲太多，虽然他为技术，尤其是对电气技术的发展做出了重要贡献。他让哈尔斯克造一个他发明的指针电报机的模型。这个电报机，接收的一方不再是利用钟表结构来拉动电报带了，而是利用一个电传动装置，使收报的一方可以与发报的一方保持同步。和旧的模式相比，这是一项重大的改进。另外他的发明中还包括在柏林开发利用地下电缆电报火警器。"

"在地下？那它必须得是绝缘的，怎么做到这个呢？"

"他们先是试着用古塔橡胶，罗曼，这是一种类似橡胶的材料，但不能防地下水，此外还被老鼠啃了。吃一堑长一智，人们很快就解决了这个问题。另外西门子还做成了一种万能电流计，可以测量电压、电流和电阻。同样很重要的是托马斯·埃尔瓦·爱迪生（Thomas Alva Edison）的电灯泡，虽然确切地说，它的发明者是纽约的德国移民、钟表匠海因利希·戈贝尔（Heinrich Goebel）。爱迪生大大改进了它，并使它适合于生产。爱迪生还发明了留声机和收音机。我现在还得一口气提一下亚历山大·格拉汉姆·贝尔（Alexander Graham Bell），一个祖籍苏格兰的北美生理学家，他在费城的世界博览会上展出了第一部电话。"

"这么说他是电信之父了？"

"这样的'……之父'在这个世纪里有很多，这个世纪得到了'美好时代'这个名字。然而，这个时代只是对富人来说是美好的。1848 年 6 月镇压了巴黎起义的拿破仑三世下令在拐弯抹角的巴黎城里修建林荫大道。对此我想多说几句，因为这在城市发展史上是一种新式历程。乔治 · 欧仁 · 奥斯曼男爵（Georges Eugène Haussmann）1853 年成了所谓的‘塞纳河省省长’，拿破仑三世向他下达指示，把城中心那些中世纪一般古老狭窄的巷子、潮湿的房子全部推倒，翻建新的。当然，城市、城区过去也曾被改造过、重新兴建过，尤其是在大火或其他毁灭性的灾难过后。你们只需回忆一下罗马大火后的重建。但巴黎现在却是完完全全的重建，业已长成的城市面貌全被毁掉，取而代之的是全新的。巴黎又一次成了欧洲的中心，有着它独特的生活方式，优雅、风度、漂亮在其中舒展，艺术家、画家、作家、高级时装裁缝在巴黎汇聚。”

“但改造肯定并不是为此而进行的吧？”

“改造的原因之一是，两次霍乱流行夺走了数千人的生命，拿破仑三世想要创造更好的生活条件。他也许梦想着能获得伟大的建设者和城市设计者的美名，永远载入史册。另外在 1848 年的起义过后大道拓宽，这可以增加修筑街垒的难度。”

“我更相信这个原因。”

“此外还在西部增建了居住区，伴随着一切资本主义特有的现象：地产投机兴旺起来，价格上涨，有人挣下百万家私。大量贷款使拆毁又重建的庞大工程成为可能。小说家埃米尔 · 左拉（Emile Zola）写道：有十五年之久，剥夺财产的体系像一架巨大的机器把巴黎犁了一遭。统一的规定为改造工程定下了规矩。街道应该显得庄严富丽，从一个广场通往另一个广场，从一个重要建筑通往另一个重要建筑，不管那是火车站，还是交易所，抑或是歌剧院。从窗内向外眺望的景致也得漂亮，因此他们让条条街道通向广场，形成星的形状；最美的广场之一就叫‘Etoile’——‘星’。”

“这不就是有凯旋门的那个广场吗？”

“这个广场在奥斯曼男爵的计划中占据着中心地位，在此他做出了在大城市中很不寻常的事——在空间上的奢侈——他在凯旋门四周建了条环形街道，形状像一个圆形的广场。那时候，广场上还没有拥塞的汽车交通，街道两旁的栗子树红花绚烂，漂亮时髦的敞篷马车行驶其间，车上的淑女衣袂飘飘，那可真是一道很美的景致呢。这就是巴黎，在十九世纪接近尾声的时候，成为澄澈天空下一座充满优雅和艺术情调的都市，如磁石吸引着人们。”

“那时候还有澄澈的天空！这个城市不仅从奥斯曼男爵那里得到了一件新装，而且形成了新的特色。”

“所以最美的大道之一就以他的名字命名。许多广场和街道的和谐一致都该归功于他。他不要单独的一幢幢别墅，而要建大型豪华的出租住宅，有统一的立面。他把巴黎变成了年轻知识分子和艺术家朝圣的麦加。”

"尤其是画家，对吗？"

"塞尚（Cézanne）、马奈（Manet）、高更（Gauguin）、莫奈（Monet），还有荷兰人凡·高（Van Gogh），此外还有作家埃米尔·左拉、奥诺雷·德·巴尔扎克（Honoré de Balzac）、居斯塔夫·福楼拜（Gustave Flaubert）、居伊·德·莫泊桑（Guy de Maupassant）、马塞尔·普鲁斯特（Marcel Proust），作曲家拉威尔（Ravel）、德彪西（Debussy），以及在巴黎度过了他重要时期的理查德·瓦格纳，还有，别忘了伟大的波兰人弗雷德里克·肖邦（Frédéric Chopin）。但说艺术家就到此为止吧。1889 年，也就是在巴士底狱被攻克整整一百年后，在巴黎举行了第一届国际博览会。拿破仑三世那时已经不得不退位，德国人在首相俾斯麦的领导下打败了法国；普鲁士国王在凡尔赛宫被宣布为德国皇帝威廉一世。"

"居然在凡尔赛宫！对法国人的羞辱更深了一层！"

"是的，这样做很不明智。好，那么，为这次博览会，埃菲尔铁塔建起来了；到夜间，塔身上成千上万盏电灯令铁塔光芒四射，全城便沉浸在光明的海洋之中。两千万名前来参观的人来自不同的国家，这对斯图加特（Stuttgatt）工程师戈特利布·戴姆勒（Gottlieb Daimler）来说，在多次徒劳的尝试之后，这正是展示他的汽车的好时机。他这次得以成功，多亏了一个已去世的生意伙伴的遗孀萨拉赞女士（Madame Sarazin），她不仅美貌，而且精力充沛，人又聪明。"

"萨拉赞女士？"贝蕾妮克竖起了耳朵。

"在那以前三年，戴姆勒给一辆马车装上了发动机——他想把它作为生日礼物送给他的妻子，这就是第一辆'戴姆勒汽车'，它的速度达到了每小时十二公里。戴姆勒想制造更多的这种车，然后出售，但斯图加特人对汽车放出的臭气和噪音大为恼火；新闻界也抱怨它给公共安全造成了威胁；有些大发雷霆的反对者甚至拿石头砸汽车。于是戴姆勒转而建造装上马达的小船，并驾小船在内卡河（Neckar）上做试航，但这也招来了愤怒，报纸号召人们向他提抗议；戴姆勒就算在黑暗的凌晨做试航也没用。"

"一连串的失败吗？"

"摩托艇慢慢地还是被人们接受了，甚至帝国首相俾斯麦也接受了这样一个礼物，乘着它在弗里德里希鲁厄湖上兜风。"

"但是肯定有人在汽车领域获得成功啊！"

"戴姆勒在民间节日和展览会上也做了尝试；他造了一辆装马达的有轨电车，它在维也纳的普拉特四个月内行驶了二万五千公里，一次毛病也没出过。接着，斯图加特马车—铁路协会也终于引入了装马达的有轨电车；还有一辆被运往荷兰，另一辆运往西西里。"

大规模采剥矿藏开始了

贝蕾妮克稍稍直起了身子，问："巴黎那边怎么样了？"

"美丽的路易丝·萨拉赞去斯图加特找戴姆勒，并很快和他达成了一致；他们之间建立起了友谊，这友谊对汽车的发展意义重大。萨拉赞想把一部发动机通过边境，运到法国去，但困难重重，幸亏她与法国政界高层人士之间有良好的关系，因此得以克服这些困难，而她的联系办法是一次次往巴黎拍电报！"

"然后呢？"

"然后，一辆'迷你'电车及时赶到了世界博览会，还有一个功率为两马力的发动机，它通过一个发电机给一个小小的灯光装置供电；还有一辆钢轮车，两条摩托艇。戴姆勒和工程师威廉·迈巴赫（Wilhelm Maybach）也去了巴黎。萨拉赞夫人乘着摩托艇在塞纳河上航行，吸引了所有先生们的目光。岸上还同时行驶着那辆钢轮汽车，车上坐着挥舞帽子的青年男子。这是一次很有说服力的宣传。"

"效果达到了吗？"

"是的，贝蕾妮克。现在戴姆勒的汽车卖出去了，工厂主埃米尔·雷瓦索尔（Emile Levassor）是第一个买主。人们本来只知道他是一个狂热的骑马爱好者，经常每天在他的两个木材加工机械厂之间来回奔驰好几趟。可现在他迷上了戴姆勒的钢轮汽车，兴奋地在巴黎城里哒哒哒地开；他也开始同样兴奋地改进汽车，签了一份执照合同，这使他有权仿造戴姆勒的马达和车子。他的谈判伙伴——萨拉赞夫人。他与戴姆勒和迈巴赫结成了终身友谊。"

"这就是突破吗？"

"这又是一次突破。我现在大概还应该提一下，1857年人们第一次开始有计划地进行石油钻探。"

"那时候就开始了？在哪儿？沙特阿拉伯吗？"

"不是，就在吕内堡（Luüneburg）荒原上。但同一年人们在罗马尼亚用锄头和铁锹发现了两个油源。"

"大概从这时候起人就开始大规模采剥地球的矿藏了。"

"而且是一项史无前例的社会进步。"

"如今，我们几天就消耗掉自然界里数百万年才产生出来的宝藏，而且还破坏了地球大气层。"

"这些都对，罗曼。但在今天，我们漫游'进化公园'所处的时代，还处在这一过程的开端。我们会亲身经历一种带来广泛后果的发展过程的开端。走几步吧，我们的目的地是柏林城边利希特费尔德的小丘。"

一个有巨大翅膀的东西

塞内克斯引着他们穿过繁忙的城市。建筑物稀疏了，他们到了一处长着稀稀落落的植物的开阔地，这儿那儿的露出了沙子的地面。远处有几个低矮的仓库，前面隆起一个小丘。

“那不是自然形成的小丘。”塞内克斯解释说，“它是人堆起来的。我们马上要看到的那个人要利用它做他的试验。他马上就要来了。”

“在哪儿？”

“往小丘上看！”

那个人出现了——一个长着巨大翅膀的东西里吊着个人。那翅膀薄薄的壳上贯穿着很多柳枝，像昆虫的翅膀那样。那个人的小臂放在一个十字形的架子上，双手抓着前面的柄，头和上身伸在那东西的外面，弓着后背，头上紧紧地戴着一顶帽子，裤管只到膝盖以下。

下面还聚集了大概二十多个观众。

“今天这个‘放风筝的’要驾着他五颜六色的大翅膀从小丘上飞下来，和以前类似，但是这一次要好得多、远得多，尤其是高得多。”塞内克斯说。

“这一定是奥托·利林塔尔。”

“他快要结束他的一系列试验了；人们估计他试验的次数超过两千次。最后的一次将是在 1890 年 8 月，他驾驶一架两马力功率的飞机；一阵狂风扯裂了飞机前部，使它竖了起来。结果他摔了下来，死在医院里。”

可这会儿，他做完他的腾跃之后安全着地了，总共飞了也就是一百来米。他慢慢地刹闸，稍微有些支撑不住，往前栽。几个人上去帮他，抓住翅膀梢儿，把飞行器抬平，使它恢复平衡。

观众欢呼着：“好啊！”鼓起掌来。

“飞行的梦想——它大概和人类一样古老。高度是最后一个有待人类征服的领域。你们都知道古希腊关于伊卡洛斯（Ikarus）的传说吧？”

“是不是那个因为离太阳太近而摔了下来的人？”

“他用来固定翅膀的蜡变得太软了。你们也知道里奥纳多·达·芬奇（Leonardo da Vincis）的研究。奥托·利林塔尔从理论上研究了这些以及其他许多关于人类自由飞翔的可能性；他也了解他那个世纪里大量的滑翔模型、装了翅膀从塔上跳下来的失败尝试。但与他们不同，他先是坚信只有完全模仿鸟翅膀的扇动才可能成功；他认为，所有的先行者之所以充其量只能跳上几步，其原因是他们用的翅膀都是固定的，所以不中用。”

“他是唯一的尝试者吗？”

“绝不是，斯蒂芬。在大多数欧洲国家里都有人在做飞行的尝试，英国、法国、俄国，但结果都不尽如人意。奥托·利林塔尔的滑翔翼，不管有没有装马达，都起到了为发展指明道路的作用——也许我应该说指明‘航线’的作用。飞行并不是他发明的，但他的研究使飞行的发展大大向前迈进了。他认识到，必须得先对飞行的本质做系统的探究。这一思想的结果是他在 1889 年四十一岁时出版了他写的书《飞行技术的基础——鸟类的飞行》，其中他探讨了鹳鸟的滑翔，而三百七十年前的里奥纳多·达·芬奇在研究中选择的方向是老鹰拍翅膀的动作。奥托·利林塔尔后来的研究还是把他引回了固定的翅膀，他以此造了第一架滑翔机，另外又造了五架单翼飞机，用快速助跑的办法起飞，飞行距离开始时有九十米，后来达到了二百米。”

“今天我们的滑雪运动员差不多也能飞这么远，而且还没有翅膀呢！”罗曼说。

黄昏渐渐降临到小丘上，飞行器被送进了仓库。在返回的路上，塞内克斯继续说：“奥托·利林塔尔学的是机械制造专业，成了工程师，在柏林建了一个机械制造厂。1890 年他的第一次跳跃飞行成功。他先是造了类似鸟的滑翔器，用他自己身体的重心移动来操纵。后来他造了约二十架双翼飞机。他活了四十八岁。”

“试验还在继续进行吗？”贝蕾妮克向后捋了捋她的头发。

“1901 年，古斯塔夫·魏斯科普夫（Gustav Weisskopf）成功进行了第一次用蒸汽做动力的飞行，而且是在美国。他很可能过去和利林塔尔合作过。移居到美国后他改名为怀特海德（Whitehead）。但一次坠落终止了他的飞行。但利林塔尔还有很多钟情于飞行的后继者。”

“莱特（Wright）兄弟是怎么回事？”

“这两个美国人成功进行了最早的精确驾驶飞行，先是只有几秒钟，后来是几分钟，最后终于超过了半个小时。这时他们已经达到了每小时超过六十公里的速度。在德国，人们主要是集中精力制造飞艇，1900 年第一只齐柏林飞艇升空。1908 年法国人路易·布莱里奥（Louis Blériot）成功飞越了英吉利海峡。到第一次世界大战便有了飞行战斗中队——这真是人类的悲剧；还出现了‘空中英雄’的神话。”

“而今天飞行对我们来说已经是自然而然的事——这前后还不到一百年呢！”

“是啊，罗曼，每分钟都有几千架飞机在空中飞。”斯蒂芬补充道。

天已经黑了，不一会儿他们到了旅馆。

第十一晚
超人与心理分析之父

艺术家和思想家，联合起来！

一个思想敏锐的艺术家

“今天，”塞内克斯开始了晚上的话题。“我给你们讲一讲弗里德里希·尼采。虚无主义借他发出了最初同时又是最强的声音。尼采激进的目光，富于批判精神的敏锐，以及他对未来辛辣的预见，都使他成为现代思想的预言家。”

“为什么这么说？”

“比如他说：‘人是必须被克服的东西。’人的了不起在于他是一座桥梁，而不是目的地。尼采生活在1844年到1900年间，也许他是唯一可以被纳入艺术家队伍的哲学家。这么说是因为他热爱音乐，自己做过曲子（虽然是平庸的曲子），还因为他是个语言大师，一个抒情诗人。在他身上，哲学家成了诗人，或者反过来说也可以，诗人成了哲学家。托马斯·曼说尼采的散文是‘绝妙的散文’——从他的嘴里说出这样的赞语可是很难得的。尼采植根于浪漫主义，但又超越了浪漫主义；他将浪漫主义的善感与启蒙主义的怀疑精神结成了一束鲜花。一开始对他产生过影响的叔本华是个比他更冷静的思想家，而尼采则更大胆；或者换句话说，尼采是一个思想敏锐的艺术家，要说冷静可谈不上。”

“我知道他的几首诗。”罗曼说，“我很喜欢它们，因为它们不同凡响。我想，他作为一个抒情诗人受到的重视很不够。”

“他的伟大作品《查拉图斯特拉如是说》我也觉得更应该被算作文学创作，而不是哲学。”塞内克斯回答道。“你怎么看待尼采的作品都可以，它总是会触动你，要么是吸引住你，要么是激起你的反对。他写作用过很多不同的体裁，笔记、断片、警句、小册子、诗歌、散文、论战文、书信。正如我刚才说的，他还作曲。比如他曾在威尼斯给他的朋友彼得·加斯特（Peter Gast）写信说：‘昨天的里亚尔托桥[1]之夜还带给我一支乐曲，令我潸然泪下。那是一支古老的行板，就好像在它以前从不曾有过行板似的。’”

“他是不是有一部作品叫《悲剧的诞生：源于音乐的灵魂》？”

“原本是古典语文学者的尼采以这部作品把自己从狭隘的古典语文学中解放出来，转向了哲学。他的同行对此态度冷淡，更显出了瓦格纳的兴奋。瓦格纳认为尼采理解自己——后来这被证明是个错误。”

“但尼采不是崇拜过瓦格纳吗——要么是崇拜他的妻子科西玛？”

“事实是，在巴塞尔（Basel）大学教授希腊语和文学、腼腆羞涩的尼采经常去菲尔瓦尔德施台特（Vierwaldstätt）湖边的特里普申（Triebschen）拜访理查德·瓦格纳和他的妻子科西玛。”

“尼采是哪儿的人？他的名字听起来很奇怪。”

求真理、求生存的意志

“尼采的祖先来自波兰，他生在吕茨恩（Lützen）附近略肯（Röcken）的一个牧师之家，上学初期生活在萨勒河边的瑙姆堡（Naumburg）。后来他上了有名的舒尔普弗尔塔寄宿学校，在波恩和莱比锡攻读了古典语文学。”

“他和瓦格纳之间的友谊为什么会破裂？”

“尼采和瓦格纳两人在性格上都不简单。尼采首先是指责瓦格纳的歌剧《帕西法尔》中包含了那么多基督教的思想遗产，而且还在形式上为其唱颂歌、美化它。尼采拒绝基督教，也反对社会主义。基督教惹怒他的地方是‘伦理’，社会主义惹怒他的则是‘奴隶道德’。他反对一切激起人同情的东西，他认为同情没有实际用处。实际行动才能产生有力帮助——这是他要的。但他反对被别人的痛苦压倒而又不能对此做些什么的情况。尼采认为同情只能增加世界上的困苦，因为本来是一个人受苦，现在成了两个人在受苦——那同情人的人也在受苦，这样一来，意志和肯定生命的

[1] 译者注：位于威尼斯，横跨大运河，文艺复兴风格。

力量就被削弱了。这一思想也渗透在《悲剧的诞生》以后的作品《人性的，太人性的》和《快乐的科学》中,尼采在其中对‘狄奥尼索斯’[1]和‘阿波罗’[2]做了区分。‘狄奥尼索斯’意味着对生命意志的强有力表达，‘阿波罗’则意味着造型和形式。”

“我对‘狄奥尼索斯’没什么好感。”斯蒂芬宣布道。“我们拥有头脑是为了运用它，而不是为了把它搞得醉醺醺的，我更喜欢‘阿波罗’。”

塞内克斯机械地点点头，既不表示赞成也不表示反对。“像叔本华一样，尼采也看到世界是由意志的原始力量统治着，但他的思想不久就与他的师父分道扬镳了，因为他看到的是，一个由意志指导着的生命存在从悲剧中挣脱出来的方法绝不是叔本华那种放弃和否定，而恰恰在于肯定。意志主要应该在艺术中表达出来；他在艺术中看到了一种求真的意志、求生的意志。面对它，科学显得是那么平淡。他还认为，没有客观的真理，只有主观经验的真理，它应该具有灵感的特征。他怀疑一切，并认为所有的聪明人都是怀疑主义者，他在怀疑者身上看到的是‘温情的造物’。”

“我也是这种感觉，我想。”

“尼采宣扬重估一切价值，他针对的主要是传承下来的真理，尤其是道德观。在他眼里，信念就是牢笼，进行计算的科学是麻醉剂。对尼采来说，怀疑是知识分子诚实的表现。”

“尼采是无神论者，不是吗？”

“尼采宣布上帝死了——正像真理死了一样。在《瞧！这个人》中他写道：‘迄今为止名叫真理的，被我们发现是谎言最无耻、最典型、最隐秘的形式。改进人类的神圣托辞原来是吸干生命、造成贫血的阴谋。”

“我觉得这也太消极了。”贝蕾妮克宣布道。“他就没什么正面的东西可说吗？”

“当然有，但他被彻底地理解错了，尤其是在纳粹那里。尼采要是知道纳粹，肯定会对其深恶痛绝的。但纳粹把他的哲学收归己有，为他们的罪行辩护，尤其是他的《强力意志》和‘主人’一说被他们利用了。他的《查拉图斯特拉如是说》则主要是文学创作，这我已经说过了。’”

“他不是提出过这样的要求吗——‘你到女人那里去的时候，别忘了鞭子。’”贝蕾妮克的手攥成了拳头。

“与其说这是一条十分当真的建议，还不如说是因为爱情受挫而生出的梦想。但他很容易被误解。在《善恶的彼岸》中他宣布了一种‘主人道德’，他不是像基督教那样区分‘善’与‘恶’，而是区分‘强’和‘弱’。他自己却是个多愁善感的人，不止一次地与他的时代的主导观念作对。”

[1] 译者注：狄奥尼索斯是古代希腊神话中的酒神，主神宙斯和大地女神塞墨勒的儿子。

[2] 译者注：阿波罗是古希腊神话中的太阳神，主神宙斯和勒托的儿子，主管光明、青春、医药、畜牧、音乐和诗歌等。

"但是《查拉图斯特拉如是说》……"

"这是尼采最有名的作品，贝蕾妮克。在与哲学无关的地方，这本书也会出现在书柜里。查拉图斯特拉，波斯宗教的创立者，向所有的人发出号召，在十年的孤独隐居后向人们传达他的'福音'——说话的当然是尼采，说的又是'超人'，'超人'现在能够实现自我、征服世界了，因为上帝对人已经毫无意义了。"

"上帝死了！"

"随着上帝一同消失的还有同情和所谓的'博爱'，尼采对此做了进一步阐发。"

"尼采是怎么想起写《查拉图斯特拉如是说》的呢？"

"这个他自己描述过。有一天他在上恩加丁（Oberengadin）的西尔瓦普拉纳湖边穿过森林，在一块巨大的岩石旁休憩，这时他的脑子里萌发出一个念头：'远离众人与时代六千英尺。'"

弗洛伊德的转折

开启心灵的钥匙

大家静默了一阵，然后塞内克斯说：“让我们现在也到众人和时代的彼岸去——那就是梦的王国。

“请你们想象一间塞满了小型家具的市民风格的房间，闻得出雪茄味，冷冷的烟弥漫在房间里。

“房间的主人大概偏爱东方，不光地板上铺了一块图案丰富的地毯，还有一块毯子盖在一张高背的沙发床上。此外还有块类似的壁毯，与之相配的是一幅阿布辛贝勒神庙[1]的刺绣，上面有四个巨大的法老拉美西斯二世的塑像。房间本身很小，几乎不比那张沙发床更宽。床末端后面的角落里挤着跟房间一样高的瓷砖壁炉，摆了浅色枕头的床头一端后面则塞进去一张躺椅。沙发床上躺着一个女子，穿的是打着褶裥的衣服，眼望着天花板，交叠的两腿穿着高筒靴，鞋带一直系到头。她用很轻的声音断断续续地讲着，头后面那张躺椅上坐着一位上了年纪、抽着雪茄的先生，膝头放着本子。他做着笔记，记的东西显然和那女子的讲述有关。他审视的目光引人注目，他的大鼻子和唇上有灰色的髭须，下巴上是修剪整齐的胡子。他的硬领此刻松松地耷拉着，开着‘V’字领的背心上，一根表链子在晃动——这就是心理分析之父西格蒙德·弗洛伊德的样子。

“他在维也纳贝尔格巷的房子里从1891年生活工作到1938年，然后身为犹太人的他就不得不在纳粹侵入时离开维也纳，移居到伦敦去了。他用一种类似自然科学的观察方式，用心理分析取代了基督教的灵魂学说。”

“这和基督教有什么关系？”

“在他以前，人们认为，人不仅是上帝按他自己的样子创造的，而且是一种富于精神性的生物。现在，从某种程度上说，弗洛伊德把人整个颠倒过来了，因为他说，不是精神，而是性，是人最本质的推动力。从他以来，不仅是人像上帝这一点被打上了问号，就连人的人性也成了疑问！弗洛伊德告诉我们，人是一种有着低级本能的造物，由此在与哥白尼完全不同的领域中带来了一次哥白尼式的大转折。在哥白

[1] 译者注：位于埃及阿斯旺西南，公元前1264年完成，是法老拉美西斯二世在位期间在努比亚所建六座石建神庙中的一座。

尼和达尔文之后，他的心理分析第三次羞辱了我们幼稚的自豪感，因为心理分析更超过了关于地球不是宇宙的中心和人不是创造的目标和顶点这两个认识，它还确认，不管是人的精神还是人的自我都不是‘自己家里的主宰’。”

“您称他是心理分析之父，那有没有祖父或曾祖父呢？”

“没有直接的，斯蒂芬。但我看，生活在两千五百年前的希腊医生希波克拉底（Hyppokrates）是心理学的老前辈，或许可以说是心理分析的老前辈，因为他已经勾勒出了性格学的基础，把人分成四种气质——多血质、胆汁质、黏液质和抑郁质。他以前还没有人想过这些。但弗洛伊德当然是心理分析的真正创立者，他发展了一种方法，用它应该能够发现无意识的或被压抑的疾病原因；他还相信，无意识可以从梦中被揭示出来。人们往往把他的梦的解析称为通往无意识的权威道路。他向迄今为止一直处在黑暗和神秘之中、对我们关闭着的人类灵魂的王国迈出了最初的几步，这个王国一直被认为是上帝赐予的、无法解释的。灵魂很早以来就是一个禁忌，而弗洛伊德改变了这一状况。清教徒式的态度是整个十九世纪的特点，这在我们今天看来只不过是压抑，人们已经不再以道德的名义诅咒弗洛伊德，因为他指出了灵魂中进行的过程是多么重要；他把我们对我们自己和我们的弱点的无知略微减少了一些。当然在过去和今天都存在着滥用他的名字的现象。”

“弗洛伊德尤其研究了性，不是吗？”

“在他那个时代，恰恰这个是不能说的。弗洛伊德确认，人不是一种温情的、需要爱的生物，而是有着鲜明的攻击性。”

“这么说他是毫不留情的。”贝蕾妮克说。

“弗洛伊德把他想的和认为是对的东西说了出来。他的学说引起了震惊，但也是突破性的，影响了心理学、精神病学和哲学。弗洛伊德提出的俄狄浦斯情结虽然在前一段时间遭到攻击，但在他的著作中仍然有着它的特殊地位。”

“俄狄浦斯情结……”斯蒂芬把这个词拖得老长，于是塞内克斯把它当作一个问题来回答了。

“俄狄浦斯情结来自古希腊关于俄狄浦斯王的传说：他在不知情的情况下爱上了自己的母亲，并且无意中杀了自己的父亲。弗洛伊德宣称，每个男孩都爱他的母亲而恨他的父亲。但这个就算没有被推翻，也早已被打上了问号。毕竟还没有人想到过儿童的性欲，就算有人想到了，人们也会在这样一件令人尴尬的事面前闭上眼睛。根据弗洛伊德的学说，每种神经症的源头都在童年时代，并在性的特征上表现出来——今天人们对此也产生了怀疑。”

“弗洛伊德为妇女做了什么？”

“他的婚姻生活很美满，但他对妇女运动不感兴趣。尽管如此，他的学说为妇女的解放做出了很大的贡献。”

“人们那时候怎么看待他的思想？”罗曼问。

“他遭到的首先是人们的拒绝和不解，渐渐地人们才认识到了他的功绩。托马斯·曼大概是说得最好的，他说，他深信人们有朝一日会认识到弗洛伊德一生的所作所为是奠定未来基础的最重要的基石之一。西格蒙德·弗洛伊德 1856 年生于摩拉维亚，三岁时到了维也纳，1939 年在伦敦死于……”

“第二次世界大战爆发那年！”

“……死于喉头癌。不久，他的学说为年仅二十岁的瑞士人卡尔·古斯塔夫·荣格（Carl Gustav Jung）所补充。荣格提出了所有人共有的集体无意识。人们认识到，我们的认识取决于许多因素，不管是社会的、文化的，还是历史的。弗洛伊德和荣格的深层心理学考虑到了艺术、宗教和人内心的现实，听取人类命运和经历中的各方各面，处于自然科学与人文科学之间；它要把实验的精确和理性的推理结合起来，寻求一种实际的、作为疗法可以运用的知识。但是，”塞内克斯开始做结语了，“我想就此结束这个题目了。我建议，大家现在就到各自的梦乡里去，而且用不着让弗洛伊德来分析。”

三个年轻人一齐点头，互相道了别，分头去找自己的房间了。

第十二天 科学的年代

突破中的自然科学

一个突飞猛进的时代

第十二个清晨降临了！塞内克斯在等他们。“这是我们的最后一天了。我们还在十九世纪，但马上就要进入二十世纪，然后我们还要大胆地向二十一世纪望上一眼。”

他狡黠地微笑着：“我们这就要利用一种新方法了。”塞内克斯指着墙上一个通往隔壁的门洞：“你们在所有的飞机场都可以看到类似的东西，人通过的时候，金属，尤其是武器都会被查出来。现在，你们只要穿过这个门框，就会被数字化，然后通过信息高速公路被传送到另一个地方，在那儿重新被实物化；而你们自己什么也觉察不到。我们的‘千年处理器’以光速工作。我们把这个机器叫做‘远程转换器’。放心进去吧，我跟着你们。”

贝蕾妮克第一个走进去，她消失了，就像在空气中溶解了一样，斯蒂芬和罗曼跟着她，最后是塞内克斯。

当他们在另一边走出来的时候，发现自己站在一个破败的后院里，一切都显得无比悲伤、压抑和肮脏。泥地上的大水洼映出愁云惨淡的天空，那天空看起来就好像随时都会下起雨、哭泣起来。

“我们又到了巴黎。你们往左边看。”塞内克斯说。“这座脏兮兮的建筑物里就是物理学研究所，Ecole de Physique。在那儿教课的……不，等一下，在谈他以前，我想先向你们介绍一位妇女。我们再走几步，院子边上干一点。好了，你们已经知道，十九世纪是人类发展史上最有成就、最激动人心的一个世纪。”

“而我一直认为它布满尘埃而且阴郁黯淡。”斯蒂芬嘟囔了一句。

“它确实布满尘埃，阴郁黯淡。”塞内克斯回答。“但到目前为止，还从没有哪个世纪有它那种爆炸式的发展，而且是在科学与技术的所有领域。它也为我们打了基础。”

“我有一个想法。”斯蒂芬喃喃说道，半是对自己，半是对旁人。“我发现，我们是忘恩负义的！”

“你这是什么意思？”

“看，我们心安理得地接受了所有的东西，我们开车，坐飞机，用煤气或油烘暖房间，用电把黑夜变成白昼，听收音机，看电视……但这一切都是我们的祖父母、父母创造的啊！”

“那我现在讲一位对此有大贡献的人就是很合适的。她太值得我们尊敬了，尤其是因为她的研究毁坏了她的健康，最后令她付出了生命的代价。”

“玛丽·居里！”贝蕾妮克喊了起来。

“对。居里是波兰人，她未出嫁时的名字是玛丽亚·莎乐美·斯克沃多夫斯卡。她 1867 年生于华沙，那时华沙处在俄国的统治下。”

“她为什么去了法国呢？”

“她想上大学，学数学和物理。但当时妇女还不能进华沙大学，所以，玛丽·居里——那时候的斯克沃多夫斯卡——在巴黎索邦大学学习。学习结束后，她在巴黎一个实验室工作，二十七岁时认识了三十五岁的物理教师皮埃尔·居里。他们成了一对。新婚夫妇骑着自行车逛遍了巴黎的周遭一带——自行车当时已经可以用作交通工具了。他们勤奋工作，而且一点也不在乎经济上的得失，有最基本的东西，够他们生活就满足了。不久玛丽就发表了她最早的科学论文。好了……玛丽和皮埃尔结婚的那一年，也就是 1895 年，维尔茨堡（Würzburg）大学的威廉·伦琴（Wilhelm Röntgen）发现了后来以他的名字命名的 X 射线——伦琴射线，赢得了世界声誉。一年后一个法国人亨利·贝克勒尔（Henri Becquerel）发现了另一种穿透性的射线，它出自重金属铀。这种贝克勒尔射线被玛丽·居里拿来做了自己博士论文的题目。”

“那她肯定只能用很原始的手段进行工作吧？”

“你们只要看看周围，就知道原始得不能再原始了。玛丽·居里的实验室在左边，她在那儿做了她最初的实验。皮埃尔在物理学研究所教课。你们可以在对面看到一个木板棚屋，玻璃的屋顶早已破败不堪，一下雨就漏。过去医学系用它做解剖室，但现在人们连供研究用的尸体都不愿意往那儿放了。”

“冬天那儿肯定潮湿寒冷得要命。”贝蕾妮克喃喃地说，一边缩起了肩膀。

“这么说还算轻的。夏天这里又太热，连木地板都没有，裸露的地面只铺了一层薄薄的沥青，充作家具的就是几把厨房用的椅子，一块黑板，还有一个旧铁炉子，管子都生锈了。”

“我的上帝。”隔着玻璃窗往里看了一眼的罗曼喊道，“今天谁也不会愿意在这么一个棚子里工作的。”

“好也罢，歹也罢，皮埃尔和玛丽只能在这么一个环境里将就着。棚屋倒也有一个优点：它太破旧了，决不会有人跟他们争的。尽管条件简陋，玛丽·居里还是想弄清楚贝克勒尔发现的射线是不是从铀的最小微粒中发出来的。”

“原子……”

“就是这个词，罗曼。玛丽·居里还得干重体力活：她把一吨铀残渣从维也纳搞到了巴黎——费了多大的劲，我就不在这儿说了。一天，一辆载重汽车开来了，夫妇两人冲了出去——他们的沥青铀矿渣到了。玛丽想从中得到镭——就算得去对付这一堆恶心的矿渣她也不在乎。一项经年累月、耗精费神的工作开始了。”

“她的丈夫呢？”

“皮埃尔·居里埋头在棚屋里做艰难的实验。玛丽像在工厂里做苦工一样，穿着件被酸腐蚀了的大褂，头发松散着，裹在呛人的烟里。四年里，她一个人既是物理学家、化学家，又是工程师、苦力。她得烧里面装着熔解物的废气锅，还得守着它，再后来还得提纯、结晶那高放射性的溶液。旧桌子上总是堆着浓缩的、镭含量越来越高的物质。她把这些初始物质碾碎，分解，在沸腾的酸里熔解，冷却，过滤，蒸馏……最后她发现了一种新的化学物质，她给它起了自己故乡的名字，这就是‘钋’。她是第一个在研究发出穿透性射线的物质的科学工作中使用‘放射性’这个词的人。”

“这个词让我们一听就害怕。”罗曼喃喃说道。

“玛丽·居里还没有意识到会有危险。她为她发现的另一种新元素起了‘镭’这个名字，它来自拉丁语‘radius’，意思是‘射线’。她想制出纯净的镭和钋，其结果比她所期待的更富童话色彩。在夜晚的黑暗中，分散在桌子和墙板各处的玻璃瓶里的小块儿都发出淡蓝色的磷光。”

“她就是这么得上病的！”

“是这样，贝蕾妮克。疾病一直陪伴着她。她得了肺结核，手变僵硬，皮肤上形成了裂痕和溃疡。”

“很可能她的实验室整个被放射线污染了。”

“很多玛丽·居里后来雇用的人都病了，有的很年轻就死了。她能活到六十七岁，这是个奇迹。她的第二个孩子还在母体中就受了射线的侵害，出生后不久就死了。

但没人把这归因于放射性，虽然玛丽自己也那么疲惫、有那么多病痛。好了，你们也许知道玛丽和她的丈夫皮埃尔以及亨利·贝克勒尔获得了1903年的诺贝尔物理奖——这是这个奖第一次颁给三个人。”

“1903年，这已经是二十世纪了。但据我所知，诺贝尔应该算在十九世纪里。”斯蒂芬插了一句。”

“对，阿尔弗雷德·诺贝尔于1896年去世。他是瑞典化学家、实业家、炸药的发明者，他以此成了富人。他创建了以自己的名字命名的奖项。他拿出的钱的数目并没有被动过，用掉的只是利息。奖金的数额也随着基金会的财力有所变化。目前的奖金超过两百万瑞典克朗。”

“我猜，他的发明带来的毁灭性后果折磨着他的良心。”

“据说是这样。诺贝尔奖每年颁发给不同领域中取得的成就，大概是国际上最有名望的奖项了。玛丽·居里，一个女子，现在成了获奖者。不幸的是，她的丈夫在他们的女儿伊伦出生后不久就因事故去世了[1]。伊伦就是日后的伊伦·约里奥—居里（Iréne Jolio-Curie），和她的丈夫弗雷德里克·约里奥（Frédéric Jolio）一起，也于1935年获得了诺贝尔化学奖。玛丽·居里继承了她丈夫的工作，成为巴黎大学第一位女教授。她的第二个诺贝尔奖是1911年得的，这次是独得。科学家对她越来越感兴趣，还有新闻界和公众。人们也逐渐认识到了射线造成的危害，比如烧伤、溃疡、疼痛、癌症，不一而足。玛丽·居里本人死在瑞士的一个疗养院里。”

“她是不是也不知道她的工作为原子弹的发展做了贡献？”罗曼问。

“今天已经没有人再说镭本身了。”塞内克斯解释道。“但玛丽·居里学会了分离它，这促进了人们对放射性和原子的理解。其他很多科学家，如阿尔伯特·爱因斯坦（Albert Einstein）、奥托·哈恩（Otto Hahn）、马克斯·普朗克（Max Planck）和尼尔斯·玻尔（Niels Bohr）继续进行了研究，以分裂或聚变原子——目的是为了获取新的能源。这样我们就进入了二十世纪。这条轨迹也通到了原子弹，这没错。我说‘也’，是因为这项研究还带来了别的、没有害处的结果，完全可以造福社会。”

塞内克斯沉默了，思考着什么。

微生物和它的预言家

想了一会儿以后，塞内克斯继续说：“好，我们还是先呆在巴黎吧，正好。十九世纪的研究者在医学上也获得了巨大成就。它把我们从许多往往致命的病症带来的

[1] 译者注：作者在此处记忆有误，皮埃尔·居里死于1906年，而在此之前两年出生的女儿名为艾芙·居里（Ève Curie），后来成为作家，著有《居里夫人传》。

灾难中解救了出来。"

塞内克斯又站住了，打量着学校破旧的后楼，那看上去真是让人丧气。

斯蒂芬走到他身边，问道："那是不是从接种天花疫苗开始的？"

"那在启蒙运动时期就办到了，造福非浅。但还有很多疫病的传播者人们仍然不知道。今天欧洲的孩子都能接种白喉、破伤风、百日咳、小儿麻痹、麻疹、风疹、流行性腮腺炎、肺结核等疫苗，这都是几个化学家、医学家的功劳。有一位走在他们的最前列，他有几年的时间在高等师范学校[1]搞研究。"

"现在您就快说这位神秘的先生是谁吧，塞内克斯！"贝蕾妮克请求道。

"我猜是路易·巴斯德（Louis Pasteur）。"罗曼说。

"正确。只是，你们得清楚，人们虽然从十六世纪起就认识了显微镜，但没人知道存在着微生物，像细菌、藻类、真菌这样的小生物。是路易·巴斯德带来了转折。他建立了作为一门科学的微生物学，结束了人们在这方面的无知状况。在这以后，医学、卫生、保健领域才取得了重要的进步。"

"他是在巴黎出生和长大的吗？"

"他来自法国东部的多勒小城（Dole），生于1822年。他先是想当画家，因为他很有艺术天分，但他的校长也认识到了他在科学方面的才能，劝他家人让他上大学。你们知道，当时的巴黎是一个汇集各种天才的大熔炉，巴斯德也是其中的一分子。1854年他成了里尔大学新建自然科学系的系主任。在研究葡萄发酵制葡萄酒的过程中，他发现，单分子的酵母菌把糖变成了酒精。他的同事拿他和他的研究结果取笑，他们说：'微生物很小，巴斯德是它们的预言家。'但他的认识还是成了酒精制造中不可或缺的。巴斯德回到巴黎，成为他母校科学研究方面的领导者。在那儿，他的研究条件虽然也很简陋，但比玛丽·居里的条件好多了。他在一个小阁楼里有一个实验室，在地下室里有一个孵化箱，他在其中培养微生物。他长着黑色的大胡子，穿着深色西装——和我们现在的西装样子差不多。他俯身在显微镜上，鼓捣着小瓶子、小管子、玻璃烧瓶、试管和一切他能得到的辅助工具。他不仅证明了不同的微生物会导致不同的发酵过程，并第一次预感到——而且说了出来——疾病是可以由微生物引起的。"

"微生物指的是什么？"

"指的是极小的、大多是单细胞的生物，斯蒂芬。它包括水里、空气中和许多生物体内的细菌。它们的直径几乎不到一毫米的百分之一，很多都是病原体。"

"但也有很多是有用的！"

"是啊，有不可替代的作用。没有微生物就没有生命。它们构成腐殖质层，对

[1] 译者注：历史可追溯到1794年，是法国最好的大学之一。

人和动物的消化起很大的作用。制造葡萄酒、啤酒需要酵母菌。但我们也知道引起疾病的病原。巴斯德成功地用加热的办法杀死了细菌，他在发酵和贮存方面的研究用处太大了。今天几乎没有不经过巴氏法消毒的牛奶了。巴斯德最后还证明了，即使是清洁的空气中也充斥着飘浮的微生物、孢子和其他小生物，可以用过滤器把它们捕捉住。最后，人们还通过巴斯德得出结论，根本不可能有什么生物的'自然发生'。"

"怎么？"

"古代的时候，人们认为，如果条件允许的话，生命可以由无生命的物质中'自然发生'出来。比如人们就是这么解释肉里的蛆和黄粉甲幼虫。后来这一看法逐渐被放弃了，至少是在哺乳动物和昆虫的问题上。但人们还是在很长的时间里认为，微生物是在富于营养的液体中'自己'产生的。而巴斯德证明了，它们是从空气中进到实体里的。今天人们持的观点是，在地质发展的漫长年代里产生了有机细胞，它们是在数百万年中从无生命的物质发展成简单的生物的。"

"我们在刚开始漫游的时候听到的那个说法更让我喜欢——生命是在宇宙空间里自由飘荡着，后来飘到了地球上。"贝蕾妮克宣布她的看法。

"你是非得相信生命有个更高级、更'神圣'的起源不可。"斯蒂芬讽刺道。

"这两种说法都不能得到证实，至少到今天为止还不能。但我们接着说吧——由路易·巴斯德的研究出发，细菌学家罗伯特·科赫（Robert Koch）可以在实验室里培养炭疽杆菌。他说杆菌是致命的皮肤炭疽病的罪魁祸首。不久他又发现了结核菌和霍乱病原。罗伯特·科赫成了细菌学领域最重要的研究者之一，是最早证明病原和疾病之间的关联的研究者之一。他于 1905 年，也就是居里夫人获得诺贝尔奖后两年，也获得了该奖。最造福社会的措施之一是，匈牙利人伊格纳斯·塞麦尔维斯（Ignaz Semmelweis）顶住激烈的反对，将消毒环境引进了助产过程。他用抗菌法战胜了令人畏惧的产褥热，在那之前，数百万妇女死在这种病上。今天，优越的卫生条件在每个诊所里都是理所当然的事情，不仅在助产方面，也在做各种手术时；在这方面，一个英国外科医师功劳最大，他叫约瑟夫·利斯特（Joseph Lister）。随着全身麻醉和局部麻醉的发展，外科医学取得了叹为观止的进步。"

"而且还在继续进步。"贝蕾妮克插嘴道。

"1878 年巴斯德发表了他的论文《微生物学说以及它对医学、外科学的意义》。虽然他还得抗击来自某些方面的阻力，但巴黎向他致敬，巴斯德研究所成立起来，他七十岁生日时人们还为他在巴黎索邦大学举行了庆祝会。"

这时，斯蒂芬忍不住发表他的感想了："从托马斯·阿奎纳到这一步，这是多么漫长的道路啊！托马斯·阿奎纳也在巴黎大学讲过学，宣称魔鬼和女子做爱，使她变成巫婆——而人们居然相信他！"

塞内克斯点点头："托马斯·阿奎纳为了想出天使的本质和形象绞尽脑汁，现在人们钻研的是微生物的本质和作用。观念的转变和知识的进步就是这样在同一所大学里得到证明。"

"由此应该得出正确的结论。"

"什么样的结论呢，斯蒂夫？"

"不要不经过检验就去相信任何不可证明的胡说八道！"

贝蕾妮克看看这个，又看看那个，什么也没说。

塞内克斯似乎没听见他们的话，接着说："我本来想接着讲科学的，但我建议换换口味——你们还记得哥伦布吗？"

最后的白色大地

很久以前的冒险故事

罗曼点点头："当然记得——那是一次美好的巴塞罗那之行。"

"好。我们虽然不打算乘船旅行，但还要把我们自己数字化一次，发送到别的地方去。进远程转换器去吧。"

那堵把后院与大街隔开的半倒塌的墙上，虽然好多红色砖块儿已经掉下来了，但远程转换器那不起眼的框子还是天衣无缝地镶在墙里。他们穿了过去，发现变化比他们进玛丽·居里的后院时感受到的反差还要大。

但还没等贝蕾妮克认出什么来，一股寒意就侵袭了她的全身，她缩起了肩膀。马上就出现了一个小贩，把厚厚的、一直拖到脚面的棉大衣递给他们。他还给他们带来了灰色的巨大毡靴，他们可以把穿着鞋的脚直接伸进去。最后再加上棉围脖，装备就齐了。

"这简直像是在北极嘛。"贝蕾妮克打着哆嗦说。

"我们确实离那儿不远。"塞内克斯回答。"你们是在斯匹次卑尔根岛上，北冰洋中最北的岛。不远处就是永久冰层带了。"

他们身后耸立着一座石山，上面有些像牛似的动物，牦牛，在移动。右边有一片荒凉的草地，有鸟儿飞落。

他们面前是一个海湾，岸边的一个木头棚屋前拴着一只系留气球。绿松石色的清澈海水中漂浮着小个儿的冰山，闪着刺眼的光。

天空澄澈，光线强烈。云彩迅速地从南方赶过来。

几个男子正在气球和柳条筐前忙活着。

"我们就呆在这个距离吧。"塞内克斯喊道。"这样我们倒能更好地观察。今天是1897年7月11日。你们眼前的是瑞典工程师萨洛蒙·安德雷（Salomon André）和他的伙伴。他拟了一个乘系留气球通过北极的计划。"

"他想在那儿干什么？"

"哥伦布发现了一块欧洲人从没踏上过的土地。现在人们想去发现地球上还不曾有过人类足迹的最后两块地方，只有动物在那里生活。"

"最后两块——北冰洋和南极洲吗？"

“北极和南极。为了去探究它们，有几个人不惜承受艰难困苦和孤独，他们没有任何援助，装备少得可怜。很多人付出了生命的代价，死于饥饿、疲惫、疾病、冰冻。和他们所做的事情比，环绕地球和去月球旅行简直像是乘豪华的空调轿车去郊游。如今，原子能潜水艇在北冰洋的冰层下开来开去，大型喷气式飞机在它的上空飞来飞去，这些听起来都像是很久以前的冒险故事了。”

“但人们为什么非得要去极地不可呢？”

“一种解释是，在北极，一年只是由一个白昼和一个夜晚组成的，每个阶段都长达六个月。地球绕着地轴转动，指北针永远指着北极。人们在那儿会不会得到什么有趣的启发呢？最后还有，极地还从来没有人接触过，那里亘古不化的坚冰保守着什么样的秘密呢？无数男子在耶稣诞生后的头一千年里就启程往那里去了，很少有人回来，而且没有人抵达过极点。我总觉得安德雷和他两个同伴的故事是最感人的，因此我把你们带到了这儿。这是他们第二次尝试乘气球升空。去年他们在启程前就不得不放弃，今年的天气条件似乎很有利——你们看见了，云都很快地向北飘。”

塞内克斯把小望远镜递给三个伙伴。他们看到那几个人中的一个长时间地观察天空、云彩和风。

塞内克斯继续他的解说：“那个圆形气球是在巴黎做的，里外三层印度丝，涂了漆，而且套在一个缆绳网里，缆绳束在一个吊环里。柳条编的小吊篮能容纳三个乘客。所有的东西都用‘处女’号运到了斯匹次卑耳根。”

“气球上带那些绳索有什么用？”

“它们长度不等，拖在地上，应该能指示出气球是不是保持在均匀的高度上。拖绳也是制动的设备，可以用通过安装在吊篮上方的三只帆进行简单的操纵。没有这一制动装置，没有气球对风的抵抗，任何操纵都是不可能的。听，安德雷在问他的两个同伴，物理学家斯汀德伯格（Strindberg）和工程师弗兰克（Fraenkel）是不是可以起飞了。”

人们来回奔忙着，棚屋被拉倒了，气球做好了升空的准备。响亮的话音又一次穿过纯净的空气传到他们耳边：“准备好了吗？”随后安德雷便下令道：“砍断所有的绳索！”气球固定在地面上的绳索都被砍断了，气球升起来，升上了闪着光的蓝色丝绸一般的天空。

此时此刻，贝蕾妮克油然回想起蒙戈菲尔气球在凡尔赛宫升空的情景。

淡黄色的气球拖着长长的绳索，飘在这一片无边的孤寂之中，飘在清澈的大海和冰山上空，看上去像一件饰物。

他们听到了留在地面上的人的欢呼声：“万岁！”

从气球的篮子里传出回答：“瑞典万岁！”

气球平稳地向北方飘去，已经飘到了小海湾中部，港口上方。这时它突然失去了高度，往下降了。

贝蕾妮克惊得用手捂住了嘴。

可能是气球卷入了一股强风中，被压了下来，柳条编成的吊篮触到了水面。

“安德雷扔掉了九个宝贵的压舱沙袋！”塞内克斯说。“现在人们也发现，控制方向最重要的装置、探险计划的基础——拖绳也松了。它们是由螺丝结合在一起的部分组成的。现在，由于操纵的可能性受到了限制，本来半系留的气球成了完全没有羁绊的气球，成了每阵风的玩具。这使它走上了毁灭的路。”

气球又升起来，很快就消失在地平线上。

“安德雷和他的两个同伴都没有回来。1930 年人们在斯匹次卑耳根东北部发现了他们的尸体，此外还有一本日记。气球泄了气，他们只得放弃了它。在穿越陆地返回的路上他们相继死去了。”

北极光之夜像童话一般神奇

“关于极地研究者我可以讲上半天，但我现在只想再提一个人，他虽然没有达到他的目标，但也没有死。他的旅行是最轰动的，他得到的科学结果也是最好的。”

“您说的是谁？”罗曼问。

“我想帮你们猜出他的名字。他后来因为投身于引渡第一次世界大战的战俘回国的行动而获得了诺贝尔奖。一种给无家可归的难民的护照就是用他的名字命名的。”

“不知道！”

“挪威人弗里乔夫·南森（Fridjof Nansen）。他的探险轰动了全世界。”

“可他也没有到极点！”

“但他的想法很棒。他研究了浮冰，因此试着用一只专门为此而造的小船‘弗拉姆’号漂流到北极去。”

“在浮冰之中吗？”

“‘弗拉姆’号冻在了旧大陆的最北端。南森决定把他的人留在船上，他们在一片寂静的冰漠中会感到安全。南森想和一个同伴步行穿过冰原。这样一次冒险很可能会以死亡告终。光是准备的时间就超过了一年。最后两个人乘着三只雪橇，带着二十条狗上路了。凡是人能忍受的，他们全都经历了：对迷路的恐惧、饥饿，渐渐地逼迫他们不得不一条一条杀掉他们的雪橇狗。为了过冬，他们造了一座石头小屋，还要和海象、熊作斗争。”

“他们有足够的弹药吗？”

“这是他们最大的担心。无边的黑暗开始了，就算紧挨着鲸油灯，气温也从来上不了零度。”

“他们靠什么生活呢？”

“靠熊肉汤、烤熊肉、海象肉和狗肉。他们就这样熬过了长得没有尽头的两年。但是——北极光之夜像童话一般神奇，浅黄色的光弧出现，犹如光线组成的王冠，光束摇曳闪烁，天空似乎在熊熊燃烧。这‘焰火’慢慢才熄灭，只剩下一闪一闪的星光。”

“他们度过了冬天吗？”

“五月底他们又开始了与雪暴和流冰的搏斗，他们的独木舟经常面临着被冲走的威胁。但有一天，南森听到了一只狗的吠叫——肯定有人了。冰雪和极夜中的行程到头了。当南森和他的同伴八月份回到哈默弗斯特（Hammerfest）时，迎接他们的是成百上千人的欢呼。”

“别的留守在‘弗拉姆’号上的人呢？”

“他们抵达了没有冰的水域，然后共同踏上了返回故乡挪威的路，并且获得了成功。”

“——虽然南森没有实现他的目标。”

“这一荣誉要么属于弗雷德里克·阿尔伯特·库克（Frederick Albert Cook），要么属于埃德温·皮里（Edwin Peary），他们两人都在 1908 年到达极点。1911 年罗德·阿蒙森终于到了南极点，从这一天起就没有不曾发现的大洲了。”

斯蒂芬又一次抬了抬眼镜，向上看了一眼，沉思着说：“现在人类在探索行星了。”

“太激动人心了！”罗曼喊道。“——我指的是我们这个世纪！”

“我们通过远程转换器回去吧。”塞内克斯建议。“今天我们破例，中午就回旅馆去。”

我们生活在空间、时间的连续之中

一个伟大的科学家，一个道德的典范

他们走出远程转换器，进了自助餐厅。透过窗户，他们看到松树和桦树——他们又到了柏林。

他们的出游，尤其是去斯匹次卑尔根那趟，令他们胃口大开。

“我想，”塞内克斯说。“我们有足够的理由喜欢我们的时代，并感激我们的先辈。”一块从微波炉里端出来的小蛋糕就让他满足了，所以他的饭很快就吃完了。他不想放弃的咖啡则是站着喝的。他走到他的椅子后面，抓住椅背。“我的下一个题目是阿尔伯特·爱因斯坦。他生于1879年，但他行动的影响主要是在二十世纪的柏林。第二次世界大战结束十年后，他在美国去世。他曾在苏黎世和布拉格当教授，在柏林威廉皇帝物理研究所当所长，1933年成为普林斯顿大学的教授。出生时他是德国人，死的时候则是美国公民。”

“在那些可怕的年头里他的情况大概不是唯一的，至少我是这么想的。”

“是因为他是犹太人，为躲避纳粹而逃出柏林吗？”

“是的，虽然他自己根本不觉得自己是犹太人。但反犹主义和对犹太人的迫害活动使他出于忠诚成了犹太文化的维护者。他不仅是一个伟大的科学家——也许是这个时空间里最伟大的——也是一个道德高尚的人。啊——我用了一个概念，把它和爱因斯坦联系在一起很合适。你们注意到了吗？”

一阵沉默，三个年轻人回想着塞内克斯的话。

“也许是‘时空间’吧？”

“就是它。把空间与时间联系起来，成为所谓的‘空间—时间—连续性’，这要追溯到爱因斯坦。他为三维空间加上了第四维，时间不再是独立存在的，它与空间组成了一个四维构造，空时间。空间和时间二者都可以在宇宙中通过物质和能量发生弯曲。从此以后，时间不再被看成是独立于宇宙的，而是在宇宙的影响之下。但我承认，我不可能精确地描述爱因斯坦的理论。物理学家斯蒂芬·霍金（Stephen Hawking）说，熟悉相对论的科学家始终是少数人，所以请你们体谅我。爱因斯坦创造了一种新的空间—时间理论，像马克斯·普朗克说的，它要求物理学家要有极高的抽象能力和想象力。这话不仅适用于他的狭义相对论，更适用于他后来的广义相对论——他用广义相对论解释了引力。”

“可牛顿不是已经证实过了吗——每个物体都具有引力。”

“每个物质实体都发出一种力，根据爱因斯坦的理论，它同时也造成了一种‘空—时间’的弯曲。由于这种弯曲，另一个物体的方向被改变了，所以‘引力场’和‘弯曲’是一回事。爱因斯坦的狭义相对论中包含一个公式，按照这个公式可以计算出每一个质量或能量造成的弯曲有多厉害。这个小时候不是个好学生的年轻物理学家发表他最早的引起关注的论文时才二十六岁，那是在苏黎世。那时他已经猜测到，所有原子中的能量转换都具有量子特征。十六年后他获得了诺贝尔奖。”

“您就再多说一点吧，塞内克斯。”

“爱因斯坦发现了光量子，以此在马克斯 · 普朗克的理论上又进了一步。他把光描述为一种微小粒子的轰击，光子。他还证明了，电子的波长越长，能使金属中的电子‘挣脱’出来的能量就越小。他阐释了光的双重特性——它既是波动，也是由粒子组成的。”

“爱因斯坦为什么能以马克斯 · 普朗克为基础呢？普朗克比他岁数大吗？”

“马克斯 · 普朗克生于 1858 年，爱因斯坦发表狭义相对论时，他已经四十七岁了。马克斯 · 普朗克为物理学奠定了全新的基础，他 1900 年发表的辐射定律使他扬名世界，爱因斯坦就是以这个定理为依据的。普朗克的量子理论为现代物理学奠定了基础。他放弃了可以上溯到莱布尼茨的‘自然不做跳跃’的连续原则。从这时开始，物理学也开始思考跳跃式的变化了。”

“那么人大概没什么可倚赖的了吧？狭义相对论是怎么回事？”

“爱因斯坦认识到，光在真空里的传播是稳定的，而且独立于光源和观察者的运动；这就是说，光总是保持一个速度，不管在宇宙里的什么地方有什么，不管它怎么运动。换句话说，光速也是一个常量，不受测量光速的观察者速度的影响。他也确认没有什么东西能比光的速度更快——不过这一点根据最新的研究已经不完全确定了。爱因斯坦自己就他的研究说，他在阿劳（Aarau）州立中学的一年期间思考了两个问题，要回答这两个问题让他付出了多年艰苦工作的代价。”

“是什么问题？”

“第一个是：如果我跟在一束光后面追赶并且最终追上了它，那会发生什么？由此他发展出了他的狭义相对论。”

“第二个问题呢？”

“在一个自由降落的升降机里，物理过程会是怎么样的？”

“一个人怎么会冒出这样的想法呢？”罗曼百思不得其解的样子。

“爱因斯坦有个天才的头脑，无休止地追问着世界之谜。他用了十六年来思考，最后终于在他的广义相对论里做出了回答。”

“我们知道的还是和先前一样多。”

“如果我企图给你们做简短的解释，肯定会说错很多地方的。为了讲解清楚爱因斯坦的理论，可已经有很多人绞尽脑汁了。”

“就讲一两句嘛！”

“我可有言在先啊！”

一幅新的物理学世界图景

塞内克斯低下头想了想：“爱因斯坦在他的狭义相对论中证明了时间进程和空间的维度都不是常量，而是取决于系统或物体的运动状态。尤其重要的是，质量可以转化为能量，能量可以转化为质量。根据爱因斯坦的理论，质量和能量之间没有根本上的区别。他说，一个粒子的质量就是凝固的能量，一个物体的质量随着它的速度增加；以光速运动的物体，质量变成无限大。他著名的公式是：能量等于质量乘以光速的平方，即 $E = mc^2$。十年后爱因斯坦发表了包容更广泛的广义相对论，以此创作出一幅新的物理学世界图景。爱因斯坦使科学第一次走出了牛顿的天体运动理论，并且也超越了欧几里德的几何学。”

“我觉得这么说还太空泛。”

“爱因斯坦使时间和空间的概念相对化、同时也客观化了，这在我们看来好像是矛盾的。他促进了人们对时间和空间概念的裁决。但我只想讲一讲别人对他所做的工作是怎么说的：人们说他的理论是自然科学世界图景的王冠。马克斯·普朗克说，爱因斯坦的理论既涵盖了宏观自然又涵盖了微观自然，从波和微粒，即极小的物质粒子、发出射线的原子到远在数以百万计光年以外的天体的运动。”

“爱因斯坦在发展原子弹的过程中不是也出力了吗？”

“是的，贝蕾妮克，他出的力在于证明了非常小的质量可以转化为非常大的能量，随后他也对美国造原子弹表示了赞同，因为他确信在希特勒德国也进行着同样的事情，他，还有别的科学家想要赶在德国前面。谁也没想到，在有那么多重要科学家的纳粹德国并没有人在狂热地进行这项研究。但爱因斯坦其实是一个坚定的和平主义者，并于 1941 年成了美国公民。作为希特勒的反对者，他认为自己有义务支持美国制造核武器。但原子弹爆炸的后果使他感到震惊，因此从 1946 年开始他就致力于阻止一切核战争。被人称为‘原子弹之父’的雅各布·罗伯特·奥本海默（Jakob Robert Oppenheimer）说，科学家现在认识到了罪恶，这一认识再也不会离开他们了。爱因斯坦写了一篇充满激情的呼吁书：‘我们最庄严、最重要的使命就是尽最大的力量阻止这种武器用于残酷的战争。’他认为，如果人不重新学会思考问题，就可能会导致前所未有的灾难。他是这样表达他的观点的：我们必须对我们的思想和行为进行革命，并要有勇气革命世界各民族之间的关系。他了解伊曼努埃尔·康德那篇宣布和平为道德范畴的文章。爱因斯坦受康德的哲学影响很大。他越是欣赏康德，也就越是拒绝黑格尔——他把黑格尔的哲学称为醉鬼的一派胡言；他对亚里斯多德哲学的评价也差不多，说他的文章‘晦涩、混乱、令人失望’，如果不是这样的话，也不会被人景仰了这么长时间，因为大多数人就是无比尊敬自己不懂的文字，以为一个作者的文章要是好懂，那就是他肤浅的表现。在爱因斯坦的思想中占主导地位的是认识理论，这不奇怪，因为他的相对论——用马克斯·普朗克的话说——超过了一切迄今为止人类在自然研究领域，甚至在哲学认识理论上的成就。”

“那么爱因斯坦不光是物理学家，也是哲学家喽？”斯蒂芬问。

“而且是个很有艺术气质的人。他的小提琴拉得非常之好，有一次甚至在布拉格登台表演。他还说过，我们所能经历的最美的东西就是神秘的东西——这是守护在真正的艺术和科学的摇篮边上的基本情感，谁要是没有这种感受，不能再对任何事情惊奇赞叹，那他就如同死了一样，他的眼睛也不再有光彩。”

“干巴巴的科学家是说不出这样的话的。”

“这个伟大的人格外谦虚，他对他的外表毫不在意，总是穿着旧衣服、过短的裤子出现在大学的讲台上，表链是铁的。”

“他对宇宙的原始力有如此深刻的认识，那么他还会相信有创造一切的上帝吗？”

“按他自己的话说，他的目光中充满了对大自然杰作的惊叹，对他来说，那是理性的杰作，是一切认识的顶峰，他坚信统治宇宙的是理性……”

“听起来像是启蒙运动嘛！”

“……统治自然的是和谐，斯蒂芬。他还说，他认为自己在大自然的杰作中认识到的，可以用‘宇宙宗教感’来表达。”

“他这是什么意思？”

“这种感觉，所有相爱的人都熟悉，所有时代里富有创造性的人心中也充满这种感觉。他写道世界这个永恒的伟大的谜，至少它是可以部分地被人看到和思考的，深入它的秘密就是一种解放；认识是道路，手段是科学研究，目的则是掌握了科学的人被解救，得到‘真理’。”

“我想没人能比他说得更好了。”看得出这些话是多么打动罗曼的心。

“我也同意。”斯蒂芬宣布。

贝蕾妮克没说话，但是从她的目光里看得出她有多么感动。

社会主义——共产主义

人们冲进了冬宫

从餐馆里面也看得见太阳已经过了正午，开始西斜了，四个人现在又都浑身是劲儿了。

“我要再次把你们带走。”塞内克斯指着墙上的远程转换器说。

谁都没有犹豫。

他们走出远程转换器的时候，置身于骚乱激动的人群中。天气很冷，很潮湿，而且天色已经暗下来了。广场上满是穿深色衣服的男子；可以听见尖锐的口令声、队列行进的脚步声和清脆的枪声，士兵在跑来跑去。但最引人注目的是给这一切作背景的那些壮观的建筑。广场另一头有另一座巨大的建筑，但却看不太清楚。

塞内克斯解释道：“我们是在今天的圣彼得堡，那时候叫彼得格勒。今天是 1917 年 10 月 25 日或者说是 11 月 7 日，这要看我们是用俄历还是用欧洲通行的历法。天晚了，这你们看天色就看得出来。这是俄国最漂亮的广场，也是世界上最美的广场之一——王宫广场。那边那座建筑是冬宫，是 18 世纪中叶意大利建筑师拉斯特莱利（Rastrelli）为沙皇伊丽莎白一世造的。虽然现在正是革命期间，你们还是应该看它一眼。沙皇们就住在那里。你们从淡蓝色的立面前那带雕塑和花饰的白色柱子上以及墙壁上端金色的缘饰上可以看出巴洛克风格与洛可可风格的混合。拉斯特莱利造了很多雄伟壮观、装饰繁复的建筑，其风格也被称为‘彼得堡巴洛克’。广场中央耸立着亚历山大柱，是世界上最高的柱子，上面有一个天使。这根柱子是打败拿破仑后立起来的。在我们身后广场另一端的是总指挥部大楼，拱成半圆形，中间有凯旋门，这门也是为纪念战胜拿破仑而建的。好，够了，不久天就要黑了，让我们回到历史的现实中吧。当时的总理克伦斯基（Kerenski）的政府就躲在冬宫里，由一个妇女营守卫着，贝蕾妮克。克伦斯基还在负隅顽抗。今天凌晨两点，按照列奥·托洛茨基（Leo Trotzki）的命令，布尔什维克与‘红色卫队’——士兵、水手开进了彼得格勒。他们占领了所有的战略要点，如电话中心、电报中心、各部、国家银行、火车站。但考虑到守卫冬宫的妇女营，他们尚未冲击冬宫。”

这时，大炮的轰鸣响起来了，广场上的队伍中爆发出欢呼声。他们向空中开火，举起武器向冬宫的方向做出示威的姿势。

“阿芙乐尔号巡洋舰发出了信号。冬宫背临涅瓦河（Newa）——它河面宽阔，注入波罗的海。河对岸彼得—保尔要塞的大炮也发出了示威的炮声。被包围者面临的形势极为严峻，所以克伦斯基早就溜号了。这个城市此时还叫彼得格勒，1924 年它将以昨天中央委员会选出的后来的苏联领袖的名字命名。”

“列宁格勒！”

“1991 年苏联解体后，城市又改回了圣彼得堡这个名字，现在，战舰放过炮后，‘红色卫队’就要向冬宫发起进攻了。”

士兵、水手列起队来，口令声、枪炮声又响起来。一些队伍开始向冬宫进发，准备发起冲击。

“他们会很快占领冬宫，会出现伤亡，但幸好伤亡不大。我们就不看战斗场面了，我是想让你们对这个地方和当时的形势有个印象。走，我们要穿过总指挥部的凯旋门。要是再往前走，我们就要走到主街道上了。但我们这就向左拐，回到‘文学’咖啡馆去，它的门牌号是‘18’。这个咖啡馆是艺术家喜欢汇聚的地方，罗曼。不过今天人们都呆在家里了——可以理解。但是普希金在那儿，柴科夫斯基也在，还有别的人。我们可以在那儿好好聊一聊共产主义乌托邦。”

那建筑物闪着冷冷的光，里面也是；但花形的玻璃电灯罩营造出一种浪漫的情调，室内的温暖让贝蕾妮克觉得很惬意。

塞内克斯和三个年轻人选择了窗边的一张桌子坐下，一个跑堂的送来了用俄罗斯茶炊做出来的红茶。

“我们又往回跳了一步。”塞内克斯说。“没人能说得清在十九世纪和二十世纪开始的所有发展，更不用说按顺序了，因为各种过程都纠缠交织在一起，一切都在继续向前，一切都只是过程——技术、社会、政治、文化……现在我要说说 1917 年初才在德国人的帮助下回到苏维埃联盟的那个人——他的目的是在第一次世界大战末期促成停战。从此他登上了世界历史的舞台，或者——其实从根本上说，我更想讲的是与他的名字相关的那个乌托邦。这个人就是弗拉基米尔·伊里奇·列宁（Wladimir Iljitsch Lenin），这个乌托邦就是共产主义。”

“您说的是马克思列宁主义？”

“这是共产主义的特征之一。”

关于自由和平等的幻想

塞内克斯说：“列宁生于十九世纪下半叶的 1870 年，但他施展他的革命影响力是在二十世纪，那时他已经四十多岁了。随着他，共产主义乌托邦达到了高潮，并在关于自由与平等的幻想破灭之前维持了几十年。让我们来回顾一下：启蒙运动之后是法国大革命，通过达尔文和弗洛伊德人们对圣经的信念动摇了；与此同时，迅猛的工业化让大陆彻底变了样，无产阶级的力量也由此壮大起来，并从马克思那里得到了争取更好的生存条件的思想武器。”

“其结果就是十月革命和苏联的建立？”

“我现在也还是不想列举事实。我只想说，在苏联，一种发展被推向了极端，其根源可以回溯到两百多年前。它从很多来源中汲取营养，越长越有力——而且这个时候还在继续成长。”

“您是说乌托邦？”

“再没有比这更大的乌托邦了，罗曼，一种旨在全球的乌托邦。彼岸完全被排斥了，这和宗教的乌托邦不同。卡尔·马克思是无神论者，列宁是无神论者，马克思列宁主义是无神论的，苏联按照其本质来说也是这样，虽然东正教信仰保留下来了。这样人们就更加坚信地球上不久就会实现一种完美的状态，决不只是在俄国。”

“共产主义者中也有很多知识分子！”

“有一段时间，每个要求完美道德的人都是共产主义者。正因为如此，后来那些作家、艺术家、哲学家的失望也就更大。关于无阶级社会、马克思所说的阶级斗争的历史的结束、消灭一切冲突、达到永恒和平、幸福和快乐安康的愿望让最优秀、最理想主义的头脑兴奋激动。在我看来，与其说俄国革命是一场军事行动，还不如说它是我们这个世纪里最重要的一个知识分子事件，载负着它的是尽善尽美地最终改进所有条件的信念。”

“这种愿望以什么为基础呢？”

“人们梦想这样一个社会——其中，私有财产被取消了，生产资料转归集体所有，消费建立在集体生活和财产归全民所有的基础之上，所有人的物质和文化需求能够得到同等的满足。”

“社会主义和共产主义的本质区别是什么？”

“首先二者之间并没有一个明确的界限，斯蒂芬。它们主要都是在十八和十九世纪工业化的进程中作为对资本主义和不公正的反动而产生的。但渐渐地它们的特点就变了：共产主义者的旗帜上写的是‘无产阶级专政’，而社会主义者通常却接受民主与政治多元化。在欧洲，社会民主运动开始了它的进程，自由主义潮流和议会制占了上风。”

“发展到那个地步的路可很长啊！”

“在我看来，柏拉图的《国家》是其发端，原始基督教我也算在内；十六和十七世纪不仅是托马斯·莫尔梦想按共产原则组织起来的国家。十九世纪的人设计出了没有私有财产、没有统治者只有管理者的国家的蓝图。而对马克思来说，历史是随着共产主义才走向胜利的，他和弗里德里希·恩格斯期待的共产主义是人人能够完全实现自我的社会。他们认为，如果取消了生产资料的私有制，剥削与阶级对立也就不复成为可能，政治秩序也就成为多余的了。如果生产资料到了工人手中，机器就会把一切向好处转变。共产主义想要一个没有阶级，城乡之间、脑力劳动和体力劳动之间没有重大差别的富裕的社会，其基本原则是：各尽所能、各得所需。”

“这听起来不是很棒吗？它为什么失败了呢？”

“俄国革命的失败有很多原因。俄国不是一个工业国，而是个落后的农业国，是由多民族组成的。——人是需要个人所有物的，他需要有一个他自己统治的领域，只有对未来拥有财产和改善自己境遇的希冀才能鼓舞他；他需要生存斗争，自然为此创造了他，装备了他；不属于他的东西，他就随它去；他不费力气就得到的东西，他会把它榨干。生活中，如果不是事关他的个人利益，他就会漠不关心。结果就是，什么都越来越糟，什么都不再发挥作用，计划经济中就是这样。”

“真不可思议！”

“在卓有成效的时候当然没有人知道！”

“这么说共产主义是在道德上和思想上失败了。”

“十月革命在俄国建立了布尔什维克政权，托洛斯基、列宁领导了它，尤其是斯大林和后来的继承者，从赫鲁晓夫（Chruschtschow）到勃列日涅夫（Breschnew），到戈尔巴乔夫（Gorbatschow）。但也必须看到，有很多妇女是坚定的共产主义者，并起了重要的作用。”

“为什么叫布尔什维克，而不叫共产主义呢？”

“布尔什维克指的是苏维埃的共产主义理论与实践，贝蕾妮克。”

“那苏维埃是什么意思？”

“‘苏维埃’是俄语‘委员会’的意思，本来指的是工人士兵委员会，后来就成了对苏维埃国家所有机构的称呼。随着革命，产生了第一个表现为列宁主义的共产主义掌握了权力的社会秩序。列宁充满革命激情地说：‘我们要夺走资产阶级所有的面包和靴子，我们只让他们吃面包皮，穿树皮鞋。’”

“这很明显。但开始的时候共产主义使那么多人感到兴奋激动。如果说它在俄国和整个东欧阵营失败了，那么曾对它深信不疑的理想主义者一定极为失望。”

“而且这失望还没有过去，罗曼。”

塞内克斯看上去像是在努力克服内心的某种斗争，最后他终于说：“在共产主义的乌托邦里我们就走这么远吧，现在我们再回到柏林去。”

“什么，您的‘数字魔术机’这儿也有吗？”

“远程转换器吗？就在你们身后。它前面挂着一块红色毡子做成的帘子，所以你没注意到。”

历史上一个不可救药的狂热分子

他们走进的是一片浸在明亮的光线中的场子，场子上停着一架三个马达的直升飞机，中间的那个螺旋桨高高地伸到空中。机身和机翼那银灰色但却很肮脏的外壳十分显眼。

“这是柏林边上的一个私人飞机场。现在是1936年8月初。上去吧！”

“这是一架容克斯—52型飞机，容克老姑妈，我可从没想过有朝一日我能坐上它！”罗曼说。

“现在，你一旦了解了尤—52型飞机，你就知道它是世界上最可信赖的飞机了。”

他们登上陡峭的台阶，进到飞机内部，里面的布置十分简朴，位子够二十个人坐。他们刚坐稳，马达就启动了，螺旋桨一个接着一个动了起来，飞机开始在跑道上前进。

飞机剧烈地动了几下以后，他们升到了空中，并不像在一架现代喷气式飞机里那么安静和舒服，但却让他们觉得自己似乎置身于飞行的创业时代了。塞内克斯让他们向窗外看，只见飞机低低地掠过通讯塔和一片房屋的海洋、选帝侯大道、动物园、顶上的胜利女神塑像金光闪烁的凯旋柱，还有纪念教堂、交错的铁轨、亚历山大广场。

街上满是汽车、双层公共汽车、有轨电车、摩托车，还有马车，人行道上全是人。到处都挂着旗子，主要是长长的红布旗子，中间有个白色的圈以及那个黑色的纳粹标志；不过还有很多街道上也挂着地球上许多国家的小国旗，连成一串串的，看上去就像花束。

塞内克斯试图盖过螺旋桨发出的噪音：“牢牢记着这一切吧！”三个孩子听出了他沉重的弦外之音。

现在他们又飞过另一条装饰了更多旗子的宽阔大街，飞过一些体育场馆，一个建在森林边坡地上的露天剧场，它让人想起雅典的狄奥尼索斯剧场。宽阔的场地上有一座大理石白的体育场，一排排座位上黑压压的都是人。一个高台耸立在一侧，上面有个穿棕色制服的人站在那儿，不时盛气凌人地挥舞着右臂。下面，红色的跑道上，一队队身穿浅色衣服的青年人正在入场，每队前面都打着面旗子。许多人在经过高台的时候也举起他们的右臂。

体育场中间的草地上几乎站满了人——运动员已经在那里汇集起来。

体育场的入口上方有个大金属盘，再往前面一点是奥运会那五个环。

各代表队入场完毕了。

“奥运会！”贝蕾妮克冲塞内克斯喊道。虽然她就坐在他旁边，但因为飞机的噪音太大，她还是得向他俯过身去，才能使他听见自己的话。

他点点头。

体育场中央的一队队田径运动员已经排好队伍，每队前站着举国旗的人。这是一幅团结、和平和理解的图景，还有友谊——至少表面上看起来是这样。

容克斯—52 型飞机在上空兜了几圈，这时几个运动员组成的小队跑过前场，领头的举着燃烧的火炬。他们拐进大门，再次从运动场的另一头露面的时候，迎接他们的是人们激动的热潮。他们环绕运动场一周，观众站了起来，向他们欢呼。他们又跑到了大门那里，领头的一个迈着有力的步子跑上通往大金属盘的台阶，面向观众举起火炬，然后便让它的火焰探到大盘里去；奥运之火升起来了。

三个年轻人在飞机里既听不见音乐声，也听不见鼓号声、掌声，但他们完全能够感觉到人们的兴奋激动。

“你们还记得我们去奥林匹亚山的事吗？”塞内克斯喊道，“这来自奥林匹克思想——令人厌恶的一场欺骗。这个过程并非没有象征性，奥运圣火的点燃也不是没有象征意义，因为三年后希特勒就将在世界上纵火。他利用奥运会让世人以为纳粹德国是一个充满和平、宽容和繁荣的国家，另一方面，在他夺取政权的三年之后便开始装备发动战争。现在我们继续飞行——在更广阔的空间和时间中飞行。”

今天仍存在对少数人的仇恨

雾渐渐围上来，挡住了一切视线。“欧洲刮起了台风，飓风侵袭了世界。”塞内克斯喃喃说道。

他们像是在一团棉花中飞行。

突然之间像是有一口气吹散了雾霭，他们又看到了下面的城市，但那已经不再是生机勃勃、充满欢乐的柏林了；那个装饰得过节一般、热闹非凡的城市不见了，变成了一片带着末日气氛的废墟、一个红褐色的坟场。绵延数公里的废墟，倾颓的房屋、烟囱，断壁残垣，冒着烟的瓦砾……

“这就是希特勒的杰作。跟在奥林匹克的和平之后的就是这个！”

塞内克斯沉默了，三个年轻人也一言不发。压抑的景象对他们的冲击太大了。飞机迅速降低了高度，草地越来越近，他们感到了冲撞和颠簸。飞机停下来。他们站起身，马达不再转动，四周一片寂静。

“我们下去吧！”他们走下飞机，三个年轻人一个个脸色苍白。

塞内克斯把他们引向机场边上一座浅灰色的低矮建筑物。进去以后，他们发现自己又在旅舍的自助餐厅里了。

他们坐了下来。

“也许你们感觉到我先前的犹豫了，”塞内克斯说，“下面这个题目是我很不情愿讲的，那太令人压抑了；但我们没法回避它。刚才我们在那高台上见到的那个人到底达到了他的目的：但凡讲 20 世纪的历史，谁也不能绕过他。”

塞内克斯停顿了片刻。“我们现在要讲的是人类发展进程中的一幕，尽管它实在不是光彩的一幕。人们把他与亚历山大大帝、拿破仑、俾斯麦做比较，但在我看来他们和他比起来算是人道的。和这个自命为‘元首’的人相比，嗜血的罗伯斯庇尔简直称得上是个高雅的君子；当然了，罗伯斯庇尔那时没有那么先进的技术手段，再多的断头台也无法与炸弹、手榴弹和毒气室相比，而这些手段希特勒都有——德国人民把这些手段拱手交给了他。”

“但不是为了这么可怕的目的！”

“也许你说得对，贝蕾妮克。希特勒欺骗了包括与他同党的人在内的全世界，更骗了德国人民和其他民族。历史上的诸次血腥大屠杀哪次也没有他毁灭的生命多。开始时他被人们狂热的激流载负着，但到了最后，人们就只是悄悄嘀咕着，被动地、胆战心惊地跟着他走向毁灭了，只除了少数几个狂热分子——只有他们直到最后还尾随着这个最不可救药的狂徒，做他的帮凶。”

“您为什么一定要提他，塞内克斯？”

“我不打算说细节，但我一定要向你们指出，人类从石器时代开始，经过伟大的古典文化时期，几千年一步步走向成熟，发展出宗教、哲学、科学、艺术，但却仍然没有办法阻止这样一个可怕的怪物向上爬。”

斯蒂芬插嘴道：“您提到了狂热和盲目信仰，我想，罪恶的政权大多不是由罪犯掌握的，而是由狂热分子掌握的。”

“希特勒不仅是一个一般意义上的罪犯，他是个搞大屠杀的凶手。他信奉的世界观，手段是战争和屠杀，其低级和凶残无出其右。在希特勒掌权以前，德国人拥有的多少算是寻常的历史，和其他民族的历史基本上没什么大区别，有战争、压迫、残酷，但也有和平、繁荣和文化。是希特勒把德国人变成了各民族中的疯子，而且——这一点我得说清楚——还不主要是因为他策动了第二次世界大战；这固然是场罪恶的战争，但他并不是唯一策动这样一场战争的——更是因为令人不可理喻的对犹太人的屠杀——暂且不说对吉普赛人和其他少数民族的屠杀。此举的规模之大和它的冷酷无情是空前绝后的。”

“真的是空前绝后吗？”

“这个问题引发了一场争论，到现在还没有定论，我不想深入地谈这个问题。不管是什么种族、宗教，不管是什么国家、肤色，对异类和所谓的‘低级种类’潜在的仇恨直到今天依然遍布于世界。”

“很严重，但确实如此。希特勒是怎么对犹太人极端仇恨起来的呢？”

替代宗教的种族神话

“我们知道，反犹主义及对犹太人的迫害自中世纪以来就一直潜伏在基督教会和世俗统治者之中，不管是在天主教地区还是在新教地区，而且曾一而再、再而三地被煽动起来，但还是有所区别：早期的敌意主要是针对犹太教的，最好称之为‘反犹太教主义’；以宗教为基础的反犹太教主义谴责犹太人对耶稣的死负有罪责，轻信那些随意散布的谣言并火冒三丈，比如说什么犹太人亵渎圣体、杀害基督教儿童以祭神、在井里下毒之类，其结果是对犹太人凶残的迫害，而且不仅仅是在德国和中欧。比如在西欧有信仰天主教的西班牙国王们驱逐犹太人的行为，在东欧有俄国对犹太人的屠杀。可以肯定的是，天主教一直到第二次梵蒂冈（Vatikan）宗教会议以前都把犹太人视作异教徒而反对他们，但其目标主要不是灭绝他们，而是要迫使他们皈依天主教；犹太人如果受了洗礼，那从理论讲，就什么事也没有了。实际情况当然往往大不一样，但毕竟犹太人可以在比较有利的条件下躲避对自己的迫害。随着宗教上的反犹太教主义而来的是社会上对犹太人的反对。由于犹太人不准从事‘正派’的手工业，行会对他们也是大门紧闭，所以他们只好去当‘不名誉’的放贷人和商贩。‘不名誉’是因为，比如，一个神职人员永远也不能借钱给别人，牟取所谓的‘暴利’。很多人因此成了犹太人的债务人；而犹太人付出高昂的代价才能获得当地领主的保护，而且与世隔绝地生活在犹太人居住区里。对犹太人比较宽容的时代与敌意高涨的时代交替出现，直到启蒙运动情况才有了改变——虽然对少数族类的反感是那么根深蒂固，就连许多启蒙主义者，包括伏尔泰都表露过反犹太人的思想——连基督教的死敌也有他们的偏见。然而，在革命的法国，犹太人还是获得了官方认可的平等地位，后来在别的国家也是，虽然这种平等地位往往是相对的。直到 1871 年，在德意志帝国，他们才真正获得了和别人一样的平等地位。于是大量的犹太人都被同化了，很多人改变了传统的生活习惯，有的皈依了基督教教派，因为只有这样才能真正被社会接纳，才能在学术界或军队里获得发展的机会。这样一来，个别犹太人完全有可能在社会上取得一个很受尊敬的地位，然而，对于作为一个整体的犹太人，对他们的反对和歧视依然存在，没能完全消除。”

“但是不是再也没有以宗教为基础的反犹主义了呢？”

“几乎没有了，罗曼，虽然还总是有些教会的人叫嚣反对‘德国精神的犹太化’，要求‘把我们血液中的犹太毒汁排出去’，比如十九世纪八十年代普鲁士的宫廷牧师阿道夫·施多克（Adolf Stöcker）。到二十世纪也还有些神学家宣称犹太人具有毒害作用——虽然他们后来坚决反对希特勒。”

“如果是那样的话，就也可以说，没有基督教的宣传和迫害就没有反犹主义，可能也就不会有大屠杀。”

“不能把这个罪责推给二十世纪的基督教，斯蒂芬。从不曾有哪个基督徒希望有那样的暴行。很多非教徒的反犹主义者都脱不了干系：历史学家亨利希·冯·特莱切克（Heinrich von Treitschke）宣称‘犹太人是我们的不幸’，哲学家约翰·戈特利普·费希特（Johann Gottlieb Fichte）和作曲家理查·瓦格纳（Richard Wagner）都写过反犹主义的文章——他们不是唯一要求消灭犹太人的人。但如果说他们是潜在的屠杀凶手是不公正的。”

“但希特勒唆使下的对欧洲犹太人一步步实行的屠杀不正是对犹太人持续几百年的欺压、迫害的结果吗？”

“但必须看到，反犹太教主义在十九世纪初已经不起什么作用了，斯蒂芬。取而代之的是一些到那时为止人们还不了解的新东西。1854 年，法国人约瑟夫·阿图尔·戈庇诺（Joseph Arthur Gobineau）发表了他的《关于人类种族差异的杂文》，‘种族’这一概念第一次出现。这本书成了所有种族狂徒引证的基础，种族神话成了一种替代宗教，从此，‘雅利安人’优于‘犹太人’的说法便传开了。不论强弱，反犹主义蔓延开来，遍及欧洲，没有例外，第一次世界大战前在维也纳尤其猖獗。当时还年轻不成熟的希特勒吸取了它，它成了他根深蒂固的思想，日后又成了他的两大目标之一：消灭犹太人。他有选择地给犹太人烙上了‘国际主义’或‘布尔什维克’的印记，盲目地把历史看作‘种族自我保存本能的表现’。”

“他的第二个生活目标是什么？”

“这产生于他的‘大德意志民族主义’，它以征服东方和俄国新的生存空间为目标，罗曼。这就是他发动第二次世界大战的原因。他以为，只要在西部逼法国投降，解除后顾之忧，那么用闪电战就可以征服军事力量薄弱的俄国。当德国军队在莫斯科受阻，他看到不能获胜以后，却仍没有做出任何结束战争、达成和平协议的努力（许多历史学家都认为这在当时是可能的），而是能拖一天算一天。”

“可为什么呢？这样他不仅害了德国人民，也害了他自己啊！”

“他这么做，是为了赢得实现第一个目标的时间——把全欧洲的犹太人都在死亡集中营里消灭掉。”

“忘了在哪儿，我读到过这么一句话：‘上帝最终死于奥斯威辛（Auschwitz）。’”

“考虑到事情的不可理喻和无法解释，我认为这个观点表达出了一种极度的震惊。大屠杀是有史以来最残忍、最不人道的事件，以此，希特勒有意识地把自己的生存和德国的未来放在了刀尖上。”

“太疯狂了，竟然不惜毁灭自己的生命吗？”

“希特勒时刻做着自杀的准备，他的死可以证明这一点。他留下的则是一个面目全非的世界。”

“这不就是人类一旦政治大权在握，便会发疯的一个完美的例子吗？”

“‘完美’这个词，我决不会把它和希特勒连起来，但我明白你的意思，罗曼，而且你说得有道理。有一点是肯定的：如果德国人不是那么盲目狂热地追随希特勒，而是对他的所作所为发出质疑的话，世界就不会遭受这么多苦难。”

对此没有谁想再说什么了。

塞内克斯显然放松一些了：“你们也许纳闷儿我们在这儿为什么没喝咖啡——一是因为我们刚在彼得格勒喝了茶，二来我还要带你们去另一个饭馆。这回又是去巴黎，在那儿，圣日耳曼德佩区（Saint-Germain-des-près）一带众多艺术家酒馆中的一个在等着我们呢。它是叫‘酒馆儿’还是叫‘小饭馆儿’并不重要。我们到远程转换器那儿去吧。”

存在与虚无

生存的体验

塞内克斯和三个伙伴通过一个侧门进了房间。对面大概是个主要的入口，那不过是朴素的地下室台阶，嘻嘻哈哈的年轻人正从上面闯下来。酒馆的天花板是画上了图画的穹顶，支着它的柱子上也是五颜六色。有些画是仿毕加索的，有些则仿马蒂斯，还有仿其他有名的超现实主义画家的。

酒馆的生意很好，坐在小圆桌前的客人有的邋邋遢遢，有的则奇装异服。男子穿着牛仔裤，姑娘和妇女则穿圆领毛衣、男式衬衣、毛外套或女式衬衣。

人们喝着巴斯蒂酒、苦艾酒、红葡萄酒或是啤酒，啃着奶油蛋卷或长棍面包，所有的人都抽烟，无论男女，几乎没人不拿着烟——叼在嘴角里，夹在手指间，搁在烟灰缸上。那么空气也就可想而知了：让人头疼。不知什么地方藏着电灯泡，但光线主要来自酒瓶里的蜡烛。烛泪滴在瓶壁上，有雕塑一般的装饰效果。

塞内克斯和三个人一起坐下来。房间前部有一个低矮的舞台，还有一架钢琴。

穹顶上，侧面有五扇椭圆形的窗户，外面人行道上下午的日光射进来一些。一扇窗敞开着，一团团汽车的尾气涌进来。

巴斯蒂酒端上来以后，塞内克斯说："这是圣日尔曼德佩区一带生意最好的'存在主义者'酒馆之一，而圣日耳曼区又是所有的波希米亚人[1]——艺术家、作家、画家、存在主义者——最喜欢逗留的城区。我们到这儿来的就是因为他们。存在主义的开端我们已经经历了几次了，存在主义在第二次世界大战以后成了起决定作用的思想潮流，它不仅是一种从现实中而来并高于现实的哲学，它就是一种生活态度。"

"为什么呢，塞内克斯？"

"世界发生了重大变化。第一次世界大战以后旧的社会秩序就已经连同它的价值标准一道土崩瓦解了。人们，尤其是年轻人寻求一种新的方向，并且认为在存在主义中找到了它。这种哲学是一场严重的危机和不安感的表现。不管是黑格尔还是克尔凯郭尔都属于它的始作俑者，尼采和埃德蒙特·胡塞尔（Edmund Husserl）也是一样。"

[1] 译者注：在此处指过着非传统风格生活的艺术家、作家及任何对传统不抱幻想的人。"波希米亚人"的这个涵义出现于19世纪中叶的法国。

"我想，我们这还是头一次听您提胡塞尔。"

"他是个德国哲学家，探求一种'纯粹的意识'，一种作为'严格的科学'的哲学，对其他人，比如海德格尔的影响很大。"

"但我想存在主义者首先都是悲观主义的。"

"对他们来说有一种'基本的经验'，也被他们称为'存在体验'。他们不带任何幻想地讨论我们那些基本的恐惧。在克尔凯郭尔那里是恐惧，到了马丁·海德格尔那里则是死亡，在让—保尔·萨特那儿是'恶心'。在恐惧、忧虑、死亡、挫败、恶心、世界的虚无和荒谬之中他们看到了个体人的独特体验。"

"我现在就已经悲哀起来了。"贝蕾妮克喃喃地说，把一缕发丝拨到脑后去。

塞内克斯向她投去充满理解的目光，说："和传统的哲学不同，存在主义试图从个体的存在来解释人的现实——一种被易逝、冒险、恐惧、无聊、矛盾和不定耗损着的存在。比如海德格尔只思考单个的人，而不把社会问题纳入他的考虑；面临虚无主义盛行的状况，海德格尔试图重新提出生存意义的问题。"

"请举个例子！"

"海德格尔问：'存在是什么？'他的回答是：'我们不知道。'但我们可以在能够对自己进行反思的人和没有能力做到这一点的人之间看出区别。一块石头'存在'，但它与它自己毫不相干；不管是树还是椅子，全都是这样的。人却不仅仅存在着，他还发展出同自己、同周围的人、同非人存在物之间的关系。人不仅'存在'，人还应该'存在'；他的存在是一个使命，是他在他的存在之中还得去实现的东西。"

"我觉得这倒不难理解——我们的存在是一种任务，对不对？"

"海德格尔由此又重新考虑了古典形而上学追问存在意义的问题。他的主要著作是《存在与时间》和《什么是形而上学》。他认为存在的决定性特征是时间性，它是过去、现在和未来的统一体，是'通往死亡的存在'。海德格尔为人类存在的基本体验创造了一些概念：'在世界中的存在'、'忧虑'、'恐惧'、'罪责'、'被抛'。"

"这听起来又非常悲观了。他说'被抛'是什么意思？"

"我举个简单的例子，罗曼——我是以法国人，还是以意大利人、德国人的身份存在，我生活在什么样的时代，有什么样的才能，这些我都不能决定，我只能将其作为'被抛'给我的接受。我们生活在对未来的始终无把握之中；我们被抛在一个有限的、被虚无逼迫着的存在之中，它的两头就是生和死。"

"海德格尔的语言不是极难理解的吗？"

"也许最大的困难并不在于他复杂的语言，而在于他闯进了一个陌生的领域。他认为，我们不熟悉的、陌生的东西是不能用我们熟悉的词句表达出来的。他创造的一个概念就是'被抛'。这个词无比准确地说中了时代的精神，于是成了时髦的词。海德格尔的第一部著作《存在与时间》在哲学家的圈子以外也引起了很大反响，主要是青年人感到这涉及到了他们自己。因为海德格尔对存在的研究是针对那些能够对自己的存在进行思考的人的，而自己的存在主要是由短暂易逝性决定的。”

“那海德格尔有没有说，在这么令人懊丧的前提下，人应该怎么生活呢？”

“他认为存在的主要特征是人‘忧虑’着并‘关心’着生活；他指责道，人对那些他与之打交道的东西比对自己还要熟悉。由此，海德格尔对心理学、神学以及艺术都产生了很大影响也就不足为怪了。”

“真的吗？在哪儿？怎么影响的？”

“比如在法国。这里信奉存在主义的人格外多。”

“大概主要是通过让—保尔·萨特吧？”罗曼问，“他不也是个有名的作家吗？”

一种成了时髦的哲学

塞内克斯点点头：“在法国，存在主义从一开始就影响了文学、造型艺术和电影。有不止一家的存在主义咖啡馆、存在主义酒馆，所有想赶时髦的人都聚到那里去。这儿也是这样。下面朱丽叶特·格雷科（Juliette Gréco）要演唱《存在主义的缪斯》了。”

塞内克斯的话被打断了，一个身穿黑色圆领毛衣的青年男子走上舞台，掀开了钢琴盖。他先弹了几个和弦，再弹了一串琶音，然后又弹了几个和弦，所有人的谈话都停了下来。等四下里完全安静了以后，又有一个年轻的女子上了台，迎接她的是一阵欢呼声、长时间的掌声和叫好声——她是个雅致的女子，看起来几乎不到二十岁的样子。她那张匀称的脸上，一双深颜色的大眼睛格外引人注目，栗色的流海儿遮住了她高高的、平滑的额头。她的嘴唇柔软而丰满，涂了口红。她的身材修长窈窕，一件高领的黑色连衣裙使其显得更加突出，裙子上没有任何装饰，也没有一个折裥或花边儿。

给她伴奏的人弹了几个小节，然后她就开始唱了。她的声音低沉而富于感性，感染力很强。与其说她是在唱，不如说她是在讲话，低语声、恳求声夹杂在一起她说出来的比唱的更重要，传达的消息比音乐更重要。最打动人的是她的手部的动作——它们在她的身体周围时而缓缓飘浮、时而一掠而过，时而抬起来、时而落下去，还像捧着圣物一般举着话筒，百般爱抚。

她唱的是过去的时光——《Les années d'autrefois》，还有青春，梦幻般的易碎的青春——《Rêveuse et fragile》、死去的树叶——《Feuilles mortes》、生存的恐惧和迷惘。最后她要求结束——《Déshabillez-moi》：《脱掉我的衣服》。她的手掠过她的全身，似乎承诺着一切，又似乎要拒绝一切。

观众们鼓掌、跺脚、吹口哨“Bis!Bis!”——再来一个，再来一个！但朱丽叶特·格雷科只是交叉着双手深深鞠躬，头发飞到前面，遮住了她的脸。她就这样停了一会儿，然后便把头发向后一甩，消失在边门里。

“这就是她！”塞内克斯说。“朱丽叶特·格雷科。她的一些歌词是让—保尔·萨特、阿尔伯特·加缪和其他重要作家写的。萨特写于1941年的第一部重要哲学著作《存在与虚无》成了法国存在主义的代表作。”

观众们开始交谈起来，谈话声嗡嗡营营地夹杂在一起。“存在主义主要是在第二次世界大战以后产生了巨大影响，有段时间竟成了时髦。而且让—保尔·萨特和他的情人西蒙娜·德·波伏瓦（Simone de Beauvoir）的个人精神、思想魅力也起了很大的作用。

“他的情人？她不是他的妻子吗？”

“不是，而且这很说明两个人的个性。萨特上大学时就已经认识西蒙娜·德·波伏瓦了，出于‘绝对的真诚’，他们拒绝像一般人那样结成夫妻。”

“萨特不也是坚定的共产主义者吗？”

“马克思主义是当时知识分子最大的乌托邦幻想嘛。萨特在他的作品《马克思主义与存在主义》中把第一个位子让给了共产主义思想。到晚年，他尤其强调个人参加政治、社会活动的重要，因为他认为人仅是他自己发展成的、做到的、经历过的事情。”

“他难道没有看到共产主义消极的一面吗？”

“怎么没注意到，尤其是在五六十年代。他虽然持马克思主义的观点，但他批判任何教条主义乃至暴力。他是个无神论者。对上帝的追问过去曾是那么重要，但在二十世纪的思想家那里它已经不是个主题了。萨特眼里的人背叛自由，因此人必须自己将意义赋予自己的存在。他就是以这种精神投身于世界和平运动。”

“这样一来我倒觉得应该肯定这个头号虚无主义者。”斯蒂芬说。

塞内克斯点点头：“完全有理由称他是一位现代人道主义者。我们就以他结束这一章。”

突然之间，东西都不在原来的地方了

塞内克斯请他们再次置身于几年以前，接着方才的话说道：“你们看到了，过去几年的变化对人们的影响很大。这对造型艺术家来说也一样。首先，信念的丧失夺去了他们几百年来所熟悉的那些题材，再加上理论物理学突破性的新认识以及关于宇宙的复杂知识——人们现在面对的是量子论和相对论。在那以前，人们一直认为世界是可以用肉眼看到的，在无限的小和有限的大之间延伸。而现在有了马克斯·普朗克和阿尔伯特·爱因斯坦的理论，不管是在原子那里还是在宇宙中，一切似乎都不再是原来那样的了。量子论使历来关于物质宇宙的观点产生了动摇。1927 年维尔纳·海森堡（Werner Heisenberg）公布了他的‘物质测不准原理’。”

“您说人们因此而更加深了不安感吗？”罗曼问。

“至少他们得寻找新的解释。”塞内克斯答道，“维尔纳·海森堡、马克斯·玻恩（Max Born）和恩斯特·帕斯库尔·约尔当（Ernst Pascual Jordan）以量子力学创造了一幅新的物理学世界图景。”

“怎样创造的呢？”

“古典力学的出发点是稳定、持续的过程，而量子力学却认识到大量骤然间的变化，即所谓的‘量子跳跃’。马克斯·普朗克发现，光是由波组成的，但它只能以光束、以量子的形式被放射、被吸收。古典力学研究固定、可测量的值，量子力学却立足于极小的微观世界中那变化着的可能性。”

“在量子力学中一切都变得不确定了？”

“至少是更难计算了，罗曼。海森堡证明，基本粒子——就是那些小到极点、小得不能再分了的微粒——的位置和运动从来不能同时、精确地测定。‘测不准原理’使事先计算微观运动的过程成为不可能的事。你要么预先说出有关位置的测量结果，要么说出有关时间的测量结果，但不可能同时得到两个结果。”

“这就使预测的可能性减半了吧？”

“对，斯蒂芬，量子力学把偶然——单个发生的事件在原则上的测不准性——引入了物理学。”

“而这也能刺激艺术家吗？”

“至少是影响了他们。分裂原子的消息使第一个创作抽象画的画家瓦西里·康定斯基（Wassili Kandinsky）如此震惊，以至于他说，即使石头突然间升到空中，化为乌有，他也不会更吃惊了。他觉得每样东西都不在它原来的位置上了。造型艺术与其所处时代的知识的关系比人们想象的要紧密得多。尼采就曾叹道：‘我们解开了地球和太阳之间的链子——我们干了些什么啊？它现在要向哪里去呢？我们要向哪里去呢？远离所有的太阳吗？我们不正在不停地向前、向后、向四面八方跌落吗？还有一个上、一个下吗？我们不正像迷失在一片虚无中了吗？空空如也的空间不正在向我们吹出它的气息吗？天难道不是变冷了吗？来临的难道不总是夜，而是别的什么了吗？’”

“谁也不能说得更感人了！”

“艺术家们不仅寻求新的内容，也寻求新的形式，尤其是因为那时有了照相术，已经可以比绘画更精确地再现事物。你们这就会看到一个例子。我们现在就出发，因为我们得趁天还亮着的时候去走访一个人，再晚天就黑了。”

塞内克斯站起来，三个人跟着他，走到嵌在墙里的远程转换器前。

画家、艺术家、富于创造力的人

他们再次走出远程转换器的时候，感到的是柔和的、散发着芳香的空气，宜人的温暖，充沛的光。他们面前是一座“美好时代”风格的大房子，被灌木丛和树木环抱着，它们散发出沁人心脾的气息。一棵繁茂的九重葛是热情奔放地展示着它色彩鲜艳的苞叶，贝蕾妮克快乐地深吸着空气。

塞内克斯说：“这是戛纳（Cannes）北边的加利福尼亚别墅，我们是在普罗旺斯（Provence）。”

“怪不得！”贝蕾妮克喃喃低语道。黄昏最后的光落在周围环抱的山丘上。

塞内克斯继续说：“房子的新主人正处在他最负盛名的时期，是他最出色地完成了古典艺术向现代艺术的过渡。称他为‘画家’还只是对了一部分，他的价值比这更大。”

“我猜您说的是巴勃罗·毕加索（Pablo Picasso），对吗？”

“你猜的再对不过了。”塞内克斯微微笑道。“我们在花园里的凳子上坐一会儿吧。毕加索 1881 年生在马拉加（Malaga），他将在法国南部去世，享年九十二岁。我说‘将’，是因为我们现在是在 1955 年，他七十四岁了。”

“能遇到他真让我高兴！”贝蕾妮克兴奋地喊道。

“如果看到你，他会画你的，但问题是，在他的画里我们是不是还能认出你来。”

“肯定能——在一种更高的意义上。”她说。

塞内克斯表示赞同她的说法：“艺术帮助我们超越自身的界限，并换一种目光来看世界。毕加索的父亲就是画家、美术教师，他很早就发现，他的儿子的天赋比他高得多。那男孩子还没学说话就会画画了，而且不像是个孩子画出来的。他学得很快，发展得很快，年纪轻轻就去了巴黎，在那儿一直生活到第二次世界大战结束以后。在那儿，他选取马戏团的题材来画。他是个天生的画家、艺术家、富于创造力的人，以至于说出：绘画比他强大，绘画可以令他去做它要他做的事。他这么说是可信的，因为他的脸看上去像一张大智大慧的禅师的脸，流露的神情显示着他达到了这样一种境界：‘不是我在画，它在画！’他到了九十岁高龄的时候还倾心于绘画，还在尝试新的技巧、新的色彩和形式。直到去世，他的善感、他对生命的热爱也没有麻木。他有一双魔术师的手，他有无尽的想象力，他想象出来的，二十岁的年轻人连做梦都梦不出来。”

“显然您很欣赏他，是吗，塞内克斯？”贝蕾妮克在手指上缠着她的一缕发卷儿。

“我眼中的他是本世纪的天才，但这并不重要。”塞内克斯回答。“我只是想说，即使是在我们这个所谓高度技术化、物质主义化的时代里，人的创造天赋也是能够得到发展的，而且完全可以和以前时代的天才相比。”

“您是在给我们鼓劲儿打气，塞内克斯！”

“可以这么说，斯蒂芬。即使形式和内容变了，人的艺术创造力也是不会枯竭的。而如果人的艺术创造力是如此活跃，那么人的丰富也就保持住了。现代艺术几乎在所有方面的重要发展都得感谢毕加索；他永远在更新着自己，而他是那样精力充沛。我想，自佛罗伦萨的文艺复兴以来从没有过比立体主义更巨大的绘画革命，这场革命是毕加索和乔治·布拉克（George Braque）掀起来的。这种风格建立了一种新的美学，它像是业已建立的绘画大厦里亮起的一道闪电。毕加索的阿维伽农的少女成了他那个时代最遭仇恨的一幅画，但也是最有名的。”

贝蕾妮克还想知道得更多些：“它的特别之处在哪儿呢？”

“物体被缩减到只剩下了带角的面，一个长方形成了嘴，一个圆柱形是眼睛，一个洞就是鼻子。但你不能断言这个不断创造着、变化着的天才只属于某一种风格。每十年他便和自己以前的作品决裂一次，他从所谓的‘蓝色时期’经过‘粉色时期’，又发展到立体主义和现代雕塑。他揭示了孤独的、被社会排斥在外的人心中的痛苦，画憔悴瘦弱的孩子和母亲、酗酒的女人、贫穷的妇女、乞丐——被绝望包围着的人们；他也揭示了流浪艺人的忧郁、人们在生活中的迷惘；他表现了悲哀的杂技演员和小丑，他们是人类和艺术家生涯的象征，他们的姿态中流露着优美和谦恭。他的作品柔弱易碎，他笔下的女孩子充满妩媚；他自己曾说到‘眼睛的思想’。不管是非洲的面具、伊比利亚及大洋洲古老的雕塑，还是伊特鲁里亚和埃及的艺术，他从各处掘取灵感。他既赞叹哥特式的绘画也佩服日本的木刻，不停地探索着新的风格、新的形式。他在垃圾场上挖掘，带回稀奇古怪的东西——金属啦，木头块儿啦，生锈的电线啦，破罐子、破篮子啦。用一个旧自行车车座和一个车把他会做出个牛头，或者把旧铁变成一只大鸟；几乎没有什么他不碰的，也几乎没有什么经他碰了以后不变出点什么的。用最平凡的材料他做出了他最感人的雕塑——一只山羊，所有的艺术爱好者肯定都知道它。他绘画、制作拼贴画、雕塑，还做陶器。除他以外，没有哪个艺术家曾把如此丰富的发明和如此活跃的创造力结合在一起过。”

“他在政治领域也很活跃，不是吗？”

“毕加索也是最早坚信共产主义理想的知识分子之一，罗曼。他为共产主义者创造了和平鸽，这只简简单单的鸟已经成为一种象征。很少有艺术家在活着的时候向世界发出过他这样的呼吁。第二次世界大战爆发以前两年他就已经创作出了壁画《格尔尼卡》，其产生源于他对同名城市被摧毁而感到的震惊，他提醒人们要警惕屠杀无辜的行径，对很多人来说，它已成为反法西斯艺术的典范。它不仅是对弗朗哥和为他撑腰的希特勒的控诉，更是反对战争恐怖的吼声。年复一年，这幅画吸引着人们，正像伦勃朗的《守夜人》和达·芬奇的《蒙娜莉莎》一样。

“他到底创作了多少幅画呢？”

“大概有好几千幅油画、几百件雕塑、无数的草图和陶器。他写诗，还留下了一个剧本。他搬到法国南部去的时候已经七十岁了，先是到陶器城瓦洛里斯，他称他所在的地方的风景‘完全是他自己的’。在他生命的最后几年，他还在拿彩绘陶器做实验，其式样可以回溯到人类文明的早期。现在我们就在这里，戛纳附近。让我们到他家去吧。”

创造性的混乱，一只会变戏法的手

塞内克斯领着他们拾级而上。房间一间连着一间，每一间都充作画室。所有的画室里都一片混乱，他们不管向哪儿随眼望去，捕捉到的总是一幅凌乱的静物，由纸张、画布、桌子和瓶瓶罐罐组成；但更多的则是草稿、处在各个阶段的画，有的只有粗粗的轮廓，有的已经完成，却被漫不经心地抛在一边——倚在墙边的、画架上的、靠在书壁柜上的、放在凳子上的……最能吸引三个年轻人目光的是那些肖像画，它们都具有一种强烈的吸摄力。每幅画上画的东西都不同，不仅有头颅和身体，也有三角形、卵形、彗星尾巴、菱形、线条。桌子上，陶制的花瓶和各种塑像与瓶瓶罐罐、垃圾为伍，混杂在一处。走廊上到处是摞起来的纸箱子和画布。

塞内克斯带领他们穿过这片创造的丛林，林间流溢着从敞开的窗子外涌进来的松树、桉树的香味。宽大的起居室也成了画室。

“这和鲁本斯那巴洛克式富丽堂皇的画室差别太大了！”罗曼道，“这儿的一切都是充满爆破力和创造力的！”

“这是一个艺术之巢，它里面的‘孩子’羽毛丰满后就要争先恐后地飞出去了！”贝蕾妮克又添上一句。

“这儿有他喜爱的一切。”塞内克斯说。“他的习作、画、草稿、雕塑和家具。他还为这个画室画了一幅画——哦，它靠在这儿呢——你们在画面中间看到画架上干净的画布，右边那幅素描画的是杰奎琳[1]，左边是一座雕塑，那儿有一个小小的女性头像，是菱形的，还有一只摩洛哥盘子。这些都是他工作时要用的，都是不寻常的东西，打开的板条箱、干枯的花、摞在一起的衣服、花瓶，花瓶里插着各种硬度的

[1] 译者注：毕加索的最后一个生活伴侣。

笔还有花儿，新的、挤得歪歪扭扭的颜料管儿、一盏灯、包装纸、鸟笼子。你们看到了，不仅是这些物体本身，它们的影子也都强烈地造成混乱的印象。”

“大概每块画布对他来说都是一个实验场地。”

塞内克斯点点头。“从中产生的东西在他以前从没有过。”

“可每个艺术家都是这样的！”罗曼插了一句。

“是的，但谁都没有他这么丰富，这么独特。他也赋予了雕塑新的形式，赋予新的形式以新的色彩，而通过新的色彩和图案他又改变了形式。于是，一只被他折弯了颈部的粗陶花瓶成了一只游泳的鸽子。”

一阵窸窸簌簌引起了他们的注意——一个人进来了，看上去像是由力量凝聚而成的。他个子不高，但就算他只齐另一个人的肩膀高，引来所有人全部注意力的也会是他。最咄咄逼人的是他的那双黑眼睛和那闪耀、审视的目光。一方面他看上去很神经质，弦绷得紧紧的，另一方面却又散发出一种蕴涵着力的宁静。他的脑袋上只还有窄窄的一圈白发，给人赤裸裸的感觉。

“他的头不太像是一位日本禅师的头，倒像是个被风风雨雨蹂躏过的印第安人的头。”贝蕾妮克小声说。

深深的沟壑从他的鼻子通向下巴；虽然上了年纪，他却显得很年轻，好像随时在等待出击。他穿着膝盖上鼓起了大包的黑色裤子，白色背心儿松松地盖过了腰。

毕加索在一个画架前站下，稍稍把它调整了一下，便有力地挥动画笔，扯出黑色的笔道，画了一幅普罗旺斯风景——一个有教堂的村庄，线条间的空白被他用树木、枝杈、树荫填上，背景是一座小山丘，上空飘着朵云。随后他用指尖随意抹些白粉，烟囱里便冒出了烟，房屋间便落下了阴影。

他停下来，点上一支香烟，把烟从鼻孔里喷出来，一直抽到剩下还不到一厘米长的烟蒂在他指间闪着亮。

夜晚降临了，塞内克斯催大家上路。

“他简直是一座喷发的火山！”下楼的时候贝蕾妮克喃喃地说着。

“他的座右铭是：‘完成工作会带来自由；你得工作、工作、再工作。’这是他最常说的话。”

“我想这话不假。歌德不是也说过类似的话吗？”

“他说，‘再也没有比不工作的闲人更可怜的了。’”

他们走进花园，光线已经暗了下去，让位给芬芳的气息，那株九重葛微微闪着光。

塞内克斯最后说：“他将始终如一地活跃下去，直到生命的终点；年老也不能将他制伏。死神将对他很仁慈，他停下画笔和停止呼吸是在同一时刻。”

一项可以同印刷术相提并论的发明

借助远程转换器，他们只迈了一步就又回到了柏林。

旅馆里还没点灯，十分安静，几把钥匙都摆在那儿等着他们。但塞内克斯说：“再等一下，你们回房间以前，我还想再说点别的——当然是与我们息息相关的。”

他靠着吧台，胳臂肘支在上面。“在第二次世界大战的最初几年，柏林造出了一种机器，那时还没有人能预见到有朝一日它将变得多么重要。”

三个伙伴交换了一下目光，斯蒂芬耸了耸肩。

“你们全都知道它！三百多年前帕斯卡和莱布尼茨就造出了算术机。”

“啊，是计算机！”贝蕾妮克喊道。

“1936 年法国人瓦尔达（Valtat）提出一项专利申请，在其中描述了一种用二进制进行工作的算术机的原则。这种进制只用两个符号组成的系列就可以表示出所有的数，起初它只是一个简单的计算器。”

“二进制体系不是早已由莱布尼茨发明出来了！”

“而建筑工程师康拉德·楚泽（Konrad Zuse）因为经常需要处理大量数据而开始为他的统计工作设计一种机械工作、程序操控的机器，那也是大约五十年前的事了。他用的也是二进制，因为它用简单得多的存储元素就可以了，比代数学的方法简单得多，只认 0 和 1。楚泽把不同的数用一串 0 和 1 的不同组合表示出来。”

“今天所有的计算机不都是这样工作的吗！”

“楚泽把他的试验机称为‘楚泽一号’，对已有的结果他还不满意，‘楚泽一号’之后又出了‘楚泽二号’，再往后的‘楚泽三号’就已经有了两千个继电器。这就是最早的由程序控制的计算机，工作起来无可指责，但个头仍然相当可观；它主要是用旧的电话继电器和旧材料做的。楚泽建立了一个工厂，现在它是西门子公司的一部分。1965 年的‘楚泽二十二号’是第一台电子计算机。余下的历史你们就都知道了，而且你们每天也正在经历着它。”

“我想，自从印刷术以来很少有发明如此彻底地改变了世界。我之所以不由得想拿这二者比较，是因为它们的目的都是加工和传递信息。”

“只是，有了最初的计算机的时候，人们还没想到过信息交换，就更不用说机与机之间、大洲与大洲之间的全球、在地球轨道上，乃至与其他行星之间的信息交换了。但现在我只想说的是这场革命的开端。反正我们已经快要到达这次漫游的终点了，我要说的东西已经不多了。”

“我会怀念我们这些谈话的。”贝蕾妮克发自内心地说。

一股震撼人寰的火流

贝蕾妮克的话使塞内克斯很高兴：“尽管如此，我还是得结束。我们已认识了玛丽·居里，谈到了物理学的胜利，但因为人是有两面性的——既可以有一张可爱的脸也可以有一张残忍可怕的脸——所以人的作品也具有两面性。比如我把成功地分裂原子核看成是最大的自相矛盾之一——人在插手自然这件事上做得太过分了，这一成功像一道闪电，以一种戏剧性的、可怕的方式击中了世界。”

“您说的是原子弹吧，塞内克斯？”

“我们知道，贝克勒尔于十九世纪末发现了自发放射性现象，玛丽·居里分离出了铀，并看到了它的放射。玛丽·居里的女儿伊伦和她的丈夫弗雷德里克·约里奥研究出了人工制造放射现象的方法。厄内斯特·卢瑟福（Ernest Rutherford）、阿尔伯特·爱因斯坦、奥托·哈恩（Otto Hahn）和其他许多研究者研究了原子并试图使原子分裂或者反过来——使原子聚合在一起。他们想开发一种新的能源，因为他们发现分裂和聚合这两种过程中都会释放大量的热、光和其他力。

第二次世界大战期间研究转移到了美国，因为前面已经说过了，人们担心德国的原子物理学家会为希特勒制造原子弹。1942 年 12 月，意大利裔美国物理学家恩里科·费米（Enrico Fermi）第一次成功控制了裂变的链式反应。这之后，尤利乌斯·罗伯特·奥本海默继续领导实验，于三年后宣布，如果一个城市发生原子弹爆炸，居民全部藏在防空洞里，将会有两万人死去；而如果没有任何保护，后果则更严重得多。”

“我就是想不通——一种会引起如此可怕后果的武器竟然真的会被投入使用。”

“其原因在于第二次世界大战末期的形势，贝蕾妮克。德国已经投降了，只有日本人还在负隅顽抗。杜鲁门（Truman）总统想要他的军队损失尽可能的小，并最终结束战争，于是他下令动用原子弹。”

“在广岛。”

“那座大学城上空先是亮起了刺目的原子闪电，一朵蘑菇状的红云升上天空，一股震撼人寰的火流扫过市中心，毁灭了一切，不管是建筑物还是人。但日本仍不肯投降，于是，三天后，第二颗原子弹落在长崎。两次爆炸中大概有五十万人死去，许多人当时表面上平安无恙，但后来在饱受原子能辐射导致的病魔的折磨后死去。”

“从那以后广岛就成了死亡和毁灭的象征。”

“就像奥斯威辛代表了希特勒的罪行一样。”

“还有切尔诺贝利（Tschernobyl）代表了核电站反应堆爆炸。”

“科学由此进入了一种新形势。一个信念在成长，那就是：并不是一切能做到的都可以做出。许多领袖认识到，在未来，科学必须与道德结合在一起；这在以前还不曾有过。那时候出现了‘科技后果估测’的概念。”

斯蒂芬思忖着："也许这种可怕的武器可以为我们阻止一场以前的东方阵营和西方之间的新的大战。也许这会让各方都意识到，原子战争是打不赢的，无论哪方都打不赢。"

"至少这一点是肯定的：投掷原子弹结束了第二次世界大战的亚洲战场。"塞内克斯做出了结论。

"但是研究还在继续进行，和今天的氢弹相比，最早的原子弹简直就是孩子的玩具！"

"可惜你是对的，斯蒂芬。自 1970 年起，只要有一颗氢弹投在纽约、伦敦、巴黎、莫斯科或东京这样的大城市，就会有大约八百万人当场丧命，还会有数以百万计的更多的人被射线造成永久性的创伤。"

斯蒂芬喃喃说道："这是科技进步符合逻辑的结果吗？"

没有人回答这个问题。几个人的脸在暮色中变得影影绰绰的。

"好了，不谈了。"塞内克斯说，"今天我们只短短地休息一下，好让大家恢复精神。"他打开了灯。

第十二晚
回到原点

在二十世纪

一个充满物质、膨胀着的宇宙

他们默默地吃着饭，无数东西掠过他们的头脑；另外，想到在“进化公园”的漫游要结束了，他们也有点忧伤。等他们把餐具拾掇了，塞内克斯把他们请进一个小小的俱乐部房间。他们在桌上点起蜡烛，关了顶灯。

他们几乎全身埋在了宽大的沙发椅里面。贝蕾妮克收起一条腿，下巴抵着膝盖，飘垂下来的长发带着股清香，和蜂蜜做成的蜡烛的味道揉在一起。

罗曼伸开两臂搭在两边的扶手上，像要拥抱什么人似的。

斯蒂芬把他的眼镜推到鼻根处——他是在沉思，还是在梦想呢？

塞内克斯发话了：“我们到了当代。”

斯蒂芬补充道：“让我们改改登上月球的第一人尼尔·阿姆斯特朗（Neil Armstrong）的话[1]：我们三个做了次小小的漫游，人类却走了漫长的路。”

塞内克斯微笑了：“你们看到的虽然只能是些片段，但也许你们还是目睹了人类为了在这个世界上生存发展、按自己的需要日益改造世界走过了什么样的道路。你

[1] 译者注：阿姆斯特朗的原话是：这是一个人的一小步，却是人类的一大步。

们看到了人是怎么努力去理解世界的法则——有了这些法则才有人类的存在。这些法则既是进化也是宇宙的基础。——你们不会为这一切感到后悔吧？”

他们摇摇头。

塞内克斯很高兴：“那让我们最后再看看我们的故乡宇宙吧。我们看到了，物理学家已经接近了古老的人类之谜的谜底。借助相对论和量子力学他们可以用方程式来表达空间、时间和物质。维尔纳·海森堡在量子物理中引入了‘测不准原理’，由此，‘现实’这个概念也成了相对的，‘偶然’这个概念则升了值。阿尔伯特·爱因斯坦终生都在争辩这一点，并宣布：‘仁慈的上帝不玩弄骰子。’但现在又有一个人站出来反对他：‘错了！一切都显示出上帝是一个不可救药的赌徒，一有机会就掷骰子。’”

“这是谁？”罗曼问。

“你们肯定知道他。他的一本书出乎意料地成了全世界的畅销书，他的照片大概也起了作用，因为它非常感人。一种肌肉病症把他束缚在轮椅上，他只能借助一台为他特制的计算机让别人知道他想说什么。”

“您说的一定是史蒂芬·霍金（Stephen Hawking）。我虽然读过他的《时间简史》，但没有全读懂。但我记得，‘上帝’一词只是他对物理定律的另一个表达方法。他甚至使我感到震惊，因为他说，他眼里的人类，不过是数千亿个星系边缘的一颗小行星上无足轻重的生物而已。他说他很难设想一个能护佑我们的上帝——或者说一个注意到我们的存在的上帝。”

“爱因斯坦的观点类似。”塞内克斯说，“根据霍金的说法，肯定有一个定理体系从一开始就决定了宇宙的进化。”

“但他也说了，如果这些定理是上帝定的，那后来他就随它去，不再插手管宇宙的命运了。”

贝蕾妮克看看这个，又看看那个，说：“霍金是个物理学家、自然科学研究者，可他有那么严重的残疾，是怎么做到这些的呢？”

“我觉得说说这个很重要。没有别人的帮助他就没法生活，他的病是无法治愈的。头脑是他的支柱——确确实实只有头脑。他不能做实验，甚至不能写字，但他相信，正是因为这些限制使他能够做到本来可能根本做不到的聚精会神。他还说，他现在比以前更快乐，因为在得病以前他过得很无聊。但早亡的可能性令他意识到生命是多么宝贵。他很高兴疾病没有损坏他的智力。在我看来，他能够克服一切障碍，而唯有这一点使他成为那种向我们证明人有能力取得至高成就的特殊现象。他的例子证明了精神对脆弱的肉体的胜利。”

“他就用这种精神寻找理解宇宙的新道路吗？”贝蕾妮克问。

“霍金想把广义相对论和量子力学结合起来。广义相对论是关于空间、时间及其弯曲的。量子力学则是关于微观世界的，包括测不准原理，或者说不确定性原理。霍金相信，包围着我们的宇宙正等着我们去探索和理解；宇宙中有以超光速运动着的粒子，有黑洞在‘胡作非为’——它们将成为新的婴儿宇宙的父母’。”

“等等！黑洞将成为什么？”罗曼问。

“我不能阐释霍金思想大厦的全部。关于黑洞，我只能说，它是物质密度非常大的天体，大到连速度那么快的光都不能克服它的吸引力，因此没有光泄露出来。”

“人怎么知道有黑洞呢？”

“可以通过它周围其他天体的行为得知它的存在。对我们一般人更重要的是霍金的一个观点：我们不应该追问宇宙的来历和未来；它既不是被创造的，也不会被毁灭——它是简单的。以他的这个观点，他说出了我们在进化公园漫游的过程中进行的一切有关这方面的谈话的核心，因为如果他说得有理，我们仍能找到一个合理的理论，那我们就了解上帝的打算了——当然在这儿也不能从宗教的意义上去理解‘上帝’这个概念。”

“一切都是不确定的！但你却可以画一个大大的问号。”斯蒂芬说。

罗曼问：“我们的宇宙不是由宇宙空间中的星体组成的吗？那么这些物质是从哪儿来的呢？”

“根据相对论和量子力学，物质可以在重力能的帮助下，以任意数量的粒子—反粒子对儿的形式产生，其结果就是一个膨胀着的宇宙，充满物质、星系、恒星、行星——和生命。”

“但宇宙空间是从哪儿开始，又是在哪儿结束的呢？”

“一个模型向我们展示了宇宙空间：它在重力的作用下是弯曲的，因此也是封闭的。因此宇宙不是无限大的，但它既没有尽头也没有边际。任何时候都不会有一艘宇宙飞船能飞到一个再也没法往前飞的地方。这让我们很难理解，因为对此我们想象力还不够。也许看看地球的样子能帮助你们——它的表面不就既没有尽头也没有边际吗？”

“塞内克斯，在我们的漫游刚开始的时候，您让我们看到了人们设想的宇宙的产生过程——在这以前是什么呢？”

“你这个问题又把我们带回这次漫游的起点了。霍金说，如果物质在一个黑洞里坍塌，永远消失，那么在它原来的位置上就会有新的物质产生。因此可以设想，在宇宙之前还有更早的一个阶段，其中的物质坍塌了，然后又发生了新的原始大爆炸。人们还说到永恒的脉动：大爆炸——膨胀——衰退——坍塌——新的大爆炸。我知道，这不是个令人满意的答案，但满意的答案我们人类大概永远也找不到。我们这次漫游的意义也不在于解出最后的谜，这是不可能的。我们，也就是进化公园的领导和我，想让你们对人类漫长壮阔的发展道路获得一个印象：这条道路是人类在短短的一万五千年中走过的——从逐猎的原始人到当今这个存在着千差万别的阶段。”

“那谁是进化公园的领导啊？”斯蒂芬问，“您又是谁呢？”

塞内克斯举起双手，耸了耸肩膀：“再和我一起最后到外面去一次吧！”

星光

他们穿过整个房间，出了大门，站在了露天下。这时他们又一次惊讶了，因为他们面前出现的就是他们十二天前踏上的那个场子。只是，那时是明亮的白天，而现在是夜里。但他们还是在微弱的灯光下认出了那金属穹顶的建筑，可门上方刻的字却变了——第一天那上面写的是“宇宙的诞生”，现在那闪着光的字母却组成了“遥望地球”。

“这个你们一定得经历一下。”塞内克斯说，“一个有意义的结尾。”

他们走过大厅，在第一排坐下来，和开始时一样，但他们观察事物的眼光已经有了多大的改变啊！

四周暗下来了，犹如夜幕降临了一般。同时各个方向都向无限远处延伸开去，上上下下，左左右右亮起数以十亿计的星星，围墙隐去了。

斯蒂芬喃喃道：“这比我们平常看到的星星要多得多啊，而且它们根本不闪烁。”

“星星的光那么冷静，是因为在月球上没有运动的大气。”塞内克斯回答。

原来是这样，他们在月球上！

不知从哪儿传来一个声音：“我们的地球在一个星系里绕着太阳运行，这个星系只不过是用现代化的望远镜观察到的数千亿个星系中的一个。我们称之为‘银河’的星系缓慢地绕自身旋转着，它的直径大约是十万光年。它伸出的螺旋状‘手臂’上的星星大约得用上一亿年才能绕着星系的中心转一圈。赋予我们生命的太阳是一条螺旋‘手臂’内缘上的一颗平平常常的黄色星星。”

“瞧，从托勒密（Ptolemaus）把地球解释成宇宙的中心以来，人类的认识获得了巨大的增长！”

那声音继续说：“当星星熄灭的时候，星系就熔成在宇宙中运动的巨大黑洞。”

他们被眼前出现的一幕吸引住了。首先，在最下面出现了一个闪着大理石光泽的微微隆起的地面。

“这是月球的表面。”塞内克斯解释说。“我们现在乘着一只宇宙飞行舱离开了月球。”

一个蓝白色的球体缓缓出现了，它蒙着白色的面纱，像一颗天蓝色的珍珠从黑色的宇宙之海中升起。

“我们的地球。”塞内克斯说。“这是它从地球轨道上看的样子。”

“它真美！”贝蕾妮克说。

“美而脆弱。”斯蒂芬表示赞同。

在黑暗的宇宙之中，地球看上去很柔弱，就好像你得小心翼翼的，别一不注意用手指尖碰了它。

当他们再次接近地球的时候，绿、灰、白的色调之中首先现出了深蓝色的一片。

“这是太平洋中的珊瑚环礁和上面笼罩的云。”塞内克斯轻声说，“海洋被弯弯曲曲的海岸线包围着，海洋之上的大气在黑暗的宇宙空间中闪着淡淡的蓝光。”

“我想，能够这样看地球是宇宙航行的一个重要结果。我们看到地球也像是一艘宇宙飞船。”

“所以我们就得更加精心地对待它，因为在一艘宇宙飞船上，任何暴力都是致命的，而且它马上就得搭载六十亿乘客了！”

他们的飞行舱靠近了地球，开始绕着它旋转，于是他们进入了地球的黑夜，但它的魅力却没有稍减，也许比白天还要美丽呢。雷雨大作的地方，闪电照亮了大洲之上的云层，但你却什么也听不见，没有隆隆的雷声，也感觉不到横冲直撞的风，一切就像是魔幻般的极光。

“那些大概是人口密集的地区吧，塞内克斯？那无数的灯光是大城市吧？”

“上边那儿你们可以辨认出英国南部，下面离它很近的地方是巴黎，往北一点是比利时，斜下方是鲁尔区（Ruhrgebiet），”塞内克斯一一做着解释，“往下更远一点的地方是永恒的罗马。”

看着看着，又出现了更难以解释的事情；一切都变了。他们以为现在他们正在接近地球这颗美丽的“弹子”了，而它却被蓝色的大气层围裹着。

“这是氮气。”塞内克斯说。

与此同时地球变小了，就如同被一股爆发力驱使着似的迅速远去，而且变成了一个火球。随后太阳连同它的九颗行星出现了。距离越来越远，他们的速度越来越快，不久，银河系那巨大的“银盘”出现了，数以十亿计的太阳和星星又变成了更多的星系，最后他们只能看见旋转的螺旋、星云。它们不断分解，不断坍塌，进入一个无所不包的中心。

接着图像变成了夜一般的漆黑，什么都没有了。

“这是我们宇宙的末日——回到开端，再开始新的发展。”

这是塞内克斯最后的话。放映结束了，但周围依然很黑，他们也没有站起来，因为他们需要回想片刻。

然后灯亮了——他们真的是在一个平淡无奇、像电影院一样的有着排排座位的地方吗？他们不敢肯定。现在会怎么样？塞内克斯要向他们告别了吗？他们该对他说些什么？该怎么感谢他呢？

他已经不在那儿了，他的位子空了。谁也没听见他站起来的声音，也没人注意到他走了。

他真的曾经在那儿吗？

最大的问题

他们先是有种孤零零的感觉，斯蒂芬终于开口说："他走了，我想我们再也不会见到他了。说到底，这并不让我觉得奇怪。他的退场和他神秘的出现很相配——和这个公园也很相配。"

贝蕾妮克把眼睛闭上了片刻——她想把那些无数匆匆而过的画面牢牢记住。"但愿我不会把这些忘了。"她喃喃说道。"在我们这次漫游的过程中，我有时候以为一切都是真的，是现实，但然后我又觉得一切是那么不可思议。我觉得这些天像是一个梦。"她的声音听起来十分缥缈，似乎她还没有回到现实中来。"我不明白进化公园怎么能够存在。但我们的地球也是一样——和无数的其他天体相比，它不过是'沧海一粟'，它的存在是为了什么呢？"

先是没有人回答。后来又是斯蒂芬说道："十二天以前，我们打算在城里逛上一圈，没想到却进了这个巨大的'进化公园'——那个时候我们提到了一些人类关心的问题。你们怎么想——我们现在能回答那些问题了吗？我们毕竟不能盲目自大，而是得运用我们的头脑。"

罗曼耸了耸肩："第一个问题贝蕾妮克刚刚又提到了：究竟为什么存在什么东西？要问我，我还是不知道答案。而且肯定不只我是这样，其他人也是这样，而且这种状况会一直这样下去。但我还是相信有那么一种动力，宇宙的开端就是由于它的作用。你不一定要把它称为上帝，斯蒂夫。"

"你相信那个也许只有豌豆那么点儿大、密度却无比大的物质会发生原始大爆炸，发展出宇宙，而宇宙中又有生命吗？"

罗曼点点头。

斯蒂芬继续说："也就是说有一种不可捉摸的东西，它既不曾想要我们，也不曾为我们操心。这我可以接受。这里肯定没有什么超级生物插手，按照它自己的样子创造我们。"

"没有全能、仁慈的天父？"贝蕾妮克问，但这与其说是在发问，还不如说是一个论断。

但斯蒂芬还是摇摇头："不，妮克，宇宙不需要更高的法官——我是说，它包含了一切。当然，谁要是能说出理智和意识是如何在宇宙之中发展、为什么发展的，那他也许掌握了开启世界模式的钥匙——或者是世界的模式本身。”

“不管怎样，宇宙对我来说不仅是偶然凝聚在一起的一团物质，我也在其中看到了智慧、爱与和谐。”贝蕾妮克反驳道。“而问题依然存在——我们人是什么，我们为什么存在，我们从哪儿来，我们向哪儿去，从我们将会变出什么。”

“我们是星尘。”斯蒂芬回答，“我们从原始宇宙来，并返回原始宇宙。”

“那我们又会变成星尘，没有意识的星尘——如果是这样，那我们的生活有什么目的呢？”

“关于这个，可以探讨上几个钟头。”罗曼说。他仰望高处，目光似乎在寻找什么，“我们得传下去一些东西。我想我们至少有一个使命：每个人都是进化中的一环，我们生活的意义也许只能在进化中去找。如果我们为后代创造基础，那大概就够了！”

“但我们必须行动。”斯蒂芬坚决地说，“只梦想是不够的；再多的电视节目也不能使我们发现世界，更不能改变它。”

“我觉得这太泛泛了。这次漫游究竟给我们带来了什么——给你，妮克，还有你，斯蒂夫，当然还有给我自己带来了什么？我现在就想知道这个。”

学习、行动、感受

大家都沉浸在思索之中。罗曼又滑到椅子前部了，斯蒂芬推着他的眼镜，贝蕾妮克把两只手交叉起来。

“那你就先说吧。”斯蒂芬催促罗曼。

“我已经说了一点儿了。我们在进化公园里当然只不过是经历了人类历史进程中的一些片断，但正因为如此，我现在更有兴趣去继续研究人类的历史。我们之前的人想些什么，怎么生活，他们创造了什么——我想知道得更多些。这会使我更好地应付今天。这次游历并不算完，每个人物、每个事件都有其意义，对我们来说，那是一次次闪光。但这儿的材料一个人几辈子也研究不完。你不一定要将每一件事都写成一本小说，只要让自己深入进去就够了。这收获已经够多的了，不是吗？”

贝蕾妮克赞许地望着他。

罗曼继续说：“我想为改变人类的意识做些事情，可能像个作家那样，或者同时也当个记者。我还不知道自己会做什么，不过我也没必要今天就做出决定。你呢，斯蒂芬？你这个永远的怀疑论者！你达到了什么认识？”

“其实你已经提到它了，罗米——认识！对我来说，理性比过去显得更重要了。

我不能只是相信，我要思想，不轻信一切没经过证实的东西——我们已经看到人类有过多少次疯狂的念头，而这引出了什么结果呢？战争、奴役、迫害、屠杀、火刑堆——一次又一次。”

“那么哪里有安慰呢？”罗曼问。

“宁要残酷的现实也不要安慰的谎言。”

贝蕾妮克又陷入了梦幻之中，她轻轻地说：“你们没有像我一样的感受吗？我们离天空越近，大地也就显得越美！”

斯蒂芬顿住了，但他找不出贝蕾妮克的话里有什么与他的话矛盾的地方，所以他就接着说：“但你得看到这种美，并且为它做些什么。我希望人类能够运用他们的理智，而不是耽于梦和想象。笛卡儿的话‘我思故我在’掉过来不也是符合逻辑的结论吗：‘我在故我思！’也许这就是我生活中最重要的座右铭。”

“就是更多的启蒙！”

“如果你非这么说不可——对！怀疑是想象力的一部分，不含怀疑的冲动可能是致命的。我要同迷信作斗争；其实我更想说消灭迷信，但这永远是不可能的。尽管如此，科学或许不是不可攻击的，但我们没有比它更可信赖的。除了人类。没有其他能够进行科学研究的生物，所以科学也许是唯一标明我们是人类的东西。只有理智可以帮助我们更好地生活、乃至生存下去。我对自然科学感兴趣：物理、天文——还有技术——但现在该你了，妮克，我说的够多的了。”

“啊，我不知道人是不是一定得要什么东西，不知道存在是不是就足够了。我也愿意思想，当然了，但我也想感受；没有感情谁也无法生活下去。我主要的兴趣是——你们也听得够多的了——那就是女性问题。我认为，妇女依然没有得到她们应有的权利。事实再明显不过了：我们的历史在多大程度上是被男性主宰着啊——苏格拉底、保罗、路德、哥白尼、伽利略、笛卡儿、牛顿、达尔文、马克思、弗洛伊德——通通都是男性！不能再这样下去了。男性做主宰并不是女性不够聪明的结果！不错，我知道妇女的角色——婚姻、孩子——至于我，我或许会结婚，会有平平常常的婚姻生活，但也不一定。我只希望自己不会自暴自弃，而是永远热爱生命。我喜欢自己动手做些事情——绘画、设计，也许只是作为业余爱好，这我还在考虑。一个人得为自己确立目标，并且寻找志趣相投的伙伴。我肯定是要做和人有关的事，为他人做些什么，当医生、搞社会工作，或者从政。”

“这是个关键词——”斯蒂芬喊道，“只为自己而不为他人活着的人永远不会幸福快乐。在群体中有那么多可做的事情——无论大小。”

“我也这样想。”贝蕾妮克答道，“还有一点：希望回到过去的人对我们肯定不会有什么益处。虽然如今对前技术时代恋恋不舍的‘怀乡病’又厉害了起来，但我们现在不是已经看到了吗：‘旧日的好时光’从来就不曾有过。”

“‘回到自然’也从没有过！”斯蒂芬说。

“不仅是我们的存在要感谢我们的祖先，我们能以这样的方式存在也要感谢他们。”贝蕾妮克继续说，“因此我们今天的行为也会决定我们之后一代代人的生活。正因为如此，我认为尽可能多地了解过去非常重要，这样做可以使我们修正我们的标尺，走得更稳当。”

他们沉默了，每个人都在思考。他们知道，永远没有最后的答案，只能不断地尝试。

这会儿他们多少感到放松了一些，大概也感觉到了这十二天里有多么不容易。

贝蕾妮克伸展着四肢：“虽然离开这儿让我感到伤心，但我们大概不能总呆在这儿。”

回到未来

他们手挽着手离开了这座建筑物。外面，小小的场子上已是一片漆黑，只有低低的几盏小灯映照着公园的门。

门自动打开了，这之后，空气、气味和声响——一切都变了。空气变潮湿了，弥漫着汽油、烟和尾气的味道。

街上，一辆空电车的车窗亮着灯光，好像在邀请他们似的。

上车之前，贝蕾妮克再一次转过身张望，喊道：“你们看哪！”

那公园沉下去了，消失了，再也看不见了——没有了长满常春藤的墙，没有了写着“进化公园”的牌子，只有那些出租公寓。但在一面招贴墙上，一句话闪着微光：

Prendete ogni speranza,
voi ch’andate!

“和开始的时候不一样了，这又是什么意思？”贝蕾妮克问。

罗曼回答：“我想可以把它翻译成两句诗：

‘你们，将要离开的人，
带上希望吧！’”

“是的，我们需要很多希望，”斯蒂芬说，“还有乐观。”

他话音刚落，那诗行就消失了。在这荒凉的郊外，再也没有什么能让人想起那个公园的东西了。一些人家的窗户里透出电视屏幕闪烁的微光。

他们上了电车，重重地落在座位上，希望自己——哦不，他们确信自己是在返回的路上。

返回的路？通向哪儿呢？或许是通向未来吧。

车开了。

后 记

我们照亮了夜的黑暗，
思想的昏昧。
我们曾是守着家园的农人，
如今却已飞越大地和海洋。
所有的大门都对我们行动的渴望敞开，
这，我们的祖辈何尝有过！
我们的自由似乎无边无际。

然而，我们应该如何度过充实的一生呢？

尾声与展望

摆脱现实的羁绊

几天过去了，贝蕾妮克、罗曼和斯蒂芬又回到了现代生活中。但要说他们已经忘记了在“进化公园”里的漫游，那就太奇怪了——这次漫游已经成了他们生活中的一个转折。这次经历在他们心中比那天晚上刚刚离开“进化公园”回家的时候似乎更加不可思议，但另一方面，那些印象现在都落在了实处，有的澄清了，有的平静下来了，他们已经做了很多的思考，并且一直还在思考。他们进入了一种使他们超脱在日常生活之外的状态。当然他们还是他们自己，但却受到了某种激励，拥有了拓宽的意识。某些经历也可以像毒品一样起作用，而他们刚刚有过这样一次经历，它使他们摆脱了现实的羁绊。

一个问题在他们的脑子里以他们各自的方式运转：我潜入西方人类历史长河中的这十二天给我带来了什么？

漫游期间，他们每一天晚上都要和塞内克斯聚到一起谈话，他们记忆中最美好的是在比萨的那第五个晚上。当时他们是那样心意相投，感觉到他们紧紧联系在一起——作为这个地球的孩子，作为宇宙的孩子。他们多想再回到比萨旅舍的花园里去，但他们再也不会找到它了，再也没有把他们引到那儿去的塞内克斯了。

一天晚上，天已经黑了，贝蕾妮克给罗曼和斯蒂芬打了电话。“咱们见一次面，聊一聊，你们觉得怎么样？”

两个男孩子立刻同意了。

“电视塔怎么样？从那儿可以看得很远。”

三个人在电视塔入口处见面了。电梯是空的，罗曼按了“观览层”的电钮，门关上了，轻轻的嗡嗡声响起来，但却感觉不到动。

他们是在向上升呢，还是呆在原地？

“这就像是爱因斯坦相对论的图解。”斯蒂芬说。

“没错，或者，就像我们坐在一列停着的火车里，旁边的铁轨上有另一列火车发车了，那样我们会觉得我们自己也在动。”罗曼对斯蒂芬的话表示同意，并补充道：“‘进化公园’也与此相应——我们是经历了一切呢，还是只做了场梦？”

过了一会儿，电梯几乎不为人觉察地顿了一下。在卖杂志和旅游纪念品的前厅后面是通到装有巨大玻璃的观览平台的过道。平台以蜗牛一般的速度转动，前半部没有灯，只有后部的墙上安了几盏灯，灯光黯淡。这里没有那么多技术设施，空荡荡的空间中气氛散漫、昏暗，下面那城市灯光的海洋反而更好地展示在他们眼前。

狭窄的过道上每隔一段距离就设有一只长凳，大多数已经坐了人，但他们还是找到了一张空的。两个男孩把贝蕾妮克夹在中间，罗曼把胳膊搭在她身后的椅背上。

有一阵工夫，他们只是望着那一直伸展到漆黑地平线上的灯光的海洋。星光被烟雾掩没了，眼前的许多窗子闪着灯光，弧形路灯照亮了街道，汽车排成的长龙慢慢向前挪动着，无数的前灯、尾灯。

这就是我们的世界

随着观览层的旋转，城市夜晚的景象缓缓变化着。

“我觉得，我现在看东西和以前不一样了。”罗曼沉思着说。他的话音很轻，断断续续的——他边说边想。“这下面的，这就是我们的生活，但也是历史的产品——音乐厅、歌剧院、电影院、饭馆、酒吧、所有房子里都有的电视机、诊所、医生、护士、护理员、老人院、带枪的罪犯、警察……”

“还不止这些呢。”贝蕾妮克接着说，“是的，这确实是我们生活其间的世界。我一再感到高兴——我生活在今天，而不是昨天乃至前天，也不是明天。我想起了莱布尼茨的话——你们还记得吗？我要借用一下他的话，不过稍微改一下：我们也许不是生活在所有世界中最好的一个世界里，但可能是生活在所有的时代中最好的一个时代里。”

斯蒂芬点点头：“妮克说得对。我觉得这也是在‘进化公园’的漫游向我们展示的一点。从没有哪个时代，人们获得这么好的食物供给，有这么多的学校、大学对他们开放，从来没有过这么多的书籍和信息，人们能如此舒服、安全、毫不费力地旅行。”

“是的，我就是这个意思。”贝蕾妮克表示同意，“以咱们出生的时代、地点，咱们真是太幸运了。”

斯蒂芬继续说：“而且我们也能够活得更健康、更长久。生活在早期文化的人类平均寿命是三十岁，中世纪也好不了多少。但我们现在可以说活到八十岁没问题。”

“要是在一百年前，我可能会死于产褥热。”贝蕾妮克接着这条线索说，“一次阑尾炎可能就会宣判我的死刑，而现在，最难的心脏手术也不过是常规手术。”

罗曼思考着晃晃头：“尽管如此，你还是暗示了你不想生活在未来。绝不是一切都那么美妙，问题也越来越多。我根本不想列举它们。此外，无数的可能性也让我们窒息，而且现在又加上了过量的信息。从理论上说，我们按个按钮，就能得到所有大洲、所有时代的知识。但如果再没有人能消化这些信息，要它们又有什么用呢？它让我们吃不消了！”

“我们肯定得学习怎么对付这个。我想只有一种方法——创造力。”斯蒂芬答道，“你说得对，如果我们不能正确地理清、评价信息，信息过剩可能会成为危险。但我们的困难并不在于知识过多，而在于我们不知如何有效地对待它们。”

“我想我们能学会。”贝蕾妮克充满希望地看着他。

我们不是为现代世界设计出来的

斯蒂芬点点头。

“然而，斯蒂夫，”罗曼说话了，“每人都依然是原始世界的产品，冰川时期的孩子。我们不是为现代世界设计出来的，却得在其中实现自我。”

贝蕾妮克明白他的意思。“所以我们要改变我们自己，罗米。我对这一点是有信心的。我们三个中没有一个——可能这塔上的人中也没有一个——还像十年、二十年前那样想，比如关于如何与自然打交道的问题。同样，对战争的态度也从根本上改变了——至少是在工业化国家里。”

“但愿这一点能保持下去。”罗曼喃喃地说。

“还有一点，”贝蕾妮克说，“我们也看到了，为了达到今天的发展阶段，人类付出了多大的代价。我们的能力肯定是增强了，也是因为有了更精巧的工具！我希望，虽然有全球性的危险存在，我们也能够成功。”

斯蒂芬继续说：“我想，理智和认识不只是给了我们生存下去的机会，而且也给了我们更好地生活下去的机会。我们当然都知道当前的所有问题，这个我们不用说了，我们每天都得面对它们，至少是通过媒体。但人们不是已经开始思考其原因了吗？我认为，摧毁世界的既不是理智也不是科学，更不是理性，正相反——因为缺乏科学与理性。”

“你这是什么意思？”

“我是嫌目前人类还缺乏普遍的知识和理性。”

贝蕾妮克帮着罗曼：“但别忘了，技术手段在以天文速度增长！”

“首先是世界人口在以天文速度增长。要是地球上只有十亿人，而不是五十亿甚至六十亿，那我们以我们高度发展的技术手段——麻醉术、现代医学、汽车、飞机、火箭——可以生活得好极了。我们知道，世界上人口过剩——现在就已经这样了，而情况还在加剧！但是没有退回去的路，不管我们愿意不愿意，我们都不能再摆脱技术和科学，因为那无异于自杀。为了对付所有的问题，我们不是要减少，而是需要更加努力地钻研科学、促进大众的启蒙——这至少是同等重要的。如果我们人类要毁灭，那肯定不是毁在带来进步的那些人的聪明上，而是毁在不知道如何对待进步的那些人的愚蠢上。”

“可惜这样的人占百分之九十九！”

“可能。不管怎么说，我们亟需更多的知识。毕竟自然科学做到了令今天的几十亿人都活着。人口太多已经是一个既成事实，而他们要生存，就不能没有科学的帮助。我们不能在十九世纪的水平上生存，几十亿人不能像肆虐的大自然中的农民或佣人那样生活。文明和自然是对立的。老虎会吃人，火山爆发会埋葬城市，太阳会晒干草原，让一切枯萎。我们好歹都得依靠科学。”

没有科学和技术就完了

“但我们不正是在用这些科学和技术毁坏地球吗！有那么多的自然灾害都是我们自作自受啊！”

“但没有科学和技术我们就完了。我在‘进化公园’里也看到了，带来进步的总是信息的传授，最显而易见的例子是印刷术。你们想想清楚吧，迄今为止，百分之九十九的人都既不能读也不能写。我估计，科学的进步——医学上的和农业上的——拯救的性命比所有的战争毁掉的生命要多。因此我们需要传播信息，也是因为、恰恰是因为存在着全球性的危险，因为科学给了我们预警系统。”

“我不知道进化是不是想要这样？”

“咳，妮克，我们不是已经在这一点上取得一致了吗——进化是没有目的、没有意图的。我们既不能让进化倒退，也不能让它停止。它是包含在我们的 DNA 中的一个过程。对我来说，造物与进化是一回事，我们不能要这个不要那个。”

“是的，也许从原始大爆炸以来开始的发展还都没有结束吧？”

“我深信这一点。也许还得发展数十亿年呢。为什么不会出现比我们聪明不知多少倍的头脑，发现我们不知道的维度呢？难道甲壳虫能认识星辰吗？但星辰确实存在。我们也许抵达了我们认识的极限，但对未来的一代代人，这能是极限吗？我也相信进化没有目标，但这不应该阻碍我们建立一个目标，并把进化向那里引。”

罗曼直起身来。“我怀疑人类有朝一日会解开所有的世界之谜。我们肯定只能成为这个样子，因为我们身上打着过去的一代代人的烙印，而未来的一代代人身上也会打着我们的烙印。当然每个人只能像他生活的那个样子生活，因为他的祖先——可以回溯到变形虫——是成功的，至少是能够创造新生命的，而新生命则拥有新发展的机会。但另一方面我们也是很奇怪的生物，我们也是有界限的。”

我们塑造世界

斯蒂芬同意罗曼的话：“是的，我也在我们的历史中看到了努力——努力在一片无知和谬误的海洋中搏击，最后抵达认识。虽然那只是少数人做的，但没有他们，我们就不会是我们现在的样子。生活在三千年、四千年、一万年前的人的样子也是他们可能成为的样子。我们人类所特有的就是，我们不只是生出来、活着，然后死掉，毫无痕迹。我们改造了世界，虽然只是短短的一瞬。”

“如果就当进化有一个目标呢。”贝蕾妮克思索着说，“不是一个有意识的目标，而是一个从它的运动中自然产生的目标——那又会怎么样呢？”

“那我们的使命就是，超出自然中进化的可能性，将进化继续下去，也就是说，主要是在技术的领域，因为那在生物进化的道路上是没有的。”

“你是说，我们脱离生物进化的时代，进入智力推动的发展阶段？”

“这至少是可以设想的，罗米。因为智力的发展会带来人类发展速度上的巨大增长，有力的一推！”

“但也有危险！”

“当然。但也许智力就是进化的‘目标’，也许进化在有意识地利用它！我们也许不过是站在它的发展的开端。谁知道那些杰出人物——我只以莎士比亚、巴赫、莫扎特、歌德、爱因斯坦和居里夫人为例——他们是不是已经达到了思想的极限？正像我们说过的，到底一切都是自然，我们的理智也是，自然借助理智显示它还能以人做媒介做到什么。现在我们直接插手了，通过选择、培育、基因工程。我们做这些的时候，遵循的也许就是我们先天掌握的法则。既然我们有这个能力，那我想，我们也有义务建造另一个世界。”

“你把我们看成是工具？”

“我们可能会输，但机会是很大的。我们可不是白白从一个挥舞棍棒的怪物发展成思想着的塑造者的啊。”

“你那么肯定吗？”罗曼叹了口气。

“等着瞧吧！现在科学正在解开我们基因构造的秘密。”

“你真的认为必须得这样吗？”贝蕾妮克充满疑惑地问，然后又自己回答道，“是啊，也许，如果存在着的不该只是一个这样的世界：其中只活跃着动物和植物，而没有一种能够有意识地感知一切、思考一切的生物。”

“那就是人啊！”

使命就是意义

“但是没有一个物种能够永远存在下去。”罗曼说，“有朝一日，进化也可能会没有我们而继续进行下去——向另一个方向。反正，斯蒂夫，这一切都一再让我追问生命的意义。”

贝蕾妮克对此很有信心：“如果我们有一项使命，那由此就会产生意义，那就是，去完成这一使命！”

“我眼前出现了一幅图景。”罗曼说，“每个人都拥有河里的每一滴水那样的意义，被带着奔向大海，它最终将消融在那里。为此它不需要特别的天赋、能力。对于身边的人来说，就连最简单的人也比一个最大的天才重要。”

“这让我想起了玛丽·冯·艾本纳—埃申巴赫（Marie von Ebner-Eschenbach）[1] 的一首格言诗，”贝蕾妮克说，“‘人对人的一点爱比对全人类的爱更有价值。’”

“是的，可能！但再说一遍，把人类作为一个整体来看，它现在学到什么了吗？”

“也许学到了，罗米！我们肯定已经学到了很多，但是，像以往的时代一样，我们仍然会被激情、想象、臆想遮蔽——这些比真实存在的危险更危险。我们总是犯同样的错误。”斯蒂芬摘下眼镜，向玻璃镜片上哈口气，擦一擦，再戴上。“我们的时代并不是例外！正相反，也许比中世纪时还要严重，任何胡扯都有人相信。又开始有年轻人去崇拜神秘，相信‘大师’和预言家。占星术啦、月亮的影响啦、神秘兮兮的歪门邪道啦、咒语啦……数不胜数。”

“啊，我看变化还是很大的。”罗曼激烈地反驳道，“尤其是在这个千年转折时期看得更清楚。早就没有什么非理性的、末日理论之类的东西困扰着我们了，基于迷信的恐惧也已经谈不到了。”

“这可是一个进步！”

“这个我们不仅要感谢启蒙运动，也要感谢自然科学。妮克，此外还有全面的教育，它也是实行有效民主的前提，因为无知之人的民主在今天这个技术的时代只会带来灾难。我认为，世界更容易毁灭在增长的非理性上，而不是毁灭在科学的进步上。渴望回到前工业时代的苗头在增长，连带着对所谓‘不人道’的当代的否定，这让我觉得担忧。另外，只受过一般教育的人根本不了解自然科学。可我们享受着它带来的所有好处，谁也不想放弃这些好处，甚至连最严厉的批评家也不想放弃……”

---

[1] 译者注：奥地利女作家，以其心理小说被认为是19世纪最重要的德语女作家之一。

“但是斯蒂夫，”贝蕾妮克喊道，“这个我可不相信！没人真的想回到中世纪，回到饥饿、瘟疫、酷刑、火刑堆的时代去。”

“……但同时人们又诅咒所有发展——其实人能活着都多亏这些发展呢！”

“人类大概还是进化了一点的。”罗曼思索着说。

“从实质上来说几乎没有，如果说有进步，那也是在上一个一千年中。”斯蒂芬说出他的看法。

“但如果你把两幅画摆在一起，一幅上面是一个拿石头当工具的原始人，另一幅上是一个自由飘浮在太空中、修理着空间站的太阳帆的现代宇航员，那是何等的天壤之别啊。”贝蕾妮克说。

罗曼皱起了眉头。“但事实是，直到中世纪全盛时期，是农民造就了历史，这之后出现了手工业者和城市中的商人……”

斯蒂芬打断了他的话：“但今天的世界是由科学和技术塑造的。我说科学，指的倒不是知识的堆积——如果指这个，电脑会做得更好；我指的是创造性的、逻辑的思考——这是现在再高级的智能机器也不能取代的。我们需要的首先是富于怀疑精神的思索能力。”

我们应该怎样对待彼此？

罗曼越来越不安了。“知识，知识，知识。”他反驳道，“那么爱、信念、道德又怎么办呢？这一切和物理可都没关系！”

贝蕾妮克认为他说的有道理：“科学可不会告诉我们应该怎样对待彼此！”

“也许，如果我们在物理和数学中学到的逻辑思考也决定我们的道德行为——这样会好些？”

罗曼向前滑了一点，胳膊碰到了贝蕾妮克的肩膀：“大多数人难道不是需要找到在技术占主导地位的当代找不到的一个支点吗？”

“而且他们不是最坏的人。”贝蕾妮克表示赞同，“他们寻找一种意义，渴望一种单纯的生活。”

斯蒂芬感到了她的赞同。他有点郁闷，反驳道：“单纯的生活是一种幻想，只有少数有特权的人才过得起。所有其他的人的生活中都得有技术，因为没有现代技术就不再有生活。你们虽然说得有道理，人们渴望找到一种意义，但实际上，人们更乐意相信虚假的神灵，而不愿意勇敢地接受“并没有神灵”。比起一厢情愿的想象，我更倾向于接受严酷的真理。我认为，冷静地理解生活，比吊在一种错误的信念上要好。道德也在于，不要拿没有证据的东西冒充真理。我宁愿在一个没有目标的宇宙中生活，也不愿意相信一个把奥斯维辛强加给他的子民的上帝。对一个万能智慧、用爱统治历史的上帝的信仰不是最晚在第二次世界大战结束后，随着极权主义、大屠杀、原子弹就失去了一切存在的理由了吗？但每个人都得自己决定要它还是不要它。我发现事实往往比所有的想法更有帮助，因为它更可靠、更持久。科学思考已经够富于想象、够有条理的了，尤其是，它始终在对自己提出质疑。因此，我仍然要怀疑。”

“但唯有怀疑主义是不够的，怀疑主义得和创造力结合起来。”贝蕾妮克说。她把一只手向上伸，握住了罗曼的手。

“这包括艺术。”罗曼兴奋地喊道，“只要我们有好奇心，有创造力，我们就在活着。如果我们放弃这些，我们就完了。”

贝蕾妮克点点头：“我相信，现在创造力比以前任何时候都更重要，这也是我在‘进化公园’里学到的。今天，所有的人都只想快活，可从创造力而来的快乐比消费而来的快乐好得多。懒人国绝对太无聊了！它只会养出被惯坏了的孩子，他们不能再感受任何愉悦，脾气坏坏的。人得在小范围内改变，得有创造力，不能让随便什么冠冕堂皇的组织拉拢了去。”

总存在一些我们不能理解的东西

“还有一点，”罗曼说，“也许我是在重复：我绝对不想没有任何信念地生活，但这不会是对一个白胡子上帝的信仰了。天堂沉没了，但我们对价值、内容的需要没有沉没，只有它才能使我们在这个地球上生活并且和睦相处。”

“我们应该让所有现存的宗教与新的认识合上拍。”贝蕾妮克说，“当我想到宇宙，那么任是什么理智也帮不上我。我感到总还得有点什么——某种意义丰富的、超出我思想力的能量，某种我不能用理性去理解的东西。”

罗曼很乐意听到这个。“如果我们对于我们的地球在宇宙中的地位的知识扩展了，那我们的伦理和宗教就得去适应改变了的世界图景。要写出绝对命令，人们大概不再需要天空了。我希望我们能够拥有一种涵盖全世界和全人类的伦理观以及在科学的认识之外和谐共存的信仰。”

“也许，”贝蕾妮克说，“我们人类是宇宙中唯一能感受爱和传达爱的。”

罗曼热烈地望着她：“我们的文化已经很老了。”他说，“我们比以前更需要规则，使我们能和平、人道地相处及对待自然。只有以伦理价值为基准，我们的进步才能向好的方向发展。我们必须更多地呵护生命，以更大的敏感和耐心面对新的发展。”

“别忘了智力和理性！”斯蒂芬喊道。

“同意。我们在‘进化公园’里经历过了地中海地区的进化，那只是人类文明的众多前提之一。人类文化如今已经没有边界了。这将会改变一切，包括伦理标准、道德和宗教，甚至包括科学。”

罗曼知道贝蕾妮克赞同他的话——她微笑着。她调皮地把另一只手搭在斯蒂芬的手上，说：“你也没有异议吧？”

“没有。”斯蒂芬回答，“我要说的已经都说了啊。”

他们俯瞰着城市的万家灯火。

（完）